손실보상법제의 비교

손실보상법제의 비교

고헌환 지음

한국학술정보㈜

머리말

오늘날 재산은 인간이 생활을 영위함에 있어서 필수적인 요소로서 인류의 역사와 함께 형성되어 왔다. 재산에 대한 인간의 욕구가 증대하면서 더욱더 그 가치의 중요성을 인식하게 되었고, 재산 위에 형성되는 재산권 또한 가장 기본적인 권리로 보장하고 있다.

재산권보장은 근대입헌주의 헌법에서 가장 핵심적인 기본권으로서 천부인권적인 성격을 지녔으나, 시민혁명 후 독일의 바이마르 헌법에서부터 사회국가원리가 도입되고, 사회적 구속성을 수반하는 공동의 권리라는 인식이 싹트면서 재산권 관념이 상대화됨으로써 재산권에 대한 사회적 구속성을 인정하여 재산권 제한의 명분을 주었다. 이러한 명분하에 오늘날 사회국가는 국민의 복지 증진과 국가의 국가경쟁력 향상을 위하여 필요에 따라 토지 등을 포함한 재산권의 침해, 즉 공용수용이 빈번히 발생하고 있다. 이러한 공용수용은 공공복리 또는 국가의 안전보장 등 필요한 경우에만 행할 수 있는 것으로 손실보상이 수반됨은 당연하다. 따라서 재산권을 보장하는 국가에서는 예외 없이 손실보상제도가 인정되고 있으며, 바이마르 헌법 이후 각국의 헌법은 재산권에 대하여 강한 사회성·공공성을 부여하여, 공용수용과 이에 따르는 손실보상에 관하여 규정하고 있다.

공용수용과 손실보상의 규정에 관하여 우리나라 헌법은 제23조 제3항에서 "공공필요에 의한 재산권의 수용, 사용 또는 제한 및 그에 대한 보상은 법률로써 하되 정당한 보상을 지급하여야 한다"고 규정하고 있으며, 개별적 법률로서는 「공익사업을 위한 토지 등의 취득 및 보상에 관한 법률」 등이 있고, 정당한 보상에 대하여 구체적으로 규정하고 있다.

독일은 독일기본법 제14조 제3항에서 "공용수용은 공공복리를 위해서만 허용된다. 공용수용은 보상의 종류와 범위를 정한 법률에 의하여 또는 법률에 근거하여서만 행하여진다. 보상은 공공의 이익과 관계자의 이익을 공정하게 형량하여 정해져야 한다. 보상 때문에 분쟁이 생길 경우에는 정규법원에 제소할 길이 열려 있다"고 규정하고 있으며, 개별적인 법률로는 「독일연방건설법전」 등이 있다.

일본은 헌법 제29조 제3항에서 "사유재산은 정당한 보상하에서 이를 공공을 위하여 이용할 수 있다"고 규정하고 있으며, 개별적 법률로는 「토지수용법」이 있고, 토지수용법을 근거로 영향력이 강한 「공공용지의 취득에 따른 손실보상기준요강」 등이 있다.

한편, 미국은 미국 연방수정헌법 제5조에서 "적법절차 없이는 누구도 생명과 자유와 재산권을 박탈할 수 없으며, 정당한 보상 없이는 그 사유재산을 공용을 위하여 침해당하지 아니한다"고 규정하여 국가의 사유재산 침해에 대하여 보상의 근거를 정하고 있다. 또한 주(州)의 수용에 대해서는 수정헌법 제14조가 "어떠한 주도 적법절차에 의하지 아니하고는 어떠한 사람으로부터도 생명, 자유, 재산권을 박탈할 수 없다"라고 규정하여 수용 및 보상의 근거를 정하고 있으며, 개별적 법률로서는 수정헌법 제5조의 해석과 판례를 통하여 형성된 미국 연방법인 「표준이주정착지원법 및 부동산정책취득법」이 있다.

이와 같이 각국의 헌법은 사회국가에 있어서 재산권의 개념변화에 대한 집약적 표현이라고 할 수 있는 재산권의 사회적 구속성 강화와 그에 대한 손실보상의 원칙을 선언하고 있으며, 이에 따라 관련 개별법이 공용수용의 법률적 근거와 그 일반적 요건을 규정함과 동시에 그에 따르는 손실에 대한 보상을 규정하고 있다. 그러나 이러한 법률적 규정에도 불구하고 보상의 기준과 범위, 내용, 정당한 보상의 의미 등에 대한 학문적 논쟁이 계속되고 있다. 그리고 공공의 필요에 의한 재산권의 공용침해 시 그에 따른 손실보상이 생존권적 문제와 관련하여 아주 중요한 문제로 부각되고 있으며, 사업시행자와 재산권소유자 사이에 정당한 보상과 관련하여 심각한 갈등과 분쟁이 끊이지 않고 있다. 이러한 갈등과 분쟁의 해결방법으로는 우선적으로 손실보상법제의 개선이 필요하다고 생각한다.

한편, 공용수용과 손실보상의 법리에 관한 학문적 논쟁에 대하여 독일은 자갈채취 판결을 기점으로 분리이론과 경계이론에 따라 수용과 보상에 대한 범위와 기준이 크게 달라지므로 이에 따른 공용수용과 사회적 구속성의 구별, 수용적 침해와 수용유사적 침해의 법리에 대한 학문적 논쟁이 계속되고 있다. 그리고 미국 또한 공용수용과 손실보상에 대하여 상당한 동요를 보이고 있다. 각종 행정규제를 통한 제한에 대하여 보상이 필요하겠는가? 또한 단지 일시적인 재산권의 제한에 대해서도 보상이 필요하겠는가? 만약 필요하다면 그 근거는 어떠한 것인가 등에 대하여 미국 연방재판소는 많은 견해를 밝힌 바 있다. 특히, 미국의 수용과 보상이론은 소위 규제적 수용과 경찰권에 의한 규제에 대한 인정 여부가 주요한 논점으로 제시되어 왔으며, 정당한 보상의 의미에 있어서도 차별적이고 개념적 요소를 지니고 있다. 이와 같이 각국의 공용수용과 손실보상제도에 관하여 논쟁이 있음은 각 나라마다 그 나라의 사회문화 · 정치적 상황에 따라 다를 수 있지만 문제점을 내포하고 있음을 예시하고 있다. 따라서 우리나라의 공용수용과 손실보상제도가 다른 나라의 법제와 비교해 볼 때 법리해석, 법률의 흠결, 내용의 결여 등이 있다면 정당한 보상과 관련하여 당연히 문제가 될 것이다.

오늘날 입법의 가장 큰 문제점은 입법자의 전문성과 기술성의 결여, 그리고 사회와 시대의 변화에 따른 신속한 대응력 부재이다. 따라서 시대와 사회의 흐름에 맞추어 문제점이 있는 법률의 내용을 개선하는 방향으로 모색되어야 한다.

따라서 이 책은 공익사업의 원활한 수행과 재산권의 공용침해에 따른 재산권자의 정당한 보상을 위하여 수용의 절차, 보상의 기준, 보상액의 산정, 보상의 방법, 등에 있어서 독일과 미국 그리고 일본의 손실보상법제와 우리나라의 손실보상법제를 비교 검토함으로써 정당성, 현실성을 제고하고, 법률내용의 입법적 보완을 통하여 우리나라의 공용수용과 손실보상법제의 재정립 및 향후 바람직한 손실보상제도의 확립을 위하여 입법적 개선방향을 제시하고자 하였다.

이 책은 재산권의 공용수용과 손실보상에 관하여 관심 있는 학생, 관련 공무원, 일반 독자들에게 조금이나마 쉽게 접근할 수 있고 도움을 주기 위하여 저의 학위논문 「손실보상법제에 관한 비교연구」를 재정리하였다.

2010년 12월 31일
한라산 기슭에서
고헌환 지음

CONTENTS

CONTENTS

第1章 우리나라의 公用收用과 損失補償法制

第1節 財産權保障과 公用侵害

I. 우리나라 憲法上 財産權保障의 變遷

개인주의적 · 자유주의적 사상을 바탕으로 했던 근대 입헌주의 국가에서는 재산권을 국가권력에 의하여 침해할 수 없는 인간의 신성불가침한 절대적 기본권으로 파악했었다. 그러나 20세기에 들어서 자본주의 발달과 사회국가 원리의 도입으로 재산권[1]에 대한 절대성은 약화되고, 상대화됨에 따라[2] 헌법은 국가가 필요한 경우에 재산권에 대하여 제한을 할 수 있도록 규정하게 되었다.[3] 이와 같이 재산권보장의 내용은 변용되어, 오늘날 사회국가[4]에 이르러서는 결정적인 변화를 보여 주고 있다.[5]

우리나라 헌법상 재산권보장은 사회국가의 재산권 관념이 그대로 반영되어 있는 것으

---

1) 현행 헌법이 보장하고 있는 재산권이란 경제적 가치가 있는 모든 공법상, 사법상의 권리를 뜻하며 사적 유용성 및 그에 대한 원칙적인 처분권을 내포하는 재산가치 있는 구체적인 권리를 의미한다. 권영성, 『헌법학원론』, 법문사, 2007, p.543; 허영, 『한국 헌법론』, 박영사, 2006, p.455; 김철수, 『헌법학개론』, 박영사, 2006, p.587; 성낙인, 『헌법학』, 법문사, 2008, p.520. 그리고 헌법재판소에 의하면 "공법상의 권리가 헌법상 재산권으로 보호받기 위한 요건에 대하여 첫째, 공법상의 권리가 권리주체에 귀속되어 개인의 익을 위하여 이용 가능해야 하며, 둘째, 국가의 일방적인 급부에 의한 것이 아니라 권리주체의 노동이나 투자, 특별한 희생에 의하여 획득되어 자신이 행한 급부의 등가물에 해당하는 것이어야 하며, 셋째, 수급자의 생존 확보에 기여해야 한다. 즉 공법상의 법적 지위가 사법상의 재산권과 비교될 정도로 강력하여 그에 대한 박탈이 법치국가원리에 반하는 경우에 한하여 그러한 성격의 공법상 권리가 재산권의 보호대상에 포함되는 것이다"라고 정의하고 있다(헌재 2000. 6. 29. 99헌마289). 한편, 재산권의 하나로서 토지재산권은 재산적 가치를 갖는 토지에 대하여 갖는 모든 권리를 말한다. 토지재산권은 토지에 대한 재산권으로 민법상의 토지소유권을 포괄하는 개념이다. 토지재산권은 권리자에게 기본적 인권으로서 보장과 함께 공공복리를 위해 제한됨을 기본적 관념으로 한다. 토지는 인간생활의 터전으로서 가장 기본적인 물적 기반으로서 인간이 이용하고 소비하기 위한 하나의 도구라고 설명할 수 있다(헌재 2001. 7. 19. 99헌바9).

2) 정연주, 「우리 헌법상 재산권이론의 형성과 발전」, 『한국에서의 기본권이론의 형성과 발전』, 박영사, 1997, p.336. 어떠한 철학이나 사상도 영구적일 수 없다. 시대사정의 변화에 따라서 철학과 사상은 모순을 낳게 되고 그 모순을 시정하기 위해서는 수정이 불가피한 것이다. 재산권에 관한 민법의 기본원리로서 3대원칙인 계약자유의 원칙, 재산권 절대의 원칙, 과실 책임의 원칙이 오늘날 계약 공정의 원칙, 재산권상대의 원칙, 무과실책임의 원칙으로 기본원리가 수정되고 있다. 김상용, 『민법총칙』, 법문사, 2004, pp.77~84.

3) 정종섭, 『헌법학 원론』, 박영사, 2007, p.569.

4) 헌재 2002. 12. 18. 현마52 "사회국가란 한마디로 사회정의의 이념을 헌법에 수용한 국가, 사회현상에 대하여 방관적인 국가가 아니라 경제, 사회, 문화의 모든 영역에서 정의로운 사회질서의 형성을 위하여 사회현상에 관여하고 간섭하고 분배하고 조정하는 국가이며, 궁극적으로는 국민 각자가 실제로 자유를 행사할 수 있는 그 실질적 조건을 마련해 줄 의무가 있는 국가이다."

5) 재산권의 이러한 변화를 재산권의 절대적 보장으로부터 상대적 보장으로의 변화라고 부른다. 양건, 『헌법강의 I』, 법문사, 2007, p.505; 장영수, 『헌법학』, 홍문사, 2007, p.750.

로, 우리나라 제헌헌법상의 재산권보장에 관한 기본조항인 제15조는 독일의 바이마르 헌법 제153조의 영향을 받았다고 볼 수 있다.6) 그런데 우리나라 헌법은 1948년 제정헌법 이후 현행헌법에 이르기까지 9차에 걸쳐 개정이 되었는데, 그중 재산권에 대한 개정은 1962년의 제5차 개정, 1972년의 제7차 개정, 1980년의 제8차 개정, 1987년의 제9차 개정인 현행헌법에 이르기까지 모두 4차례에 걸쳐 행하여졌다.7)

우리나라 헌법상 재산권에 대한 기본조항은 외형상 3단계의 규정형식으로 구성되어 있다. 제1단계로 헌법 제23조 제1항은 "모든 국민의 재산권은 보장된다. 그 내용과 한계는 법률로 정한다"고 규정하여 법률이 정한 범위 내에서의 재산권을 보장하고, 제2단계로 제2항은 "재산권의 행사는 공공복리에 적합하여야 한다"고 규정하여 재산권행사의 공공복리적합성의무를 부과하고 있으며, 제3단계로 제3항에서는 "공공의 필요에 의한 재산권의 수용, 사용, 제한 및 그에 대한 보상은 법률로써 하되 정당한 보상을 지급하여야 한다"고 규정하여 손실보상을 전제로 한 수용, 사용, 제한을 허용하고 있다. 이러한 우리나라 헌법상 재산권의 규정과 내용은 제3항의 손실보상 기준에서 변화가 있었을 뿐 기본적인 구조에서는 제헌헌법에서부터 현행헌법에 이르기까지 제1항과 제2항은 큰 변화 없이 유지되고 있으며,8) 국민 개개인의 권리보장과 함께 재산권의 사회적 구속성, 그리고 이에 따른 손실보상을 강조함으로써 헌법이 추구하고 있는 사회국가 이념과 재산질서의 조화를 꾀하고 있다.9)

---

6) 바이마르 헌법 제153조는 제1항에서 "재산권은 헌법에 의하여 보장된다. 소유권의 내용과 한계는 법률로 정한다", 제2항 "공용수용은 공공의 복지를 위하여 법률에 기하여 행해질 수 있다. 공용수용은 별단의 규정이 없는 한 상당한 보상을 지급하여야 한다. 상당액에 관하여 분쟁이 있는 경우에는 보통법원에 출소가 인정된다", 제3항은 "재산권에는 의무가 따른다. 재산권의 행사는 동시에 공공의 이익에 적합하여야 한다"고 규정하고 있다.

7) 제헌헌법 제15조는 제1항 "재산권은 보장된다. 그 내용과 한계는 법률로써 정한다", 제2항 "재산권의 행사는 공공복리에 적합하도록 하여야 한다", 제3항 "공공필요에 의하여 국민의 재산권을 수용, 사용 또는 제한함은 법률의 정하는 바에 의하여 상당한 보상을 지급함으로써 행한다"고 규정하고 있다.

   1962년 헌법(5차 개정) 제20조 제1항 "모든 국민의 재산권은 보장된다. 그 내용과 한계는 법률로써 정한다", 제2항 "재산권의 행사는 공공복리에 적합하도록 하여야 한다", 제3항 "공공필요에 의하여 국민의 재산권을 수용, 사용 또는 제한은 법률로써 하되 정당한 보상을 지급하여야 한다"고 규정하고 있다.

   1972년 헌법(7차 개정) 제20조 제1항 "모든 국민의 재산권은 보장된다. 그 내용과 한계는 법률로써 정한다", 제2항 "재산권의 행사는 공공복리에 적합하도록 하여야 한다", 제3항 "공공필요에 의하여 국민의 재산권을 수용, 사용 또는 제한 및 그 보상의 방법과 기준은 법률로 정한다"고 규정하고 있다.

   1980년 헌법(8차 개정) 제22조 제1항 "모든 국민의 재산권은 보장된다. 그 내용과 한계는 법률로써 정한다", 제2항 "재산권의 행사는 공공복리에 적합하도록 하여야 한다", 제3항 "공공필요에 의하여 국민의 재산권을 수용, 사용 또는 제한은 법률로써 하되 보상을 지급하여야 한다"고 규정하고 있다.

8) 박평준, 「헌법상 재산권보장의 이론」, 『아 · 태공법연구』 제6권, 1999, p.53; 정종섭, 전게서, p.569.

9) 김형성, 「재산권」, 『헌법재판연구』, 헌법재판소, 1995, p.379.

Ⅱ. 財産權保障의 構造的 體系

1. 개설

우리나라 헌법은 재산권보장에 관하여 여러 개의 규정[10]을 두고 있지만 그중에서도 중심적이고 일반적인 규정은 제23조이다. 재산권보장에 관한 규정은 규범구조 면에서 다른 기본권규정과는 다른 특징과 구조적 체계를 가지고 있다. 그리고 제23조의 규정은 재산권의 침해로 인한 손실보상의 기본적 근거 규정으로서 아주 중요한 의미를 내포하고 있다.

헌법 제23조 제1항은 "모든 국민의 재산권은 보장된다. 그 내용과 한계는 법률로 정한다", 제2항은 "재산권의 행사는 공공복리에 적합하여야 한다", 제3항은 "공공의 필요에 의한 재산권의 수용, 사용, 제한 및 그에 대한 보상은 법률로써 하되 정당한 보상을 지급하여야 한다"고 규정하고 있다. 이와 같이 재산권보장에 관한 헌법의 규정은 재산권의 보장과 재산권 형성적 법률유보, 그리고 사회적 구속성과 공공의 필요에 의한 재산권의 수용, 사용, 제한과 이에 수반되는 손실보상과의 관계를 규정하고 있다. 여기에서 문제가 되는 것을 우선 헌법 제23조에서 살펴보면, 제1항 제1문 "모든 국민의 재산권은 보장된다"라는 규정에서 재산권보장의 법적 성격에 관하여 제도적 보장이라는 학설과 권리보장이라는 학설이 대립하고 있으며, 제2문 "그 내용과 한계는 법률로 정한다"의 규정에서는 재산권의 형성적 법률유보인가 아니면 제한적 법률유보인가에 관하여 학설이 나뉘고 있다. 제2항의 "재산권의 행사는 공공복리에 적합해야 한다"는 규정에 대해서는 단순한 사회적 의무성을 규정한 것인가 아니면 재산권 행사의 헌법적 한계로 볼 것인가 하는 것이며, 제3항 "공공의 필요에 의한 재산권의 수용, 사용, 제한 및 그에 대한 보상은 법률로써 하되 정당한 보상을 지급하여야 한다"는 규정에 대해서는 다른 법률에 보상규정이 없는 경우의 보상 문제, 또한 제2항의 사회적 구속성의 범위를 넘어서면 수용으로 보아 손실보상이 이루어져야 하는가 하는 문제가 발생한다.

이와 같이 헌법 제23조를 규범적 구조 면에서 살펴보면 각 항별로 특징과 문제를 내포하고 있음을 알 수 있다. 따라서 이하에서 헌법 제23조 제1항과 제2항의 의미해석을

---

10) 헌법 제23조 이외에 헌법 제13조 제2항 소급입법에 의한 재산권박탈 금지, 제22조 제2항 저작자, 발명가, 과학기술자와 예술가의 권리보호, 제119조 경제에 관한 규제와 조정, 제121조 농지소작제의 금지, 제120조, 제122조 국토의 효율적인 이용을 위하여 국토에 관한 필요한 제한과 의무를 부과, 제126조 사영기업 국공유화의 원칙적인 금지 조항을 들 수 있다.

검토하고, 제23조 제1항, 제2항과 제3항의 상호관계를 조명하고자 한다.

2. 헌법 제23조 제1항의 의미

우리나라 헌법 제23조의 재산권보장에 관한 규정은 조문의 형식과 내용에 있어서 바이마르 헌법[11]과 비슷하다. 또한 헌법 제9장 경제에 관한 규정과 함께 우리나라 경제 질서의 형성에 있어서 헌법적 기초임과 동시에 국민주권의 원리와 함께 정치적 체제의 동일성을 결정하는 하나의 요소로 간주되고 있다. 그리고 서로 모순되는 것과 같은 이들 규정이 상호 간 어떠한 논리관계에 있는가에 대해서는 후술하는 바와 같이 다양한 견해가 주장되고 있다. 우선 헌법 제23조 제1항 전문에 중점을 두는 경우에, 재산권도 다른 기본권들과 마찬가지로 이중적 성격을 갖는다.[12] 따라서 재산권은 전 국가적·초국가적인 기본권으로서 인간의 권리를 의미하는 측면과[13] 국가질서를 형성하는 기준 내지는 지침으로서의 측면으로 나누어질 수 있다.[14] 이러한 재산권보장의 법적 성격에 관해서 우리나라의 다수설은 법제도로서 사유재산제도가 보장되지 않는 곳에서 개인의 재산권만이

---

11) 칼 슈미트(Carl Schmitt)에 의하면 바이마르 헌법 제153조의 "재산권은 헌법에 의하여 보장되며, 그 내용과 한계는 법률로 정한다"라는 규정에 있어서 그 전단과 후단의 규정은 서로 모순되는 것임을 지적하고 있다. 왜냐하면 전단의 규정에 있어서는 재산권을 전 국가적인 자연적 권리로서 절대적 기본권(absolute Grundrechte)으로 규정하고 있는 데 대하여, 후단에 있어서는 그 내용과 한계를 법률로써 정하는 바와 같은, 이른바 상대적 기본권으로 규정하고 있기 때문이다. 환언하면 전자가 재산권보장에 있어서 19세기적 개념을 의미한다면, 후자는 20세기적 개념의 형태로 규정하고 있기 때문이다. Carl Schmitt에 의하면 동 조 전단의 재산권보장에 관한 규정은 아무런 내용도 없는 명목상의 헌법적 보장이 아니라, 바이마르 헌법에 있어서 시민적, 법치국가적 원리의 확인을 의미한다. 왜냐하면 사유재산제가 없는 시민적 법치국가는 있을 수 없으며, 그리고 바이마르 헌법은 바로 시민적, 법치국가적 헌법을 의미하기 때문이라는 것이다. Anschütz도 바이마르 헌법 제153조의 재산권은 '인간의 권리'로서, 동 조 후단의 규정은 입법권에 의한 재산분권의 무제한적 제약을 의미하는 것이 아니라, 그 반대로 재산권에 대한 입법권의 한계를 의미한다고 한다. Anschütz, Die Verfassung des deutschen Reichs, 14. Aufl., 1987, S. 704 f.

12) 헌재 1989. 12. 22. 88헌가13, 헌재 1993. 7. 29. 92헌바20. Rozek은 재산권을 천부의 초국가적인 절대적 개념으로 이해하여서는 아니 되고 법제도로서 법률에 의한 형성이 필요한 것으로 이해하여야 한다고 하였다. Rozek, Die Unterscheidung von Eigentumsbindung und Enteignung, 1998, S. 25.

13) 문홍주, 『한국헌법』, 해암사, 1987, p.293. Maunz에 의하면 독일 기본법 제14조는 재산권의 초국가성 여부에 관하여 재산권이 국가의존적인 것으로 규정하였으나 최소한의 인간이 존엄의 관점에서 경제적 법익의 본질적 요소는 기본법에 의해 불가침적인 것으로 보장된다는 것을 간과해서는 안 된다고 한다. Maunz, Dürig, Herzog, Scholz, Grundgesetz Kommentar, 2003. S. 305. 김문현, 「재산권의 사회구속성에 관한 연구」, 서울대학교 대학원 박사학위논문, 1989, p.157, 재인용. 한편 Schwerdtfeger에 의하면 대부분의 기본권, 예컨대 신앙, 양심, 표현, 예술, 학문의 자유 등은 법질서의 평가 없이 그 본질로부터 보호법익이 존재하나 재산권은 그와 달리 법질서의 산물이며 법질서의 평가 없이는 재산권은 존재할 수 없다고 하였다. Schwerdtfeger, Die dogmatische Struktur, der Eigentumsgarantie, Berlin, 1983, S. 13.

14) 장영수, 전게서, p.753.

보장될 수 없으며, 또한 개인의 재산권이 전면적으로 부인되는 곳에 사유재산제도만이 법제도로서 따로 존재할 수 없다는 이유로 권리, 제도 동시보장설(절충설)을 지지하고 있다.[15] 따라서 헌법 제23조 제1항 전문의 재산권보장에는 다음 두 가지 의미가 내포되어 있다고 할 수 있다. 즉 그 하나는 사유재산권의 제도적 보장이며, 또 하나는 사유재산제도 보장의 결과로서 재산을 소유한 개인에게 국가적 침해를 배제할 수 있는 주관적 공권으로서의 보장이다.

한편, 재산권의 보장에 관하여 헌법재판소 판례의 입장은 재산권보장은 개인이 현재 누리고 있는 재산권을 개인의 기본권으로 보장한다는 의미와 개인이 재산권을 향유할 수 있는 법제도로서의 사유재산제도를 보장한다는 이중적 의미를 가지고 있다. 따라서 재산권을 천부의 전 국가적인 절대적 개념으로 이해하여서는 아니 되고 법제도로서 법률에 의한 형성이 필요한 것으로 이해하여야 한다. 재산권보장으로서 사유재산제도와 경제활동에 대한 사적 자치의 원칙을 기초로 하는 자본주의 시장경제질서를 기본으로 하여 국민 개개인에게 자유스러운 경제활동을 통하여 생활의 기본적 수요를 스스로 충족시킬 수 있도록 하고 사유재산의 자유로운 이용, 수익과 그 처분 및 상속을 보장해 주는 것이다. 이러한 보장은 자유와 창의를 보장해 주는 지름길이고 궁극에는 인간의 존엄과 가치를 보장해 주는 최선의 방법이라는 이상을 배경으로 하고 있는 것이다. 이러한 우리나라 헌법상의 재산권에 관한 규정은 다른 기본권 규정과는 달리 그 내용과 한계가 법률에 의해 구체적으로 형성되는 기본권 형성적 법률유보의 형태를 띠고 있다. 그리하여 헌법이 보장하는 재산권의 내용과 한계는 국회에서 제정되는 형식적 의미의 법률에 의해 정해지므로 이 헌법상의 재산권보장은 재산권 형성적 법률유보에 의하여 실현되고 구체화하게 된다. 따라서 재산권의 구체적인 모습은 재산권의 내용과 한계를 정하는 법률에 의하여 형성된다. 물론 재산권의 내용과 한계를 정하는 법률은 재산권을 제한한다는 의미가 아니라 재산권을 형성한다는 의미를 갖는다. 이러한 재산권의 내용과 한계를 정하는 법률의 경우에도 사유재산제도나 사유재산을 부인하는 것은 재산권 규정의 침해를 의미하고 결

---

15) 재산권의 보장은 국가에 의한 자의적인 침해가 금지되는 대국가적 방어권으로서 개개인의 재산상 권리의 보장과 더불어 개개인의 재산을 사유할 수 있는 법제도, 즉 사유재산제를 보장하는 것이라고 한다. 1923년 Martin Wolff가 제도보장이론을 주장한 이후 재산권은 제도보장과 권리보장, 양자를 포함하는 것이 보통이다. 일단 사유재산제도가 보장된 후의 재산권은 사유재산으로서 자유권적 성격을 가지며, 그 수용, 사용, 제한 등은 공공복리와 국가의 안전보장, 경제 질서를 위하여 필요한 경우에 한하여 법률로 정할 수 있다고 보는 설이다. 절충설이 다수설이다. 그리고 BVerfGE, 20, 352(355); 50, 290(339), 독일 연방재판소는 재산소유자에게 국가에 대한 방어청구권을 인정하면서 동시에 제도보장이라고 보고 있다. 권영성, 전게서, p.456; 김철수, 전게서, p.583; 허영, 전게서, p.457.

코 재산형성적 법률유보라는 이유로 정당화될 수 없다.

한편 재산권행사의 사회적 의무성을 헌법에 명문화한 것은 사유재산제도의 보장이 타인과 더불어 살아가는 공동체생활과의 조화와 균형을 흐트러트리지 않는 범위 내에서 보장임을 천명한 것이다. 이러한 재산권에 관한 규정은 민사법질서의 기본구조라고 할 수 있다.[16]

재산권의 제도보장의 의미는 특히, 입법자에 대한 관계에서 나타나게 되는바, 헌법 제23조 제1항 전문과의 관계 때문에 제23조 제2문에서 입법자가 재산권의 내용과 한계를 법률로 정하는 경우 이에 대한 의미를 검토하여 보면, 일반적으로 재산권의 내용과 한계를 법률로 정한다는 것은 헌법 외의 다른 법률의 규정과 조화가 이루어지도록 하여야 한다는 것이다. 그리고 재산권의 내용을 법률로 정하도록 하는 것은 오늘날의 재산권이 물적 재산권만을 뜻하는 것이 아니라, 무채재산권 등 공법상, 사법상의 모든 권리를 포함하는 것이라고 한다면, 입법자에 의한 재산권의 내용 형성 규정으로서 의미가 있다. 그러나 이 내용규정을 들어 내용을 정한 법률이 형성되어 있을 때에만 재산권이 비로소 권리가 된다고 보는 것은 다소 이해하기 어렵다. 무엇보다도 재산권보장과 관련하여 헌법에 규정되어 있는 제23조의 재산권보장, 제10조의 인간의 존엄과 가치, 그리고 행복추구권, 제37조 제2항의 자유와 권리의 본질적인 내용 침해금지,[17] 제119조 제1항의 개인과 기업의 경제상 자유와 권리의 존중 등의 내용들을 참조할 때 재산권을 근대 자유민주주의 헌법의 배경이 된 자연법적인 기본 권리로서 전제하고, 이를 보장한다는 것을 명백히 하고 있음에 따라 다만 입법에 의하여 재산권의 내용과 한계가 새로이 광범위하게 규정될 수 있다는 형성적 법률유보조항을 둔 것이라고 해석함이 타당하다.[18]

그리고 재산권보장의 구체적 범위가 과연 어느 정도까지 입법자에 의해 결정될 수 있는가에 대해서는 검토가 필요하다. 헌법 제23조 제1항 제2문의 규정은 재산권의 구체적

---

16) 헌재 1989. 12. 22. 88헌가13, 헌재 1993. 7. 29. 97헌바20, 헌재 1989. 12. 22. 88헌가13, 헌법재판집 제5권 2집 p.36.
17) 재산권의 본질적 내용이란 당해 기본권의 핵이 되는 실질적 요소 내지 근본요소를 뜻하는 것으로서 그 구체적 내용은 개별 기본권마다 다를 수 있다. 헌법재판소는 재산권의 본질적 내용도 재산권의 핵이 되는 실질적 요소 내지 근본요소를 뜻하는 것으로 파악하고 구체적으로는 사적 이용권과 원칙적인 처분권을 재산권의 본질적인 내용으로 보면서, 토지재산권의 경우에도 같은 입장을 취하고 있다. 이러한 재산권의 본질적 내용을 침해하는 경우는 그 침해로 사유재산권이 유명무실해지고 사유재산제도가 형해화되어 헌법이 재산권을 보장하는 궁극적인 목적을 달성할 수 없게 되는 지경에 이르게 되는 경우라고 하며, 그 예로 사유재산제도의 전면적 부정, 재산권의 무상몰수, 소급입법에 의한 재산권박탈 등을 든다. 김철수, 전게서, p.356; 권영성, 전게서, p.353(헌재 1989. 12. 22. 88헌가13, 헌재 1999. 10. 21. 97헌바26).
18) 판례도 형성적 법률유보로 보면서 이에 대한 비례의 원칙 적용에 대하여 일관된 해석을 나타내고 있지 않다(헌재 1993. 7. 29. 92헌바20, 헌재 1999. 4. 29. 94헌바37, 헌재 1998. 12. 24. 89헌마214 등).

내용과 범위의 결정을 입법자에게 위임하고 있다. 따라서 입법자는 재산권의 취득과 행사, 처분에 관한 포괄적인 규율이 가능하다. 그러나 이러한 입법자의 형성의 자유가 무제한적으로 허용되는 것은 아니다.[19]

헌법 제23조 제1항의 내용규정을 재산권의 내용은 모두 법률로써만 정하겠다는 취지라고 본다면, 그러한 취지의 배경은 천부인권적인 재산권 사조가 지나친 부익부 빈익빈 등의 사회적 해악을 발생시킨 것이고, 따라서 재산권을 실정권으로 못 박아 이를 방지하겠다는 의도가 있는 것이라 할 수 있다. 그러나 그러한 인식은 재산권에 대한 올바른 역사적 본성을 제대로 반영하는 것으로 볼 수 없다. 재산권에 대한 천부인권적 사조가 시작될 때부터도 재산권 자체는 한계를 지닌 것으로 인정되었고[20] 많은 법률들이 재산권의 제한을 규정하고 있었고, 또 정당하게 혹은 합헌적으로 재산권이 규율될 수도 있다.

결론적으로 입법자는 헌법 제23조 제1항 제2문에 따른 재산권의 내용과 한계를 정함에 있어서 제1항 제1문의 재산권은 보장된다는 규정을 단순한 사유재산제도의 보장이라고 최소한의 인식을 하여서는 아니 되며, 하나의 자연법적인 자유권으로서 실질적으로 고려하여야 한다. 따라서 제1문은 제2문의 내용을 제약하는 법 원리가 되어야 한다. 그러므로 재산권에 대한 제한과 재산권 주체에 대한 부담의 강도는 그 재산권이 지니는 사회적 연관성과 비례하도록 하여야 하며, 이를 초과하여서는 안 되는 것이다.[21]

3. 헌법 제23조 제2항의 의미

헌법 제23조 제2항은 "재산권의 행사는 공공복리에 적합하여야 한다"라고 하여 법률로써 내용과 한계가 이미 확정된 구체적 재산권의 행사도 공공복리에 적합한 것이어야 한다는 재산권 행사의 공공복리적합성을 규정하고 있다. 이것은 재산권의 사회적 구속성을 명시한 개별적 법률유보이다.[22]

---

19) 장영수, 전게서, p.754.

20) 이미 프랑스 인권선언에서도 제4조는 여타의 인권과 같이 재산권의 경우에도 사회의 다른 구성원에게 같은 권리의 향유를 보장한다고 하여 제한을 가하고 있으며, 이에 기초한 프랑스 민법 제545조는 "소유권은 법령에 반하지 않는 한 가장 절대적 방법으로 물건을 사용, 처분하는 권리를 의미한다"고 하였다. 최재건, 「헌법상의 재산권 개념과 정당보상의 내용」, 『헌법논총』 제4집, 헌법재판소, 1993, p.374 참조. 한편 흔히 절대적이라고 표현되었던 토지소유권의 제약에 해당하는 상린관계에 관한 규정은 적어도 로마법에서부터(예로서 12표법 중 제62) 현대의 민법전에 계속해서 계승되고 있는 것이다. 최병조, 『로마법연구(1)』, 서울대학교출판부, 1995, p.18 참조.

21) 이명웅, 「헌법 제23조의 구조」, 『헌법논총』 제11집, 헌법재판소, 2000, p.308.

22) 권영성, 전게서, p.554.

헌법 제23조 제2항의 공공복리라는 개념[23]은 실정법에서 다양하게 사용되고 있다. 헌법 제23조 제3항에서는 "공공필요"라는 유사개념도 등장하고 헌법 제37조 제2항에서는 공공복리는 국가안전보장, 질서유지와 더불어 기본권 제한 근거의 하나로 명시되고 있다.[24] 이 개념은 그만큼 다의적이고 불확정적이다. 그렇기 때문에, 그 말의 의미는 단순한 문리해석이 아닌 체계적·목적론적 해석을 통해서 각 규범의 맥락으로부터만 밝혀낼 수 있을 뿐이다.

헌법 제23조 제2항은 기본권의 장에 위치해 있다. 헌법은 개인의 인격적 자율을 법질서의 핵심가치로 삼고 있다. 우리나라 헌법상의 민주주의원리, 법치국가원리, 사회국가원리는 모두 그 목표는 다르지만 자유와 평등이라는 공유하는 가치, 궁극적으로 인간의 존엄성 실현을 위하여 공조한다.[25]

헌법 제23조 제2항의 사회국가원리와 제37조 제2항은 원칙적으로 독자성을 갖는 개인의 공동체관련성과 공동체구속성을 구현한다는 점에서 서로 내용적 연관성을 갖고 있다. 입법자는 공공복리를 실현할 때 자유로운 질서를 보장하고 궁극적으로는 모든 공동체구성원들의 인격적 자율성의 보장을 목표로 하여야 한다. 이를 위해 모든 개인들의 자유를 행사할 수 있도록 보장함은 물론 개인의 자유행사 및 그 결과의 안전성을 보장하여야 하고, 나아가 다른 사람들의 자율성을 보장하기 위하여 개인의 자유를 제한할 수 있어야 한다.[26] 이러한 질서의 구체적 형성은 헌법 제23조 제1항 제2문에 의하여 원칙적으로 입법자에게 위임되어 있다. 그러나 그 재량의 범위는 무제한적인 것이 아니라 비례의 원칙 및 재산권의 본질적 내용의 침해금지라는 한계를 지닌다.[27] 그리고 입법자는 이러한 질서를 형성할 때, 기존의 개인재산권을 존중하여야 함은 물론, 공공복리적합의무에서 도출되는 지침도 존중하여야 한다. 그렇기 때문에 국가는 누구에게나 자주적인 삶을 가능하게 하는 법질서를 유지·형성하여야 하는 과제를 떠맡아야 한다. 이러한 질서를 통해 재산권의 존속에 대한 재산권 주체의 이익과 재화를 이용하여 삶을 영위하여야 할 타인

---

23) Uerpmann, Das öffentliche Interesse, Seine Bedeutung als Tatbestand und als dogmatischer Begriff, 1999, S. 275 ff. 참조.

24) 공공복리에 관한 외국의 헌법규정을 살펴보면 독일 기본법 제14조 제2항에서 "공공복리(Gemeinwohl)", 미국 수정헌법 제5조에서는 "공공(public)", 일본헌법 제29조 제2항에서 "공공복리"라고 규정하고 있다.

25) 계희열, 『헌법학(상)』, 박영사, 2004, p.399 이하 참조. Unruh. Der Verfassungsbegriff des Grundgesetzes, Eine verfassungstheoretische Rekonstruktion, 2002, S. 340.

26) 정태호, 「헌법 제23조 제2항의 해석론적 의의」, 『토지공법연구』 제25집, 한국토지공법학회, 2006, pp.578~579.

27) 양건, 전게서, p.513. 헌재 2005. 9. 29. 2002헌바84 등.

의 이익을 적정하게 조정하여야 한다.[28]

4. 헌법 제23조 제1항과 제2항의 관계

헌법 제23조 제1항과 제23조 제2항의 관계에서 문제가 되는 것은 제23조 제1항 제2문과 제2항을 별개의 규정으로 해석해야 하는지 아니면, 양 규정을 통합적으로 해석하여야 하는지의 문제이다. 생각하건대 이 두 조항은 서로 연결되어 있다고 해석하는 것이 타당하다. 즉 제2항의 사회적 구속성은 제1항 제2문의 재산권의 내용, 한계의 법정(法定)에 있어서도 적용된다고 보아야 할 것이다. 재산권의 내용, 한계의 형성과 그 행사는 엄격히 구별되기 어렵고 재산권의 내용, 한계의 형성에 있어서 공공복리적합의무가 적용되지 않는다면 큰 의미가 없기 때문이다. 헌법재판소의 판례도 이와 마찬가지로 해석하고 있다.[29]

5. 헌법 제23조 제1항, 제2항 및 제3항의 상호관계

일반적으로 헌법 제23조의 제1항, 제2항, 제3항의 각 항 간의 상호관계에 대해서는 특히 손실보상 문제와 관련하여 각 항의 관계를 독일의 경계이론과 분리이론으로 설명하기도 한다. 그런데 제23조 각 항의 관계는 제1항, 제2항, 제3항이 가지고 있는 규범적 성격의 차이에 관한 것이다. 헌법 제23조 제2항과 제3항은 법적으로 보장되고 있는 개인의 재산권이지만 국민의 복리증진 및 보다 적극적으로 공익의 실현을 위해서 개인적 권리가 공공의 필요성에 양보해야 하는 경우를 말한다. 우리나라의 현실에 비추어 보면, 특히, 부동산에 대하여 공적 규제를 하거나 공익사업을 위하여 개인 소유의 부동산을 강제로

---

28) 김문현, 전게논문, p.168.

29) 헌재 1998. 12. 24. 89헌마214 등 "재산권이 법질서 내에서 인정되고 보호받기 위해서는 입법자에 의한 형성을 필요로 한다. 즉 재산권은 이를 구체적으로 형성하는 법률이 있을 경우에는 재산에 대한 사실상의 지배만 있을 뿐이므로 다른 기본권과는 달리 그 내용이 입법자에 의하여 법률로 구체화됨으로써 비로소 권리다운 모습을 갖추게 된다. 입법자는 재산권의 내용을 구체적으로 형성함에 있어서 헌법상의 재산권보장과 재산권의 제한을 요청하는 공익 등 사회적 구속성을 함께 고려하고 조정하여 양 법익이 조화와 균형을 이루도록 하여야 한다" 헌법재판소의 일부 판례에서 살펴보면 제23조 제1항 제2문은 재산권 제한보다는 재산권형성에 더 많은 비중을 두고 있다고 본다. 즉 민법 제245조 제1항에 대한 헌법소원에서 "헌법이 보장하는 재산권의 내용과 한계를 정하는 법률은 재산권을 제한하는 의미가 아니라 재산권을 형성한다는 의미를 갖는다"라고 판시하고 있다. 그러나 헌법재판소가 「택지소유상환에 관한 법률」제2조 제1호 나목 등 위헌소원사건에서는 헌법 제23조 제1항 제2문과 제2항을 통합적으로 해석하여, 재산권행사의 사회적 구속성으로 해석하고 있다(헌재 1993. 7. 29. 92헌바20, 헌재 1999. 4. 29. 94헌바37).

취득해야 하는 경우가 여기에 해당한다고 볼 수 있다. 따라서 재산권의 행사가 공공복리에 적합하거나 공공필요에 의한 재산권에 대한 침해행위에 대해서는 입법자가 비교적 광범위한 입법형성권을 갖는 것으로 보아야 한다.[30]

이에 비하여 헌법 제23조 제1항은 고전적으로 재산권에 대한 자유주의적 관점이 최대한 실현되어야 함을 의미한다. 즉 토지재산권 등 사회적 구속성이 강하게 요구되거나 공공의 필요라는 개념이 적용되기 어려운 순수한 개인적 재산권의 경우에는 입법자의 형성권은 '최대한의 보장'을 의미한다. 특히, 문제가 될 수 있는 부분은 제1항 제2문의 "그 내용과 한계는 법류로 정한다"는 내용이다. 이 내용은 표면적으로는 개인이 소유하고 관리하는 모든 재산권의 내용과 행사의 한계를 마치 모두 입법자가 전적으로 규정하는 것으로 오해할 소지가 있다. 그러나 헌법 제23조의 규범구조로 보면 이른바, 내용과 한계 규정은 제1항의 "모든 국민의 재산권은 보장된다"는 재산권의 최대한 보장을 실현한다는 원칙하에 그 구체적인 내용과 행사의 한계를 정한다는 의미로 이해할 필요가 있다. 따라서 내용과 한계규정은 제1문을 구체화하는 규정으로 제1항의 자유주의적 성격을 무시한 견해라고 할 수 있다. 따라서 제1항 제1문이 주된 규정이라면 제2문은 종 된 규정이며, 양자 간에는 비대칭적 관계가 존재한다.

지금까지 헌법 제23조 제1항과 제2항의 상호 관계를 살펴보았다. 여기에서 제1항, 제2항과 제3항과의 관계를 언급하면 제3항은 제1항에 의해서 개인의 재산권은 보장되지만 제2항에 의하여 사회적 구속성을 지니며, 제3항에 의해 공공의 필요에 따라 재산권의 침해가 되면 정당한 보상을 해 주어야 한다는 취지에서 볼 때 제1항, 제2항, 제3항은 밀접한 구조적 체계를 이루고 있음을 알 수 있다. 제3항에서는 제2항의 사회적 구속성과 공용수용의 구별에 있어서 문제가 되며, 정당한 보상, 보상기준, 보상규정이 없는 경우에 있어서 보상과 관련하여 견해가 대립되고 있다.

6. 소결

앞에서 헌법 제23조의 입법론적 해석에 대해서 살펴보았다. 우선 헌법 제23조 제1항에서 입법자는 헌법 제23조 제1항 제2문에 따른 재산권의 내용과 한계를 정함에 있어서

---

30) 다만, 헌법 제23조 제3항의 공용침해 허용요건인 '공공의 필요'는 헌법 제37조 제2항에 의한 기본권제한 입법의 요건인 "국가안전보장, 질서유지 또는 공공복리"라는 일반·추상적인 기본권제한의 요건만으로는 가능하지 않으며, "공공의 필요"라는 공용침해에 특유한 정당화 근거가 있어야 허용될 수 있다. 김성수, 『개별행정법』, 법문사, 2004, p.641.

제1항 제1문의 재산권은 보장된다는 규정을 단순한 사유재산제도의 보장이라는 최소한의 인식을 하여서는 아니 되며, 하나의 자연법적인 자유권으로서 실질적으로 고려하여야 한다.

　헌법 제23조 제2항의 재산권 공공복리적합의무에서 불확정 개념인 '공공복리'의 해석에서 지향하는 목적은 개인의 자율성보장이다. 즉 공공복리적합의무를 지나치게 강조한 나머지 개인의 재산권행사의 자율성을 간과(看過)해서는 안 된다. 공공복리는 재산권질서의 개방성을 유지하고, 재산권적 지위의 지속 가능성에 대한 개인의 신뢰를 원칙적으로 보호하고, 재산권 및 재산권객체의 이용 및 그 상태로부터 발생하는 위험에 대한 책임을 재산권 주체에 귀속시켜 궁극적으로 위험을 예방하는 기능을 수행하여야 한다.

　그리고 헌법 제23조 제1항 제2문과 제2항과의 관계에 있어서는 헌법 제23조 제1항 제2문과 제2항은 상이한 제한 가능성을 의미하는 것이 아니라, 통일적 법률유보라고 해석하는 것이 타당하다. 즉 재산권보장의 구체적인 내용의 형성은 입법자의 형성적 자유에 의해 결정됨과 동시에 고려하여야 한다는 것이다.[31]

　헌법 제23조 제3항의 해석에 있어서 적어도 공용수용과 손실보상의 규정에 한해서는 결부조항[32]이 허용된다는 점에 대해서는 이견이 없다고 생각한다.[33] 다만, 문제가 되는 것은 공용제한의 경우이다. 이 경우에도 통상적인 재산권의 제약이 아니라 공용수용에 준할 정도로 중대하고 수인할 수 없는 정도의 재산권침해에 대해서, 즉 사회적 구속성의 범위를 넘어서 특별한 희생이 발생하면, 보상을 하여야 한다는 취지로 해석하는 것이 타당하다고 생각한다. 그리고 보상규정이 없는 경우에는 분리이론에 따른 위헌·무효로 보아 조정적 보상이 이루어진다는 법리에 반하여 경계이론의 입장에서 헌법 제23조의 규정을 유추 적용하여 보상할 수 있으며, 수용유사적 침해에 대한 보상 또는 수용적 침해에 대한 보상으로 갈음할 수 있다고 생각한다.

---

31) 헌재 1998. 12. 24. 89헌마214.

32) 여기서 말하는 결부조항은 논자에 따라 부대조항, 급부조항, 불가분조항 등으로 표현되기도 한다. 박상희, 「재산권침해유형에 대한 구별이론의 새로운 필요성」, 『법제연구』, 한국법제연구원, 1994, pp.193~214.

33) 일부 학설은 헌법 제23조의 연혁을 고려하여 원칙적으로 결부조항을 인정하나 보상까지 법률에 정한 경우에만 수용 등이 가능하다고 해석하는 것이 타당하고 주장한다. 이른바 한정적 결부조항을 주장하고 있다. 이명웅, 「헌법 제23조의 구조」, 『헌법논총』 제11집, 2000, p.335.

Ⅲ. 公用收用

1. 공용수용의 의의

공용수용(Enteignung, compulsory, acquisition, taking)이란 공익사업을 위하여 공익사업주체가 법률에 의거하여 타인의 토지 등의 재산권을 강제적으로 취득하는 작용을 말한다.[34] 즉 공권력의 행사에 의하여 개인의 기득재산권을 제한하거나 이를 박탈하는 행위를 말하는 것으로서, 여기서 재산권에 대한 공용수용이란 위법한 재산권의 박탈, 또는 감소를 말하는 것이 아니라 일정한 요건과 형식에 의한 적법한 재산권의 침해를 말한다. 이는 공용징수[35]라고도 한다. 판례는 "공용수용은 공익사업을 위하여 타인의 특정한 재산권을 법률의 힘에 의하여 강제적으로 취득하는 것"이라고 정의하고 있다.[36]

여기서 강제적 취득이란 민법상 계약에 의한 임의 매수와 달라서, 종전 권리자의 의사 여하에 관계없이 수용권자가 일방적으로 특정한 재산권을 취득하며, 종전의 권리자에게 특정한 재산권을 제공할 의무를 부담시켜 그 이행의 결과로 재산권을 취득하는 것이 아니라, 수용권자가 직접 재산권 그 자체를 취득한다.

공용수용에 의한 수용권자의 권리 취득은 승계취득이 아니라, 수용권자가 새로운 권리를 취득함과 동시에 종전의 권리자 권리가 소멸하게 되는 원시취득에 해당한다.[37]

고전적 수용 개념은 특정한 공익사업을 위한 특정한 토지의 강제적 취득을 그 개념적 징표로 한 것이나 현대적 의미의 수용 개념은 그것을 복리행정상의 목적을 위한 재산권의 강제적 취득으로 확장시킨 것이다.

최근에는 수용, 사용, 제한을 포괄하는 용어로 공용침해라 하고 있다.[38] 공용수용의 개념을 공용침해로 확장하면 타인의 재산권에 대한 위법한 침해, 즉 수용유사적 침해

---

34) 윤양수, 『행정법개론』, 제주대학교출판사, 2007, p.692; 박윤흔『행정법강의(하)』, 박영사, 2004, p.595; 박평준, 『행정상손실보상법리연구』, 고시연구사, 2000, p.65; 김동희, 『행정법Ⅱ』, 박영사, 2003, p.355; 홍정선『행정법특강』, 박영사, 2006, p.1046.

35) 대판 1995. 12. 22. 95누13890 "수용도 양도소득세의 과세대상인 자산의 양도에 해당하는 것으로 본다"

36) 대판 1994. 1. 11. 93누8108.

37) 토지보상법에 의한 수용, 재결의 효과로서 수용에 의한 기업자의 토지소유권취득은 토지소유자와 수용자와의 법률행위에 의하여 승계 취득하는 것이 아니라, 법률의 규정에 의하여 원시 취득하는 것이다. 따라서 수용목적물의 소유자가 누구인가를 막론하고 이를 거부할 수 없을 뿐만 아니라, 국가의 공권력에 의하여 이미 가지고 있던 소유권은 그 수용으로 인하여 소멸함과 동시에 기업자가 완전하고 확실하게 그 권리를 취득한다(대판 2001. 1. 16. 98다58511, 대판 1971. 6. 22. 71다873).

38) 김남진, 『행정법Ⅱ』, 박영사, 2000, p.400.

(Enteignunggsgleicher Eingriff)와 적법한 작용의 이형적, 비의욕적인 부수적 결과로서 타인의 재산권에 가해진 침해, 즉 수용적 침해(Enteignender Eingriff)를 포함하게 되는 이점이 있다.[39]

우리나라 헌법은 제23조 제3항에서 "공공필요에 의한 재산권의 수용, 사용, 제한 및 그에 대한 보상은 법률로써 하되 정당한 보상을 지급하여야 한다"고 규정하고 있다.[40] 공용수용에 관한 일반법에 준하는 성격을 가진 법률로서 「공익사업을 위한 토지 등의 취득 및 보상에 관한 법률」이 있고, 그 외에 「국토의 계획 및 이용에 관한 법률」, 「도로법」, 「하천법」, 「철도법」, 「항만법」, 「징발법」, 「주택법」 등 다수의 개별 법률들도 일정한 경우의 공공수용에 관하여 규정하고 있다. 이들 공용수용에 관한 개별법은 공용수용에 관한 모든 사항을 스스로 규정하고 있는 것이 아니라 특히 필요한 사항에 대하여 규정하고 있을 뿐이고, 그 이외의 사항은 일반법인 「공익사업을 위한 토지 등의 취득 및 보상에 관한 법률」의 규정을 준용하게 된다. 공용수용을 할 수 있는 공익사업은 제4조에 일반적으로 규정되어 있으며,[41] 다른 개별 법률에 규정되기도 한다.

---

39) Maurer, Allgemeines Verwaltungsrecht. 11. Aufl., 1977. S. 705.

40) 프랑스에서 수용의 근거는 인민과 시민의 권리선언 제17조에 근거규정인 "신성불가침이고 신성한 재산권은 법률적으로 인정된 공용이 요청되고 정당하고 사전보상의 조건하에서 이루어지지 않는 한 어느 누구도 박탈될 수 없다" 이러한 규정을 근간으로 프랑스 헌법 제34조 제4항 제4호를 들 수 있다. 여기에서는 "법률은 소유권, 물권과 민사상의 채무제도의 기본적인 원칙을 정한다"고 규정하고 있다. 가장 중요한 근거는 수용법전이다. 1977년 발효한 공용수용법전은 230여 개의 조문으로 구성되어 있다. 이형우, 「프랑스의 공용수용과 손실보상에 관한 연구」, 연세대학교대학원 석사학위논문, 1997, pp.17∼22. 중국은 중화인민공화국헌법 제10조 제3항에서 "공공이익적 수요를 위해서 법률의 규정에 의거하여 토지를 수용할 수 있다. 토지에 대하여 보상을 한다"고 규정하고 있다. 현재 토지수용과 관련된 일반법은 존재하지 않고 농지수용을 규정하고 있는 「토지관리법」과 도시건물의 수용을 규정하고 있는 「도시건물철거관리조례」가 있다. 일본은 헌법 제29조 제3항에서 "사유재산은 정당한 보상하에 이를 공공목적 때에 공여될 수 있다"고 규정하고 있다.

41) 「공익사업을 위한 토지 등의 취득 및 보상에 관한 법률」 이 법에 의하여 토지 등을 취득 또는 사용할 수 있는 사업은 다음 각 호의 1에 해당하는 사업이어야 한다. ① 국방, 군사에 관한 사업, ② 관계 법률에 의하여 허가, 인가, 승인, 지정을 받아 공익을 목적으로 시행하는 철도, 도로, 공항, 항만, 주차장, 공명차고지, 화물터미널, 삭도, 궤도, 하천, 제방, 댐, 운하, 수도, 하수도, 하수종말처리, 폐수처리, 사방, 방풍, 방화, 방조, 방수, 저수지, 용배수로, 석유비축 및 송유, 폐기물처리, 전기, 전기통신, 방송, 가스 및 기상관측에 관한 사업, ③ 국가 또는 지방자치단체가 설치하는 청사, 연구소, 공장, 시험소, 보건 또는 문화시설, 공원, 광장, 운동장, 시장, 묘지, 화장장, 도축장 그 밖의 공공용 시설에 관한 사업, ④ 관계 법률에 의하여 허가, 인가, 승인, 지정 등을 받아 공익을 목적으로 시행하는 학교·도서관·박물관 및 미술관의 건립에 관한 사업, ⑤ 국가, 지방자치단체, 정부투자기관, 지방공기업 또는 국가나 지방자치단체가 지정한 자가 임대나 양도의 목적으로 시행하는 주택의 건설 또는 택지의 조성에 관한 사업, ⑥ 제1호 내지 제5호의 사업을 시행하기 위하여 필요한 통로·교량·전선로·재료적치장 그 밖의 부속시설에 관한 사업, ⑦ 제1호부터 제5호까지의 사업을 시행하기 위하여 필요한 주택, 공장 등의 이주단지 조성에 관한 사업, ⑧ 그 밖의 다른 법률에 의하여 토지 등을 수용 또는 사용할 수 있는 사업, 공익사업인가의 여부는 그 사업 자체의 성질로 보아 그 사업의 공공성과 독자성을 인정할 수 있는가의 여부로써 정할 것이고, 사업주체에 따라 정할 성질이 아니다(대판 1970. 9. 22. 70누811, 대판 1971. 10. 22. 71다1716).

2. 공용수용의 당사자

1) 수용자

수용자란 공용수용을 할 수 있는 공익사업의 시행주체를 말하며, 「공익사업을 위한 토지 등의 취득 및 보상에 관한 법률」에서는 이를 사업시행자라고 하고 있다.[42] 수용자는 국가, 지방자치단체, 기타 공공단체가 되는 것이 보통이며 사인이 공익사업주체로서 수용자가 될 때도 있다.[43]

수용자는 공익사업의 주체로서, 그 사업을 위하여 필요한 목적물인 재산권을 취득할 권리를 가지고, 또한 그와 관련하여 수용의 목적달성을 위한 여러 권리를 가진다. 이러한 권리는 사업주체로서 가지는 것이므로 사업이 이전되면 사업과 함께 승계인에게 이전된다.

한편, 「공익사업을 위한 토지 등의 취득 및 보상에 관한 법률」 제8조 제1항에 의하면 "사업시행자는 대통령이 정하는 바에 따라 당해 공익사업의 수행을 위하여 필요한 서류의 발급을 국가, 또는 지방자치단체에 신청할 수 있으며, 국가 또는 지방자치단체는 이에 응하여야 한다"고 규정하고 있다.

(1) 수용권의 주체에 관한 학설

수용자가 국가인 경우에는 의문이 없으나 수용자가 국가 이외의 공공단체 또는 사인인 경우에 실질적인 수용자가 누구인가에 대해서는 국가수용권설, 사업시행자수용권설, 국가위탁권설이 대립되고 있다.

가. 국가수용권설

국가수용권설은 공용수용의 본질을 수용의 효과를 야기할 수 있는 능력으로 보며, 이러한 능력을 가진 주체는 국가이기 때문에 공용수용의 주체는 국가이고, 사업시행자는 국가에 대하여 자기사업을 위하여 필요한 토지 등을 수용하여 줄 것을 청구할 수 있는 권리를 가짐에 불과하다고 보는 견해이다.[44]

---

42) 「공익사업을 위한 토지 등의 취득 및 보상에 관한 법률」 제2조 제3호.

43) 윤양수, 전게서, p.714; 한견우, 『행정법Ⅱ』, 홍문사, 1996, p.186. 사인이 자신의 이름으로 공법상의 사무를 처리할 수 있는 권한을 위임받아 그 범위 안에서 행정주체로서 지위에 있게 되는 경우의 사인을 공무수탁사인 또는 공무수탁기업이라고 한다. 장태주, 『행정법개론』, 현암사, 2004, p.110.

44) 윤세창, 『행정법(하)』, 2000, p.343.

나. 사업시행자수용권설

사업시행자수용권설은 공용수용의 본질을 특정한 공익사업을 위한 재산권의 강제적 취득이라고 보기 때문에 수용권을 공동수용의 효과를 향수할 수 있는 능력으로 본다. 공공단체 또는 사인인 사업시행자도 재산권취득의 효과를 향수할 수 있는 능력이 있는 자이므로 수용권의 주체가 되는 것으로 보는 견해로서[45] 다수설이다.

다. 국가위탁권설

국가위탁권설은 수용권은 국가에 귀속하는 국가적 공권이며, 국가는 사업인정을 통하여 이를 국가나 지방자치단체가 아닌 사업시행자에게 위탁한 것이라는 입장이다. 다시 말하면 사업시행자는 수용권의 주체가 되지 못하며, 단지 국가에 대하여 수용권의 행사를 청구할 수 있는 지위에 있게 되는 수용청구자가 되는 것으로 본다.[46]

(2) 검토

공용수용의 본질은 사업시행자가 특정한 공익사업을 시행하기 위하여 보상을 전제로 재산권을 강제 취득하는 데 그 의미가 있는 점과 수용의 강제성은 수용의 효과를 위한 원인행위에 불과하다는 점을 고려할 때 사업시행자로 하여금 보상을 행하고, 그 재산권을 취득하는 권리를 사업시행자에게 부여하는 사업시행자수용권설이 타당하다고 생각한다.

2) 피수용자

공용수용의 인적 객체로서 피수용자는 수용의 목적물인 재산권의 주체로서, 수용할 토지·물건의 소유자와 그 토지·물건에 관하여 소유권 이외의 권리를 가진 자를 말한다.[47] 「공익사업을 위한 토지 등의 취득 및 보상에 관한 법률」은 이를 "토지소유자 및

---

45) 이상규, 『신행정법론』, 법문사, 1997, pp.583~584; 박윤흔, 『최신행정법강의(상)』, 박영사, 2002, p.655; 김남진, 전게서, p.446; 윤양수, 전게서, p.715.

46) 석종현, 『손실보상법론』, 삼영사, 2003, p.333.

47) 한견우, 전게서, p.187. 이와 관련한 판례로서 "토지수용법 등에 의한 토지수용의 경우 기업자가 과실 없이 수용절차를 마쳤다면, 그 수용이 효과를 부인할 수 없으며, 수용목적물의 소유자가 누구임을 막론하고 이미 가지고 있던 소유권은 소멸함과 동시에 기업자가 원시취득하며, 기업자나 중앙토지수용위원회가 수용토지의 소유자가 따로 있음을 알 수 있었음에도 과실로 인하여 타인의 소유로 다루고 실체적 소유자의 참여 없이 수용절차가 이루어진 것은 위법이라 하더라도 그 사유만으로 이미 이루어진 수용재결이 당연 무효라고 할 수 없다."(대판 1991. 11. 12. 91다27617)

관계인"으로 규정하고 있다.[48] 여기서 관계인이란 사업시행자가 취득한 토지에 관하여 지상권, 지역권, 전세권, 저당권, 사용대차, 또는 임대차에 의한 권리 기타 토지에 관한 소유권 외의 권리를 가진 자, 또는 그 토지에 있는 물건에 관하여 소유권 기타의 권리를 가진 자를 말한다. 다만, 국토해양부장관에 의한 사업인정의 고시가 있은 후에 권리를 취득한 자는 기존의 권리를 승계한 자를 제외하고는 관계인에 포함되지 아니하며, 수용 목적물에 대한 가처분 권리자도 피수용자가 되지 못한다.[49]

3. 공용수용의 목적물

1) 공용수용의 목적물

공용수용의 목적물은 관련 법률에서 정해지는데 「공익사업을 위한 토지 등의 취득 및 보상에 관한 법률」이 정한 공용수용의 목적물은 토지소유권, 토지에 관한 소유권 이외의 권리, 토지와 함께 공익사업을 위하여 필요한 입목, 건물 기타 토지에 정착한 물건 및 이에 관한 소유권 외의 권리, 광업권 · 어업권, 또는 물의 사용에 관한 권리, 토지에 속한 흙 · 돌 · 모래 또는 자갈에 관한 권리이다.

각 개별법이 규정하고 있는 공용수용이 목적물로는 특허권, 실용실안권, 의장권과 같은 무채재산권 등이 있다.[50]

(1) 목적물의 제한

공용수용은 공익사업을 위하여 타인의 특정한 재산권을 법률의 힘에 의하여 강제적으로 취득하는 것이므로 공용수용의 목적물은 특정한 공익사업을 위해 필요한 최소한의 것이어야 한다.[51] 그런데 물건 자체의 성질상 공용수용이 불가하거나 제한되는 것이 있다.

---

48) 「공익사업을 위한 토지 등의 취득 및 보상에 관한 법률」 제2조 제4호.

49) 대판 1973. 2. 26. 72다2401. "부동산에 대한 수용절차개시 이전에 종전 소유자로부터 동 부동산을 매수하여 그 주장과 같은 가처분등기를 종료하였다 하더라도 가처분 등기는 토지소유자에 대하여 임의처분을 금지함에 그치고 그로써 소유권취득의 효력까지 주장할 수 없을 뿐만 아니라, 이러한 가처분 권리자는 토지수용법 제4조 제3항에서 말하는 관계인으로 해석할 수 없다."

50) 특허법 제106조 제1항: 정부는 특허발명이 전시, 사변 또는 이에 준하는 비상시에 있어서 국방상 필요한 때에는 특허권을 수용하거나 특허발명을 실시하거나 정부 외의 자로 하여금 실시하게 할 수 있다.

51) 대판 1994. 1. 11. 93누8108. "공용수용은 공익사업을 위하여 타인의 특정한 재산권을 법률의 힘에 의하여 강제적으로 취득하는 것이므로 수용할 목적의 범위는 원칙적으로 사업을 위하여 필요한 최소한도에 그쳐야 하므로 그 한도를 넘는 부분은 수용대상이 아니므로 그 부분에 대한 수용은 위법하다 할 것이고,

국가의 행정재산은 양도의 대상이 될 수 없기 때문에 공용수용의 대상이 될 수 없다고 하겠다. 그러나 특정의 행정재산이 특별히 더 큰 공익사업에 필요하다면 공용폐지를 거쳐 수용의 대상이 될 수도 있을 것이다.[52) 그리고 공익사업에 수용 또는 사용되고 있는 토지 등은 특별한 필요가 있는 경우가 아니면 이를 다른 공익사업을 위하여 수용할 수 없다.[53) 또한 치외법권이 인정된 외국대사관·영사관 등의 부지·건물은 공용 수용할 수 없다.

(2) 목적물의 확장

수용할 목적물의 범위는 원칙적으로 공익사업을 위하여 필요한 최소한도에 그쳐야 하나, 예외적으로 그 한도를 넘어서 수용하는 것이 피수용자의 권리보호나 당해 사업의 목적에 비추어 필요한 경우에는 예외적으로 수용의 대상을 확장할 수 있다.[54) 이와 같이 수용의 대상을 확장시켜 행하는 확장수용의 유형으로는 잔여지수용과 완전수용 및 이전에 갈음하는 수용이 있다.

잔여지수용이란 동일한 토지소유자에게 속하는 일단의 토지 일부가 협의에 의하여 매수되거나 수용됨으로 인하여 잔여지를 종래의 이용목적에 계속 이용되는 것이 현저히 곤란한 경우에 당해 토지소유자는 사업시행자에게 일단의 토지 전부를 매수하여 줄 것을 청구할 수 있으며, 사업인정 후에는 관할 토지수용위원회에 수용을 청구할 수 있다.[55) 이와 같이 소유자의 청구에 의하여 그 잔여지도 함께 수용하는 것을 말한다.[56)

완전수용이란 사업시행자가 토지를 수용하지 아니하고 토지사용을 하고자 하는 경우에 토지사용기간이 3년 이상인 때나 토지의 사용으로 인하여 토지의 형질이 변경되는 때, 또는 사용하고 있는 토지에 그 토지소유자의 건축물이 있는 때에 당해 토지소유자의 청

초과 수용된 부분이 적법한 수용대상과 불가분적 관계에 있는 경우에는 그에 대한 의의재결 전부를 취소할 수밖에 없다 할 것이다."

52) 홍정선, 『행정법(하)』, 박영사, 2006, p.524.

53) 「공익사업을 위한 토지 등의 취득 및 보상에 관한 법률」 제19조 제2항, 헌재 2000. 10. 25. 2000헌바32. "구 토지수용법 제5조는 이른바 공익 또는 수용권의 충돌문제를 해결하기 위한 것으로서, 수용적격사업이 경합하여 충돌하는 공익의 조정을 목적으로 한 규정이다. 즉 현재의 공익사업에 이용되고 있는 토지는 가능하면 그 용도를 유지하기 위하여 합리적이라는 이유로, 보다 더 필요한 공익사업을 위하여 특별히 필요한 경우에 한하여 예외적으로 수용의 목적물이 될 수 있다고 규정한 것이고, 토지 등을 수용할 수 있는 요건 또는 그 한계를 정한 것이 아니다."

54) 윤양수, 전게서, p.716; 한견우, 전게서, p.189.

55) 「공익사업을 위한 토지 등의 취득 및 보상에 관한 법률」 제74조 제1항.

56) 홍정선, 전게서, p.525; 김동희, 전게서, p.362.

구에 의하여 그 토지를 수용하는 것을 말한다. 이 경우 관계인은 사업시행자 또는 관할 토지수용위원회에 그 권리의 존속을 청구할 수 있다.[57]

이전에 갈음하는 수용이란 수용·사용할 토지 위에 있는 건축물·입목·공작물 기타 토지에 정착한 물건은 이전료를 보상하고 이전시키는 것이 원칙이나[58] 물건의 이전이 어렵거나 이전으로 인하여 종래의 목적대로 사용할 수 없게 되는 경우 또는 이전비가 물건의 가격을 초과하는 경우에 그 이전에 갈음하여 당해 물건을 수용하는 것을 말한다.

한편, 본래의 공익사업 그 자체에 필요한 토지는 아니지만 그 사업의 시행과정에서 없어서는 아니 될 도로·교량 등 기타 부대시설의 건설에 필요한 토지 등을 수용하는 것을 지대수용이라고 한다. 조성, 정리가 완성된 후에는 타인에게 매각, 또는 임대하여 비용의 일부에 충당하는 것이 보통이다.[59] 이러한 지대수용에 관하여 우리나라 실정법은 인정하지 않고 일시 사용을 인정하는 데 그치고 있다.[60]

4. 공용수용절차

1) 사업인정

(1) 의의

사업인정이란 토지 등을 수용할 사업이 「공익사업을 위한 토지 등의 취득 및 보상에 관한 법률」 제4조에 열거되어 있는 공익사업에 해당함을 인정하여, 사업시행자에게 일정한 절차의 이행을 조건으로 일정한 내용의 수용권을 설정하는 행정행위다.[61] 즉 수용의 요건을 갖춘 공익사업이라도 대통령령이 정하는 바에 따라 국토해양부장관의 사업인정을 받아야 비로소, 토지 등의 수용이 가능하게 된다.[62]

---

57) 「공익사업을 위한 토지 등의 취득 및 보상에 관한 법률」 제72조.
58) 「공익사업을 위한 토지 등의 취득 및 보상에 관한 법률」 제48조 제1항.
59) 김동희 상계서, p.363; 박윤흔 전게서, p.631.
60) 「국토의 계획 및 이용에 관한 법률」 제95조 제2항·제130조 제1항.
61) 윤양수, 전게서, p.828.
62) 「공익사업을 위한 토지 등의 취득 및 보상에 관한 법률」 제20조.

(2) 성질

사업인정으로서 사업시행자에게는 토지수용 등을 위한 절차를 개시할 권리 및 이들 절차의 이행 조건으로 토지 등을 수용할 권리가 주어지고, 토지소유자 등에게는 사업인정의 고시가 있은 후에 고시된 토지에 대하여 사업에 지장을 줄 우려가 있는 형질변경 등을 하지 못하는 부작위의무가 부과되며 손실보상청구권이 인정된다. 즉 사업인정으로 사업시행자 및 토지소유자 등에게 일정한 법적 효과가 발생한다. 따라서 사업인정은 일종의 행정행위로 볼 수 있으며, 일정한 절차를 거칠 것을 조건으로 하여 사업시행자에게 수용권을 설정해 주는 형성행위이고, 사업의 공적 필요성에 대한 판단에 있어서 사업인정을 하는 행정청에 재량이 인정되는 재량행위라고 할 수 있다.[63]

(3) 효과

사업인정고시의 효과로서 수용목적물의 범위가 확정되고, 수용권자는 그 목적물에 대한 현재 및 장래의 권리자에게 대항할 수 있는 일종의 공법상의 권리를 갖게 된다.[64] 또한 사업인정고시가 있은 후에는 누구든지 고시된 토지에 대하여 사업에 지장을 초래할 우려가 있는 형질의 변경이나 토지와 함께 공익사업에 필요한 물건을 손괴 또는 제거하지 못한다. 사업인정의 고시가 있은 후에는 고시된 토지에 건축물의 건축·대수선·공작물의 설치 또는 물건의 부가·증치를 하고자 하는 자는 시장, 군수 또는 구청장의 허가를 받아야 한다. 위의 규정을 위반한 토지소유자 또는 관계인은 원상으로 회복하여야 하며, 이에 관한 손실의 보상을 청구할 수 없다.[65]

---

63) 사업인정의 성질에 관하여 대법원의 판례를 살펴보면 "광업법 제87조 내지 제89조, 토지수용법 제14조에 의한 토지수용을 위한 사업인정은 단순한 확인행위가 아니라 형성행위이고 당해 사업이 비록 토지를 수용할 수 있는 사업에 해당된다 하더라도 행정청으로서는 그 사업이 공용수용을 할 만한 공익성이 있는지의 여부를 모든 사항을 참작하여 구체적으로 판단하여야 하는 것이므로 사업인정의 여부는 행정청의 재량에 속한다"고 판시하고 있다(대판 1992. 11. 13. 92누596). 그리고 사업인정을 처분함에 있어서 결정기준에 관하여 대법원은 "공익사업을 위한 토지 등의 취득 및 보상에 관한 법률의 규정에 의한 사업인정처분이라 함은 공익사업을 토지 등을 수용 또는 사용할 사업으로 결정하는 것으로서 단순한 확인행위가 아니라 형성행위이므로, 당해 사업이 외형상 토지 등을 수용 또는 사용할 수 있는 사업에 해당한다 하더라도 행정주체로서는 그 사업이 공용수용을 할 만한 공익성이 있는지의 여부와 공익성이 있는 경우에도 그 사업의 내용과 방법에 대하여 사업인정처분에 관련된 자들의 이익을 공익과 사익 간에서는 물론, 공익 상호 간 및 사익 상호 간에도 정당하게 비교·교량하여야 하고, 그 비교·교량은 비례의 원칙에 적합하도록 하여야 한다"고 판시하고 있다(대판 2005. 4. 29. 2004두14670).

64) 대판 1987. 9. 8. 87누395. "토지수용법 제14조에 따른 사업인정은 그 후 일정한 절차를 거칠 것을 조건으로 하여 일정한 내용의 수용권을 설정해 주는 행정처분의 성질을 띠는 것으로서, 그 사업인정을 받음으로써 수용할 목적물의 범위가 확정되고 수용권자로 하여금 목적물에 관한 현재 및 장래의 관리자에게 대항할 수 있는 일종의 공법상권리로서의 효력을 발생시킨다고 할 것이다."

65) 「공익사업을 위한 토지 등의 취득 및 보상에 관한 법률」 제23조 제1항, 제2항.

사업인정고시가 있은 후 사업의 전부 또는 일부를 폐지하거나 변경함으로 인하여 토지 등의 전부 또는 일부를 수용할 필요가 없게 된 경우에는 사업시행자가 지체 없이 사업지 내의 관할 시·도지사에게 신고하고, 토지소유자 및 관계인에게 통지하여야 한다.[66] 이러한 신고 또는 직권으로 관보에 고시하면 그 고시일로부터 사업인정의 전부 또는 일부는 효력을 상실한다.[67]

2) 협의

(1) 의의

협의는 사업인정의 고시가 있은 후 사업시행자가 수용의 목적물 취득을 위하여 그 토지소유자 및 관계인 사이에 행하는 합의로서 공용수용의 제3단계 절차이다. 사업시행자는 공익사업의 시행상 필요한 목적물을 수용재결에 의하여 강제적으로 취득할 수 있지만, 그와 같은 방법은 복잡한 절차를 거쳐야 하고 사업시행자와 토지소유 및 이해관계인 사이에 갈등을 초래할 수 있어 원활한 공익사업의 수행을 어렵게 할 수 있다. 따라서 토지소유자 등에게 당해 공익사업의 취지를 이해시켜 협력을 구하게 되면 토지 등을 간편하게 취득할 수 있고, 공익사업을 원활하게 수행할 수 있게 되는 것이다.[68]

「공익사업을 위한 토지 등의 취득 및 보상에 관한 법률」의 규정에 의한 협의라 함은 사업시행자가 수용할 토지 등의 범위, 수용시기, 손실보상 등에 관하여 토지소유자 및 관계인과의 교섭행위를 말한다.[69] 「공익사업을 위한 토지 등의 취득 및 보상에 관한 법률」은 사업인정의 고시가 있은 후에 사업시행자는 토지조서 및 물건조서의 작성, 보상계획의 공고·통지 및 열람, 보상액의 산정과 관련하여 그 토지 등에 관하여 권리를 취득하거나 소멸시키기 위하여 토지소유자 및 관계자인과 협의를 하여야 한다고 규정하고 있다.[70]

(2) 성질

협의의 법적 성질에 대해서는 사법상 계약설과 공법상 계약설의 대립이 있다. 사법상 계약설은 협의를 사업시행자가 토지소유자 및 관계인과 대등한 지위에서 행하는 임의적

---

66) 「공익사업을 위한 토지 등의 취득 및 보상에 관한 법률」 제26조 제1항.

67) 「공익사업을 위한 토지 등의 취득 및 보상에 관한 법률」 제24조 제2항.

68) 석종현, 『손실보상법론』, 삼영사, 2003, p.364.

69) 윤양수, 전게서, p.831.

70) 「공익사업을 위한 토지 등의 취득 및 보상에 관한 법률」 제16조.

합의이고, 수용권의 행사는 아니므로 사법상의 매매계약과 성질상 동일한 것으로 보는 견해이다. 공법상계약설은 협의를 수용권의 주체인 사업시행자가 그 토지 등의 권리를 취득하기 위하여 기득의 수용권을 실행하는 것으로서 공법상 계약이라는 것이 다수설이다.[71]

협의가 성립된 경우에 사업시행자는 사업인정의 고시가 있는 날부터 1년 이내에 토지소유자 및 관계인의 동의를 얻어 관할 토지수용위원회에 협의성립의 확인을 신청할 수 있으며,[72] 특히 「공증인 법」에 의한 공증을 받아 협의성립의 확인신청을 한 때에는 관할 토지수용위원회가 수리함으로써 확인된 것으로 본다.[73]

(3) 효과

관할 토지수용위원회에 의한 협의성립의 확인 또는 공증을 받은 협의성립확인신청서의 수리는 재결로 간주되며,[74] 사업시행자, 토지소유자 및 관계인은 그 확인된 협의의 성립이나 내용에 대하여 다툴 수 없다.[75]

협의가 성립되고 그것이 관할 토지수용위원회에 의하여 확인되면 공용수용의 절차는 종결되고, 협의의 내용에 따라 수용의 효과가 발생한다. 즉 사업시행자는 수용의 개시일까지 보상금을 지급 또는 공탁하고,[76] 피수용자는 수용의 개시일까지 토지 등을 사업시행자에게 인도 또는 이전함으로써,[77] 사업시행자는 목적물에 관한 권리를 취득하고 피수용자는 그 권리를 상실한다. 협의에 의하여 사업시행자가 토지 등을 취득하는 것은 재결에 의한 취득과 달리 원시취득이 아니라 승계취득이라 할 것이다.[78] 따라서 종전의 소유자 권리 위에 존재하였던 부담 또는 제한이 사업시행자에게 그대로 승계된다.

---

71) 김동희, 전게서, p.376; 박윤흔, 전게서, p.608; 이상규, 『행정법(하)』, 법문사, 2000, p.647.
72) 「공익사업을 위한 토지 등의 취득 및 보상에 관한 법률」 제26조 제2항.
73) 「공익사업을 위한 토지 등의 취득 및 보상에 관한 법률」 제29조 제3항.
74) 대판 1992. 9. 14. 92다21319. "기업자가 사업인정을 받은 후 토지소유자와 토지에 관하여 권리취득을 위한 협의가 성립되었다고 하더라도 관할 토지수용위원회의 협의성립 확인을 받지 아니하였다면 이는 토지수용법에 의한 권리취득이라고 할 수 없다."
75) 「공익사업을 위한 토지 등의 취득 및 보상에 관한 법률」 제29조 제4항.
76) 「공익사업을 위한 토지 등의 취득 및 보상에 관한 법률」 제40조.
77) 「공익사업을 위한 토지 등의 취득 및 보상에 관한 법률」 제43조.
78) 대판 1978. 11. 14. 78다1528. "토지수용에 있어서 기업자가 토지소유자와 합의하여 토지를 매수함으로써 소유권을 취득하여 토지수용의 효과를 거두었다 할지라도 관할 토지수용위원회로부터 협의성립의 확인을 받지 아니하였다면 토지수용위원회의 재결에 의한 토지수용의 경우와는 달리 그 토지를 원시적으로 취득한 것으로는 볼 수 없고 원래 소유자로부터의 승계취득을 한 것이라고 해석할 수밖에 없다."

3) 재결 · 화해

재결이란 수용에 관한 협의가 성립되지 아니한 경우에 행하는 공용수용의 최종처분 절차 중의 하나로서, 보상금의 지급을 조건으로 하여 당사자 사이에 수용과 보상의 권리 · 의무를 발생시키는 형성적 행정행위이다.[79] 협의가 성립되지 아니하거나 할 수 없는 경우에 토지소유자 및 관계인은 대통령령이 정하는 바에 따라, 서면으로 사업시행자에게 재결의 신청을 할 것을 청구할 수 있다.[80] 이때 사업시행자는 토지소유자 및 관계인의 청구를 받은 때에는 그 청구가 있는 날로부터 60일 이내에 대통령령이 정하는 바에 따라, 관할 토지수용위원회에 재결을 신청하여야 한다.[81] 토지수용위원회의 수용재결은 문서로써 행하며 주문과 재결이유를 기재하여야 하고, 재결서에는 위원장과 회의에 참석한 위원이 서명날인한 후 이를 사업시행자, 토지소유자 및 관계인에게 송달하여야 한다.[82]

공용수용의 절차는 재결로써 종결되며, 일정한 조건 아래 수용의 효과를 발생하게 한다. 즉 사업시행자는 피수용자에게 보상금의 지급 또는 공탁을 조건으로 수용의 시기에 토지에 관한 권리를 원시 취득함과 아울러, 만일 피수용자가 의무를 이행하지 아니하는 경우에는 대집행청구권이 발생한다.

화해는 토지수용위원회의 심의과정에 있어서 사업시행자와 토지소유자 및 관계인이 당사자의 의사를 존중하여 원만히 이해를 조정함으로써 재결에 의하지 아니하고 수용목적의 달성을 도모하기 위한 것이다. 현행 공익사업을 위한 토지 등의 취득 및 보상에 관한 법률에 따르면 토지수용위원회는 그 위원 3인으로 구성되는 소위원회로 하여금 재결을 하기 전에 언제든지 사업시행자, 토지소유자 및 관계인에게 화해를 권고할 수 있는데,[83] 이러한 화해의 권고는 반드시 거쳐야 하는 필요적인 절차가 아니라, 토지수용위원회의 재량에 따른 임의적 절차이다.[84]

---

79) 홍정선, 전게서, p.1056.
80) 「공익사업을 위한 토지 등의 취득 및 보상에 관한 법률」 제30조 제1항. 대판 1997. 10. 24. 97다31175.
　　"토지수용법이 토지소유자 및 관계인에게 재결신청의 청구권을 부여하는 이유는 시업시행자는 사업인정고시 후 1년 이내에 언제든지 재결을 신청할 수 있는 반면에 토지소유자 및 관계인은 재결신청권이 없으므로 수용을 둘러싼 법률관계의 조속한 확정을 바라는 토지소유자 및 관계인의 이익을 보호하고 수용당사자 간의 공평을 기하기 위한 것이다."
81) 「공익사업을 위한 토지 등의 취득 및 보상에 관한 법률」 제30조 제2항.
82) 「공익사업을 위한 토지 등의 취득 및 보상에 관한 법률」 제34조.
83) 「공익사업을 위한 토지 등의 취득 및 보상에 관한 법률」 제33조.
84) 대판 1986. 6. 24. 84누554.

Ⅳ. 公用制限과 公用使用

1. 공용제한

1) 의의

공용제한(öffentlicherechtliche Eigentumsbeschränkung)이란 전통적으로 특정한 공익사업의 수요를 충족시키기 위하여 특정한 재산권에 가하여지는 공법상의 제한으로 정의되어 왔다.[85] 오늘날 전통적 의미의 공용제한 이외에 「국토의 계획 및 이용에 관한 법률」상의 일정한 지역에서 모든 토지의 이용이 제한되는 것과 같이 특정한 공익사업을 목적으로 하는 것이 아닌 국토의 합리적 이용이라는 일반적 공공복리를 목적으로 하는 제도로 발전되고 있다. 공용제한은 이러한 내용을 포섭하기 위하여 특정한 공익사업 및 기타의 복리행정상의 목적을 위하여, 또는 일정한 물건의 효용을 보전하기 위하여 개인의 재산권에 가하여지는 공법상의 제한으로 정의하기도 한다.[86] 전통적 의미에서의 공용제한은 특정된 목적의 범위를 벗어나서 공공복리의 증진을 위하여 국토의 합리적인 이용을 직접적이고, 본래적인 목적으로 하는 공용제한 제도로 발전한 것이다.[87] 그리고 이러한 공용제한을 재산권자가 재산권을 박탈당하지 않는 점에서 공용수용과 구별하고 있다. 「공익사업을 위한 토지 등의 취득 및 보상에 관한 법률」 제30조의 공용제한에 대해서는 이러한 개념정의 아래 공용제한에 해당됨에도 불구하고, 보상규정이 없어 손실을 보상하지 않는 경우 이를 어떻게 처리할 것인가에 대해 주요 문제로 대두되어 왔다. 즉 재산권의 최대한 보장을 기본권의 성질에 있어서 당연한 논리적 귀결로서 여겨 왔던 것이다. 따라서 이러한 재산권에 대한 침해도 기본권으로서의 재산권에 대한 도전이며, 침해로 보는 경향이 짙었다. 따라서 이러한 재산권의 침해 태양에 대하여 재산권의 외경을 어떻게 명확히 할 것인가의 논의보다는 침해적 성격의 재산권침해 작용에 대해 어떻게 보상을 통하여 구제할 것인가의 논리에 친하였던 것이다. 이러한 논란은 헌법재판소가 개발

---

85) 박균성, 『행정법론(하)』, 박영사, 2006, p.344.
86) 윤양수, 전게서, p.710; 박윤흔, 전게서, p.574; 김남진, 전게서, p.510; 이상규, 전게서, p.333; 이재화, 『행정법의 쟁점』, 박영사, 2002, p.772; 석종현, 『일반행정법(하)』, 삼영사, 2002, p.538; 정하중, 『행정법각론』, 법문사, 2006, p.399.
87) 석종현 · 송동수, 「공용법제의 현황과 손실보상」, 『토지공법연구』 제11집, 2001, pp.162~163.

제한 구역에 대한 결정을 내리기까지 계속되었다. 그러나 이러한 논란도 국가정책의 변화, 사회 환경의 변화로 말미암아 고정적이지는 못할 것이다.

2) 공용제한의 종류

공용제한의 분류에 관해서는 어떤 통일적 기준이 없고, 공용제한을 보는 표준에 따라 여러 가지로 나눌 수 있다. 즉 일반적인 내용에 따라 작위·부작위·수인의 공용제한으로 나누어지며, 그 제한의 법적 형태에 따라 공물제한, 부담제한, 사용제한으로 나누어지고,[88] 공용제한은 그 제한을 필요로 하는 공익상 수요의 종류에 따라서 계획제한, 보전제한, 사업제한, 공물제한, 사용제한[89] 등으로 나눌 수 있는데, 이는 학자에 따라 형식상 다르게 분류되고 있으나 그 실적 내용은 별다른 차이가 나지 않는다. 여기에서는 공용제한을 필요로 하는 공익상의 수요 종류에 따라, 계획제한, 보전제한, 사업제한, 공물제한, 사용제한으로 분류하여 그 개념을 간단히 살펴보고자 한다.

(1) 계획제한

계획제한이란 국토의 합리적 이용이나 도시의 건전한 발전 등을 위해 「국토의 계획 및 이용에 관한 법률」 등에 의거하여 각종 지역, 지구, 구역 등을 정한 구속적 행정계획에 따라 국민의 재산권에 가하여지는 제한을 말한다.[90] 현행법상 계획제한의 가장 대표적인 예로는 국토이용계획제한과 도시관리계획제한이 있다. 국토이용계획제한은 국토이용계획에 의하여 재산권에 가하여지는 제한이다. 「국토의 계획 및 이용에 관한 법률」에 의하면 국토를 도시지역, 관리지역, 농림지역, 자연환경보전지역 등 4개의 용도지역과 경관지구, 미관지구, 고도지구, 방화지구, 보존지구, 시설보호지구, 취락지구, 개발진흥지구, 특정용도제한지구, 그 밖에 대통령령이 정한 지구인 리모델링지구 등의 용도지구로 구분하여 지정하며, 개발제한구역, 시가화조정구역, 수자원보호구역 등의 용도구역도 지정할 수 있게 되어 있는데 이들 용도지역·지구·구역 안의 토지의 이용 등 재산권행사는 일

---

88) 홍정선, 『행정법원론(하)』, 박영사, 2004, p.446; 김남진, 전게서, pp.517~519; 유지태, 『감평행정법』, 부연사, 2000, pp.543~544.

89) 이병철, 『행정법강의』, 유스티누아스, 2002, p.998; 김철용, 『행정법Ⅱ』, 박영사, 2002, pp.518~522; 박윤흔, 전게서, p.575; 이상규, 『행정법(상)』, 법문사, 2000, pp.772~773; 김동희, 『행점법Ⅰ』, 박영사, 2004, pp.334~337; 박평준, 전게서, pp.449~456.

90) 윤양수, 전게서, p.711.

정한 제한, 즉 계획제한이 가하여진다. 한편, 도시관리계획제한은 도시계획을 실현하기 위한 사권에 대한 제한이다. 도시계획법에 의한 도시계획이 결정·고시되면 일정한 행위제한이 되고 지역, 지구별 및 지역제에 의하여 일정한 토지이용행위가 제한된다.91) 특히 개발제한구역의 지정으로 인한 토지재산권에 대한 제한은 심각하다.

(2) 보전제한

도시화, 공업화를 위한 개발은 필연적으로 국토의 수려한 자연의 풍치·경관이나 조상으로부터 물려받은 문화재의 파손을 가져오고 또한 농지, 산림의 다른 목적에의 전용을 초래한다. 그리하여 무질서한 개발로부터 자연이나 문화재, 또는 농지 등을 보호·보전하기 위하여 토지소유자 등의 건축행위나 토지의 형질변경행위를 제한할 필요가 있다. 보전제한이란 공익목적을 실현하고자 일정한 계획에 따라 자연, 자원, 문화재 등의 보전을 위하여 사권에 가하여지는 공법상 제한으로서92) 지역지구지정제한, 자연보전제한, 자원보전제한, 문화재등보전제한, 택지보전제한 등이 있다.

(3) 사업제한

사업제한이란 도시계획사업 기타의 공익사업을 성공적으로 수행하기 위해 사업지, 사업인정지역, 사업예정지 등에서 타인의 재산권에 가하여지는 제한을 말한다. 제한의 내용은 사업시행에 장해가 되는 건축, 토지의 형질변경 및 기타의 행위를 제한·금지하거나(부작위의무) 공작물의 개축, 시설의 설치 및 기타의 작위의무를 과하고, 또는 사업자의 토지형질의 변경, 공작물의 제거 및 기타 재산권침해행위를 수인할 의무를 과하는(수인의무) 등이다. 도로접도구역 등에서의 제한은 도로사업을 위한 제한으로 볼 수도 있고, 도로라고 하는 공물에 착안하여 사업제한과는 별개의 제한으로 볼 수도 있다. 그리하여 이를 "공물인접지 등에서의 제한"이라 하여 사업제한과 구별하는 견해도 있다.93)

(4) 공물제한

공물제한이란 타인의 소유에 속하는 특정한 토지·물건 등의 재산이 그 자체로서 공공목적에 제공되고 있기 때문에 그 목적에 필요한 한도 안에서 재산권에 가하여지는 공

---

91) 강현호, 「개발제한구역에 대한 손실보상」, 『토지공법연구』 제9집, 2002, p.752.

92) 이병철, 전게서, p.998; 박윤흔, 전게서, p.579.

93) 成田賴明, 『土地政策と法』, 紅文堂, 1999, p.139.

법상의 제한을 말한다. 공용제한의 종류는 사유공물에 대한 공물제한과 특허기업용 재산에 대한 공물제한으로 구분할 수 있다.

2. 공용사용

1) 의의

특정한 공익사업을 수행하는 과정에서 그 사업자가 타인의 소유에 속하는 토지 기타 물건의 재산권에 대하여 공법상의 사용권을 설정하고 그 사용기간에 그를 방해하는 권리행사를 금지하는 것을 말한다.[94] 이러한 공용사용은 특정한 재산권을 타인이 사용하는 것을 수인시키는 점에서 다른 공용제한과 다르다.

2) 공용사용의 내용

(1) 일시적 사용

공익사업의 주체가 일시적으로 타인의 토지·건물 기타 재산을 사용하는 것을 말한다. 측량, 실지조사, 공사 등을 위하여 타인의 토지에 출입하여 사용하는 경우,[95] 또는 비상재해의 경우에 위험의 방지 등을 위하여 타인의 토지나 물건 등을 사용하는 것이 그 예이다.[96] 이러한 타인 토지의 일시적인 사용은 법률의 규정에 의하거나 법률에 근거한 행정청의 허가에 의하여 사용권이 설정되는 것이 보통이다. 일시적 사용으로 인한 손실에 대해서도 보상 규정을 두고 있는 경우가 많다.

(2) 계속적 사용

계속적 사용은 개인의 재산권에 대한 중대한 제한이므로 공용수용과 동일한 절차에 따라 그 사용권이 설정되는 것이 원칙이다. 그러나 그 권리자가 받는 손실이 비교적 경미한 것인 때에는 보다 간단한 절차에 의하도록 하는 예도 적지 않다.[97]

---

94) 김동희, 전게서, p.351.
95) 「도로법」 제48조, 「자연공원법」 제72조, 「전기사업법」 제88조 이하.
96) 「도로법」 제49조.
97) 「전기사업법」 제57조.

공용사용은 개인의 재산권에 대한 사용권을 강제로 설정하는 것이기 때문에 이에는 법률의 근거가 있어야 하고, 또한 정당한 보상이 지급되어야 한다. 개별법도 이에 따른 보상규정을 두고 있다.[98] 지하철 건설 등을 위하여 타인 토지의 지하 부분을 사용하는 경우에도 보상하되, 그 보상액은 당해 토지의 이용가치, 지하의 깊이 및 토지의 이용이 방해되는 정도 등을 참작하여 결정하도록 하고 있다.

第2節 損失補償法制

Ⅰ. 우리나라의 損失補償制度의 沿革

1948년 제헌헌법은 바이마르 헌법 제153조의 영향을 받아 제15조 제3항에서 "공공필요에 의하여 국민의 재산권을 수용, 사용 또는 제한함은 법률이 정하는 바에 의하여 상당한 보상을 지급함으로써 행한다"고 규정함으로써 독일이나 일본과 같이 이론적인 논의도 없이 손실보상제도를 도입하였다. 이 규정은 제2공화국헌법에도 그대로 이어졌으나 1962년 제3공화국헌법 제20조 제3항은 "공공필요에 의한 재산권의 수용, 사용 또는 제한은 법률로서 하되 정당한 보상을 지급하여야 한다"는 내용으로 개정하였다. 제헌헌법과의 차이는 상당한 보상을 정당한 보상으로 대치하였으며, 법률이 재산권에 대한 공용침해를 허용하면서 보상규정을 두고 있지 않을 경우 헌법에 의거하여 직접 보상을 청구할 수 있게 하여 보상의 정도를 두텁게 보호한 점에 있다.[99]

1972년 속칭 유신헌법 제20조 제3항은 "공공필요에 의한 재산권의 수용, 사용 또는 제한 및 그 보상의 기준과 방법은 법률로 정한다"고 규정하여 공용침해와 보상을 모두 법률유보로 하였다. 따라서 손실보상을 청구하려면 그 손실보상의 기준과 방법을 정한 법률에 의해서만 가능하게 되었다.[100] 그러나 1980년 제5공화국헌법 제22조 제3항은 독

---

98) 「도시철도법」 제4조 제6호.

99) 김남진, 「재산권의 공용침해와 손실보상」, 『행정법의 기본 문제』, 경문사, 1985, p.51.

100) 대판 1976. 10. 16. 76다1443.

일 기본법 제14조의 영향을 받아 "공공필요에 의한 재산권의 수용, 사용 또는 제한은 법률로써 하되, 보상을 지급하여야 한다. 보상은 공익 및 관계자의 이익을 정당하게 형량하여 법률로 정한다"고 하였다. 따라서 공용침해는 보상을 조건으로 법률에 유보시키고, 보상의 정도는 공익과 사익을 형량하여 법률로 정하여 행하도록 한 점에 특징이 있다. 1987년에 개정된 현행헌법은 제23조 제3항에서 "공공필요에 의한 재산권의 수용, 사용 또는 제한 및 그에 대한 보상은 법률로써 하되, 정당한 보상을 지급하여야 한다"고 규정하여 공용침해와 보상을 법률유보로 하고 정당한 보상을 채택하였다.

이와 같이 제헌헌법 이래 9차에 걸친 헌법개정에서 공용침해와 손실보상에 관한 규정은 개정을 거듭하였다. 개정의 주안점은 공용침해와 함께 보상을 법률유보로 할 것인가, 보상의 정도를 어떻게 할 것인가에 두어졌었다고 할 수 있다. 그러나 공용침해에 대한 보상의 이론적 연구나 실제의 적용을 위한 법률이 다른 나라에 비하여 뒤떨어져 있는 실정임을 부인할 수 없는 현실이라 하겠다.

한편, 우리나라의 손실보상법제는 일본에 의한 강제점령기에 군사시설 등을 설치하기 위한 수탈의 목적으로 1911년에 제정한 「조선토지수용령」이 1961년까지 적용되다가 5·16군사혁명 후 국가재건최고회의 의결로 제헌헌법 이래 최초로 1962년에 「토지수용법」의 제정을 통해 대체됨으로써 수용보상법의 체계를 갖추게 되었다. 토지수용법은 1962년 1월 15일 법률 제965호로 제정된 이래 9차의 개정을 거쳤다.

1970년대 중반까지는 토지수용법 또는 민사법에 의한 협의매수에 의하여 공공사업에 필요한 토지가 취득되고 있었으나, 협의매수를 하는 경우 일반적인 법적 준칙이 없어 사업의 종류, 또는 시행청별로 보상대상이나 기준이 상이하여 정당보상이 이루어 않아 민원 제기가 많았다. 이러한 토지수용법의 문제점을 해결하기 위하여 1975년에 「공공용지의 취득 및 보상에 관한 법률」이 제정되었다. 「공공용지의 취득 및 보상에 관한 법률」은 2002년까지 시행되어 오다가 「공익사업을 위한 토지 등의 취득 및 보상에 관한 법률」이 2002년 2월 4일 법률 제6656호로 제정되었고, 2003년 3월 1일부터 시행하고 있으며, 2004년 12월 31일, 2005년 12월 29일, 2007년 10월 17일, 2008년 2월 29일, 3월 28일, 4월 17일, 4월 18일에 일부 개정되었다. 이 밖에 손실보상과 관련한 법제들은 「도로법」, 「하천법」, 「도시 및 주거환경 정비법」 등이 있다.

Ⅱ. 損失補償의 意義

개인의 토지 등의 재산권에 대하여 공공의 필요를 위한 수용이나 사용, 제한에 대해서는 헌법 제23조 제3항의 규정에 따라 개별 법률에 의하여 손실보상(Compensation, Entschädigung)이 주어져야 한다. 이에 따라 「공익사업을 위한 토지 등의 취득 및 보상에 관한 법률」도 사업시행자보상의 원칙, 금전보상의 원칙, 사전보상의 원칙, 사업시행이익과 상계금지의 원칙 등에 의하여 이루어져야 함을 규정하고 있다.101)

손실보상은 행정상의 공권력행사에 의한 손실보상만을 의미하기 때문에 헌법 제28조의 형사책임은 제외된다. 그리고 재산권의 손실을 보상하는 것이기 때문에 사람의 신체·생명에 대한 침해의 보상은 포함되지 않으며, 재산권의 특별한 희생에 대한 것이므로 조세와 같은 일반적 부담이나 재산권 그 자체에 내재하는 사회적 제약에 대해서는 손실보상의 문제가 생기지 않는다. 공용수용에 있어서 손실보상은 행정상 손실보상의 법리를그 기축으로 하는바, 행정상 손실보상이란 국가 또는 공공단체의 공공필요에 의한 적법한 공권력행사에 의한 국민의 재산권에 가해진 특별한 희생에 대하여 전체적인 평등부담의 견지에서 행하는 금전적 보상을 말한다.102) 이에 대하여 김도창 교수는 행정상의 손실보상이란 "공공의 필요에 의한 적법한 행정상의 공권력행사에 의하여 사인에게 가하여진 특별한 희생에 대하여 전체적인 평등부담의 견지에서 행정주체가 행하는 조절적인 전보를 말한다"고 정의하고 있다.103)

이와 같은 전통적인 개념하에서 손실보상은 적법한 공권력의 행사에 따른 특별한 희생에 대한 조절적 보상이므로 개념적으로 다음과 같은 요소를 특징으로 한다.

첫째, 손실보상은 공권력의 행사에 따른 손실의 보상이다. 이 점에서 손실보상은 국가또는 공공단체가 공공용지의 임의매수에 따른 대가의 지불이나 사법상 계약에 있어서 공공용지의 취득은 수용절차가 가능하고, 손실보상기준에 의해 행해지고 있으므로 지불되는 대가는 실질적으로 손실보상에 가깝다고 본다.

둘째, 손실보상은 적법행위에 의거한 손실의 보상이다. 이 점에서 위법한 공권력 행사에 따른 손해배상제도와 구별된다. 즉 손해배상제도는 국가의 위법한 가해행위의 결과가

---

101) 유지태, 전게서, pp.848~849.

102) 윤양수, 전게서, p.380. 박종국, 『일반행정법론』, 법지사, 2004, p.683; 김동희, 전게서, p.515; 田辺愛壹, 『損失補償制度』, 清文社, 2003, p.6 참조.

103) 김도창, 전게서, p.562.

국민에게 손실을 발생시키는 것이 인정될 때 손실의 발생을 정당화하기 위한 조건으로서 손실의 보전이 필요하게 된다. 그러나 손해배상과 손실보상제도를 가해행위의 위법·적법으로 구별하는 데 대하여 양 제도의 접근·융합현상을 근거로 손실보상에 있어 침해행위의 적법성이 반드시 구별의 기준이 되지 않는다는 견해도 나타나고 있다. 따라서 행위의 적법성을 손실보상의 본질적인 요소로 보아야 하는가에 대한 의문이 제기되고 있다.

셋째, 손실보상은 재산상의 손실을 전보하는 제도이다. 그러므로 사람의 생명이나 신체에 대한 침해의 대상을 포함하지 않는다. 따라서 형사보상, 예방접종사고에 따른 보상과 같은 사람의 자유나 신체에 대한 침해는 보상을 조건으로 침해가 허용되는 것이 아니므로 손실보상에서 제외된다고 보고 있다.

넷째, 손실보상은 적법한 공권력의 행사에 의해 직접으로 가해진 손실의 보전이다. 따라서 직접 재산권이 박탈된다거나 그 행사가 제한되는 것이 아니고 대규모적인 공공사업의 시행 등에 의해 간접적으로 영향을 받아 그 결과 피해를 받는 일이 있어도 손실보상의 대상으로는 되지 않는다. 이와 같이 제3자가 입는 간접적 손실에 대해서는 구 「공공용지의 취득 및 손실보상에 관한 특례법」의 소수잔존자 보상제도에 의거하여 행정조치의 형태로서 일정한 보상금이 지불되게 되어 있으나, 이는 손실보상제도가 예정하고 있지 않은 손실에 대해 소위 정책적 견지에서 인정되는 것이다.[104]

다섯째, 손실보상은 특별한 희생에 대한 공평부담의 견지에서 행해지는 조절적 보상이다.[105] 즉 손실보상은 공공을 위해 특정한 사유재산에 대해 가해지는 특별·우연의 손실을 전체의 부담으로 조절하기 위한 제도이다. 따라서 국민의 일반적인 부담이나 재산권 그 자체에 내재하는 사회적 제약에 대해서는 손실보상의 문제가 발생하지 않는다.[106] 그러나 전염병독에 오염된 건물의 처분에 의한 손실보상[107]과 같이 재산권 그 자체에 내재하는 사회적 구속성으로 인정되는 경우에도 일정한 정책적 견지에서 행하는 보상은 손실보상과 구별된다.

---

104) 이는 개인의 재산권침해에 대한 보상이라기보다는 생존보장으로서의 의미를 갖는다.
105) 小林博志, 『行政法講義』, 成文堂, 2004, p.231.
106) 김도창, 전게서, p.597; 윤양수, 전게서, p.422.
107) 「전염병예방법」 제54조.

Ⅲ. 損失補償의 根據

1. 이론적 근거

헌법상의 보상규정은 공공필요에 의한 재산권의 침해에 대하여 정당한 보상을 규정하고 있을 따름이고, 왜 손실보상을 요하는가 하는 손실보상의 합리적 근거를 나타내고 있지는 않다. 그렇다고 손실보상제도의 목적이나 이론적 근거를 설명하고 있는 판례도 거의 없는 실정이다. 따라서 합리적 근거는 별도로 찾지 않으면 아니 되는데 이에 대해서는 견해가 나누어지고 있다.

손실보상의 이론적 근거로는 재산권보장, 평등부담의 원칙, 생활권보장 등이 고려되고 있으며, 일반적으로는 재산권보장, 평등부담의 원칙에서 찾고 있다. 그러나 이에 못지않게 사인에게 가하여진 특별한 희생을 부담의 사회화를 통하여 조절함으로써 평등부담의 실현, 공익과 사익의 조절, 법률생활의 안정을 기하는 데 있다고 보는 특별희생설이 있다. 특별희생은 평등부담의 원칙과 같은 내용으로 파악할 수 있는 것이라 생각된다. 최근 그 밖에 생활권보장의 원칙을 근거로 하는 학설이 나타나고 있다.

1) 재산권보장설

손실보상제도의 존재이유 내지 합리적인 근거는 무엇보다도 재산권보장에서 찾아볼 수 있다. 자본주의국가에서 사유재산제도는 그 존립의 기초이고, 이를 바탕으로 발전해 가고 있다. 프랑스 인권선언 제17조의 규정 이래 우리 헌법 제23조 등은 사유재산제도와 함께 재산권을 보장하는 규정을 두고 있으며, 공용침해의 규정과 함께 양자를 조절하는 원리로서 정당한 보상을 규정하고 있다.

사유재산제도와 근대 주권국가는 동전의 양면이라고까지 일컬어지고 있다. 주권국가에서는 적법한 공권력의 발동인 공용수용과 재산권보장의 조정을 위해 적법행위에 의거한 손실보상의 관념이 필요하였다. 이와 더불어, 근대국가의 성립 이전에 국가권력의 한계로서 소위, 기득권의 침해에 대한 보상은 이론상 당연히 손해배상이었다고 하는 점도 있다.

이와 같이 자본재로서의 기능을 갖는 사유재산에 대해 보상이 수반되지 않는 침해는 자본주의 존립의 터전을 박탈하는 것이 되고, 나아가 법적 생활의 안정을 해치는 것이 된다. 사회공공을 위해 특정한 재산권을 침해하고 이로 인해 특정인에게 손해를 가져오게 한 때는 이를 본인의 부담으로 돌려야 할 이유가 없는 한, 손실보상을 함으로써 재산가치의 보장과 재산권보장의 실질을 유지하는 것이 요청되는 것이다.

그러나 재산권보장은 사회적 구속성의 요청으로 그 한계가 있음은 말할 나위가 없다. 따라서 손실보상이란 오로지 재산권이라는 개인권리의 본질적인 내용의 침해에 대한 대상이라는 의미를 지니게 된다.

2) 평등부담설

손실보상의 근거로서 두 번째로 들 수 있는 것은 부담의 공평 내지는 평등부담의 원칙이다. 앞에서 살펴본 특별희생설은 이에 포함된다고 할 수 있다. 사회공공을 위해 특정한 개인에게 재산상의 손실을 초래한 경우, 그것을 개인의 부담으로만 돌리는 것은 근대 헌법의 기본원칙 하나인 평등원칙에 반한다. 손실보상은 이와 같이 불평등하게 가해진 손실을 전체의 부담으로 전가하는 법적 기술 이라고도 일컬어지고 있다. 손실보상을 평균적 보상, 혹은 조절적 보상이라 불리는 것도 이런 까닭에서이다.

이와 같이 손실보상제도는 일면에서 공공필요를 위한 사유재산권의 침해를 불가피한 것으로 인정하면서, 다른 일면에서 침해된 사유재산권이 사회적 한계를 넘는 특별한 희생에 해당되는 경우, 이를 공평부담의 견지에서 조절을 행하는 것이다. 역사적으로 보더라도 공용수용이론의 창설자로 불리고 있는 '그로티우스' 이전의 중세부터 재산수용에는 정당한 근거와 보상이 요청되었으며, 이미 16세기 초에 이러한 제도가 확립되었다. 따라서 사유재산제는 근대적인 공용수용제도와 정당한 보상의 관념에 있어 중요한 의의를 갖는 것이라 하더라도 모든 보상의 근거와 범위를 설명할 만큼 의의를 갖는 것은 아니라고 말한다. 오히려 보상의 여부나 범위에 대한 전체적인 척도가 부담의 공평 내지는 평등원칙이며, 사유재산제도나 개인의 재산권보장은 이에 부가되는 것에 불과한 것으로 보는 것이다.

3) 생활권 보장설

손실보상제도는 최근에 이르러 재산권보장·평등부담의 원칙에 더하여 생활권보장에 적합한 근거를 찾고 있는 견해가 나타나고 있다. 부담의 공평이 보상의 여부를 결정하는 요소이고 재산권도 이에 의거하여야 한다고 하면, 여기에서 요소로 되어야 할 것이 재산권에 한정하는 문제에 이르게 된다. 이러한 의문에서 출발하여 실제상, 이론상 강하게 주장되고 있는 것이 생활권보장이다.

　손실보상은 등가적인 금전보상을 제공함으로써 종전과 같은 생활을 계속할 수 있음을 전제로 하고 있으나, 그것으로 생활을 영위하기 어렵게 되거나 생활 기반마저 위협을 받게 되는 경우가 있다. 이는 특히, 경제적 상황과 지역구조에 대폭적인 변화를 가져오는 대규모의 공익사업에서 그 예를 찾아볼 수 있으며, 이로 인해 많은 사회·경제적 문제가 야기된다. 따라서 이러한 경우 보상은 생활수단의 보호를 위해 재산권보장뿐만 아니라 생활권의 보장까지 고려하지 않을 수 없게 된다. 그러나 이를 헌법상의 원리로 파악할 경우 생활권보장을 헌법 제23조 제3항의 정당한 보상의 범위 내에 포함하여 통일적으로 파악할 수 있는가 하는 문제가 발생하게 된다. 아무튼 재산권이란 19세기 개인의 자유와 재산 조항이 나타내는 바와 같이 포괄적 자유의 물질적 측면, 내지 생존적 기반을 나타내는 것으로 보고 있다. 이러한 기준에 의하게 되면 재산권보장에 생활권보장의 취지를 포함시키는 것도 가능하다고 볼 수 있다. 따라서 생활권보장도 엄연히 손실보상의 근거로 기능을 한다고 말할 수 있을 것이다.

2. 실정법적 근거

　손실보상은 보통 공용수용이나 공용제한에 따른 재산권침해에 대하여 공평부담의 견지에서 이익을 조절하기 위한 보편적 정의의 요청이다. 헌법은 제23조 제3항에서 "공공필요에 의한 재산권의 수용, 사용 또는 제한 및 그에 대한 보상은 법률로써 하되 정당한 보상을 지급하여야 한다"고 규정하여 재산권의 수용, 사용, 제한과 보상에 대한 일반원칙을 규정하고 있다.[108] 따라서 재산권의 침해와 보상은 반드시 법률에 근거를 두고 행해져야 함을 밝히고 있다. 헌법의 규정에 따라 국민의 재산권을 침해하는 행위는 형식적 법률에 근거를 두어야 하지만[109] 손실보상의 기준과 방법 등에 관하여 규정한 일반법은

---

108) 독일은 보상에 관한 실정법적 근거로 독일연방헌법 제14조 및 연방건설법전 제85조에서 제122조, 특히 국방과 관련된 공익사업에 따른 수용에 대한 보상은 토지조달법에서 규정하고 있고, 일본은 일본헌법 제29조 제3항과 토지수용법 제6장에서 규정하고 있다. 프랑스는 손실보상에 대하여 헌법이 직접적으로 규정하고 있지 않으나 프랑스 인권선언 제17조를 근거로 프랑스 민법전 제545조에 규정하고 있다. 영국은 손실보상 및 그 전제가 되는 토지의 수용에 관한 통일적인 법전이 존재하지 아니한다. 이에 관한 현행의 제정법으로서는 토지보상법(the Land Compensation Acts), 강제구입법(the compulsory Acts), 토지취득법(the Acquisition Act), 계획 및 보상법(the Planning and Compensation Acts), 주택법(the Housing Acts) 등에서 규정하고 있다.

109) 대판 1966. 10. 18. 66다715. 군사상의 긴급한 필요에 의하여 국민의 재산을 수용 또는 사용한 경우에도 그것이 법률의 근거가 없는 경우에는 불법행위에 해당한다.

없고 각 개별법으로서의 「공익사업을 위한 토지 등의 취득 및 보상에 관한 법률」, 「도로법」, 「하천법」, 「산림법」, 「도시 및 주거환경 정비법」, 「국토의 계획 및 이용에 관한 법률」 등에서 이를 규정하고 있다.

1) 관련 학설

보상에 관하여 법률상 근거가 명확하면, 그 이상으로 헌법상의 근거를 문제로 할 필요는 없다. 그러나 법률상의 보상규정이 없거나 명확하지 않을 경우에, 직접 헌법상의 규정에 의거하여 보상을 청구할 수 있는가가 문제이다. 이에 대하여 종래 학설은 헌법 제23조 제3항은 입법지침에 지나지 않는다는 설, 보상규정을 정하지 않은 법률은 위헌무효라는 설, 직접 헌법 제23조 제3항을 근거로 손실보상의 청구를 할 수 있다는 설로 나누어져 있었다. 현행 헌법상의 보상규정에 대하여 학설은 일치된 견해를 보이고 있지 않다. 이하에서는 학설의 대립과 장단점에 대하여 살펴보도록 한다.

(1) 방침규정설

국민이 직접 헌법의 규정에 의하여 권리를 행사할 수 있는 것이 아니라, 헌법의 법리에 따른 법률에 의하여 비로소 권리·의무가 발생한다는 데 근거를 두고 있다. 따라서 손실보상에 관한 헌법규정은 입법에 대한 방침규정으로서, 행정권이 적법하게 사유재산을 침해한 경우에 이 헌법규정에 의하여 직접 행정권에 손실보상의무가 성립하는 것이 아니고, 손실보상에 관하여 법률에 명시규정이 있어야 비로소 성립하는 것이다. 그러므로 공용침해를 규정하는 법률에 보상규정이 없더라도 위헌이 아니며, 본래 입법자는 보상규정이 없으면 보상청구권도 없다고 생각하는 것이라는 주장도 있다.

방침규정설은 프로그램규정설이라고도 불리고 있으며, 이 설을 취하는 학자는 찾아보기 드물다. 이 학설의 특징은 헌법의 손실보상조항이 단순히 사유재산권의 보호를 선언한 것에 불가하다고 보며, 법의 침묵은 손실보상을 인정하지 않는 것으로 해석하는 데 있다고 볼 수 있다.

(2) 위헌무효설

위헌무효설은 위헌설, 또는 입법자에 대한 직접효력설이라고도 하며, 헌법상의 손실보상규정은 입법권을 기속하는 것으로 보상규정이 없는 공용침해는 위헌무효라는 것이다.

독일연방헌법 제14조 제3항 제2문은 "공용수용은 보상의 방법과 정도를 규정하는 법률에 의해서만 또한 법률의 근거 위해서만 행해진다"고 규정하고 있어 보상을 요하는데, 보상규정을 두지 않으면 그 법률은 위헌무효로 효력을 발생하지 않는 것으로 새겨진다. 따라서 직접 헌법에 의거하여 보상을 요구할 수 없는 위헌무효설의 입법화로 해석할 수 있다. 위헌무효설을 취하는 견해는 헌법 제23조 제3항이 재산권의 수용, 사용 또는 제한의 경우 정당한 보상을 당연한 것으로 전제한 다음 그 보상의 구체적인 기준과 방법은 법률로 정하도록 유보하고 있기 때문에 재산권의 침해를 규정하면서 보상규정을 두지 않는 것은 위헌이라는 것이다.

따라서 법률의 근거 없이 손실보상청구권은 구체화될 수 없으며 행사할 수도 없다고 본다. 이와 같이 피해자는 법률의 근거 없이 재산권이 침해를 당했을 때는 침해행위의 무효확인이나, 행정상 손해배상, 또는 원상회복을 청구할 수 있는 것으로 보고 있다. 또한 손실보상은 법률유보사항이기 때문에 그 기준, 방법, 절차 등은 법률이 직접 규정함을 요하고 명령에 백지위임하는 것은 위헌이라 한다.[110)

(3) 직접효력설

직접효력설은 국민에 대한 직접효력설이라고도 하며, 손실보상은 법률에 명시적 규정을 요하지 않고 직접 헌법규정에 의하여 피해자에게 손실보상청구권이 발생한다는 것이다. 공용침해에 관한 법률이나 이에 의거한 행위가 보상규정[111]을 두지 않았다 하여 바로 위헌무효라 해석할 것이 아니라, 이것이 일반적으로 당연히 수인해야 할 범위를 넘고 특정인에게 특별한 희생을 과한 것인 때에는, 헌법의 보상규정을 직접 근거로 하여 손실보상을 청구할 수 있다고 보는 견해이다.[112)

이러한 주장의 논거로는 논리적으로 보상규정을 결하는 재산청구권 규제입법의 위헌성은 재산권을 규제하는 점에 있는 것이 아니라, 보상규정이 존재하지 않는다고 하는 입법의 불비에 있으므로 규제입법 전체를 위헌으로 볼 수 없다는 것이다.[113) 실체에 있어 보

---

110) 김도창, 전게서, p.600.

111) 제3공화국 헌법 제20조 제3항은 미국헌법수정 제5조 및 일본국헌법 제29조 제3항 등의 예에 따라 "공공 필요에 의한 재산권의 수용, 사용 또는 제한은 법률로써 하되 정당한 보상을 지급하여야 한다"고 규정함으로써, 손실보상을 법률에 유보하는 태도를 지양하고 그 자체로서 실정법적 규정형식을 취하여 직접효력설의 태도를 밑받침하였다고 한다. 이상규, 『행정법(상)』, 법문사, 2000, p.574. 이에 따라 대법원도 직접효력설로 판례변경을 하였다(대판 1967. 11. 2. 67다1334).

112) 令村成華, 前揭書, p.70.

113) 最高裁判所 1968. 11. 27.(형집, 제22권 12호, p.1402)

상규정을 결하는 재산권의 제한이 위헌무효로 되면, 공익상 필요한 재산권의 규제가 방해되어 현실에 맞지 않는 결과를 초래하게 된다고 한다. 따라서 재산권의 제한에 대한 보상에 있어서 보상의 내용은 규제되는 재산의 가치에 따라 객관적으로 확정될 수 있는 것이기 때문에 입법부에 의한 보상규정의 제정을 기다릴 것 없이 법원에서 보상내용을 결정할 수 있다는 것이다. 이와 유사한 견해로 오늘날 사회국가를 지향하여 재산권의 사회성이 고조되고 있는 시점에 있어서 보상 없는 재산권의 제한도 가능하다는 주장이 있다.114) 이와는 달리 헌법 제23조 제3항에서는 보상 자체는 필수적인 것으로 하고, 단지 그 기준과 방법을 법률에 위임하고 있으며, 동 조 제1항에서는 사유재산제도를 보장하고 있으므로 보상청구권 자체는 직접 효력을 갖는다는 주장도 있다.115) 또한 현행 헌법의 규정에서 미루어 볼 때 법률이 적극적으로 보상을 하지 않는다는 뜻으로 보상규정을 두지 아니한 때에는 위헌무효이나, 당해 법률이 보상을 배제하는 것이 아닌 한 위헌무효로 단정할 수 없으며, 직접 헌법규정에 의거하여 보상을 청구할 수 있다고 보는 견해도 있다.116) 이 경우에 보상의 청구는 헌법 제23조 제3항에 근거하여 행할 수 있는 것이 아니라, 동 조 제1항 전단의 재산권보장조항 및 제11조 평등원칙에 근거하여 행할 수 있으며,117) 직접효력설과 구분하여 제3설이라고도 부르고 있다.118) 이와 같이 직접효력설을 채택할 때 특히, 재산권의 공용침해와 사회적 구속성의 구분이 명확하여야 함은 말할 나위 없다.

(4) 유추적용설

유추적용설119)은 법률이 공용침해 등의 재산권을 규정하면서 손실보상에 관하여 아무런 규정을 두고 있지 아니한 경우에 헌법 제23조 제1항과 제11조에 근거하고 헌법 제23조 제3항과 관계규정의 유추적용을 통하여 보상을 청구할 수 있다는 견해이다.120) 이는 수용유사침해 및 수용적 침해의 법리에 기하여 문제를 해결하려는 주장으로서 위법 및 무과실, 무의욕적 공용침해에 대한 보상과 국가배상은 그 성립요건, 범위 등에서 구별된

---

114) 그러나 이 경우에도 재산권의 제한이 일반적이고 본질적이 아닌 경우에 한정하여 보고 있으며, 그 예로서 개발제한구역의 지정 주거지역에서 고층건물의 건축금지를 든다.

115) 김철수, 전게서, 2006, p.612.

116) 안용교,『한국헌법』, 고시연구사, 1989, p.498.

117) 안용교, 상게서, p.498; 김남진, 전게서, p.543; 석종현, 전게서, p.663.

118) 김남진, 상게서, p.543.

119) 이를 간접효력규정설이라고도 한다. 홍정선, 전게서, p.537; 또한 수용유사침해설이라고도 한다. 박종국, 전게서, p.686.

120) 윤양수, 전게서, p.382; 석종현 전게서, p.97.

다는 것을 그 배경으로 하고 있다. 즉 유추적용설은 수용유사침해 등의 법리에 입각하여 보상규정이 없는 관계 법률에 기한 개인의 재산권침해가 위법한 것이라는 전제하에서 위법한 재산권침해는 헌법 제23조 제1항의 재산권보장의 규정과 헌법 제11조의 평등원칙을 그 이념적 배경으로 하고 헌법 제23조 제3항과 관련 법규의 유추적용에 의하여 구제될 수 있다고 보는 것이다.[121]

2) 판례

(1) 대법원

판례는 법률에 보상규정이 없는 경우에 경계이론에 입각하여 관련규정의 유추해석이 가능한 경우에는 유추해석을 통해 손실보상을 인정하기도 하며,[122] 관련규정이 없는 경우에도 손실보상을 인정하기도 하지만 경우에 따라서는 법규에 보상규정이 없을 경우에 공적 목적을 위한 것임에도 손실보상 대신 불법행위로 처리하기도 하였다.[123] 문화방송 주식의 강제증여사건에서 대법원은 보상책임을 부인하였지만 유추적용설에서 주장되는 수용유사적 침해보상의 개념을 처음으로 언급하면서 판단을 유보한 것이 주목할 만하다.[124] 여기서 유추적용설의 입장에서 판결한 대법원 판례를 소개하면 다음과 같다.

① 공공사업의 시행결과 그 공공사업의 시행이 사업시행 지역 밖에 미치는 간접손실에 관하여 그 피해자와 사업시행자 사이에 협의가 이루어지지 아니하고, 그 보상에 관한 명문의 근거법령이 없는 경우라고 하더라도 헌법 제23조 제3항의 규정에 따라 국민의 재산권을 침해하는 행위 그 자체는 반드시 형식적 법률에 근거하여야 하며, 토지수용법 등의 개별 법률에서 공익사업에 필요한 재산권침해의 근거와 아울러 그로 인한 손실보상 규정을 두고 있는 점, 「공공용지의 취득 및 손실보상에 관한 특례법」 제3조 제1항은 "공

---

121) 서원우 교수는 재산권의 제한은 그 목적과 태양이 다양하기 때문에 사전적으로 구체적인 재산권 제한의 정도를 예측할 수 없는 경우가 많고 따라서 보상규정을 반드시 재산권 제한의 불가분적으로 규정할 수 없는 것이며 보상규정이 없다고 해서 당연히 그것을 위헌무효라 할 수 없고 구체적·개별적으로 침해의 정도를 규제의 목적이나 범위 등과 관련시켜 검토함으로써 보상의 여부를 결정하여야 하며 「공익 상업을 위한 토지 등의 취득 및 보상에 관한 법률」 등 관계 법률을 유추하여 직접손실보상을 청구할 수 있는 것으로 본다. 서원우, 『전환기의 행정법이론』, 박영사, 1997, p.874.

122) 대판 1972. 11. 28. 72다1597. "토지구획 정리사업으로 말미암아 본건 토지에 대한 환지를 교부하지 않고 그 소유권을 상계한 데 대한 본건과 같은 경우에 손실을 보상하여야 한다는 규정이 본 법에 없다 하더라도 이는 법리상 그 손실을 보상하여야 할 것이다."

123) 대판 1966. 10. 18. 66다1715.

124) 대판 1993. 10. 26. 93다6409; 홍정선, 『헌법특강』, 박영사, 2006, p.502.

공사업을 위한 토지 등의 취득 또는 사용으로 인하여 토지 등의 소유자가 입은 손실은 사업시행자가 이를 보상하여야 한다"고 규정하고, 같은 법 시행규칙 제23조 2 내지 7에서 "공공사업시행지구 밖에 위치한 영업과 공작물 등에 관한 간접손실에 대해서도 일정한 조건하에서 이를 보상하도록" 규정하고 있는 점에 비추어 공공사업의 시행으로 인하여 그러한 손실이 발생하리라는 것을 쉽게 예견할 수 있고, 그 손실의 범위도 구체적으로 이를 특정할 수 있는 경우라면 그 손실의 보상에 관하여 「공공용지의 취득 및 손실보상에 관한 특례법시행규칙」의 관련 규정 등을 유추 적용할 수 있다고 해석함이 상당하다. 간접적인 손실이라고 하더라도 당연히 수인하여야 할 재산권에 대한 제한의 범위를 넘어 영업상의 재산이익을 본질적으로 침해하는 특별한 희생에 해당되고, 공익사업으로 인하여 이와 같은 영업 손실이 발생한다는 것을 상당히 확실하게 예측할 수 있었고, 그 손실의 범위도 구체적으로 확정할 수 있을 때에는 그 수입손실은 헌법 제23조 제3항에 규정한 손실보상의 대상이 되고, 그 손실보상에 관하여 법령에 직접적인 보상규정이 없더라도 「공공용지의 취득 및 손실보상에 관한 특례법」 시행규칙의 규정을 유추 적용하여 그에 관한 보상을 인정하는 것이 타당하다.[125)

② 행정주체의 행정행위를 신뢰하여 그에 따라 재산출연이나 비용지출 등의 행위를 한 자가 그 후에 공공필요에 의하여 수립된 적법한 행정계획으로 인하여 재산권행사가 제한되고 이로 인한 공공사업의 시행결과 공공사업시행지구 밖에서 발생한 간접손실에 대하여 그 피해자와 사업시행자 사이에 협의가 이루어지지 아니하고, 그 보상에 관한 명문의 근거 규정이 없는 경우라 하더라도, 헌법 제23조 제3항 및 구 「토지수용법」 등의 개별 법률의 규정, 구 「공공용지의 취득 및 손실보상에 관한 특례법」 제3조 제1항 및 동법 시행규칙 제23조의 2 내지 7 등의 규정 취지에 비추어 보면, 공공사업의 시행으로 인하여 그러한 손실이 발생하리라는 것을 쉽게 예견할 수 있고, 그 손실이 범위도 구체적으로 이를 특정할 수 있는 경우에는 그 손실의 보상에 관하여 구 「공공용지의 취득 및 손실보상에 관한 특례법 시행규칙」의 규정을 유추 적용할 수 있다.[126)

(2) 헌법재판소

손실보상규정이 없는 법률에 의한 재산권침해의 보상 여부와 관련하여 분리이론에 따른 헌법재판소의 결정은 대표적으로 개발제한구역지정의 결정, 도시계획시설 장기미집행

---

125) 대판 1999. 10. 8. 99다27231.
126) 대판 2004. 9. 23. 2004다25581.

결정을 들 수 있다.

가. 개발제한구역의 지정결정[127]

헌법재판소는 개발제한구역의 지정으로 말미암아 일부 토지소유자에게 사회적 제약의 범위를 넘는 가혹한 부담이 발생하는 예외적 경우에 대하여 보상규정을 두지 않은 것에 위헌성이 있는 것이고, 보상의 구체적 기준과 방법은 헌법재판소가 결정할 성질의 것이 아니라 입법형성권을 가진 입법자가 결정할 사항이라고 하면서 "입법자는 보상입법을 하여 위헌적 상태를 제거할 의무가 있고, 토지소유자는 보상입법을 기다려 그에 따른 권리행사를 할 수 있을 뿐 개발제한구역의 지정이나 그에 따른 재산권의 제한 그 자체의 효력을 다툴 수 없다." 또한 "개발제한구역의 지정으로 인하여 토지를 종래의 목적으로도 사용할 수 없거나 또는 더 이상 법적으로 허용된 토지이용의 방법이 없기 때문에 실질적으로 토지의 이용, 사용, 수익의 길이 없는 경우에는 토지소유자가 수인해야 하는 사회적 제약의 한계를 넘는 것으로 보고, 종래의 지목과 토지현화에 의한 이용방법에 따른 토지의 사용도 할 수 없거나 실질적으로 사용, 수익을 전혀 할 수 없는 예외적인 경우에도 아무런 보상 없이 이를 감수하도록 하고 있는 한 비례의 원칙에 위반하여 당해 토지소유자의 재산권을 과도하게 침해하는 것으로 헌법에 위반된다"고 하였다.

이와 같은 헌법재판소의 개발제한구역 지정 결정요지는 결국 재산권에 대한 사회적 제약도 한계가 있으며, 그 한계를 벗어나는 경우에 보상을 하여야 하지만 손실보상에 대해서는 입법자가 보상입법을 하고, 그 보상입법에 근거하여 보상을 받을 수 있다는 것을 의미한다. 그런데 입법자가 보상입법을 함에 있어 보상규정을 두지 아니하거나 손실을 완화할 수 있는 제도를 제대로 보완하지 아니한다면, 그 보상입법은 다시 위헌이 될 것이지만 위헌입법에 의한 재산권침해에 대해서는 구제를 보장해 주지 못하는 문제가 생긴다. 이 경우 보상규정 없는 법률에 근거한 재산권침해에 대하여 손실보상을 받기 위해서 그 근거법률에 대하여 위헌소송을 제기하여 헌법불합치결정을 받아 내더라도 보상입법이 제정되어야만 보상을 받을 수 있게 되는 것이다.[128]

나. 도시계획시설 장기미집행결정

헌법재판소의 이 결정 역시 공용제한으로 인한 손실에 대하여 사회적 제약의 범위를

---

127) 헌재 1998. 12. 24. 89헌마214, 90헌바16, 97헌바78(병합).

128) 석종현, 『손실보상법론』, 삼영사, 2005, p.100.

넘는 수용적 효과를 인정하고 그에 대한 국가나 지방자치단체의 보상의무를 판시하고 있다. 헌법재판소는 "토지재산권이 강화된 사회적 의무와 도시계획의 필요성이란 공익에 비추어 일정한 기간까지는 토지소유자가 도시계획시설 결정의 집행지연으로 인한 재산권의 제한을 수인해야 하지만 일정기간이 지난 뒤에는 입법자가 보상규정의 제정을 통하여 과도한 부담에 대한 보상을 하도록 함으로써 도시계획시설결정에 관한 집행계획은 비로소 헌법상의 재산권보장과 조화될 수 있다"고 보면서 "어떠한 경우라도 토지의 사적 이용권이 배제된 상태에서 토지소유자로 하여금 10년 이상을 아무런 보상 없이 수인하도록 하는 것은 공익실현의 관점에서도 정당화될 수 없는 과도한 제한으로서 헌법상의 재산권보장에 위배된다고 보아야 한다"고 판시하였다.

3) 검토

이상에서 손실보상에 대한 헌법적 근거가 되는 헌법 제23조 제3항과 관련하여 보상규정을 두지 아니한 재산권침해와 관련하여 손실보상에 관한 종래의 방침규정설, 직접효력설, 위헌무효설에 더하여 유추적용설까지 학설과 판례를 살펴보았다.

방침규정설은 위에서 본 손실보상의 이론적 근거인 정의·공평의 원칙과 사유재산제도를 보장한 우리헌법의 원칙, 그리고 헌법 제23조 제3항의 규정에 비추어 타당하지 못하다 할 것이다. 즉 헌법 제23조 제3항의 규정 또한 보상한다는 것을 당연한 전제로 하여 오직 보상의 내용만을 법률로 정한다는 의미로 보며, 보상 여부까지 법률에 위임하였다고 볼 수 없다는 것이다.

직접효력설은 헌법 제23조 제3항의 문리적 해석에 의하면 공용침해나 그 보상은 법률상 근거가 있어야 한다는 결론에 이르게 되고, 따라서 동 조항의 규정내용과 관련해서는 직접효력설의 주장은 무리가 있다고 할 수 있다.[129]

위헌무효설은 일단 논리의 일관성을 갖고 있으나, 국가배상법상의 배상책임 성립요건을 충족할 수 있는지가 의문이다. 위헌인 법률에 기한 공용침해이므로 그 행위가 위법한 것은 틀림없다. 그러나 공무원의 과실이 인정될 수 있는지에 대해 국가배상법 제2조의 해석상 과실을 주관적으로 파악하는 한 이를 부정할 수밖에 없다. 즉 법률을 집행하는 공무원은 법령심사권이 없으므로 성실하고 평균적인 공무원의 주의력으로 판단하여야 할 때 공무원의 과실은 없다 할 것이다. 이에 대하여 이 견해를 취하는 입장에서는 과실요

---

129) 윤양수, 전게서, p.382; 김동희, 전게서, p.529.

건을 완화하여 적용한다면 해결할 수 있다고 하거나,[130) 과실과 위법성의 융합이론에 의하여 문제해결을 시도하려고 하고 있으나 과실의 객관화를 시도한다 하더라도 주관적 요소를 어느 정도 고려하지 않을 수 없다고 할 것이므로, 이 경우에 공무원의 과실을 인정하기 어렵다는 점이 문제로 지적되고 있다.

유추적용설에 대해서는 그 결론이 어디까지나 헌법 제23조 제3항에 의한 직접적 손실보상청구권의 성립을 전제할 때에만 가능한 것이며, 관계규정의 유추해석 또한 실정법이 허용할 때에만 가능하다는 비판을 받을 수 있다. 그리고 유추적용설은 독일에서의 수용유사침해법리 근거인 관습법으로서 희생보상청구권이 우리나라에서는 인정되지 않아 수용유사침해의 법리가 인정될 수 없고, 그 법리를 받아들인 유추적용설은 문제가 있는 것으로 본다. 그러나 희생보상청구권은 관습법 자체가 아니라, 그것이 함축하고 있는 희생보상의 법리인 것이므로 우리의 경우에도 판례법으로 그와 같은 희생보상의 법리가 형성될 수도 있을 것이다. 따라서 손해전보제도로써 해소할 수 없는 권리구제의 공백을 수용유사침해의 법리와 유추적용설을 통해 보완해 나가는 것이 바람직하다.

그리고 생각하건대 유추적용설의 견해와 입장을 같이하면서도 재산권의 제한에 대한 보상규정을 두고 있지 않는 경우가 많으며, 이에 대한 보상 여부의 판단은 사법부에 의하여 결정되기 때문에 차라리 절차의 맥락을 같이하는 입장에서라면 입법권자의 입법부작위에 대한 헌법소원을 통해 해결하는 방법도 바람직하다고 생각한다.[131) 즉 재산권을 수용, 사용, 제한하는 법률이 손실보상에 관한 규정을 두지 않은 경우 특별희생을 받았다고 주장하는 자는 헌법재판소에 입법부작위위헌확인의 심판청구를 하여 그 확인결정, 또는 헌법불합치 결정을 받게 되면 그에 따른 입법에 의하여 손실보상을 받을 수 있다고 생각한다.

한편, 헌법재판소의 개발제한구역지정결정 또는 도시계획시설 장기미집행결정은 사회적 제약과 손실보상을 요하는 제한의 구별기준을 제시하고 보상을 요하는 재산권 제한임에도 보상규정을 두지 않는 경우 손실보상청구권의 인정 여부 및 위헌 여부에 대하여 결정을 하였다는 점에서 그 의의를 찾을 수 있다. 이러한 헌법재판소의 결정은 독일의 분리이론에 따른 것으로 손실보상을 요하는 재산권 제한에 대한 손실보상청구권의 근거에 대해서는 보상입법으로 정하도록 함으로써 손실보상청구권의 근거와 관련하여 앞에서 주

---

130) 유지태, 전게서, p.849.

131) 물론 당해법률에서 직접적인 보상규정이 없더라도 관련규정의 유추적용을 통해 보상이 가능하면 이는 보상규정이 결여된 경우라고 보기 어려울 것이다. 다만 이때의 유추적용은 기술한 내용의 수용유사침해 이론의 도입을 주장하는 유추적용설과는 다르다.

장하는 학설들을 무의미하게 만들어 버렸다.132) 즉 보상규정이 없는 경우의 재산권침해가 수인의 한도를 넘는 경우 피해자는 헌법 제23조 제3항의 적용에 관한 학설을 근거로 손실보상을 청구할 수 없고, 보상입법을 기다려 그 보상입법에 따라 손실보상청구권을 행사할 수 있게 되는 것이다.

헌법재판소의 결정은 분리이론에 따른 결정으로 피해자가 손실보상청구권을 행사하기 위하여 보상입법의 제정을 기다려야 하고, 구체적인 사건에 법률을 적용하여 해결하는 것이 그 임무가 아닌 헌법재판소의 기능적 한계를 고려해 볼 때 경계이론에 따라 권리구제의 공백을 법원이 수용유사적 침해의 법리를 승인함으로써 이를 판례법으로 확립시켜야 한다.

Ⅳ. 損失補償의 範圍

1. 학설

손실보상의 범위를 침해된 재산가치에 대하여 어느 정도로 할 것인가에 대해서는 각국의 입법태도와 헌법을 뒷받침하는 사회 윤리적 가치관의 차이에 따라 상이하다. 현행 헌법 제23조 제3항은 "공공필요에 의한 재산권의 수용, 사용 또는 제한 및 그에 대한 보상은 법률로써 하되, 정당한 보상을 지급하여야 한다"고 규정하여 정당보상의 원칙을 취하면서 구체적인 보상액의 산출기준을 법률에 유보하였다. 따라서 헌법상의 정당보상 원칙이 무엇을 의미하는지가 문제 되나, 이에 대하여 학설은 일반적으로 완전보상설과 상당보상설 및 절충설이 대립되고 있다.

1) 완전보상설

완전보상의 관념은 미국 연방수정헌법 제5조의 "정당한 보상" 조항의 해석을 중심으로 미국에서 발전된 이론이다. 완전보상설은 손실보상은 피침해 재산이 갖는 재산적 가치를 충분하고 완전하게 보상(vollständige Entschädigung)하는 것이라야 한다는 입장이다.133) 이 설은 다시 보통 발생되는 손실의 전부를 보상하는 것이어야 하며, 부대적 손

---

132) 석종현, 전게서, p.99.

실을 포함한다고 보는 입장과 손실보상은 재산권에 대응하는 것이므로 피침해 재산의 시가, 거래가격에 의한 객관적 가치를 완전히 보상하는 것이어야 하나 부대적 손실은 포함되지 않는다는 입장으로 나누어진다. 완전보상의 관념은 미국 연방수정헌법 제5조의 정당한 보상 조항의 해석을 중심으로 발전된 것이다.

완전보상은 재산권의 객관적 가치의 보상은 물론 그 보상의 시기·반복 등에 어떠한 제한을 두어서는 아니 되는 것을 의미하는 완전한 보상이어야 한다. 즉 피침해 재산권의 객관적 가치의 손실뿐만 아니라 부대적 손실에 대해서도 보상하여야 하는 것이다.

2) 상당보상설

상당보상설은 침해된 재산권에 대하여 사회통념에 비추어 타당성 내지 합리적인 보상이면 된다는 견해이다.[134] 상당보상설(angemessene Entschädigung)의 내용에 대해서는 견해가 나누어지는데, 완전보상을 상회하거나 하회할 수도 있다는 견해와 사회통념에 비추어 객관적으로 타당성이 인정되는 것이면 완전보상을 하회하여도 무방하다고 보는 견해 등이 그것이다. 이 설은 재산권의 사회적 의무성을 바탕으로 한 사회·정책적 배려에 의한 것이라 할 수 있다. 바이마르 헌법 제153조는 "소유권은 의무를 수반한다"고 규정함으로써 재산권의 의무성을 선언하여 상당보상의 원칙을 채택하였고, 이는 독일기본법 제14조 제3항 제3단에서 "공익과 관계자 이익의 정당한 형량에 의한 보상"이라는 표현으로 계승되고 있다.

3) 절충설

절충설은 개인의 재산권에 대한 개별적·우연적 침해에 대해서는 피해자가 입은 모든 손실을 보상해 주는 완전보상이어야 한다는 것을 원칙으로 하면서도, 공익상의 합리적 사유가 있거나 공익과 사익을 조정하는 견지에서 완전보상을 하회할 수도 있고, 또한 생활 보상까지 해 주어야 하는 경우도 있다고 본다.[135]

---

133) 김동희, 전게서, p.509; 박윤흔, 전게서, p.723; 이상규, 전게서, p.656.
134) 김남진, 전게서, p.620; 김성수,『개별행정법』, 법문사, 2004, p.625; 홍정선, 전게서, p.548.
135) 유해웅,「토지이용계획제한과 손실보상」, 건국대학교 대학원 박사학위 논문, 1990, p.120; 박평준,「공용수용에 대한 손실보상」,『월간감정평가사』, 2004, p.51.

절충설은 농지개혁의 예에서 보듯이 현존 재산법질서를 변혁하는 목적의 재산권침해와 전 국토의 효율적 이용을 위해 행해지고 있는 토지이용계획에 의한 재산권침해 및 전쟁 기타 국가의 위기에 처해 개인의 재산을 증발하는 경우에는 완전보상을 하회할 수 있는 것으로 본다. 그러나 댐건설로 인해 전 부락이 몰수되어 원래의 거주지를 떠나 다른 지역에서 새롭게 생활을 재건해야만 하는 경우에 있어서는 그 생활기반의 재건까지 보상의 내용이 되는 것으로 본다.[136)

2. 판례

1) 헌법재판소

헌법재판소는 헌법 제23조 제3항의 규정에 의한 "정당한 보상"에 대하여 다음과 같이 판시하고 있다.

① 헌법이 규정한 정당한 보상이란 손실보상의 원인이 되는 재산권의 침해가 기존의 법질서 안에서 개인의 재산권에 대한 개별적인 침해인 경우에는, 그 손실보상은 원칙적으로 피수용 재산의 객관적인 재산 가치를 완전하게 보상하는 것이어야 한다는 완전보상을 뜻하는 것으로서 보상금액뿐만 아니라, 보상의 시기나 방법 등에 있어서도 어떠한 제한을 두어서는 아니 된다는 것을 의미한다.[137)

② 헌법 제23조 제3항에서 규정한 정당한 보상이란 원칙적으로 피수용 재산의 객관적인 재산 가치를 완전하게 보상하여야 한다는 완전보상을 뜻하는 것이다. 그러나 공익사업의 시행으로 지가가 상승하여 발생하는 개발이익은 궁극적으로는 국민 모두에게 귀속되어야 할 성질의 것이며, 개발이익은 피수용 토지의 객관적 가치 내지 피수용자의 손실이라고는 볼 수 없다. 국토이용관리법 제29조 제5항을 포함하여 제29조 제6항에 의하여 평가된 기준지가는 그 평가의 기준이나 절차로 미루어 대상 토지가 대상지역공고일 당시 갖는 객관적 가치를 평가하기 위한 것으로 볼 수 없고, 토지수용법 제46조 제2항이 들고

---

136) 일본학자들이 취하는 절충설은 완전한 보상을 요하는 경우와 상당한 보상으로써 충분한 경우를 나누고 있다. 즉 작은 재산의 침해나 기존의 재산법질서 범위 안에서의 개별적인 재산권침해행위는 완전한 보상을 요하지만, 큰 재산의 침해나 기존의 재산법질서를 구성하는 어떤 재산권의 대한 사회적 평가가 변화되어 그 권리관계의 변혁을 목적으로 행하여지는 재산권침해행위는 상당한 보상을 하면 된다는 것이다. 박윤흔, 『최신행정법강의(하)』, 박영사, 2002, p.762.

137) 헌재 1990. 6. 25. 89헌마107.

있는 시점보정의 방법은 보정결과의 적정성에 흠을 남길 만큼 중요한 기준이 누락되었다거나 적절치 아니한 기준을 적용한 것으로 판단되지 않는다.

따라서 토지수용법 제46조 제2항의 보상액을 산정함에 있어 개발이익을 배제하고, 기준지가의 고시일 이후 시점보정을 인근토지의 가격변동률과 도매물가상승률 등에 의하여 행하도록 규정한 것은 헌법 제23조 제3항에 규정한 정당보상의 원리에 위배되는 것은 아니다.138)

2) 대법원

① 헌법 제23조 제3항의 규정은 보상청구권의 근거에 관해서뿐만 아니라, 보상의 기준과 방법에 관해서도 법률의 규정에 유보하고 있는 것으로 보아야 하고 토지수용법과 지가공시법의 규정들은 바로 헌법에서 유보하고 있는 법률의 규정들로 보아야 할 것이다. 그리고 "정당한 보상"이라 함은 원칙적으로 피수용재산의 객관적인 재산 가치를 완전하게 보상하여야 한다는 완전보상을 뜻하는 것이라 할 것이나, 투기적인 거래에 의하여 형성되는 가격은 정상적인 객관적 재산가치로 볼 수 없으므로 이를 배제한다고 하여 완전보상의 원칙에 어긋나는 것은 아니다.139)

② 당해 수용사업의 시행으로 인한 개발이익은 수용대상토지의 수용 당시의 객관적 가치에 포함되지 아니하는 것이므로 수용대상토지에 대한 손실보상액을 산정함에 있어서 구 토지수용법(1991. 12. 31. 법률 제4483호로 개정되기 전의 것) 제46조 제2항에 의하여 손실보상액산정의 기준이 되는 지가공시 및 토지 등의 평가에 관한 법률에 의한 공시지가에 당해 수용사업의 시행으로 인한 개발이익이 포함되어 있을 경우 그 공시지가에서 그러한 개발이익을 배제한 다음 이를 기준으로 하여 손실보상액을 평가하고, 반대로 그 공시지가가 당해 수용사업의 시행으로 지가가 동결된 관계로 개발이익을 배제한 자연적 지가상승분도 반영하지 못한 경우에는, 그 자연적 지가상승률을 산출하여 이를 기타 사항으로 참작하여 손실보상액을 평가하는 것이 정당한 보상의 원리에 합당하다.140)

---

138) 헌재 1991. 2. 11. 90헌바17, 18.

139) 대판 1993. 7. 13. 93누2131.

140) 대판 1993. 7. 27. 92누11084; 대판 1993. 7. 13. 93누227; 대판 1993. 3. 9. 92누9531.

3. 검토

우리나라 헌법은 건국 이후 보상의 범위에 관한 표현을 '상당보상', '정당보상', 그리고 법률에 유보하는 형식을 취해 왔으며, 상당보상의 입장과 정당보상의 입장으로 나누어지는 것으로 파악할 수 있다. 그러나 현행 헌법이 보상의 범위에 대하여 표현을 달리함으로써 실질적 차이를 두려고 한 것은 아니며 발생한 손실은 완전 보상하는 입장을 취하고 있었다고 보는 견해도 있다.[141]

현행 헌법은 제23조 제3항에서 정당한 보상의 지급을 명시하고 있으며 구체적인 보상기준을 법률에 유보하고 있어 보상기준에 관한 해석이 학자에 따라 다르게 되는 것은 당연한 귀결이다. 현행 헌법상 정당보상의 원칙은 완전보상설을 취한 것이라 할 수 있으며[142] 이에 따라 손실보상은 침해된 재산권의 객관적 가치의 보상은 물론 그 보상의 시기·방법 등에 제한이 없는 완전한 보상이어야 한다. 즉 침해되는 재산권의 객관적 가치의 손실과 부대적 손실에 대해서도 보상하여야 한다는 완전보상설과 견해를 같이한다.

따라서 헌법상의 보상기준 문제는 추상적·일반적으로 판단하기보다는 오히려 현실적 상황에 있어서의 제반사정 예컨대, 재산권의 종류, 침해의 목적, 요건, 절차, 방법, 효과 등과의 관련하에서 구체적·개별적으로 판단되어야 하는 것이라 할 수 있다.[143] 그리고 보상기준이 구체적으로 명시되지 아니한 것은 입법형성권자의 의지에 따라 다를 수 있다는 것을 암시하므로 실질적인 보상은 입법형성을 기준으로 해석해서는 안 되며, 재산권을 침해당하는 자를 중심으로 한 보상기준이 마련되어야 한다고 생각한다. 이와 같은 취지에서 고려한다면 보상의 대상인 일반적인 재산권보상을 포함하여 정신적 보상, 생활보상, 이주대책 등 전반적인 사항을 고려하여 상당한 부분을 초과하더라도 피수용자가 만족할 만한 완전보상을 하여야 한다.

---

141) 그 이유로서 헌법규정의 차이에도 불구하고 토지의 수용과 보상에 관한 일반법이라 할 수 있는 토지보상법은 일관되게 재결 당시의 가격에 의한 보상, 즉 완전보상을 하도록 한 것을 들고 있다. 박윤흔, 전게서, p.466.

142) 헌재 1995. 4. 20. 93헌바20·66, 94헌바4·9, 95헌바6(종합).

143) 유재성, 「토지재산권의 사회적 구속성과 손실보상에 관한 연구」, 충남대학교 대학원 박사학위논문, 1992, p.119.

V. 損失補償의 原則과 內容

1. 손실보상의 원칙

1) 사업시행자보상원칙

공익사업에 필요한 토지 등의 취득 또는 사용으로 인하여 토지소유자, 관계인이 입은 손실은 사업시행자가 보상하여야 한다.[144)

사업시행자보상원칙은 수용권의 주체에 관하여 사업시행자 수용권설에 따른 것으로 보상할 자는 손실의 원인행위를 한 자가 되어야 하기 때문에 실정법에 의하여 사업시행자에게 주어진 수용권의 행사는 바로 그 손실의 원인이 되므로 당연히 사업시행자가 손실보상을 하여야 한다는 원칙이다. 보상업무를 지방자치단체 등에 위탁하는 경우에도 궁극적인 보상책임은 사업시행자가 져야 한다.

2) 사전보상원칙

사업시행자는 당해 공익사업을 위한 공사에 착수하기 이전에 토지소유자 및 관계인에 대하여 보상액의 전액을 지급하여야 한다. 다만 천재지변 시 사용의 시급을 요하는 토지의 사용, 또는 토지소유자 및 관계인이 승낙이 있을 때에는 그러하지 아니하다.[145)

이러한 사전보상의 원칙은 피수용자를 보호하기 위한 것으로 그 시기까지 보상금을 지급·공탁하지 않으면 재결은 그 효력을 상실한다. 이 경우 사업시행자는 재결의 효력이 상실됨으로 인하여 피수용자가 입은 손실을 보상하여야 한다.[146) 대법원 판례는 기업자

---

144) 「공익사업을 위한 토지 등의 취득 및 보상에 관한 법률」 제61조. 대판 2001. 9. 25. 2001다30445. "하천 구역 편입토지보상에 관한 특별조치법 제2조는 특별시장, 광역시장 또는 도지사가 그 손실을 보상하여야 한다고 명문으로 규정하고 있으므로, 위 특별조치법 제2조의 규정에 의하여 손실보상을 구하는 경우에 그 보상의무자는 당해 하천의 관리청이 속한 권리주체인 광역자치단체가 된다고 할 것이고 그 광역자치단체가 지방자치법 제5조를 근거로 사무위임에 관한 조례를 제정하여 구 하천법의 시행으로 하천 구역에 편입된 토지에 대한 보상의 청구의 접수와 수리, 보상대상자의 결정, 보상심의위원회의 규정, 보상금액의 산정과 보상금지급통지 등에 관한 구체적인 사무권한을 하급지방자치단체의 장에게 위임하였다고 하여 그 하급 지방자치단체가 실체법상의 의무인 위 특별조치법상 보상의무의 주체가 되는 것은 아니다."

145) 「공익사업을 위한 토지 등의 취득 및 보상에 관한 법률」 제62조.

146) 「공익사업을 위한 토지 등의 취득 및 보상에 관한 법률」 제42조 제1항·제2항.

가 관할 토지수용위원회에서 재결된 보상금을 그 수용시기까지 지급 또는 공탁하지 않으면 그 보상금에 대한 후급약정이 있다든가 또는 보상금액에 대해서만 다툰다거나 하는 특별한 사정이 없는 한 그 수용재결은 전부 효력을 상실하므로, 수용대상 토지를 점유 사용함은 불법점유로 되어 그 손해를 배상하여야 한다고 한다.[147]

3) 현금보상의 원칙

금전은 자유로운 유통이 보장되고 객관적인 가치의 변동이 적을 뿐만 아니라, 일반적인 사회현실에서 볼 때 누구나 다 선호하는 것으로서 완전성을 확보하기 쉬운 보상방법이라는 점에서 현금 지급의 원칙이다.

손실보상은 다른 법률에 특별한 규정이 있는 경우를 제외하고는 현금으로 지급하여야 한다.[148] 다만, 예외적으로 일정한 경우에 토지보상,[149] 물건보상[150] 및 채권보상이 허용되고 있다.[151]

---

147) 대판 1970. 11. 30. 70다2171.

148) 「공익사업을 위한 토지 등의 취득 및 보상에 관한 법률」 제63조 제1항.

149) 「공익사업을 위한 토지 등의 취득 및 보상에 관한 법률」 제63조 제1항에서 "손실보상은 다른 법률에 특별한 규정이 있는 경우를 제외하고는 현금으로 지급하여야 한다. 다만, 토지소유자가 원하는 경우로서 사업시행자가 해당 공익사업의 합리적인 토지이용계획과 사업계획 등을 고려하여 토지로 보상이 가능한 경우에는 토지소유자가 받을 보상금 중 본문에 따른 현금 또는 제6항 및 제7항에 따른 채권으로 보상받는 금액을 제외한 부분에 대하여 다음 각 호에서 정하는 기준과 절차에 따라 그 공익사업의 시행으로 조성한 토지로 보상할 수 있다"고 규정하고 있다.

150) 「도시 및 주거환경 정비법」 제40조 제4항에서 현물보상에 관하여 "대지 또는 건축물을 현물 보상하는 경우에 공익사업을 위한 토지 등의 취득 및 보상에 관한 법률 제42조의 규정에도 불구하고, 제52조의 규정에 의한 준공인가 이후에 그 현물보상을 할 수 있다"고 규정하고 있다.

151) 「공익사업을 위한 토지 등의 취득 및 보상에 관한 법률」 제63조 제2항. 다음에 해당하는 경우에는 현금보상의 원칙에도 불구하고 당해사업시행자가 발행하는 채권으로 지급할 수 있다. ① 토지소유자 또는 관계인이 원하는 경우, ② 사업인정을 받은 사업에 있어서 부재부동산 소유자의 토지에 대한 보상금이 3천만 원을 초과하는 경우로서 그 초과하는 금액에 대하여 보상하는 경우, 특히, 토지의 투기가 우려되는 지역으로서 특정지역 안에서 다음의 어느 하나에 해당하는 공익사업을 시행하는 자 중 특정 정부 투자기관 및 공공단체는 위의 채권지급의 규정에도 불구하고 위 ②의 부재부동산소유자의 토지에 대한 보상금 중 대통령이 정하는 1억 원 이상의 일정 금액을 초과하는 부분에 대해서는 당해 사업시행자가 발행하는 채권으로 지급하여야 한다. 한편 채권으로 지급하는 경우 채권의 상환 기한은 5년을 넘지 아니하는 범위 안에서 정하여야 하며, 그 이율은 3년 만기 정기예금 이자율로 한다(당해 계산기간 중에 그 이자율이 변동되거나 은행에 따라 이자율이 다른 경우에, 적용할 이자율은 그해 1월 1일 현재 은행법에 의하여 설립된 금융기관 중 전국을 영업구역으로 하는 은행의 적용하는 이자율을 평균한 이자율로 함). 그리고 예외적으로 법률이 정하는 바에 의하여, 도시개발사업에서 환지의 제공 등과 같이 수용 또는 사용할 물건에 갈음하는 물건으로 보상하는 현물보상의 방법에 의하는 경우도 있다. 도시 및 주거 환경 정비법 제40조 제4항.

4) 개인별 보상원칙

손실보상은 토지소유자 또는 관계인에게 개인별로 행하여야 한다.152) 다만 개인별로 보상액을 산정할 수 없는 때에는 그러하지 아니하다.153)

보상액을 개인별로 산정한다 함은 대상토지 위에 소유권 이외의 지상권, 지역권, 전세권, 저당권 등이 설정되어 있는 경우 토지소유자 및 각 권리자별로 보상액을 산정하여야 한다는 의미이다.154) 이는 대상 토지 위에 소유권 이외의 담보물권이 설정되어 있는 경우에 토지와 그 권리에 대한 보상금을 일괄되게 결정하여 토지소유자에게 지급하고, 다른 권리자는 다시 토지소유자로부터 지급받도록 한다면 관계인의 권리보호에 지장이 있기 때문이다. 그리고 담보물권의 목적물이 수용의 대상이 된 경우에 채무자가 받을 보상금에 대하여 물상대위를 인정하고 있다.155) 이 경우 개인별 보상원칙에 대한 예외가 된다.

5) 일괄보상원칙

사업시행자는 동일한 사업지역 안에 보상시기를 달리하는 동일인 소유의 토지 등이 다수 있는 경우 토지소유자, 또는 관계인의 요구가 있는 때에는 일괄하여 보상금을 지급하여야 한다.156)

6) 사업시행이익과의 상계금지원칙

사업시행자는 동일한 토지소유자에게 속하는 일단의 토지 일부를 취득 또는 사용하는 경우 당해 공익사업의 시행으로 인하여 잔여지의 가격이 증가하거나 그 밖의 이익이 발

---

152) 대판 2000. 1. 28. 97누11720. "토지수용법 제45조 제2항은 수용 또는 사용함으로 인한 보상은 피보상자의 개인별로 산정할 수 없을 때를 제외하고는 피보상자에게 개인별로 하여야 한다고 규정하고 있으므로, 보상은 수용 또는 사용의 대상이 되는 물건별로 하는 것이 아니라 피보상자의 개인별로 행하여지는 것이라고 할 것이어서 피보상자는 수용 대상 물건 중 전부 또는 일부에 관하여 불복이 있을 경우 그 불복의 사유를 주장하여 행정소송을 제기할 수 있다."

153) 「공익사업을 위한 토지 등의 취득 및 보상에 관한 법률」 제64조.

154) 이선영, 『토지공법과 보상법론』, 법문사, 1997, p.217.

155) 「공익사업을 위한 토지 등의 취득 및 보상에 관한 법률」 제47조.

156) 「공익사업을 위한 토지 등의 취득 및 보상에 관한 법률」, 이를 대위주의(代位主意)라 한다. 박평준, 전게서, p.344; 석종현, 전게서, p.181.

생한 때에도 그 이익을 그 취득 또는 사용으로 인한 손실과 상계할 수 없다.[157]

이 규정은 수용의 대상에 포함되지 않은 토지와 보상금은 직접적 관계가 없다는 이유, 그리고 잔여지의 개발이익 등은 개발이익환수의 방법을 적용하여야 할 사항이라는 이유 등을 고려하여[158] 민사법상의 손익 상계적 발상을 배제한 것이다.

7) 시가보상원칙

「공익사업을 위한 토지 등의 취득 및 보상에 관한 법률」의 보상액의 가격시점(보상액 산정의 기준이 되는 시점)에 관한 규정에서, "보상액의 산정은 협의에 의한 경우에는 협의성립 당시의 가격을, 재결에 의한 경우에는 수용 또는 사용의 재결 당시의 가격을 기준으로 한다"라고 규정하고 있는데[159] 이는 시가보상원칙을 정한 것으로 볼 수 있다.

8) 개발이익배제원칙

보상액의 산정에 있어서 당해 공익사업으로 인하여 토지 등의 가격에 변동이 있는 때에는 이를 고려하지 아니한다.[160] 이러한 규정은 정당한 보상이 결코 당해 공익사업으로 인한 지가상승분, 즉 개발이익까지 포함하는 것으로 볼 필요는 없다고 보는 것이다. 「공익사업을 위한 토지 등의 취득 및 보상에 관한 법률」에서는 이외에 보상액산정에 있어서 당해 공익사업으로 인하여 토지 등의 가격이 변동이 있을 때에는 이를 고려하지 않는다는 개발이익배제원칙을 명문화하는 한편, 대법원 판례의 입장에 따라 개발이익의 배제를 더욱 구체화하였다.[161] 이와 같이 개발이익배제원칙을 확고히 하고 있으나 정당한 보상과 관련하여 문제의 소지가 있으므로 이에 관하여 구체적으로 후술하고자 한다.

---

157) 「공익사업을 위한 토지 등의 취득 및 보상에 관한 법률」 제66조.

158) 유해웅, 『수용보상법론』, 경록사, 1997, p.312.

159) 「공익사업을 위한 토지 등의 취득 및 보상에 관한 법률」 제67조 제1항.

160) 「공익사업을 위한 토지 등의 취득 및 보상에 관한 법률」 제67조 제2항.

161) 대판 1995. 11. 7. 94누13725. "택지개발의 시행을 위하여 용도지역이 경지지역에서 도시지역으로 변경된 토지들에 대하여 그 이후 이 사업을 시행하기 위하여 이를 수용하였다면, 표준지의 산정이나 지가변동률의 적용 등 그 보상액 재결을 위한 평가를 함에 있어서는 용도지역의 변경을 고려함이 없이 평가하여야 할 것이다."

9) 감정평가업자 평가원칙

사업시행자는 토지 등에 대한 보상액을 산정하고자 하는 경우에는 「부동산가격공시 및 감정평가에 관한 법률」에 의한 감정평가업자 2인 이상에게 토지 등의 평가를 의뢰하여야 한다. 다만, 사업시행자가 건설교통부령이 정하는 기준에 따라 직접 보상액을 산정할 수 있는 때에는 그러하지 아니하다.[162]

2. 손실보상의 내용

1) 손실보상 내용의 다양화

전통적인 손실보상 이론은 공공사업이 주로 도로 · 국공립학교의 건설 등 이른바, 점진적 개발사업[163]이어서 생활권침해가 없거나 공용수용에 부대되는 경제적 손실도 경미하다는 것을 전제로 하였기 때문에 재산권에 대한 보상을 중심으로 구성되었다.

오늘날의 사회국가에 와서는 공공개발사업은 공공복리의 증진을 위한 목적으로 시행되기 때문에 댐, 공업단지, 항만건설 등 이른바 양면 개발사업을 의미하는 대규모 공공사업을 대대적으로 시행하지 않을 수 없게 되었다. 이와 같은 대규모 공공사업의 시행은 수몰민의 예에서 보듯이 주민들이 일시에 다른 곳으로 이주하는 문제가 생겨 수몰민의 재산권이 침해됨은 물론 생활기반 그 자체를 상실하는 경우가 생기게 된다. 즉 개발사업의 시행은 토지소유권은 물론 토지소유권 이외의 각종 재산권을 침해하고, 재산권침해에 부대되는 경제적 손실을 발생시키며, 나아가 생활권을 침해하는 문제가 발생함으로써 보상의 내용이 다양화되고 있다.

그 외에도 보상금이 피보상자의 생활재건을 위하여 가장 유효하게 쓰이도록 유도하는 각종의 조치를 고려하거나 공공사업의 시공, 또는 완성 후에 그 공공시설이 기업자 외에 대하여 미치는 이른바, 사업 손실에 대해서도 보상이론에서 고려해야 하는 문제가 생긴다. 따라서 손실보상의 내용은 종래의 재산권보상으로부터 생활재건조치, 사업 손실 등을 포함하는 생활 보상 등으로 다양화해진 것이라 할 수 있다.[164]

---

162) 「공익사업을 위한 토지 등의 취득 및 보상에 관한 법률」 제68조 제1항.

163) 박윤흔, 전게서, p.766.

164) 석종현, 전게서, p.127.

2) 재산권보상

재산권보상은 개별적·구체적인 재산손실에 대한 상대성을 갖는 보상을 의미한다. 따라서 재산권 그 자체의 상실은 물론 재산권상실에 부대하는 경제적 손실에 해당하는 실비변상적 보상, 일실손실보상 등을 그 내용으로 한다.

(1) 토지보상의 기준 및 내용

보상액의 산정은 재결에 의한 경우에는 수용의 재결 당시 가격을 기준으로 하며,[165] 협의에 의한 경우에는 협의성립 당시의 가격을 기준으로 한다. 보상액의 산정에 있어서 당해 공익사업으로 인하여 토지 등의 가격에 변동이 있는 때에는 이를 고려하지 아니한다.[166]

협의 또는 재결에 의하여 취득하는 토지에 대해서는 공시지가를 기준으로 하여 보상하되, 그 공시기준일로부터 가격시점까지의 관계법령에 의한 당해 토지의 이용계획, 당해 공익사업으로 인한 지가의 영향을 받지 아니하는 지역의 지가변동률,[167] 생산자물가상승률 그 밖의 당해 토지의 위치, 형상, 환경, 이용 상황 등을 참작하여 평가한 적정가격으로 보상하여야 한다.[168] 여기서 보상액산정기준이 되는 공시지가는 사업인정 전의 협의에 의한 취득에 있어서는 당해 토지의 가격시점 당시 공시된 공시지가 중 가격시점에 가장 가까운 시점에 공시된 공시지가로 하며,[169] 다만 사업인정 후의 협의 또는 재결에 의

---

165) 판례는 "기업자가 토지가 포락되었다고 판단하여 수용절차나 보상 없이 공사를 시행하는 도중에 토지가 포락된 것이 아니라는 판결이 확정되자 비로소 이를 수용하게 되어 수용재결 당시에는 당해 공공사업으로 토지현상 및 용도지역이 변경된 경우, 손실보상액은 수용재결일이 아니라 사업승인 고시일을 기준으로 산정하여야 하는 것"으로 본다. 판례 1999. 10. 22. 98두7770.

166) 판례는 "당해 공공사업의 시행을 직접 목적으로 하는 계획의 승인·고시 또는 사업 시행으로 인한 가격변동은 이를 고려함이 없이 수용재결 당시의 가격을 기준으로 하여 적정가격을 정하여야 하고, 당해 공공사업과는 관계없는 다른 사업의 시행으로 인한 개발이익은 이를 배제하지 아니한 가격으로 평가하여야 한다."(판례 1999. 10. 22. 98두7770)

167) 지가변동 외에 도매물가상승률을 참작하라고 하는 취지는 지가변동률이 지가추세를 적절히 반영하지 못한 특별한 사정이 있는 경우 이를 통하여 보완하기 위한 것일 뿐이므로 지가변동률이 지가추세를 적절히 반영한 경우에는 이를 필요적으로 참작하여야 하는 것은 아니다. 판례 1999. 8. 24. 99두4754.

168) 「공익사업을 위한 토지 등의 취득 및 보상에 관한 법률」 제70조 제1항. 토지수용으로 인한 손실보상액의 산정을 공시지가 기준으로 하되, 개발이익을 배제하고, 공사기준일로부터 재결 시까지의 시점보정을 인근토지의 가격변동률과 도매물가상승률 등에 의하여 행하는 것은 기준시가가 대상지역 공고일 당시의 표준지 객관적 가치를 정당하게 반영하는 것이고, 표준지와 지가 선정 대상 토지 사이에 가격의 유사성을 인정할 수 있도록 표준지의 선정이 적정하며, 대상지역 공고일 이후 수용 시까지의 시가변동을 산출하는 시점보정의 방법이 적정한 것으로 보이므로, 헌법상의 정당보상원칙에 위배되는 것이 아니다 (헌재 1995. 4. 20. 93헌바20·66, 94헌바4·9, 95헌바6(병합)).

169) 「공익사업을 위한 토지 등의 취득 및 보상에 관한 법률」 제70조 제3항. "공익사업의 계획 또는 시행이 공고 또는 고시됨으로 인하여 취득하여야 할 토지의 가격이 변동되었다고 인정되는 경우에는 당해 공

한 취득에 있어서는 사업인정고시일 전의 시점을 공시기준일로 하는 공시지가로서 당해 토지에 관한 협의의 성립, 또는 재결 당시 공시된 공시지가 중 당해 사업인정 고시일에 가장 가까운 시점에 공시된 공시지가로 한다.[170)

취득하는 토지를 평가함에 있어서는 평가대상토지와 유사한 이용가치를 지닌다고 인정 되는 하나 이상의 표준지 공시지가를 기준으로 하되 인근 유사토지의 거래사례를 평가에 반영해야 함은 물론, 표준지와 수용대상토지의 개별요인에서 차이를 구체적 기준이나 방 법을 통하여 제시하여야 하고, 처분청은 보상액산정요인들을 특정·명시하고, 그 산정요 인의 참작방법을 구체적으로 명시하여서 보상액산정과정의 투명성과 적법성을 입증할 수 있어야 한다.[171) 이렇게 토지에 대한 보상이 이루어지면 사업시행자는 토지의 소유권을 취득하게 된다.

가. 개발이익의 배제

개발이익이란 개발사업을 시행함으로써 정상지가 상승분을 초과하여 개발사업시행자에 게 귀속되는 토지가액의 증가분을 말한다. 개발이익은 피수용토지의 객관적 가치 내지는 피수용자의 손실에 해당하지 아니하므로 손실보상액산정에서 배제하고 있다. 이는 지가 가 갑자기 상승한 개발지역 내에서 토지를 수용당한 자와 수용당하지 않은 자 간의 불균 형을 시정하고 개발이익까지를 포함하여 보상함으로써 피수용자에 이중의 이익을 주는 것을 배제하여 공평부당이라는 보상원리에 따르기 위한 것이라 할 수 있다.

헌법재판소는 헌법 제23조 제3항의 정당한 보상을 완전보상을 뜻하는 것으로 해석하 면서도, 개발이익은 완전보상의 범위에 포함되는 피수용토지의 객관적 가치 내지는 피수 용자의 손실에 해당하지 않는 것으로 보았다.[172)

대법원의 판례도 개발이익은 형평의 관념에 비추어 볼 때, 토지소유자에게 당연히 귀 속되어야 할 성질의 것은 아니고, 피수용토지가 수용 당시 갖는 객관적 가치에 포함된다 고 볼 수도 없고, 또한 개발이익은 공익사업의 시행을 볼모로 한 주관적 가치부여에 지 나지 않는 것으로 보아 개발이익의 배제원칙을 취하고 있다.[173) 종래 개발이익을 배제하

고일 또는 고시일 전의 시점을 공시기준일로 하는 공시지가로서, 당해 토지의 가격시점 당시 공시된 공 시지가 중 당해 공익사업의 공고일 또는 고시일에 가장 가까운 시점에 공시된 공시지가로 한다."

170) 「공익사업을 위한 토지 등의 취득 및 보상에 관한 법률」 제70조 제3항, 제4항.

171) 대판 1990. 7. 10. 89누3953.

172) 헌제 1990. 6. 25. 89헌마107(토지수용법 제46조 제2항의 위헌 여부에 관한 헌법소원), 헌제 1991. 2. 11. 90헌바17, 18(국토이용관리법 제29조 제5항 및 토지수용법 제46조 제2항에 대한 헌법소원).

는 수단으로 토지초과소유부담금, 개발부담금 및 토지초과이득세가 활용되었으나, 그 근거법률인 「택지소유상한에 관한 법률」은 1998. 9. 19. 폐지(법률 제5, 571호)되었고, 「개발이익환수에 관한 법률」은 개정(1998. 9. 19. 법률 제5, 572호)되어 1999년 12월 31일까지 인가 등을 받아 시행하는 모든 개발사업에 대하여 개발부담금을 면제하고, 2000년 1월 1일부터는 그 부담률을 개발이익의 100분의 50에서 100분의 25로 인하하였다. 「토지초과이득세법」은 1998. 12. 28. 폐지되었다(법률 제5, 586호).

나. 사용하는 토지에 대한 보상기준

협의 또는 재결에 의하여 사용하는 토지에 대해서는 그 토지와 인근 유사토지의 지료, 임대료, 사용방법, 사용기간 및 그 토지의 가격 등을 참작하여 평가한 적정가격으로 보상하여야 한다.[174] 또한 「공익사업을 위한 토지 등의 취득 및 보상에 관한 법률」은 사용하는 토지의 지하 및 공중 공간의 사용에 대해서도 구체적인 보상액의 산정 및 평가방법은 투자비용, 예상수익 및 거래가격 등을 고려하여 건설교통부령으로 정하도록 함으로써,[175] 지하 및 공중 공간 사용의 보상근거를 새로이 마련하였다.

(2) 토지 이외의 재산권보상에 대한 기준 및 내용

가. 건축물 등 물건에 대한 보상

지상의 물건에 대한 이전보상은 직접적인 보상이라기보다는 수용 등으로 인한 경제적 손실에 대한 회복 차원의 보상이라 할 수 있다. 건축물 등 즉 건축물, 입목, 공작물 기타 토지에 정착한 물건에 대해서는 이전에 필요한 비용으로 보상하여야 한다. 다만, 건축물

---

173) 대판 1999. 10. 22. 98두7770. "피고 한국토지공사(이하 피고 공사라고 한다)가 1990. 5. 16. 이 사건 토지 일대에 공업단지조성공사를 위한 산업기지 개발사업실시계획을 승인받아 위 사업을 시행함에 있어 이 사건 토지는 포락으로 해면화되었다고 판단하여 이 사건 토지에 대한 수용절차나 보상 없이 공사를 시행하였고, 이에 원고가 피고 공사를 상대로 이 사건 토지에 관한 소유권확인 소송을 제기하여 공사가 거의 완공될 무렵인 1995. 11. 24. 원고승소판결이 확정되자 비로소 피고 중앙토지수용위원회가 1996. 7. 15. 이 사건 토지를 수용 재결하였는데 원래 1/4은 갯벌, 3/4은 방치된 잡종지 상태였던 이 사건 토지가 피고 공사의 위 사업시행으로 수용재결 당시에는 대지조성이 거의 마무리되어 가는 잡종지로 토지현상이 변경되고 용도지역도 공업지역으로 변경되었음을 알 수 있는바, 이 사건 토지의 이용 상황이 위와 같은 경위로 변경되었으니 이는 이 사건 당해 사업의 시행으로 인한 것이므로 이 사건 토지의 수용으로 인한 손실보상액을 산정함에 있어서는 당해 사업 시행으로 인한 개발이익 배제의 법리에 따라 이 사건 토지의 이용 상황을 수용재결일이 아니라 당초의 사업승인 고시일을 기준으로 하여야 할 것이다."

174) 「공익사업을 위한 토지 등의 취득 및 보상에 관한 법률」 제71조 제1항.

175) 「공익사업을 위한 토지 등의 취득 및 보상에 관한 법률」 제71조 제2항.

등의 이전이 어렵거나 그 이전으로 인하여 건축물 등을 종래의 목적대로 사용할 수 없게 된 경우, 건축물 등의 이전비가 그 물건의 가격을 넘는 경우, 사업시행자가 공익사업에 직접 사용할 목적으로 취득하는 경우에는 당해 물건의 가격으로 보상하여야 한다.[176]

　　대법원은 "과거의 「토지수용법」이나 「공공용지의 취득 및 손실보상에 관한 특례법」 등 관계법령을 종합해 보면 지상물인 건물은 그 건물이 적법한 건축허가를 받아 건축된 것인지 여부에 관계없이 토지수용법상 사업인정의 고시 이전에 건축된 건물이기만 하면 손실보상의 대상이 된다"고 판시하였다.[177]

　　나. 농작물에 등에 관한 보상

　　농작물에 대한 손실보상은 그 종류와 성장의 정도 등을 종합적으로 참작하여 보상하여야 하며[178] 토지에 속한 흙·돌·모래 또는 자갈에 대해서는 그것이 당해 토지와 별도로 취득 또는 사용의 대상이 되는 경우에 한하여 거래가격 등을 참작하여 적정가격으로 보상하여야 한다.[179]

　　다. 권리에 대한 보상

　　권리에 대한 보상은 광업권, 어업권, 용수권 등에 대한 보상을 말하는데, 광업권은 광구에서 등록을 한 광물과 이와 동일 광산 중에서 부존하는 다른 광물을 채굴하여 취득하는 권리를 말한다. 광업법에 의해 허가와 등록으로 성립하는 배타적·독립적 권리이며, 물권으로 간주된다. 어업권은 일정한 수역에서 어업을 할 수 있는 권리이다. 어업권 자체는 사권이지만 공적 제약이 따른다.

　　토지에 관한 소유권 이외의 권리에 대한 구체적인 보상액산정 및 평가방법은 투자비용, 예상수익 및 거래가격 등을 고려하여 국토해양부부령으로 정한다.[180] 광업권, 어업권 및 물(용수시설을 포함한다) 등의 사용에 관한 권리에 대해서도 투자비용, 예상수익 및 거래가격 등을 참작하여 평가한 적정가격으로 보상하여야 하며, 보상액의 구체적인 산정 및 평가방법은 국토해양부령으로 정한다.[181]

---

176) 「공익사업을 위한 토지 등의 취득 및 보상에 관한 법률」 제75조 제1항.
177) 대판 2000. 3. 10. 99두10896.
178) 「공익사업을 위한 토지 등의 취득 및 보상에 관한 법률」 제75조 제2항.
179) 「공익사업을 위한 토지 등의 취득 및 보상에 관한 법률」 제75조 제3항.
180) 「공익사업을 위한 토지 등의 취득 및 보상에 관한 법률」 제70조 제5항.
181) 「공익사업을 위한 토지 등의 취득 및 보상에 관한 법률」 제75조 제5항, 제73조.

라. 잔여지 보상

사업시행자는 동일한 토지소유자에 속하는 일단의 토지 일부가 취득, 또는 사용됨으로 인하여 잔여지의 가격이 감소하거나 그 밖의 손실이 있는 때 또는 잔여지에 통로, 도랑, 담장 등의 신설 그 밖의 공사가 필요한 때에는 그 손실이나 공사의 비용을 보상하여야 한다. 동일한 토지소유자에게 속하는 일단의 토지 일부가 취득됨으로 인하여 잔여지의 가격이 하락된 경우 잔여지의 손실은 공익사업시행지구에 편입되기 전의 잔여지 가격에서 편입 후 잔여지의 가격을 뺀 금액으로 평가하며, 잔여지에 도로, 도랑, 담장 등의 신설 그 밖의 공사가 필요하게 된 경우의 손실은 그 시설의 설치나 공사에 필요한 비용으로 평가한다. 더불어 종래의 목적에 사용되는 것이 현저히 곤란하게 된 잔여지에 대해서는 토지의 전체 가격에서 편입되는 토지의 가격을 뺀 금액으로 평가한다. 이와 같이 토지의 일부가 협의에 의하여 매수되거나 수용됨으로써 잔여지를 종래의 목적에 사용하는 것이 현저히 곤란할 때에는 당해 토지소유자는 사업시행자에게 잔여지의 매수청구를 할 수 있으며, 사업인정 이후에는 토지수용위원회에 수용을 청구할 수 있다.

한편, 잔여지의 매수청구권은 공익사업의 시행에 직접적으로 필요하며, 사업시행자가 취득하고자 하는 부분과 잔여지의 소유권이 함께 원소유자에게 있는 경우만 행사할 수 있는 것이고, 공익사업의 시행에 필요한 부분이 사업시행자에게 이전되거나, 잔여지를 제3자에게 매각한 경우에는, 잔여지의 매수청구권은 행사할 수 없다고 하여야 할 것이다.[182] 이와 같은 잔여지에 대한 보상은 공익사업지 외에 미치는 손실에 대한 보상 즉 사업 손실보상으로서의 성질도 지니지만, 그것이 공익사업으로 인한 개별적·구체적인 재산적 손실에 대한 보상으로서 성질도 지니기 때문에 재산권보상의 일종일 수도 있다.[183] 잔여지에 대한 보상은 잔여지 가격하락보상, 잔여지수용보상 및 잔여지공사비용 등이 있는데, 이 중 잔여지 공사비용은 실비변상적 보상에 해당한다.[184]

마. 실비변상적 보상

실비변상적 보상이란 재산권의 상실·이전 등에 따라 비용의 지출을 요하는 경우에

---

182) 대판 1992. 11. 27. 91누10688.

183) 윤양수, 전게서, p.396.

184) 대판 2001. 9. 4. 99두11080. 토지수용법에 의한 잔여지수용청구권은 그 요건을 구비한 때에는 토지수용위원회의 특별한 조치를 기다릴 것 없이 청구에 의하여 수용의 효과가 발생하는 형성권적 성질을 가지고 그 행사기간은 제척기간으로서 토지소유자가 그 행사기간 내에 잔여지수용청구권를 행사하지 아니하면 그 권리가 소멸한다.

그 비용을 보상하는 것을 말한다. 「공익사업을 위한 토지 등의 취득 및 보상에 관한 법률」상의 건축물 등의 이전비보상, 분묘의 이장비보상, 잔여지 공사비보상, 인근지공사비용보상 등은 그 예이다. 이 중 잔여지공사비보상과 인근지공사비보상은 실비변상적보상의 성질과 사업손실보상의 성질을 지닌다. 이 경우에도 보상액의 구체적인 산정 및 평가방법과 보상기준은 국토해양부령으로 정해지게 된다.

바. 일실손실보상

일실손실보상은 재산권에 대한 수용에 부수하여 또는 독립적으로 사업을 폐지하거나 휴업하게 되는 경우에 있어 전업기간, 또는 휴업기간 중에 사업경영으로 얻을 수 있는 기대이익의 일실에 대한 보상을 말한다. 「공익사업을 위한 토지 등의 취득 및 보상에 관한 법률」은 영업의 폐지·휴업에 따르는 일실손실보상, 농업의 일실손실보상, 휴직, 또는 실직보상 등에 관하여 규정하고 있는데, 그 내용은 다음과 같다. 즉 영업을 폐지하거나 휴업함에 따른 영업손실에 대해서는 영업이익과 시설의 이전비용 등을 참작하여 보상하여야 하며,[185] 농업의 손실에 대해서는 농지의 단위면적당 소득 등을 참작하여 보상하여야 하고,[186] 휴직, 또는 실직하는 근로자의 임금손실에 대해서는 근로기준법에 의한 평균임금 등을 참작하여 보상하도록 하고 있다.[187] 그리고 영업의 폐지, 휴업, 또는 휴직, 근로자의 임금손실에 대해서는 그 보상액의 구체적인 산정 및 평가방법과 보상기준은 국토해양부령으로 정하도록 하였다.[188]

3) 생활 보상

생활 보상이란 손실 보상에 있어서 수용이 없었던 것과 같은 경제적 상태를 실현시켜 줌과 동시에 수용이 없었던 것과 같은 생활 상태를 보장해 주는 것을 내용으로 하는 보상을 말한다.[189] 즉 손실보상은 물리적 보상에 의한 재산 상태의 확보만으로 부족하며, 적어도 수용이 없었던 것과 같은 생활재건의 확보[190]를 내용으로 하는 재산권의 존속보

---

185) 「공익사업을 위한 토지 등의 취득 및 보상에 관한 법률」 제77조 제1항.
186) 「공익사업을 위한 토지 등의 취득 및 보상에 관한 법률」 제77조 제2항.
187) 「공익사업을 위한 토지 등의 취득 및 보상에 관한 법률」 제77조 제3항.
188) 「공익사업을 위한 토지 등의 취득 및 보상에 관한 법률」 제77조 제4항.
189) 박평준, 『행정상손실보상법리연구』, 고시연구사, 2000, pp.295~296.
190) 박윤흔, 전게서, p.777.

장으로서 생활 보상이어야 하는 것이다.[191]

생활 보상의 개념과 그 범위에 대해서는 좁은 의미로 이해하는 입장과 넓은 의미로 이해하는 입장으로 나누어지고 있다. 좁은 의미의 생활 보상이란 현재 당해 장소에서 현실적으로 누리고 있는 생활이익의 상실로서 재산권보상으로 메워지지 아니한 손실에 대한 보상을 말한다.[192] 좁은 의미의 생활 보상 개념을 취하는 학자[193]는 그것을 생활권에 대하여 총체적으로 평가하는 보상으로 보면서 재산권보상과 생활권보상을 구별하고, 재산권보상과 생활권보상으로도 피수용자의 생활재건이 어렵게 되는 경우가 있음을 인정하고, 그에 대해서는 생활재건조치 및 사업손실보상을 행하여야 하는 것으로 본다. 특히, 생활재건조치와 사업손실보상은 전통적인 보상이론에서 보면 보상 개념의 확장이라고 한다.

넓은 의미의 생활 보상이란 재산의 등가교환적 가치의 보상에 그치는 것이 아니라, 유기체적인 생활을 종전과 마찬가지 수준으로 보장해 주는 것을 말한다. 따라서 생활 보상은 적어도 개발사업의 시행 또는 수용이 없었던 것과 같은 생활재건을 실현시켜 재산권의 존속을 보장하는 것으로 이해한다.

넓은 의미의 생활 보상 개념을 취하는 입장[194]에서는 그 내용으로서 주거의 총체가치의 보상, 영업상 손실의 보상,[195] 이전료의 보상, 소수잔존자 보상 등을 든다.

생활 보상의 근거로 헌법 제23조 제3항은 "공공필요에 의한 재산권의 수용, 사용 또는 제한 및 그에 대한 보상은 법률로써 하되, 정당한 보상을 지급하여야 한다"고 규정하고 있다. 즉 개인의 재산권에 대한 개별적 · 우연적 침해에 대해서는 피해자가 입은 모든 손실을 보상해 주는 완전보상이어야 한다는 것을 원칙으로 하면서도 공익상의 합리적 사유가 있거나 공익과 사익을 조정하는 견지에서 완전보상을 하회할 수도 있고, 또한 생활 보상까지 해 주어야 하는 경우도 있기 때문이다. 따라서 헌법 제23조 제3항은 생활 보상의 근거가 된다.

그 외에도 생활 보상은 보상이론에 사회국가적 관념을 도입한 것을 의미하므로 "인간다운 생활을 할 권리"를 규정한 헌법 제34조도 그 근거가 된다.[196]

이러한 생활 보상의 헌법적 근거 이외에 개별 법률에서 근거를 찾아보면, 이원적 보상

---

191) 석종현, 전게서, p.133.

192) 박윤흔, 「행정상 손실보상의 내용」, 『고시계』, 1998. 3. p.78.

193) 박윤흔, 상게서, p.177.

194) 이상규, 전게서, p.650.

195) 小高剛, 『用地買收の補償』, 有斐閣, 2001, p.208 참조.

196) 이와 같은 견해를 박평준 교수는 헌법 제34조 · 제23조 통일설이라 하고 있다. 박평준, 전게논문, p.369.

법체계하에서 「공공용지의 취득 및 보상에 관한 특례법」은 생활재건조치의 하나로서 이주대책의 수립·시행, 대체지의 알선, 개간보조나 융자, 소수잔존자 보상 등 생활 보상의 관념을 인정하였고, 토지수용법은 공공용지의 취득 및 보상에 관한 특례법 제8조를 준용하고 있었다. 그러나 공공용지의 취득 및 보상에 관한 특례법은 이주대책의 수립의무, 대상, 절차 등에 대한 개괄적 규정만을 두었고, 그 세부기준이 미비하여 사업시행의 주체별로 별도의 내부규정을 두어 운영하여 왔다. 현행 「공익사업을 위한 토지 등의 취득 및 보상에 관한 법률」은 이주대책의 대상을 명확히 하여 종래 공공용지의 취득 및 보상에 관한 특례법상 토지 등으로 규정되었던 것을 주거용 건축물로, 종래의 이주자를 이주대책대상자로 표현을 바꾸었다. 또한 보상의 실무에서 이주대책에 갈음하여 이주정착금을 지급하는 경우도 있었기 때문에 이를 법문에 명시하였다.197) 그 외에도 「산업입지 및 개발에 관한 법률」, 「댐건설 및 주변지역지원 등에 관한 법률」, 「전원개발에 관한 특례법」, 「발전소주변지역지원에 관한 법률」, 「폐기물처리시설설치촉진 및 주변지역지원 등에 관한 법률」 등은 이주대책에 관하여 규정하고 있다. 이들 법률들은 이주대책의 일환으로 이주정착지원금, 생활안정지원금의 지급, 주민우선고용 등을 인정하고 있다.

생활 보상의 내용에 관해서 「공익사업을 위한 토지 등의 취득 및 보상에 관한 법률」은 생활 보상의 내용으로서는 이주대책198)과 이주정착금, 토지에 관한 비용보상, 영업보상, 간접보상,199) 실농보상 등을 규정하고 있다.200)

---

197) 유지태, 전게논문, p.32.

198) 사업시행자에게 이주대책의 수립, 실시의무를 부과하고 있다고 하여 그 규정 자체에만 의하여 이주자에게 사업시행자가 수립한 이주대책상의 택지분양권이나 아파트입주권 등을 받을 수 있는 구체적인 권리가 직접 발생하는 것이라고는 볼 수 없으며, 사업시행자가 이주대책에 관한 구체적인 계획을 수립하여 이를 해당자에게 통지 내지 공고한 후, 이주자가 수분양권을 취득하기를 희망하여 이주대책에 정한 절차에 따라 사업시행자에게 이주대책대상자선정신청을 하고 사업시행자가 이를 받아들여 이주대책대상자로 확정·결정하여야만 비로소 구체적인 수분양권이 발생하게 되는 것이다(대판 1994. 10. 25. 93다46919). 이주대책은 공공사업의 시행에 필요한 토지 등을 제공함으로 인하여 생활의 근거를 상실하게 되는 이주자들을 위하여 사업시행자가 기본적인 생활시설이 포함된 택지를 조성하거나 그 지상에 주택을 건설하여 이주자들에게 이를 그 투입비용 원가만의 부담하에 개별 공급하는 것으로서, 이주자들에 대하여 동시에 인간다운 생활을 보장하여 주기 위한 생활 보상의 일환으로 국가의 적극적이고 정책적인 배려에 의하여 마련된 제도이다. 대판 1994. 5. 24. 92다35783.

199) 동법 제정과정에서 간접손실보상의 문제에 대하여 논란이 많았다. 각 개별 공익사업의 실무에서 이미 행해지고 있는 간접손실보상을 법률에서 명시적으로 규정할 필요가 있는가 하는 문제였다. 찬성하는 측에서는 현실적으로 처리하고 있는 간접보상을 법제화하여 사업주체나 당사자 모두에게 예측 가능성을 부여해 준다는 장점과, 새롭게 만들어지는 법에 새로운 내용을 담아야 한다는 점을 강조하였다. 그러나 반대하는 측에서는 현실적으로 간접손실의 범위확정이 어렵다는 점과 이를 법제화하는 경우 도리어 공익사업의 수행이 불가능해진다는 점을 논거로 내세웠다. 동법은 상반되는 두 견해의 중간적인 입장을 취한 것이라고 한다.

200) 종래 좁은 의미의 생활 보상 개념을 취한 학자는 생활권보상의 종류로 ① 영세농 등 생업보상, ② 생활

생활 보상을 인정하는 것은 헌법상의 정당보상원칙과 사유재산제의 보장원칙을 존중하는 것으로 공익사업의 시행으로 인하여 생기는 공익과 사익 간의 갈등을 조정하는 것이라 할 수 있다. 재산권보상이냐 생활권보상이냐가 중요한 것이 아니라 어느 범위까지 보상을 해 주는 것이 보다 피수용자의 기본권 실현에 이바지하는 것이며, 넓은 의미의 생활 보상 개념을 취하여야 할 것이다.

판례는 손실보상법상 이주자의 법적 지위에 관한 판결에서 다수의 견해는 "이주대책은 공공사업의 시행에 필요한 토지 등을 제공함으로 인하여 생활의 근거를 상실하게 되는 이주자들을 위하여 종전의 생활 상태를 원상으로 회복시키면서 동시에 인간다운 생활을 보장하여 주기 위한 이른바, 생활 보상의 일환으로 국가의 적극적이고 정책적인 배려에 의하여 마련된 제도라고 하면서 이주자에게 이주대책상의 택지분양권이나 아파트입주권 등을 받을 수 있는 구체적인 권리는 사업시행자에게 이주대책대상자 신청을 하고 사업시행자가 이를 받아들여 이주대책자로 확인·결정하여야만 비로소 발생한다"고 판시하고 있다.[201] 생활 보상은 공공사업의 시행으로 인한 개인의 재산권침해에 대하여 그러한 침해가 없었던 것과 같은 생활 상태의 확보를 위한 보상이므로 현대 사회국가의 이념에 따른 개인의 생활권을 보장하려는 것이라 할 수 있다. 따라서 생활 보상은 개인의 생활권 보장을 위한 것이며, 그것은 헌법상 사회국가의 원리에서 우러나오는 당연한 요청이라 할 수 있다.

4) 정신적 보상

정신적 손실 보상에 있어서는 생활 보상과는 달리 헌법 제23조에 기초하여 생각할 수

비보상, ③ 주거대책비보상, ④ 특산물보상, ⑤ 사례금 등을 예시한다. 박윤흔, 전게서, p.781.

201) 대판 1994. 5. 24. 92다35783. 이주대책과 관련하여 세입자가 토지보상법 시행령 제40조「이주대책의 수립·실시」제3항 제3호에 대한 헌법 제23조 제1항의 근거에 의한 재산권침해와 평등권의 침해와 관련 보상 문제에 대한 위헌 심판청구 소송에 대하여 "이주대책은 정당한 보상에 포함되는 것이라기보다는 정당한 보상에 부가하여 이주자들에게 종전의 생활 상태를 회복시키기 위한 생활 보상의 일환으로서 국가의 정책적인 배려에 의하여 마련된 제도이다. 그러므로 이주대책의 실시 여부는 입법자의 입법 정책적 재량의 영역에 속한다고 보아 재산권의 침해라고 볼 수 없고 그리고 평등권의 침해 여부에 대하여 세입자는 원래 계약기간에만 해당 건축물을 임대받아 생활의 임시 근거지로 사용하였던 것이므로, 생활의 근거 상실 정도에 있어서 차이가 있다. 한편 세입자에 대해서는 이주대책이 아니더라도 토지보상법시행규칙 제54조(주거이전비의 보상) 제2항·제3항에 의하여 3개월 이상 주거용 건축물에 거주한 경우 가구원 수에 따라 월평균 가계 지출비를 기준으로 3개월분의 주거이전비가 지급되고 있으며, 같은 규칙 제55조(동산의 이전비 보상 등)에 따라 이사비가 보상되고 있다. 이러한 사정을 종합하면 입법자가 이주대책 대상자에서 세입자를 제외하고 있다 하더라도 이것이 불합리한 차별로서 세입자의 평등권을 침해하는 정도의 것이라 볼 수 없다."(헌재 2006. 2. 23. 2004헌마1)

는 없지만 헌법해석 반복론 자체는 양자에 공통점이 있다.

첫째, 의사 기능적 사고방법에 의하면 기본권의 본질은 국가로부터의 자유이며, 기본권은 국가권력에 대한 방어권적 성격을 갖는 초국가적 기본권이므로 방어권적 성격 이외의 기타 기본권을, 예컨대 헌법 제10조의 행복추구권, 헌법 제11조의 평등권 등은 자유권적 기본권의 주변영역에 위치할 뿐이다. 그런데 헌법 제23조 제1항에 규정되고 있는 재산권은 자유권적 기본권의 내용인 것이므로 헌법 제23조 제3항의 정당한 보상의 범위에는 원칙적으로 재산권보상만이 포함되며, 정신적 손실의 보상은 포함되지 않는다.

둘째, 가치 기능적 사고방법에 의하면 헌법상의 제 요소는 그 어느 것이나 헌법이 채용한 부분회합인 것이며, 그러한 의미에서 어느 것이나 대등한 의미를 가지게 되고, 따라서 이들 요소가 내적 통일관계를 이룩하게끔 하는 법해석을 하여 문제를 해결하여야 한다는 동태적 고찰방법과 헌법 제23조 제1항의 재산과 관련하여 그 재산권이 침해를 당하고 이에 수반하여 정신적 손실이 발생하였다면 그것을 무보상으로 방치하는 것은 평등의 원칙에 위배된다고 할 수 있을 것이다. 또한 토지상의 정신적 생활이 영위되고 있다는 것에 착안한다면 토지를 침해함으로써 발생하는 정신적 고통에 대해서는 개인존중의 원칙을 고려해 볼 때 보상되어야 할 것이다.

우리나라에 있어서 아직까지는 정신적 손실보상을 인정할 법률은 존재하지 않는다. 일본의 경우 선조 전례의 토지재산권 박탈에 대하여 침해자에 대하여 불법행위에 위한 위자료확인소송에 관한 판례가 있고,[202] 그리고 양도소득세 상당액의 보상과 정신적 보상을 토지수용법 제88조 보상의 대상에 포함시키는 소송이 제기된 바 있으나[203] 정신적 보상을 인정하지 않았다. 그 밖에 손실보상 요강에 의하여 행정실무상 정신적 손실을 전보하고 있지만[204] 이것은 법적 청구권을 발생시키는 것은 아니다.

종래는 재산권보상만을 중심으로 생각하기 때문에 동 조의 해석에 있어서도 재산상의 손실에 한정되었던 것이고 정신적 손실의 보상 필요성이 도의(道義)된 요즘에 있어서는 같은 범주 안에서 정신적 손실을 취급하는 것도 가능할 것이다. 한편, 통상 발생하는 손실은 통상의 사정하에서 발생하는 손실로서 특별한 사정에서 발생한 것은 포함되지 않는다고 해석되는 것이 일반적이다. 따라서 종래에는 정신적 손실을 특별한 사정하에서 발생하는 것이라고 생각했던 것이다. 그러나 선조 전례의 토지를 침해당할 입장에 있는 자

---

202) 대심원명치 43년 6월 7일 판결(대심원판사판결록 16집 p.1121).

203) 최고재판소 소화 82년 2월 19일 판결 판례지방자치 43호 p.79.

204) 田辺愛壹, 前揭書, p.173.

는 그 누구라도 정신적 고통을 갖게 된다고 할 수 있을 것이다. 이러한 것을 특별한 사정에 의한 것이라고 한다는 것은 재산권보상 중심에 전통적 사고에 집착한 것으로서 정신적 손실의 독자성을 이해 못 한 것이라고 할 수 있을 것이다. 정신적 손실의 보상에 있어서도 일본 토지수용법 제88조를 법률상 근거로 하는 것은 해석론적으로 충분히 가능하다고 보인다. 즉 정신적 손실을 전부 인정한 것은 아니라고 해도 수인의 정도를 초과하는 중대한 정신적 타격을 입은 경우에는 보상을 할만하다고 생각된다. 그리고 민사소송에서 위자료가 인정되고 있는 점 등을 고려하여 공용침해로 인한 정신적 고통에 대해서도 원칙적으로 일정한 보상을 할 필요가 있다.205) 따라서 현행 「공익사업을 위한 토지 등의 취득 및 보상에 관한 법률」 제51조 또는 제56조 규정을 근거로 하여 수인의 정도를 초과하는 중대한 정신적 타격을 입은 경우에는 보상을 하여야 한다고 생각된다.

5) 간접보상

간접보상은 공익사업시행지에 직접적으로 편입되지는 않지만 사업시행으로 인하여 사회와 격리됨으로써 생활의 기초가 되는 기반을 상실하게 되는 경우에, 발생하는 불이익을 보전하기 위하여 공익사업에 편입되지 않는 토지 등에 대하여 하는 보상을 말한다.206) 즉 공익사업의 시행, 또는 완성 후의 시설이 공익사업지 외에 야기하는 손실에 대한 보상을 말한다.207) 「공익사업을 위한 토지 등의 취득 및 보상에 관한 법률」상의 잔여지 가격하락보상・잔여지공사비보상과 인근지공사비보상은 공익사업지구에 미치는 손실에 대한 보상이기 때문에 간접보상의 일종이라고 할 수 있다. 이와 같이 「공익사업을 위한 토지 등의 취득 및 보상에 관한 법률」은 사업 손실과 관련하여 잔여지 가격하락보상・잔여지공사비보상과 인근지공사비보상에 관해서만 규정하고 있고, 공익사업으로 인하여 사업지 외의 지역에 미칠 수 있는 기타의 물리적 손실이나 사회적 손실에 대한 보상 등에 관해서는 규정하고 있지 않다.208) 현행 「공익사업을 위한 토지 등의 취득 및 보

---

205) 윤양수, 전게서, p.391.

206) 김승종, 「생활 보상의 이론과 실제」, 『토지연구』 제15권 제1호, 한국토지공사, 2004, p.78.

207) 윤양수, 상게서, p.399.

208) 「공익사업을 위한 토지 등의 취득 및 보상에 관한 법률시행규칙」상의 간접보상을 제외한 물리적・기술적 손실, 즉 각종 소음과 진동에 의한 손실, 일조권 및 조망권장애에 따른 손실이 발생하였음에도 불구하고 체계적이고 명문화된 보상규정이 거의 없어 현실적으로 보상이 이루어지지 못하고 있는 실정이며, 이로 인하여 피수용자와 사업시행자 간에 분쟁이 빈발하게 되고 공익사업 역시 지연되고 있다. 또한 보상이 이루어지더라도 동일 또는 유사한 침해에 대하여 시행자마다 보상을 위한 내부규정이 상이하여

상에 관한 법률」은 "간접보상"이라는 용어 대신에 "공익사업시행지구 밖의 토지 등의 보상"이라는 제목209)하에 간접보상에 관한 내용을 규정하고 있으며, 동법 시행규칙은 공익사업시행지구 밖에 야기되는 손실에 대한 보상으로서 공익사업시행지구 밖의 대지, 건축물, 소수잔존자, 공작물, 어업피해, 영업손실, 농업손실 등에 대하여 보상을 하도록 규정하고 있다.210)

Ⅵ. 補償額 評價에서 其他 事項 參酌 與否

1. 기타 사항 참작에 관한 견해의 대립

보상액의 산정에 있어서 기타 사항으로 참작하도록 구 토지수용법 제46조에 규정되어 있었으나(1991. 12. 31. 이전),211) 「공익사업을 위한 토지 등의 취득 및 보상에 관한 법률」 제정 전의 구 토지수용법에서는 보상액의 산정에서 기타 사항을 참작할 수 있는 근거규정이 삭제되어212) 그에 관한 견해가 대립되었다. 이하에서는 기타 사항 참작에 관한 학설과 판례의 입장을 고찰하고자 한다.

형평성이 문제 되고 있다.

209) 「공익사업을 위한 토지 등의 취득 및 보상에 관한 법률 시행규칙」 제5장 제7절에 규정하고 있음.

210) 「공익사업을 위한 토지 등의 취득 및 보상에 관한 법률 시행규칙」 제2절에서부터 제5절까지 규정하고 있다.

211) 「국토이용관리법」에 의하여 기준지가가 고시된 지역에서의 토지에 대한 보상은 고시된 기준지가를 기준으로 하되, 기준지가고시대상지역 공고일로부터 재결 시까지의 관계법령에 의한 당해 토지의 이용계획 또는 당해 지역과 관계없는 인근토지의 지가변동률·도매물가상승률 기타 사항을 참작하여 평가한 금액으로 한다(토지수용법 제46조 제2항). 이때에는 국토이용관리법 제29조 제5항에 의하여 기준지가는 공공시설용지를 매수하거나 토지를 수용하는 경우 그 지가, 또는 보상액의 기준으로 하되, 기준지가고시 대상지역 공고일로부터 매수 또는 보상액의 재결 시까지의 당해 국토이용계획 또는 당해 지역과 관계없는 인근 토지의 지가변동률·도매물가상승률·인근 유사토지의 정상거래가격 및 기타 사항을 반드시 참작하도록 하였다.

212) 1992. 1. 1. 이후부터 2003. 1. 1. 「공익사업을 위한 토지 등의 취득 및 보상에 관한 법률」이 제정되기 전까지의 기타 사항 참작에 관한 규정에 대하여 토지수용법은 협의취득 또는 수용하여야 할 토지에 대해서는 공시지가를 기준으로 하되, 그 공시기준일로부터 협의성립 시 또는 재결 시까지의 관계법령에 의한 당해 토지의 이용계획, 당해 공익사업으로 인한 지가의 변동이 없는 지역의 지가변동률, 도매물가상승률, 기타 당해 토지의 위치, 형상, 형상, 환경, 이용 상황 등을 참작하여 평가한 적정가격으로 보상액을 정한다(토지수용법 제46조 제2항). 이때에 적용하는 공시지가는 사업인정고시일 전의 시점을 공시기준일로 하는 공시지가로서 당해 토지의 협의성립, 또는 재결 당시 공시된 공시지가 중 당해 사업인정고시일에 가장 근접한 시점에 공시된 공시지가로 하고, 기타 사항도 참작대상으로부터 삭제시킴으로써 엄격하게 공시지가를 기준으로 하여 보상액을 산정하도록 하였다.

1) 학설

(1) 부정설

정당한 보상에 있어서 기타 사항 참작을 부정하는 견해로서 첫째, 법률에 참작하도록 되어 있는 규정을 삭제한 것은 참작하지 못하도록 해석하여야 하고, 둘째, 공시지가 자체에는 이미 인근 유사토지의 정상적인 거래가격 등 기타 사항이 종합적으로 참작된 적정가격이기 때문에 그 외에 다른 기타 사항을 참작할 필요가 없다고 보아야 하며, 셋째, 토지수용법 제46조 제2항 제1호의 "기타 당해 토지의 위치 등"의 규정은 개별요인의 비교항목에 한정된 것만이 열거되었기 때문에 개별요인의 비교 외에 다른 항목을 참작할 수 없고, 넷째, 보상액의 평가를 감정평가업자의 자의성이나 재량으로부터 멀리하기 위해서는 법률에 규정된 참작항목 이외에는 어떠한 요인도 참작할 수 없도록 해석하는 것이 가장 효과적이라고 보는 입장이다.

(2) 긍정설

정당한 보상에 있어서 기타 사항 참작을 긍정하는 견해의 논거는 다음과 같다. 첫째, 토지에 대한 보상은 공시지가를 기준으로 평가하여야 하는데 공시지가는 일반적으로 시가에 미치지 못하므로 이러한 공시지가를 기준으로 평가하면서도 헌법 제23조 제3항에 규정된 정당보상이 되어야 하고, 정당보상에 이르는 방법에는 어떠한 제한이 따라서는 아니 되므로 기타 사항을 참작하여야 정당보상이 이루어진다면 기타 사항을 참작할 수 있도록 하여야 하는 것이지 토지수용법의 규정에서 삭제되었다 하여 임의적 참작대상에서도 배제되는 것으로 해석하여야 할 이유가 없다.

둘째, 토지의 평가에 있어서 감정평가에 관한 규칙 제17조 제1항은 기타 사항을 참작하도록 규정되어 있기 때문에 보상액평가에서도 이를 적용하여야 하므로 보상액산정에서 기타 사항의 참작은 당연한 것으로 보아야 한다.

셋째, 토지수용법 제46조 제2항 제1호에서 "기타 당해 토지의 위치 등"에는 개별요인만 열거되어 있다 하더라도 그에 한정되지 않고, 그 외에 적정보상을 실현할 수 있는 모든 사항을 포괄하고 있는 것으로 해석하여야 하므로, 당해 규정의 예시가 개별요인의 비교사항만을 들고 있다 하여 이를 열거규정으로 볼 수 없다.

넷째, 보상액의 평가에 있어서 감정평가업자의 자의성이나 재량의 여지를 없애기 위해서는 기타 사항을 참작할 수 없는 것으로 해석하여야 한다는 주장은 정책의 문제를 규범의 문제로 해결하려는 오류를 범하고 있다는 것이다.

2) 판례의 입장

대법원은 긍정설을 취하여 "참작할 수 있는 인근 유사토지의 정상거래가격은 보상대상 토지의 인근에 있는 용도지역, 지목, 등급, 면적, 형태, 이용 상황, 법령상의 제한 등 자연적 · 사회적 조건이 보상대상 토지와 같거나 비슷한 토지에 관하여 통상적인 거래에서 성립된 가격이어야 한다"고 판시하였다.213) 이러한 대법원의 판례 이외에도 다음과 같은 취지의 판례가 있다.

① 토지수용법 제46조 제2항 감정평가에 관한 규칙 제17조 제1항 · 제6항 등 손실보상액산정에 관한 관계법령의 규정을 종합하여 보면, 수용대상토지의 정당한 보상액을 산정함에 있어서 인근 유사토지의 정상거래 사례를 반드시 조사하여 참작하여야 하는 것은 아니지만, 인근 유사토지가 거래된 사례가 있고, 그 가격이 정상적인 것으로서 적정한 보상액 평가에 영향을 미칠 수 있는 것임이 입증된 경우에는 이를 참작할 수 있는 것이다. 손실보상액을 산정함에 있어서 참작할 수 있는 "인근 유사토지의 정상거래가격"이라고 함은 그 토지가 수용대상토지의 인근에 위치하고 용도지역, 지목, 등급, 지적, 형, 이용 상황, 법령상의 제한 등 자연적 · 사회적 조건이 수용대상토지와 동일하거나 유사한 토지에 관하여 통상의 거래에서 성립된 가격을 말한다.214)

② 관계규정에서 수용대상토지의 보상액을 산정함에 있어 보상 선례를 가격산정요인의 하나로 들고 있지 아니하므로 이를 참작하지 아니하였다 하여 평가가 반드시 위법한 것이라고 단정할 수는 없고, 다만, 경우에 따라서는 보상 선례가 인근 유사토지에 관한 것으로서 수용대상토지의 적정가격을 평가하는 데에 있어 중요한 자료가 될 수도 있을 것이므로 이러한 경우에는 이를 참작하는 것이 상당하다.215)

③ 구체적 거래 사례 가격이 아닌 호가라 하여 수용대상토지의 보상가액산정 시 참작할 수 없는 것은 아니지만 보상액산정 시 참작될 수 있는 호가는 그것이 인근 유사토지에 대한 것으로, 투기적 가격이나 당해 공공사업으로 인한 개발이익 등이 포함되지 않은 정상적인 거래가격 수준을 나타내는 것임이 입증되는 경우라야 한다.216)

---

213) 대판 1994. 10. 14. 94누2664, 대판 1997. 4. 8. 96누11396, 대판 1998. 5. 26. 98두1505.
214) 대판 1998. 1. 23. 97누17711.
215) 대판 1993. 2. 12. 92누11763.

④ 당해 공익사업의 시행으로 인하여 토지의 가격이 동결된 관계로 그 공익사업이 시행되는 지역 내에 있는 표준지의 수용재결 당시의 공시지가에 개발이익이 배제된 자연적인 지가상승률도 반영되지 아니하였더라도, 그와 같은 자연적인 지가상승률 기타 요인으로 참작하여 수용대상토지에 대한 손실보상액을 산정하는 것은 별론으로 하고 표준지로서의 요건을 갖춘 이상 그 표준지의 수용재결 당시의 공시지가를 기준으로 하여 수용대상토지에 대한 손실보상액을 산정할 수 없는 것은 아니다.[217]

2. 검토

손실보상에 있어서 기타 사항을 참작하는 것은 헌법 제23조 제3항의 정당한 보상 규정에 비추어 볼 때 당연한 결과라고 생각한다. 보상액산정에 있어서 기타 사항을 배제한다는 것은 피수용자의 주관적인 입장을 전혀 고려하지 않은 보상기준이 될 수 있으며, 정당하고도 만족할 만한 보상이 이루어지지 않는다. 따라서 피해자의 주관적인 입장을 고려하여 보상액의 산정에 필요한 요소가 있다면 제외하지 말고 어떠한 요소든지 참작하여, 피수용자가 만족할 만한 보상이 이루어져야 한다.

VII. 損失補償에 있어 開發利益 排除

1. 개발이익의 의의

개발이익이라 함은 개발사업의 시행 또는 토지 이용계획의 변경 기타 사회·경제적 요인에 의하여 정상지가 상승분을 초과하여 개발사업의 시행자 또는 토지소유자에게 귀속되는 토지가액의 증가분을 말한다. 행정상 손실보상은 적법한 공권력의 행사에 의하여 발생한 특별한 희생을 그 사회구성원 또는 수익자가 공평하게 부담하는 데 그 목적이 있으므로 그 당시에 현재화된 재산적 가치만 그 대상으로 되고, 아직 실현되지 아니한 잠재적 손실은 그 대상에 포함되지 않는 것이 원칙이다.[218] 여기서 재산적 가치라 함은 재

---

216) 대판 1993. 10. 22. 93누11500.

217) 대판 1993. 9. 28. 93누5314.

218) 김남진, 『행정법의 기본 문제』, 법문사, 1998, p.510.

산권의 객체가 갖는 객관적 가치로서 그것은 그 물건의 성질에 정통한 사람들의 자유로운 거래에 의하여 도달할 수 있는 합리적인 매매 가능가격, 즉 시가에 의하여 산정되는 것이 통상적이다.

개발이익은 사업시행자의 투자에 의하여 발생하는 것으로서 토지소유자의 노력이나 자본에 의하여 발생한 것이 아니다. 그러므로 개발이익은 토지소유자에게 당연히 귀속되어야 할 성질의 것은 아니고, 오히려 투자자인 사업시행자, 또는 사회에 귀속하도록 하는 것이 형평의 원리에 부합된다.

개발이익은 공공사업의 시행에 의하여 비로소 발생하는 것이므로 그것은 대상토지의 매매, 또는 수용 당시 갖는 객관적 가치에 포함되는 것이 아니다. 즉 개발이익이란 시간적으로 당해 공공사업이 순조롭게 시행되어야 비로소 현재화될 수 있는 것이므로, 아직 공공사업이 시행되기도 전에 개발이익을 기대하여 증가한 지가부분은 공공사업의 시행을 볼모로 한 주관적 가치부여에 지나지 않는 것이다. 그러므로 공공사업이 시행되기도 전에 미리 그 시행으로 기대되는 이용가치의 상승을 감안한 지가의 상승분을 보상액에 포함시킨다는 것은 대상토지의 사업시행 당시 객관적 가치를 초과하여 보상액을 산정하는 것을 의미하게 된다. 그래서 개발이익은 그 성질상 완전보상의 범위에 포함되는 토지소유자의 손실이 아니므로 이는 손실보상액을 산정함에 있어 배제되어야 하는 것이다.[219]

2. 판례상의 개발이익 배제제도

1) 개발이익 배제의 원칙

보상액산정에서 개발이익의 배제가 법제화되기 이전부터 법적 근거 없이 보상액의 산정에 있어 개발이익의 배제는 대법원의 확립된 견해였다. 즉 대법원에서는 보상액의 산정에 있어서 개발이익을 배제하기 위하여 보상액을 산정함에 있어서 당해 공공사업의 계

---

219) 개발이익은 공공사업의 시행에 의하여 비로소 발생하는 것이므로, 그것이 피수용토지가 수용 당시 갖는 객관적인 가치에 포함된다고 볼 수도 없다. 개발이익이란 시간적으로 당해 공익사업이 순조롭게 시행되어야 비로소 현재화될 수 있는 것이므로 아직 공공사업이 시행되기도 전에 개발이익을 기대하여 증가한 지가부분은 공익사업의 시행을 볼모로 한 주관적 가치부여에 지나지 않는다. 그럼으로 공익사업이 시행되기도 전에 미리 그 시행으로 기대되는 이용가치의 상승을 감안한 지가의 상승분을 보상액에 포함시킨다는 것은 피수용토지의 사업시행 당시의 객관적인 가치를 초과하여 보상액을 산정하는 셈이 된다. 따라서 개발이익은 그 성질상 완전보상의 범위에 포함되는 피수용자의 손실이라고는 볼 수 없으므로, 개발이익을 배제하고 손실보상액을 산정한다 하여 헌법이 규정한 정당보상의 원리에 어긋나는 것이라고 판단되지 않는다.

획·시행의 공고·고시로 인한 가격변동은 이를 고려함이 없이 적정가격을 산정하여야 한다는 것이 대법원의 견해이다.220) 그러나 보상에서 제외되는 개발이익은 당해 공공사업의 시행에 관계되는 것이지 당해 공공사업과 관계없는 다른 사업의 시행으로 인한 개발이익은 이를 배제시키지 않고 지가를 평가하여 보상하여야 한다.221)

2) 공시지가에서 개발이익의 배제

공시지가를 기준으로 보상액을 산정하는 경우 그 공사지가에 개발이익이 포함되어 있을 경우 법률에서 공시지가를 기준으로 하도록 규정되어 있을 뿐 그것이 합리적이 아니라 하여 임의로 배제할 수 있도록 되어 있지 않기 때문에 이를 배제할 수 없고, 그냥 공시지가를 기준으로 보상액을 산정하여야 한다는 견해가 있음에 반하여, 그 개발이익은 토지소유자에게 귀속되어서는 아니 될 몫이기 때문에 당연히 이를 배제하고, 보상액을 산정하여야 한다는 견해가 있다.

위의 두 견해 중 공공사업의 시행으로 인한 개발이익은 보상액의 산정에서 배제되어야 하므로, 공시지가를 기준으로 하여 보상액을 산정하는 경우, 당해 지가에 개발이익이 포함되어 있다면 그러한 개발이익은 보상액산정에서 배제되어야 하며, 판례의 입장도 그러하다.222)

3) 당해 공공사업의 시행을 목적으로 한 용도지역변경의 불고려

일반적으로 공공사업의 시행은 용도지역의 변경 없이 시설을 설치하는 것이므로 그에

---

220) 토지의 수용으로 인한 손실보상액의 산정은 수용재결 당시의 가격을 기준으로 하되 인근토지의 거래가격을 고려한 적정가격으로 하도록 하고 있어 이에 따라 보상액을 산정함에 있어서는 당해 공공사업의 시행을 직접 목적으로 하는 계획의 승인, 고시로 인한 가격변동은 이를 고려함이 없이 수용재결 당시의 가격을 기준으로 하여 적정가액을 산정하여야 한다는 것은 당원의 확립된 견해이다(대판 1974. 5. 29. 선고 82누549).

221) 토지수용으로 인한 손실보상액을 산정함에 있어서 당해 공공사업의 시행을 직접목적으로 하는 계획의 승인·고시로 당시의 가격을 기준으로 하여 적정가격을 정하여야 하나, 당해 공공사업과는 관계없는 다른 사업의 시행으로 인한 개발이익은 이를 배제하지 아니한 가격으로 평가하여야 한다(대판 1999. 1. 15. 선고 98두8896).

222) 수용사업의 시행으로 인한 개발이익은 당해 사업의 시행에 의하여 비로소 발생하는 것이어서 수용대상 토지가 수용 당시 갖는 객관적 가치에 포함될 수는 없는 것이므로, 토지수용법 제46조 제2항에 의하여 손실보상액산정의 기준으로 되는 표준지의 공사지가 자체에 당해 수용사업의 시행으로 인한 개발이익이 포함되어 있을 경우에는 이를 배제하고 손실보상액을 평가하는 것이 정당보상의 원리에 합당하다(대판 1993. 7. 13. 선고 93누227).

따른 토지의 평가는 가격시점 현재의 용도지역에 따라 평가하여야 하나, 택지개발사업이나 공업용지조성사업의 시행에 있어서와 같이 택지개발사업, 또는 공업용지조성사업의 시행절차로서 저가이용의 토지인 자연녹지지역이나 생산녹지지역이 고가이용의 토지인 주거지역 또는 공업용지로 변경된 경우에, 그 택지개발사업 또는 공업용지조성사업의 시행을 위한 토지의 평가에 있어서는 이미 주거지역, 또는 공업지역으로 용도지역이 변경되었더라도 그것은 당해 공공사업의 시행을 직접목적으로 한 공법상 제한을 받지 않는 것으로 보아야 하고, 그에 따른 개발이익은 토지소유자의 자기 노력과 전연 관계가 없는 것이므로 이를 배제하여야 하기 때문에, 변경 전의 용도지역인 자연녹지지역이나 생산녹지지역으로 평가하도록 하고 있다.223)

4) 기타 사항의 참작에 있어서 개발이익의 배제

공시지가를 기준으로 하여 보상액을 산정하는 경우 기타 사항을 참작할 수 있는지에 대해서는 부정적인 견해와 긍정적인 견해가 대립되어 있으나, 판례는 공시지가를 기준으로 하여 보상액을 산정하는 경우에도 기타 사항을 참작할 수 있으나, 이 기타 사항에는 개발이익이 포함되지 아니하고 투기적인 거래에서 형성된 것이 아닌 가격이어야 한다고 한다.224)

3. 검토

공공사업에 의하여 발생한 개발이익은 성질상 그 비용의 부담자인 사업시행자를 통하

---

223) 토지수용으로 인한 손실보상액을 산정함에 있어서는 당해 공공사업의 시행을 직접목적으로 하는 계획의 승인·고시로 인한 가격변동은 이를 고려함이 없이 수용재결 당시의 가격을 기준으로 하여 적정가격을 정하여야 하는 것이므로, 택지개발계획의 시행을 위하여 용도지역이 경지지역에서 도시지역으로 변경된 토지들에 대하여 그 이후 이 사업을 시행하기 위하여 이를 수용하였다면 표준지의 선정이나 지가변동률의 적용, 품등비교 등 그 보상액 재결을 위한 평가를 함에 있어서는 용도지역의 변경을 고려함이 없이 평가하여야 할 것이다(대판 1995. 11. 7. 94누13725).

224) 토지수용법 제46조 제2항 감정평가에 관한 규칙 제17조 제1항·제6항 등 손실보상액산정에 관한 관계법령의 규정을 종합하여 보면, 수용대상토지의 정당한 보상액을 산정함에 있어서 인근 유사토지의 정상거래된 사례를 반드시 조사하여 참작하여야 하는 것은 아니지만 인근 유사토지가 거래된 사례가 있고 그 가격이 정상적인 것으로서 적정 보상액 평가에 영향을 미칠 수 있는 것임이 입증된 경우에는 이를 참작할 수 있는 것이다. 손실보상액을 산정함에 있어서 참작할 수 있는 "인근 유사토지의 정상거래가격"이라고 함은 그 토지가 수용대상토지의 인근에 위치하고 용도지역 등 자연적·사회적 조건이 수용대상 토지와 동일하거나 유사한 토지에 관하여 통상의 거래에서 성립된 가격으로서 개발이익이 포함되지 아니하고 투기적인 거래에서 형성된 것이 아닌 가격을 말한다(대판 1998. 1. 23. 97누17711).

여 궁극적으로는 공익에 귀속되어야 할 것으로서 특정의 토지소유자에게 귀속될 성질의 것이 아니다. 그렇다면 우리의 법제가 모든 경우에 있어 개발이익을 특정의 토지소유자에게 귀속하게 하는 것을 배제하는 방향으로 제도를 개선하여 나가는 것이 바람직한 일이므로, 이에 관한 제도의 개선은 개발이익의 합리적인 평가와 공익으로의 완전한 환수를 목표로 하여야 할 것임은 명백하다.

이러한 제도의 개선을 실현하기 위해서는 지가변동이 발생한 모든 사례에서 개발이익의 발생 여부와 그 범위를 확정할 수 있는 합리적 기준을 설정하여야 하는 등 기술적으로 어려운 제도적 전제조건들이 일시에 강구되어야 하기 때문에, 모든 개발이익을 대상으로 한 제도의 개선을 도모하는 것은 사실상 불가능하다. 그렇다면 개발이익환수제도의 개선을 위해서는 점진적인 개선방안을 모색하는 수밖에 없고, 그 점진적 개선에 평등의 원칙이 어떤 장애가 될 수는 없는 것이다. 생각하건대 비록 공공사업시행지역 이외의 토지수용자가 향유하게 되는 개발이익을 포함하여 일체의 개발이익을 환수할 수 있는 제도적 장치가 마련되지 아니한 제도적 상황에서 보상액산정에 있어서 개발이익을 배제한다고 하여 합리적 이유 없이 보상대상의 포함 여부에 따라 토지소유자를 차별한 것으로 보기 어렵고, 이는 평등의 원칙에 위반되지 아니한다고 할 것이다.225) 그리고 이 문제는 당해 공공사업시행지역 인근의 보상대상이 아닌 토지소유자로부터 개발이익을 환수함으로써 조정을 도모할 수 있는 일이다. 「국토이용관리법」 제3조 제2항에서 "국가·지방자치단체 또는 정부투자기관의 개발사업이나 정비사업 등에 의하여 토지소유자가 자신의 노력에 관계없이 지가가 상승되어 현저한 이익을 받은 때에는 국가는 그 이익을 환수할 수 있다"라고 규정하여 개발이익 환수제를 취한 것은 그러한 취지를 나타낸 일반적인 예라고 할 수 있으며, 그러한 취지에서 공익사업시행지역 밖에서 발생한 개발이익을 「개발이익환수에 관한 법률」이나 「토지초과이득세법」에 의하여 환수하던 때에는, 이 문제가 부분적으로 완화되었으나,226) 토지초과이득세법이 폐지되고 개발이익환수에 관한 법률의 시행이 유보되었던 때에는 이 문제가 보다 두드러지게 나타나게 되었다. 손실보상에서 개발이익 배제의 법리가 학설과 판례로 확실하게 정립되고 있음은 기술한 바와 같다. 그러나 손실보상에서 개발이익의 배제에 관하여 비판적 견해를 피력하면 개발이익의 원천은 피수용자의 토지재산권이다. 국가 또는 사업시행자가 공익사업을 위한다는 추상적 명

---

225) 헌재 1990. 6. 25. 89헌마107, 헌재 1991. 2. 11. 90헌바17·18.

226) 그때에도 공익사업 시행지역 안에서는 보상액산정에서 개발이익이 배제되기 때문에 개발이익이 완전히 환수되는 반면, 공익사업 시행지역 밖에서는 원칙적으로 개발이익을 50%만 환수하므로(개발이익 환수에 관한 법률 제13조, 토지초과이득세법 제12호), 양 지역 간의 불균형은 상존하고 있었다.

분하에 사업을 시행하여 막대한 개발이익을 얻고 있다. 이 막대한 개발이익이 사업시행 자와 국가에만 귀속되어야 하는가이다. 물론, 수용 당시에 개발이익까지 고려하여 완전한 보상액을 산정하고 헌법재판소나 대법원 판례의 취지처럼 토지소유자의 투자에 의한 이익이 아니고 또한 기대이익을 산정기준에 포함하지 않는다는 점과 개발이익을 산정기준에 포함하면 공평부담의 원칙과 이중이익의 부과라는 점, 그리고 개발이익환수에 관한 법률에 의한 개발이익의 환수를 개발이익의 25%를 국가에서 환수하고 있는 점 등을 들어 보상기준에서 개발이익을 배제하고 있지만 사업시행자는 사업시행으로 인하여 막대한 이익을 얻고 있고 피수용자의 대부분은 토지를 생활의 터전으로 삶고 삶을 영위하는 영세민으로서 장래에 대한 생활 보상 차원에서 그리고 원활한 토지의 수용을 위해서라도 개발이익의 일부를 토지수용자에게 돌려주어야 된다고 생각한다. 이러한 환수가 되도록 하기 위해서는 사업시행자의 이익 공개가 선행되어야 한다.

第3節 小結

재산권보장은 1919년 바이마르 헌법 제정부터 공익의 개념이 도입되면서 공공복리를 위해서 재산권보장의 상대성이 대두되었고 개인의 재산권을 침해할 수 있는 법적 근거가 마련되기 시작하였다. 이에 우리나라도 제헌헌법에서부터 재산권보장의 보장과 수용 그리고 보상에 관하여 규정하기 시작하여 여러 차례의 수정과 보완을 거치며, 현행 헌법 제23조에 이르렀다.

헌법 제23조 제1항에서 규정한 재산권보장은 국가에 의한 자의적인 침해가 금지되는 자유권의 하나로서 개개인이 현재 누리고 있는 재산상 권리의 보장과 개개인이 재산을 사유할 수 있는 법제도, 즉 사유재산제도의 보장을 의미하는 것으로 본다. 헌법재판소도 "재산권보장이란 국민 개개인이 재산권을 향유할 수 있는 법제도로서 사유재산제도를 보장함과 동시에 그 바탕 위에서 그들이 현재 갖고 있는 구체적 재산권을 개인의 기본권으로 보장한다는 이중적 의미를 가지고 있다"고 하였다.

헌법 제23조 제2항은 재산권 행사의 공공복리적합의무를 규정한 것으로 사회적 구속성을 의미한다. 이러한 재산권 행사의 사회적 의무성은 제1항 제2문의 재산권 내용과 한계규정과 통일체적 의미로 보아야 한다. 그리고 헌법 제23조 제1항 제2문과 제2항과의 관계에 있어서는 헌법 제23조 제1항 제2문과 제2항은 상이한 제한 가능성을 의미하는 것이 아니라 통일적 법률유보라고 해석하는 것이 타당하다. 즉 재산권보장의 구체적인 내용의 형성은 입법자의 형성적 자유에 의해 결정됨과 동시에 고려하여야 한다는 것이다. 따라서 재산권보장과 재산권행사의 사회적 구속성은 표리의 관계를 이루고 있다. 또한 헌법 제23조 제3항의 해석에 있어서 적어도 공용수용과 손실보상의 규정에 한해서는 불가분조항이 허용된다는 점에 대해서는 이견이 없다고 생각한다. 다만 문제가 되는 것은 공용제한의 경우이다. 이 경우에도 통상적인 재산권의 제약이 아니라 공용수용에 준할 정도로 중대하고 수인할 수 없는 재산권침해에 대해서는 수용유사침해나 수용적 침해를 바로 도입하여 보상을 통해 해결하여야 한다.

결론적으로 재산권의 내용과 한계를 구체적으로 형성함에 있어서 입법자는 일반적으로 광범위한 입법형성권을 가진다. 그렇지만 재산권의 본질적인 내용을 침해하여서는 안 된다. 이러한 재산권의 본질적 내용인 사적 유용성과 처분성을 침해하면 마땅히 보상이 이루어져야 함은 이론이 없다. 그러나 논자의 개인적인 견해를 피력한다면 재산권의 본질적 내용인 유용성과 처분성 어느 한 요소가 침해되더라도 재산권이 본질적 내용의 부분적 침해로 보아 보상하여야 한다고 주장한다. 이는 공용제한의 보상과 미국의 수용적 규제에 대한 보상과 관련하여 중요한 법리이다. 재산권의 본질적 내용은 개인의 주관적 입장에서 사회적 구속성을 함께 고려하여 균형을 이루도록 해야 한다.

다음으로 손실보상에 관하여 법률상 근거가 명확하면 그 이상으로 헌법상의 근거를 문제로 할 필요는 없다. 그러나 법률상 보상규정이 없거나 명확하지 않을 경우에 직접 헌법상 규정에 의거하여 보상을 청구할 수 있는가가 문제이다. 이에 대하여 종래 학설은 헌법 제23조 제3항은 입법지침에 지나지 않는다는 설, 보상규정을 정하는 법률은 위헌무효라는 설, 직접 헌법 제23조 제3항을 근거로 손실보상의 청구를 할 수 있다는 설로 나누어져 있었다. 현행 헌법상 보상규정에 대하여 학설과 판례는 일치된 견해를 보이고 있지 않다. 보상규정이 없는 경우 보상 문제와 관련하여 개인적 견해로는 유추적용설과 입장을 같이하며, 손해전보제도로써 해소할 수 없는 권리구제의 공백을 수용유사침해의 법리와 유추적용설을 통해 보완해 나가는 것이 바람직하다.

우리나라 헌법은 정당한 보상에 관하여 헌법 제23조 제3항에 규정하고 있다. 이에 비하여 독일은 상당한 보상, 미국은 완전한 보상으로 규정하고 있다. 이에 대해 보상의 기준에 대한 학설상 대립이 있는데 대법원과 헌법재판소는 완전보상설의 입장을 취하고 있다. 우리 헌법은 제23조 제3항에서 정당한 보상의 지급을 명시하고 있으며 구체적인 보상기준을 법률에 유보하고 있어 보상기준에 관한 해석이 학자에 따라 다르게 되는 것은 당연하다고 생각한다.

보상기준이 구체적으로 명시되지 아니한 것은 입법형성권자의 의지에 따라 다를 수 있다는 것을 암시하고 있으나 실질적인 보상은 입법형성을 기준으로 해석해서는 안 되며 재산권을 침해당하는 자를 중심으로 한 보상기준이 마련되어야 한다고 생각한다. 이와 같은 취지에서 고려한다면 완전보상설의 입장과 견해를 같이하면서 보상의 대상인 일반적인 대상을 포함하여 정신적 보상, 생활 보상, 이주대책 등 전반적인 사항을 고려하여 피수용자가 만족할 만한 보상을 하여야 한다.

한편, 정당한 보상의 범위에 생활 보상과 정신적 보상도 포함된다고 하면 개발이익도 정당한 보상의 범위에 포함될 수 있는가 하는 것이다. 손실보상에서 개발이익 배제의 법리가 학설과 판례로서 확실하게 정립되고 있음은 기술한 바와 같다. 그러나 손실보상에서 개발이익의 배제에 관하여 비판적 견해를 피력하면 개발이익의 원천은 피수용자의 토지재산권이다. 국가 또는 사업시행자가 공익사업을 위한다는 추상적 명분하에 사업을 시행하여 막대한 개발이익을 얻고 있다. 이 막대한 개발이익이 사업시행자와 국가에만 귀속되어야 하는가이다. 물론 헌법재판소나 대법원 판례의 취지처럼 토지소유자의 투자에 의한 이익이 아니고 또한 기대이익을 산정기준에 포함하지 않는다는 점과 개발이익을 산정기준에 포함하면 공평부담의 원칙과 이중이익의 부과라는 점, 그리고 국가가 개발이익환수에 관한 법률 제3조에 의하여 개발부담금 과세대상사업이 시행되는 지역에서 발생되는 개발이익을 개발부담금으로 징수하고 있는 점[227] 등을 들어 보상기준에서 개발이익을 배제하고 있지만 사업시행자는 사업시행으로 인하여 막대한 이익을 얻고 있고 피수용자의 대부분은 토지를 생활의 터전으로 삼고 삶을 영위하는 영세민으로서 장래에 대한 생활 보상 차원에서 그리고 원활한 토지의 수용을 위해서라도 개발이익의 일부를 토지소유자에게 환원해야 된다고 생각한다.

---

227) 개발이익환수에 있어 징수금의 배분과 부담률은 개발이익환수에 관한 법률 제4조에 의하면 "제3조 제1항의 규정에 의하여 징수된 개발부담금의 100분의 50에 상당하는 금액은 개발이익이 발생한 토지가 속하는 지방자치단체에 귀속되고, 이를 제외한 나머지 개발부담금은 따로 법률이 정하는 국가균형발전특별회계에 귀속된다." 그리고 제13조에서는 "납부의무자가 납부하여야 할 개발부담금은 제8조의 규정에 의하여 산정된 개발이익의 100분의 25로 한다. 다만, 국토의 계획 및 이용에 관한 법률 제38조의 규정에 의한 개발제한구역에서 개발사업을 시행하는 경우로서 납부의무자가 동 구역의 지정 당시부터의 토지소유자인 경우에는 100분의 20으로 한다"고 규정하고 있다.

第2章 外國의 公用收用과 損失補償法制

第1節 獨逸의 公用收用과 損失補償法制

Ⅰ. 獨逸 基本法上의 財産權保障과 公用收用

1. 기본법상의 재산권보장의 구조 및 체계

1) 재산권 제도보장

(1) 재산권보장제도의 의미

독일기본법 제14조는 제1항에서 "재산권 및 상속권은 보장된다. 그 내용과 한계는 법률로 정한다", 제2항에서 "재산권에는 의무가 따른다. 그 행사는 동시에 공공의 복리에 적합하여야 한다", 제3항에서 "공용수용은 공공복리를 위해서만 허용된다. 공용수용은 보상의 종류와 범위를 정한 법률에 의하여 또는 법률에 근거하여서만 행하여진다. 보상은 공공의 이익과 관계자의 이익을 공정하게 형량하여 정해져야 한다. 보상 때문에 분쟁이 생길 경우에는 정규법원에 제소할 길이 열려 있다"고 규정하고 있다.[1]

재산권보장은 재산에 대한 사적 지배 형태로서 재산권의 보장을 의미한다.[2] 기본법상의 재산권보장은 제도보장(Institutsgarantie)이면서 동시에 재산권자의 주관적인 권리를 보장하는 이중적 의미를 가지고 있다. 제도보장으로서 재산권보장은 사유재산의 사적 이용성을 인정하여 개인의 이익을 위해 그 재산의 객체를 이용할 수 있고, 원칙적으로 주관적 의사에 따라 처분권을 가지는 것을 의미하며, 나아가 객관적이고 질서형성적인 의미의 효력을 발생시키며, 사적 효용 있는 재산권의 존재 및 기능적합성을 가능하게 한다.

제도보장이라는 측면에서 재산권의 범위는 주관적 권리보장에 의한 재산권의 범위보다

---

1) 독일기본법 제14조는 "(1) Das Eigentum und das Erbrecht werden gewährleistet. Inhalt und Schranken werden durch die Gesetze bestimmt. (2) Eigentum verpflichtet. Sein Gebrauch soll zugleich dem Wohle der Allgemeinheit dienen. (3) Eine Enteignung ist nur zum Wohle der Allgemeinheit zulässig. Sie darf nur durch Gesetz oder auf Grund eines Gesetzes erfolgen, das Art und Ausmaß der Entschädigung regelt. Die Entschädigung ist unter gerechter Abwägung der Interessen der Allgemeinheit und der Beteiligten zu bestimmen. Wegen der Höhe der Entschädigung steht im Streitfalle der Rechtsweg vor den ordentlichen Gerichten offen"이라고 규정하고 있다.

2) 김문현, 「재산권의 사회구속성에 관한 연구」, 서울대학교 대학원 박사학위논문, 1989, p.159.

는 일반적으로 좁다고 하는 주장이 있었다.3) 이러한 견해는 바이마르 헌법하에서 재산권
보장을 수용조항과 결부시켜 이해하려 하였으며, 재산권의 제도보장보다는 개인의 주관
적 권리보장에 비중을 더 두기 위하여 재산권의 범위를 되도록이면 확장하려 했던 점을
고려하면 이해할 수 있다.4) 이러한 견해에 의하면 주관적 권리는 재산가치 있는 모든 권
리에 해당하나, 제도보장은 민법상의 소유권에 한하여 보았던 것이다. 그러나 이러한 견
해는 판례에 의하여 부정되고 있다.5)

　여기서 연방헌법재판소의 기본법상 재산권보장 조항에 대한 해석을 살펴보면, 연방헌
법재판소는 처음에는 "민법과 사회적 가치관에서 형성한 재산권의 법제도를 보장한다"고
판결6)하였다가 그 후 "재산권에 대한 절대적인 개념은 존재하지 않으며 재산권의 내용
과 한계는 입법자가 정한다. 이때 입법자는 사회적 가치관에 따라야 한다"라고 판시하였
다.7) 이러한 판결의 내용에서 나타나고 있는 변화는 사회적 가치관의 변화를 중요시하고
있음을 알 수 있다. 그 이후의 판례에서는 재산권 제도보장은 "기본권의 결정이라고 하
는 의미에서 재산권을 기술하는 규범의 근본적인 상태"를 보장한다는 판결을 하였다.8)
이러한 판결은 재산권보장에 있어서 내용적인 범주를 결여한다고 볼 수 있으나 개별적인
재산권이 가지는 내용이 광범위하고 다양하기 때문에 공통적인 어떤 요소를 추출하기 어
려운 점에서 기인한다고 볼 수 있다.

(2) 재산권 제도보장의 내용

　재산권의 제도보장이라는 것은 개인이 재산권을 향유할 수 있는 사유재산제도의 핵심
을 법률에 의해서도 침해할 수 없다는 것을 의미한다.9) 따라서 제도적 보장으로서 재산
권보장은 입법자를 구속한다. 그리고 사유재산제도를 보장하고 있다는 점에서 헌법개정
에 의하지 아니하고는 생산수단의 전면적인 국유화나, 상속권의 폐지, 개인소유권의 폐지
등을 할 수 없다고 하겠으며, 손실보상 없이 사유재산을 수용하는 것도 인정될 수 없
다.10) 또한 자본주의경제 이외의 사회주의나 공산주의와 같은 경제제제는 인정되지 않는

---

3) Wolff, Reichsverfassung und Eigentum, FS für Wilhelm Kahl, Berlin, 1923, S. 6.

4) 김광수, 「독일공법상의 재산권보장과 국가책임확장이론」, 서울대학교 대학원 박사학위논문, 1996, p.36
　　참조.

5) BVerfGE, 31, 229.

6) BVerfGE, 1, 264(278).

7) BVerfGE, 20, 351(355).

8) BVerfGE, 24, 367(389).

9) 양건, 『헌법강의 I』, 법문사, 2007, p.507; 권영성, 『헌법학원론』, 법문사, 2007, p.550.

다고 할 것이다.

　사유재산제도 보장의 본질적 내용은 재산권자가 소유는 물론, 사용·수익·처분할 수 있는 권리라고 할 수 있다. 이를 다른 말로 하면 "사적 효용"이라는 말로 나타낼 수 있다. 재산권에 대한 사적 효용 가운데서도 처분권은 특히 헌법상 보장되는 재산권의 본질적 내용을 이루고 있는 것이기 때문에 예외적인 경우에만 허용되어야 한다.[11] 그런데 여기서 유의해야 할 점은 처분권에 포함되는 것은 재산권 자체를 임의로 처분·양도·부담 지우는 행위라는 것이다. 이와는 반대로 재산권의 객체를 임의로 처분하는 것은 그것이 사적 효용의 범위에서만 제도보장의 핵심에 속한다.[12] 이러한 의미에서 제도보장이 주관적 권리보장과 다른 점은 제도보장은 한계가 있다고 볼 수 없으므로 어떠한 경우에도 입법자에 의해서 침해되어서는 안 된다는 사실이다.[13] 예컨대, 재산권자의 주관적 권리는 수용을 통해서 취득하거나 경과규정을 통해서 손실을 전보해 줄 수도 있지만, 제도보장의 한계를 벗어난 입법은 민주주의 기본질서의 이념적 기반을 벗어난 것으로 위헌이며, 그 자체로 이미 무효인 것이다.

2) 재산권자의 주관적 권리보장

(1) 주관적 권리보장의 의의

　재산권을 보장한다는 것은 사유재산제도의 토대 위에서 개인의 사유재산권을 보장한다는 뜻이다. 사유재산권을 보장한다는 것은 개인이 자유롭게 재산을 취득하고 사용·수익·처분하는 권리를 보장한다는 의미이다. 재산권은 자유권으로서의 성격을 갖고 있지만 이를 보장하는 일정한 법제도와 불가분의 연관성을 지닌다는 점에서 다른 자유권과는 상이한 측면을 지닌다. 재산에 대한 사실상 지배는 재산권을 형성하는 입법을 통하여 비로소 권리로서 완성된다. 이러한 의미에서 재산권에 대한 주관적 권리의 보장은 제도보장으로 보호되는 재산권제도가 헌법의 차원에서 구체적인 개인의 권리로 승인된다고 하는 의미를 가진다.[14]

---

10) Maunz는 재산권에 적대적인 경제체제를 부정할 뿐만 아니라 전체적 경제헌법의 기초를 구성하며, 모든 경제정책의 결정은 그 정책적 재량에도 불구하고 이와 같은 제도에 구속된다. 따라서 사유재산권을 전면적으로 또 부분적으로 배제하는 경제정책은 인정할 수 없다고 주장하였다. Maunz/Zippelius, Deutsches Staatsrecht, 26. Aufl., München, 1985. S 382.

11) BVerfGE, 26, 215(222).

12) Stein, Zur Wandlung des Eigentumsbegriffs, in: FS für Gebhard Müller, 1970, S. 520.

13) Papier, Grundfälle zu Eigentum, Enteignung und enteignungsgleichem Eingriff, JuS 1989, S. 90.

그런데 기본법상 재산권보장 규정은 제도보장을 포함하고 있다는 데는 별다른 이론이 없으나 주관적 권리로서 재산권과 재산권보장과의 관계에 대하여 양자를 병렬적으로 본다는 입장, 주관적 권리로서 재산권 실현을 위해 사유제산제도가 보장된다는 입장과 반대로 재산권은 사유재산제도의 범위 내에서 보장된다는 입장으로 나누어진다.15)

이러한 점에 대하여 Schmitt는 바이마르 헌법 제153조가 사유재산을 제도로써 보장했다고 해서 기본권으로 다루려고 하지 않고 상대화시키는 것이 아니라 재산권을 전 국가적인 자연권으로 보았다.16) Hess의 경우도 자유롭고 자기 책임적 삶의 형성 전제로 재산권이 보장되고 이를 위하여 법제도로, 그리고 사회공동체적 법질서의 요소로 재산권을 보장한다고 보았다.17) 이와 관련하여 연방헌법 재판소는 재산권은 법적 보장제도인 재산제도를 전제로 하는 것이라고 보았다.18)

그리고 재산권의 제도보장과 재산권의 주관적 권리의 보장 범위에 대해서 어느 것이 더 넓은 범위를 갖고 있는지에 대해서 논란이 있지만, 주관적 권리 가운데서 본질적 부분에 해당하지 않은 것은 보상함으로써 수용할 수 있고, 기본법 제14조 제2항에 따른 보상 없는 규제의 대상이 될 수도 있기 때문에 주관적 권리의 범위가 대체로 넓다고 본다.19) 그러나 주관적 권리는 입법자에 의한 무제한의 재량을 허용하는 것이 아니고 기본법이 설정하고 있는 일정한 한계가 있다. 재산권에 대한 주관적인 권리가 가지는 의미는 「인권과 시민의 권리선언」 제17조에서 재산권을 전 국가적 천부적인 인권으로 천명하고 있는 것과 마찬가지로 기본적인 인권으로서의 성질에서 찾아보아야 할 것이다. 특히, 독일에서는 자유에 대한 기본적인 전제조건으로서 재산권의 보장은 강조되고 있으며, 이는 기본법 제79조 제3항과 연결되어 기본법의 개정 시에도 재산권보장의 본질적인 내용은 침해할 수 없도록 하고 있다.20) 그렇지만 재산권 개념이 일차적으로 역사에서 유래한다고 하지만 재산권의 개념에 너무 집착하게 되면 이론적인 유연성을 잃고 만다. 즉 재산권의 개념은 시대의 변화에 따라 새로운 형성의 가능성을 향하여 열려 있어야 한다.21)

---

14) Böhmer, Die rechtsgeschichtliche Grundlagen der Abgrenzungsproblematik von Sozialbindung und Eigentum, Der Staat, 1985, S. 157.

15) 김문현, 전게논문, p.161.

16) Schmitt, Verfassungslehre, Berlin, 1928, S. 170 ff.

17) Hesse, Der Rechtsstaat im Verfassungssystem des Grundgesetzes, in: Forsthoff(Hrsg.), Rechtsstaatlichkeit und Sozialstaatlichkeit, 1968. S. 170.

18) BVerfGE 24, 2239; BverfGE 30, 334.

19) Stein, aaO., S. 521.

20) Leisner, Sozialbindung des Eigentums nach privaten und öffentlichen Recht, NJW, 1975. S. 36.

(2) 주관적 권리의 성격

앞에서 기술한 바와 같이 기본법 제14조의 재산에 대한 주관적인 권리는 재산적 가치가 있는 객체에 대하여 자신의 이익을 보장받는 권리라고 하겠다. 그러나 그 권리의 성질에 대하여 모든 견해가 일치된 것은 아니다. 독일 민법의 재산권 조항에서 재산권은 임의처분권과 배타적 권리로 이루어져 있다. 따라서 공법적인 측면에서 재산권의 성격을 파악하면, 그것은 권리의 주체가 물건에 대한 모든 영향력을 배제할 권한이 있으므로 어느 누구에 대해서도 소송에 의한 보호가 허용된 절대적인 주관적 권리이며, 목적론적인 관점에서 파악할 때 관계되는 물건에 대하여 객관적인 법이 허용하는 한도에서 법주체가 임의로 처분할 것을 직접적으로 보장해 주는 주관적인 권리이다.[22] 그런데 앞에서 보듯이 연방헌법재판소는 재산권보장의 의의를 어디까지나 개인의 자유보장을 위한 기초적인 조건으로 상정하고 있으며, 기본적으로는 개인의 창의성 존중이라는 원칙에 바탕을 두고 있기 때문에 재산권의 규범적 성격과 아울러 목적론적인 관점도 동시에 채택하고 있다고 보아야겠다. 결국, 여기서 중요한 것은 법질서 아래에서 재산권자에게 어느 정도의 행위자유가 허용되는가의 문제인데 이는 결국 기본법 제14조 제1항 제2문의 재산권에 대해서는 내용규정의 해석에 따라서 확정될 문제이다.[23]

3) 기본법 제14조 제1항 제2문의 재산권 내용 규정

(1) 재산권에 대한 내용규정의 의의

재산권의 내용규정은 재산권자가 가질 수 있는 실정법상의 권리를 정하는 일로서 입법자에 대하여 기본법상 규정되어 있는 권한이자 책무이다. 기본법에서는 재산권의 내용을 명확히 정하고 있지 않으므로 이는 필연적인 귀결이라고 보는 견해도 있다.[24] 그러나 재산권의 내용을 법률로 정하도록 하는 것은 오늘날의 재산권이 물적 재산권만을 뜻하는 것이 아니라, 무채재산권 등을 포함하여 국가에 의한 계획 · 조정 · 분배가 이루어져야 하는 재산권을 포함하는 것이라고 한다면, 입법자에 의한 재산권의 내용 형성 규정으로서 의미가 있다.

---

21) 김광수, 「독일공법상의 재산권보장과 국가책임확장이론」, 서울대학교 대학원 박사학위논문, 1996, p.42.

22) Aircher, Grundfragen der Staatshaftung bei rechtsmässigen hoheitlichen Eigentumsbeeinträchtigungen, Berlin, 1978. SS. 77~78.

23) 김광수, 전게논문, pp.45~46.

24) Kimminich, Das Grundrecht auf Eigentum, JuS 1978, S. 217.

독일 연방헌법재판소의 판결[25])에 의하면, 재산권에 대한 절대적 개념은 존재하지 않으므로 입법자에 의해서 구체화되고, 기본법상 보장되는 재산권은 법률에 의하여 규정된 재산권이라는 내용도 있지만, 그러나 이 내용규정을 들어 내용을 정한 법률이 형성되어 있을 때에만 재산권이 비로소 권리가 된다고 보는 것은 다소 이해하기 어렵다. 따라서 독일 기본법 제14조 제1항 제2문의 내용규정은 재산권이 근대 자유민주주의 헌법이 탄생한 배경이 된 자연법적 기본권리를 전제로 하고, 이를 보장한다는 것을 명백히 하고, 다만 입법에 의하여 재산권의 내용과 한계가 새로이 광범위하게 규정될 수 있다는 법률유보조항을 둔 것이라고 해석함이 타당하다.

재산권보장은 개인의 자유보장과 밀접한 연관성을 가진다. 재산권보장은 재산에 관한 자유를 보장함으로써 이를 통해 개인의 삶이 자기책임적인 형성을 가능케 한다.[26]) 종래 이러한 재산권의 속성에 대한 설명은 소위 사회적 구속성을 중요시하는 관점에서도 항상 개진(開進)되고 있는데, 이는 제한을 강조하는 사회적 구속성의 논리구조상 일관성이 없으며, 오히려 재산권은 입법자가 법률을 제정하기 이전에도 국가에 의하여 보장되어야 하는 자연법적 권리를 뜻하며, 따라서 재산권을 전적으로 입법자의 형성에만 맡길 수는 없다는 것을 반영하는 것으로 보아야 할 것이다.

(2) 기본법 제14조 제2항과의 관계

기본법 제14조 제1항 제2문의 의의는 일반적으로 기본법 제14조 제2항과 함께 재산권의 사회적 구속성을 형성하는 규정으로 이해되고 있다.[27]) 기본법 제14조 제1항 제2문은 기본법 제14조 제2항과는 그 효력에 있어 차이가 있다. 따라서 기본법 제14조 제1항 제2문은 재산권자에 대하여 직접적으로 적용되는 조항이지만 기본법 제14조 제2항은 일반적으로 입법자에 대한 하나의 기준 혹은 지시만을 의미할 뿐이며, 재산권자에 대하여 직접적인 효력을 미치는 것이 아니라는 견해도 있으나[28]) 재산권을 구속한다는 의미에서 기본법 제14조 제1항 제2문과 기본법 제14조 제2항은 개별적인 규정이 아니라 통일적인 재산권 구속에 관한 조항으로 이해되어야 한다.[29]) 왜냐하면 기본법 제14조의 제1항, 제2항, 제3항은 제14조의 개별적 구조가 아니라 전체로서 밀접한 관련성을 지니고 있으며,

---

25) BVerfGE 20, 351(356); 24, 367(396); 37, 132(141).

26) 헌재 1998. 12. 24. 89헌마214(병합), 판례집 10-2, p.945 참조.

27) Papier, Eigentumsgarantie des Grundgesetzes im Wandel, Heidelberg, 1984, S. 249 재인용.

28) Papier, aaO., S. 250.

29) 김광수, 전게논문, pp.46~47.

재산권의 개념을 입법자의 형성에 맡기는 것이 아니고, 앞에서 기술한 바와 같이 공법 · 사법상의 재산적 가치가 있는 물건이나 권리를 재산권이라 할 때 기본법 제14조 제1항 제2문의 내용규정, 한계규정과 제14조 제2항과의 관계는 밀접한 관계가 있기 때문이다.

4) 기본법 제14조 제2항의 재산권에 대한 사회적 구속성

독일기본법 제14조 제2항은 재산권에 대한 사회적 구속성[30]과 함께 재산권에 대한 보상 없는 제한의 한계를 결정하는 기준으로, 그리고 입법자뿐만 아니라 재산권자에게도 직접적인 효력을 미치는 중요한 기능을 하고 있고, 나아가 해석원리로서 행정 · 사법을 구속한다고 보는 것이 지배적이다.[31] 또한 재산권보장을 확실하게 사회적 구속성의 범위를 넘는 재산권에 대한 침해를 수용으로 설명하고 있다. 이러한 재산권의 사회적 구속성은 기본법 제14조 제1항 제2문과 제2항에서 찾을 수 있다. 이 양 규정은 두 가지 다른 제한 가능성을 규정하고 있는 것이 아니라 재산권을 제한하는 법률유보로서 통일적인 사회유보를 의미하는 것으로, 그 의미는 제2항의 공공복리 조항에 의하여 정해지는데 공공복리 조항은 입법자가 법률유보를 규정할 때 따라야 하는 목적을 나타내 주는 것으로, 입법방침에 불과하다고 하고 입법자에 대한 재산권 제한에 대한 수권은 제14조 제2항이 아니라 제1항 제2문에서 나오는 것이라 한다.[32] 이와 관련하여 Ipsen도 기본법 제14조 제1항 제2문에 의한 재산권 내용규정의 입법의무는 제14조 제2항에 의해 방향 지어진다고 보았으며, 제14조 제2항은 제1항 제2문과 결합하여 사회국가 개발에 대한 기본법의 가장 중요하고 실제적인 계기를 구성한다고 보았다.[33] 특히, Huber는 기본법 제14조 제2항에 의해 재산권자에게 부과된 사회적 의무를 무시하거나 없애려고 하는 것에 반대하면서 기본법 제14조 제3항에 따라 기본법 제14조 제2항은 직접적으로 타당한 규정이며, 재산권자에게 직접적으로 실존하는 사회적 의무를 부과할 뿐만 아니라 사회국가 규정의 구체화라 하면서 기본법 제14조 제2항은 입법, 사법, 행정에 대한 구속력 있는 규정이라고 주장하였다.[34] Maunz도 기본법 제14조 제2항이 사회적 구속성의 근거를 규정한 것

---

30) 종종 재산권에 대한 사회적 구속의 상위 개념에 해당하는 말로 재산권의 구속성(Eigentumsbindung)이라는 말이 사용되어 기본법 제14조 제2항과 기본법 제14조 제1항 제2문을 포괄하는 개념으로 쓰인다고 한다. Kimminich, aaO., S. 217.

31) Kimminich, aaO., S. 217.

32) Stein, aaO., S. 521.

33) Ipsen, "Enteigung und Sozialisierung", VVDStRL, Heft 10; Forsthoffs(Hrsg.) Rechtsstaatlichkeit und Sozialstaatlichkeit, S. 85.

으로 본다면 기본법 제14조 제2항이 직접적인 효력을 부인할 수 없고 설사 사회적 구속성의 근거를 제14조 제1항 제2문에서 찾는다 해도 제14조 제2항은 재산권 남용 문제에 대한 헌법적 기준을 제시하고 있다.35) 독일 연방헌법재판소도 기본법 제14조 제2항이 재산권의 내용을 규정하는 입법자에게 구속력 있는 방침으로서 입법자가 실현해야 하는 사회모델의 규범적 요소로 보았다.36)

한편, 독일 기본법 제14조 제2항에서는 재산권의 사회적 구속성을 규정하고, 제3항에서는 공용수용과 그에 대한 보상을 규정하고 있어 양자의 관계를 해석함에 있어 제2항의 사회적 구속성과 제3항의 공용수용과 관련하여 재산권의 제한 정도 차이로 보는지 아니면, 완전히 서로 독립된 제도로 보는지에 따라 경계이론과 분리이론으로 구별되는 것이다.37) 따라서 기술한 내용을 토대로 여기서의 중요한 문제는 무보상의 사회적 구속성과 보상을 요하는 공용수용을 어떻게 구별하여야 할 것인가 하는 과제를 주고 있다.

5) 재산권보장 체계에 있어서 경계이론과 분리이론

(1) 경계이론(Schwellentheorie)

종래 독일 연방대법원은 보상의무 없는 사회적 구속성과 공용수용은 재산권 제한의 한 유형이라는 것에서 출발하여 사회적 구속성과 공용수용을 그 제한의 강도 내지 정도에 따른 제한의 강약에 따라 구분하였다.38) 이에 따르면, 공용수용은 사회적 구속성의 범위를 넘는 재산권에 대한 제한으로서 이 경우 보상이 주어지는 제한의 유형이라고 하고, 이와는 달리 보상의무 없는 사회적 구속성은 재산권자의 수인한도 범위를 넘지 않는 범위 내에서 재산권의 제한 형식이라고 하였다.39) 따라서 연방대법원은 사회구속성과 공용수용을 하나의 재산권 제한의 형식으로 파악하고, 그 제한의 강도에 따라 양자를 구분함으로써 이들의 경계를 확정하는 것이 가장 핵심적인 문제로 귀착되었다. 이러한 의미에서 독일 연방대법원이 취하였던 양자의 구별이론을 경계이론이라고 한다.40)

---

34) Huber, Wirtschaftsverwaltungsrecht Ⅱ, S. 13~14.

35) Maunz/Zippelius, aaO., S. 185.

36) BVerfGE 37, 132(140).

37) 석종현, 「도시계획결정과 손실보상」, 『공법연구』 제28집 제3호, 한국공법학회, 2000, p.97.

38) BGHZ 6, 270; 30, 338.

39) BGHZ 6. 270(279 f); 30, 338(341).

40) 표명환, 「독일공법상의 수용과 보상」, 『토지공법연구』 제17집, 2003, p.117.

1981년 연방헌법재판소의 "자갈채취결정"[41]이 있기까지 연방대법원은 경계이론을 근거로 하여 사회적 구속성과 공용수용을 구분하였고, 이에 따라 보상의 필요성을 판단하였다. 즉 연방대법원은 재산권의 사회적 구속성을 넘어서 특별희생에 해당하는 모든 재산권침해를 수용으로 파악함으로써 헌법상의 수용 개념을 확대시켰다. 따라서 연방대법원의 수용 개념은 도로, 철도, 항만, 공항공사 등 구체적인 공익목적을 위하여 국가가 의도적으로 개인의 재산권적 지위를 전면적, 또는 부분적으로 박탈하는 것을 내용으로 하는 협의 또는 고전적 의미의 수용뿐만 아니라, 수용유사침해, 수용적 침해의 다양한 형태를 포함하였다.[42]

그 핵심적 내용은 입법자가 보상에 관한 규정을 두지 않는 경우에도 그것이 수용에 해당한다고 판단되는 경우, 혹은 재산권의 내용을 규정한 경우라 할지라도 재산권 제한의 한계를 넘어서 수용과 유사한 이른바, 수용적 효과를 가져오는 때는 법원이 독자적으로 직접 보상에 관한 결정을 할 수 있다는 것이다. 결국 보상이 필요 없는 재산권의 내용규정과 보상이 필수불가결한 수용을 서로 다른 재산권 규율법제로 볼 수 없고, 또한 입법자의 법제형식 선택이 그 자체로 최종 확정되는 것이 아니라, 특별희생 혹은 중대성 등의 기준에 따라 평가되는 그 제한의 질에 따라 법원에 의해 재평가될 수 있다는 것이다.[43] 즉 입법자가 보상에 관한 규정을 두지 않은 경우에도 재산권의 제한이 수용적 효과를 가져온다면, 법원이 독자적으로 직접 보상에 관한 결정을 할 수 있다는 것이며, 그와는 반대로 국민의 입장에서는 위헌적 법률을 근거로 한 행정청의 처분이나 법률 그 자체에 대해서만 대항해야 하는 것은 아니고, 위헌적인 법률과 행정처분을 수인하고 대신

---

41) BVerfGE 58, 300, "자갈채취판결은 자신의 토지 위에 영업에 적합하게 자갈채굴작업을 운영하고 있던 원고가 자신의 토지가 상수도시설의 보호영역에 위치하고 있었고 지하수를 위태롭게 하는 것이 우려된다는 이유로 자갈채취 작업의 진행을 위해 요구되는 수법상의 허가신청이 거부되었다. 원고는 이러한 거부처분에 대하여 상급행정청에 이의제기를 하였으나 효과 없이 기각되자, 행정소송을 제기하지 않고 바로 연방통상법원의 종전 판결에 근거하여 수용적 침해로 인한 보상을 요구하였다. 연방통상법원은 수관리법 제11조 제3항 규정의 해석을 통해 보상 없이 지하수 이용을 배제하는 것은 독일기본법 제100조 제1항(구체적 규범통제)에 근거하여 위법이라 보고 헌법재판소에 위헌법률심판을 하기에 이르렀다. 연방헌법재판소는 이에 대하여 이해관계자는 이 경우 법률상 보상규정의 흠결로 보상을 요구할 수 없고 다만 행정법원에 수용처분의 취소를 구할 수 있다고 판시하였다. 나아가 연방헌법재판소는 만약 수용행위가 이미 불가쟁력을 발생한 경우에는 그 보상소송은 효력을 상실한다고 결정하였다. 또한 연방헌법재판소는 취소와 보상의 양자 선택권은 존재하지 않는다는 결정을 내렸다. 이러한 결정에 따르면 수용처분의 취소를 다투지 아니하고 곧바로 보상을 청구할 수 없다는 것이다. 또한 통상법원의 권한은 이에 상응해서 기본법 제14조 제3항 제4문에 따라 법률상 규정된 보상이 보장되는지 여부의 판단에만 제한되고 법률상 수용침해에 대한 보상근거를 인정할 권한이 없다고 판시하고 있다."

42) 한수웅, 「재산권의 내용을 새로이 형성하는 법규정의 헌법적 문제」, 『저스티스』 제32권 제2호, 한국법학원, 1999, p.29.

43) 이덕연, 「보상 없는 재산권 제한의 한계에 관한 연구」, 『헌법재판연구』 제9권, 헌법재판소, 1997, p.37.

사후적으로 보상을 요구할 수 있게 된다.

경계이론에 의하면, 사회적 구속성과 공용수용은 별개의 제도가 아니라 재산권침해 정도의 차이로서 재산권 제한의 정도에 의하여 사회적 구속성과 공용수용이 구분된다. 즉 사회적 구속성이나 공용수용 모두 재산권에 대한 제한을 의미하나, 사회적 구속성은 공용수용보다 재산권에 대한 침해가 적은 경우로서 보상 없이 감수해야 하는 반면, 공용수용은 재산권의 사회적 구속성의 범주를 넘어서는 것으로서 보상을 필요로 하는 재산권에 대한 침해를 의미한다.

따라서 보상을 요하지 않는 사회적 구속성은 재산권 제한의 효과가 일정한 강도를 넘음으로써 자동적으로 보상을 요하는 공용수용으로 전환된다. 결국, 이 이론의 핵심은 보상을 요하는 수용과 보상을 요하지 않는 사회적 구속성 간의 경계설정의 문제, 즉 보상의무가 시작되는 경계선을 찾는 문제이다.

(2) 분리이론(Trennungstheorie)

이 이론은 독일 연방헌법재판소의 위와 같은 법리를 부인하고, 재산권자에게 과도한 부담을 주는 내용 및 한계규정도 수용으로 전환되지 않고 위헌적 내용 및 한계규정으로 남는다는 입장을 취하여 재산관련 법률을 ① 재산권의 내용과 한계를 규정하는 법률, ② 직접적으로 공용수용을 규정하거나 특정 요건하에서 행정행위를 통한 공용수용을 인정하는 법률, ③ 기본법 제14조 제1항 제2문에 따른 재산권의 내용과 한계규정의 범위를 넘었으나 공용수용을 예견하지 않아 보상규정을 포함하지 않는 법률의 세 가지 경우로 나누었다. ③의 경우 이러한 법률은 위헌이며 그에 의한 침해에 대하여 구제가 인정되나 연방대법원의 판례와는 달리 피해자가 재산권침해의 취소청구와 보상 중 어느 한쪽을 선택할 수 있는 권리가 있는 것은 아니라 하였다. 즉 그 법률은 위헌이고, 따라서 이에 기한 수용적 처분도 위법이나 보상규정이 없으므로 보상은 청구할 수 없고, 그 수용적 행위의 취소를 행정법원에 청구할 수 있을 뿐이라 하였다. 이에 따라 종래 재산권의 사회적 구속성·공용수용은 사실상 수용에 해당하나 보상규정이 결여되어 위법인 경우라는 3원적 체계를 구성하게 되었다. 그 뒤 연방대법원은 종래의 입장을 버리고 연방헌법재판소의 분리이론을 따르고 있다.

다시 말해 경계이론, 또는 전환이론(Umschlangtheorie)[44]이라 불리는 연방대법원의 전

---

44) 사회적 구속성의 범위를 넘는 재산권의 침해는 곧 수용이라고 보는 견해를 Böhmer는 전환이론이라고 부른다. Böhmer, Die rechtsgeschichtlichen Gundlagen der Abgrenzungsproblematik von Sozialbindung und Enteignung, Der Staat 1985, S. 167.

통적 구별이론은 기본법 제14조 제1항 제2문의 내용 및 한계규정 내지 제2항의 사회적 구속성과 수용을 침해의 정도에 따라 구별하는 데 비하여 연방헌법재판소는 재산권의 내용 및 한계규정과 수용을 전혀 다른 기능을 수행하는 제도로 이해하였다. 내용 및 한계규정을 규정행위라 한다면 수용은 박탈행위라 할 수 있다. 말하자면, 형태와 목적설정에 의해 수용 여부가 결정되는 것이지 재산권침해의 정도와 질이 이를 결정하는 것이 아니라는 것이다. 이러한 연방헌법재판소의 분리이론은 재산관련 입법에 대한 입법자 판단의 존중과 재산권보장에 있어 가치보장보다 존속보장이 우선한다는 점, 그리고 헌법재판소 법률의 위헌 여부에 대한 독자적 심사권에 기하여 위헌적 재산권침해를 규정하는 법률에 대해 일반법원이 보상판결을 통해 해결하는 것은 허용되지 않는다는 점 등을 고려한 이론이라 할 수 있다.[45]

　　이 이론은 재산권보장의 인적 측면을 전면적으로 수용하여 재산권이론을 재구성하고 나온 입장이다. 종래의 재산권이론에 따르면, 사유재산제도보장과 존속보장이 각각 같은 동전의 양면 같은 관계에 있는 재산권보장의 객관법적ㆍ주관법적인 측면인 것으로 보고, 공용수용 시 재산권보장의 내용이 존속보장에서 가치보장으로 전환되는 것으로 보았는데 분리이론은 이러한 재산권이론 체계를 완전히 새롭게 변화시켰다. 즉 제도보장과 존속보장을 별개의 독립된 보장범주로 보는 입장에서 존속보장은 재산권의 보호영역에 해당되고 제도보장은 존속보장의 제한에 대한 한계 이른바 한계의 경계(Schranken – Schranken)에 해당하는 것으로 이해하였다. 또한 재산권의 존속보장과 가치보장을 완전히 단절된 상이한 차원의 보장으로 보는 입장에서 새롭게 재산권 조항을 해석하였다.[46] 분리이론에 따르면, 재산권이론 체계상 수용은 특정한 법적 지위를 박탈하는 데 지향되어 있는 고권적 조치이고, 재산권의 내용규정은 장래에 대한 재산권자의 권리와 의무를 확정하는 것으로 별개의 재산권 법제인 것이다. 말하자면, 재산권의 내용규정이 이른바 수용적 효과를 초래한다고 해서 그것이 수용으로 전환되는 것은 아니라는 것이다. 재산권의 내용규정은 일반적이고 추상적인 형식으로 재산권 내용, 즉 재산권자의 권리와 의무를 새롭게 정의하는 것을 뜻하는 데 반해 수용은 이미 설정된 객관적인 재산권적 상태에 따라 그 자체로서 헌법상 재산권으로 보장되는 구체적이고 개인적인 법적 지위를 박탈하는 것으로 본다. 따라서 매우 중요한 의미를 갖는 경제적 사용이 제한되는 경우에 그에 따른 손해에 대한 재정적 전보가 보장되고 재산권자가 그것을 받아들이면 합헌적인 보상의무가

---

45) 김문현, 『경제질서와 재산권』, 법원사, 2000, pp.337~339.

46) 이덕연, 전게논문, p.32.

있는 내용규정으로 정리되는 것이고, 그렇지 못한 경우에는 허용되지 않는 재산권 제한, 즉 위헌적인 재산권침해로 정리되는 것이다. 그리고 비례의 원칙, 평등원칙, 신뢰보호원칙 등에 위반되는 내용규정은 수용으로 전환되는 것은 아니지만 그 위헌성은 보상규정을 통해서 제거될 수 있는데 이러한 경우 내용규정은 보상을 요하는 내용규정이 된다. 우리나라 헌법 제23조 제3항 수용의 경우 보상은 국가에 의한 재산권박탈의 결과이지만 헌법 제23조 제1항의 내용규정에 있어서 보상은 재산권의 내용을 합헌적으로 규율하기 위한 조건이자 구성요소이다.[47]

(3) 검토

앞에서 살펴본 바와 같이 경계이론과 분리이론은 재산권의 사회적 구속성과 공용수용을 구분함에 있어서 기본적 이론으로서 재산권의 보장과 침해의 한계를 정립하는 데 획기적으로 공헌한 이론임에는 틀림이 없다. 그러나 분리이론은 독일 기본법 제14조 제3항이 공용수용의 경우에만 불가분적 보상을 규정했음에도 불구하고 연방대법원이 이를 확대 해석하여 사용, 제한의 경우에까지 보상을 명하던 경향에 대하여 연방헌법재판소의 자갈채취사건결정 이후 다시 수용으로 축소 해석해야 하는 상황에서 재산권의 사용, 제한에 대한 보상을 설명하기 위해 등장했던 어디까지나 독일법상의 필요에 의해서 나왔던 이론일 뿐이다. 중요한 것은 국민의 권익구제에 더 효과적인 방향이 어느 것이냐 하는 것이다. 재산권을 제약하는 법에 대한 위헌 판단 가능성이 큰 분리이론의 인권신장에 기여한다고 생각할 수도 있겠으나, 효과적인 구제 차원에서는 회의적이다. 그리고 개인입장에서 선택권을 행사할 수도 있겠으나 법원이 개별적인 사안에 합리적인 조정을 할 수도 없고 다시 구체적인 입법개선을 기다려야 한다는 것은 그것이 과연 재산권보호를 강화한다고 보아야 할 것인지 의문이 든다. 논리적으로도 분리이론은 보상청구권을 구체적 권리가 아닌 추상적 권리로 만들어 버린다고 생각된다. 독일 기본법은 제14조 제3항에서 수용만을 규정하고 있으므로 양자를 구별하는 관점이 타당하다고 할 수 있으나, 우리나리의 경우 헌법 제23조 제3항이 재산권의 수용뿐만 아니라 사용, 제한까지 규정하고 있으므로 독일의 분리이론을 그대로 채용하는 것은 문제가 있다고 생각된다. 이러한 의문의 제기에 대한 반론으로는 수용에는 재산권 전부의 박탈만이 아니라 재산권의 지위와 일부박탈이 포함되기 때문에 근본적인 차이가 없다는 견해[48]와 우리나라 헌법의 표현은

---

47) 한수웅, 전게논문, p.34.
48) 김광수, 「개발제한구역의 지정과 보상 문제」, 『행정법연구』 제7호, 행정법이론실무학회, 2001, p.318.

수용의 형태를 구체적으로 열거한 것으로 우리나라 헌법이 제한을 규정한 것은 제한을 통하여 사실상 부분적 권리의 박탈이 이루어지는 경우를 포함시키려는 견해[49]가 있다. 그러나 해석을 무리하게 확장해서 독일이론에 결부시키는 것보다 우리나라 법리를 그대로 해석하는 데 충실해야 한다고 생각한다. 그리고 보상의 필요성 여부에 따라 재산권소유자의 개인적인 입장에서 고려할 때 입법권자의 입법형성권에 재량적 의미를 담고 있는 분리이론보다 재산권침해의 수인한도를 넘어서면 수용으로 보아 보상을 해야 하는 경계이론과 견해를 같이한다.

6) 재산권의 본질적 내용

(1) 본질적 내용의 의의

독일 기본법 제19조 제2항에서 "어떠한 경우에도 기본권은 그 본질적 내용에 있어서는 침해되어서는 안 된다"고 규정하고 있다. 재산권을 제한하는 경우에도 재산권의 본질적 내용(Wesensgehalt)을 침해할 수 없게 한 침해금지 규정은 기본법의 효력상 당연히 인정되며, 재산권의 보장원리를 확인하고 선언하는 의미를 가진다.[50]

일반적으로 본질적 내용은 당해 기본권의 확고한 핵심을 의미하며, 재산권의 근본적 실체를 결정짓는 하나의 특성으로 보고 있다. 따라서 그 내용이 무엇으로 구성되어 있는 가는 기본권 전체의 체계 내에서 가지는 개별 기본권의 특별한 의의에 확정되어야 한다.[51] 즉 본질적 내용은 개별 기본권마다 다를 수 있다.[52] 연방헌법재판소의 판결에 의하면 "재산권의 본질적인 내용이라는 것은 재산권의 핵이 되는 실질적 요소 내지 근본요

---

49) 한수웅, 전게논문, p.35.

50) Hesse, aaO. S. 332. 독일 연방행정재판소의 판례 중에는 기본권의 본질적 내용은 기본권에 대한 침해 시 서로 경합하는 이익과 가치의 비교에 의하여 결정되어야 한다는 것이 있고, 이에 의하면 합하는 이익에 비하여 침해되는 권리가 큰 비중을 차지하지 못할 경우에는 이미 본질적 침해가 아니라는 것으로 연결된다. 이러한 견해에 의하면 기본법 제19조 제2항은 선언적 규정 내지 기본권의 일반 침해에 있어 통용되는 비례원칙을 규정한 것과 마찬가지의 결과로 연결되게 된다(BVerwGE 47, 330(358)).

51) von Münch, Grundgesetz Kommentar, Bd.I, 3. Aufl., 1985. s. 783.

52) 김철수, 『헌법학개론』, 박영사, 2006, p.356; 권영성, 『헌법학원론』, 박영사, 2007, p.353. "토지재산권의 본질적 내용이라는 것은 토지재산권의 핵이 되는 실질적 요소 내지 근본요소를 뜻하며, 따라서 재산권의 본질적인 내용을 침해하는 경우라고 하는 것은 그 침해로 사유재산권이 유명무실해지고 사유재산제도가 형해화되어 헌법이 재산권을 보장하는 궁극적인 목적을 달성할 수 없게 되는 지경에 이르는 경우"라고 하고, 그 구체적 예로서 "사유재산제도의 전면적 부정, 재산권의 무상몰수, 소급입법에 의한 재산권의 박탈 등이 본질적인 침해가 된다는 데 대해서는 이론의 여지가 없으나 본건심판대상인 토지거래허가제는 헌법의 해석이나 국가, 사회공동체에 대한 철학과 가치관의 여하에 따라 결론이 달라질 수 있는 것이다"라고 한다(헌재 1991. 7. 22. 89헌가109).

소를 뜻하며, 따라서 재산권의 본질적인 내용을 침해하는 경우라고 하는 것은 그 침해로 사유재산권이 유명무실해지고 사유재산제도가 형해화하여 헌법이 보장하는 궁극적인 목적을 달성할 수 없게 되는 지경에 이르는 경우라고 할 것이다"[53]라고 정의하고 있다. 그리고 재산권의 본질적 내용은 불가침이라 보고 있다.[54] 또한 재산권의 내용개방성을 강조한 Ipsen도 기본법 제19조 제2항에서 제14조 제1항 제2문에 근거한 재산권의 입법적 내용규정의 한계를 찾을 수 있을 것이라고 하고 재산권의 본질적 내용은 법률적 내용규정을 통해서도 침해될 수 없다고 보았으며,[55] Hesse에 의하면 재산권 본질적 내용은 허용된 제한 가능성에 해당되는 부분 이외의 것이라고 하고 있으며,[56] Weber도 입법자는 재산권의 내용과 한계만을 규정할 수 있으며, 재산권의 본질적 내용을 침해해서는 안 되며, 본질을 해체시켜서도 안 된다고 하였다.[57]

(2) 독일의 학설과 판례

독일 기본법 제14조는 바이마르 헌법 제13조보다는 다음과 같은 점에서 재산권의 보장에 더욱 충실한 것으로 나타난다.[58] 예컨대 바이마르 헌법하에서 인정되었던 법률에 의한 수용의 가능성이 기본법에도 인정되고 있으나 동시에 그 요건이 강화되어 손실보상의 형태와 정도를 정하는 법률의 존재가 요구[59]되고, 따라서 입법자가 보상 없는 수용을

---

53) BVerfGE 16. 194; 238, 245. 연방대법원은 상대설의 입장을 취하면서 필요최소한의 범위를 넘어서 이루어졌다면 본질적 내용이 침해된 것으로 보고 있다.

54) BVerfGE 20, 351(355); 31, 375(385); 36, 281(293); 42, 263(293).

55) Ipsen, aaO., S. 94.

56) Hesse, aaO., S. 333.

57) Weber, Die verfassungsrechtlichen Grenzen sozialstaatlicher Forderungen in: Die staatliche Einwirkung auf die Wirtschaft, 1984, S. 87.

58) 바이마르 헌법 제153조 제1항 소유권은 헌법에 의해 보장된다. 그 내용과 한계는 법률로 정한다. 제2항 공용수용은 공공의 복지를 위하여 법률에 의해서만 할 수 있다. 수용은 법률에 다른 정함이 없는 한 상당한 보상을 지급하여야 한다. 제3항 소유권은 의무를 수반한다. 그 행사는 동시에 공공의 복지에 적합하여야 한다. 독일기본법 제14조 제1항 소유권 및 상속권은 보장된다. 그 내용과 한계는 법률로 정한다. 제2항 소유권은 의무를 수반한다. 그 행사는 동시에 공공의 복지에 적합하여야 한다. 제3항 공용수용은 공공의 복지를 위해서만 허용된다. 수용은 보상의 방법 및 정도를 정하는 법률에 의해 또 법률의 근거에 기초하여서만 이루어진다. 제15조 토지, 천연자원 및 생산수단은 사회화의 목적을 위하여, 보상의 방법 및 종류를 정하는 법률에 근거하여 행하도록 의무화하고 있다.

59) 이른바, Junktimklausel(불가분조항 또는 부대조항)이라고 불리는 기본법 제14조 제3항 제2문에 의하면, 공용수용은 반드시 보상의 방법과 범위를 규정한 법률 및 법률에 근거하여 행하도록 의무화하고 있다 (Art. 14 Abs. 3 GG: Eine Enteignung ist nur zum Wohle der Allgemeinheit zulässig. Sie darf nur durch Gesetz oder auf Grund eines Gesetzes erfolgen, das Art und Ausmaß der Entschädigung regelt. Die Entschädigung ist unter gerechter Abwägung der Interessen der Allgemeinheit und der Beteiligten zu bestimmen. Wegen der Höhe der Entschädigung steht im Streitfalle der Rechtsweg

인정할 가능성은 사라지게 된 것이다. 또 기본법 제15조에는 이른바 사회화 조항이 규정되고 있으나, 사회화의 대상은 한정되어 있고, 여기에는 수용의 경우와 동일한 손실보상이 요구되고 있다. 따라서 이러한 규정을 중시하게 되면, 기본법의 재산권보장의 태도는 바이마르 헌법을 뛰어넘어, 19세기의 법치국가형 재산권보장, 즉 재산권은 국가권력에 의한 침해에 대하여 개개의 시민이 가지는 선천적 자유영역을 보호·방위하고, 국가권력의 한계 형성을 위한 것으로 인정될 수 있다는 해석론의 대두가 가능하게 된다. 아울러 사회적인 요청 때문에 재산권보장의 최종적 형태는 입법자가 정하는 것으로 하고 있으나, 이 입법권도 재산권의 본질적 내용은 침해할 수 없는 주변수정적인 것에 불과한 존재로 되고 만다. 그리고 이러한 해석이 독일 기본법상 재산권보장에 대한 해석의 주류를 형성해 왔음은 물론이다.

그러나 다른 한편, 기본법에는 "사회적 법치국가"라는 연방공화국의 성격 규정이 존재한다.[60] 사회국가 조항이 상술한 고전적 재산권관에 대항하여 재산권 질서의 사회적 변경(Soziale Umschichtung der Eigentumsordnung)을 추진하기 위한 하나의 중요한 해석적 지침을 제공하게 된 것이다. 특히, 기본법이 중시하는 국민주권주의 원리와 결부하여 재산권보장의 존재 방식은 오히려 장래의 민주적 입법에 의한 자유로운 형성의 대상이 된다는 사고가 제14조 제1항 후문 "재산권의 내용과 한계의 규정"을 통하여 등장하게 되었던 것이다.

상호 모순되는 듯한 이러한 두 가지 사고유형[61]은 1951년 및 1953년 독일 국법학자 대회의 보고에서 Forsthoff와 Ipsen에 의해 각기 주장[62]되었고, 그 후 많은 지지를 얻게 되었다.

민주적 입법에 의한 재산권 내용의 자유로운 형성의 가능성을 지지하는 Ipsen의 보고 골자는 대체로 다음과 같다.

즉 기본법 제14조 제1항 후문은 다른 기본권에 있어서의 단순한 법률유보와는 다른 보다 근본적인 의미를 가지고 있다. 즉 다른 기본권의 경우 법률유보는 이미 존재하는 무언가를 법률이 내재적으로 제한·규제하는 데 불과하나 재산권의 경우에는 기본권의

---

vor den ordentlichen Gerichten offen).

60) Art. 20 Abs. 1 und Art.28 Abs. 1 GG.

61) 재산권의 내용과 한계는 장래의 민주적 입법에 의한 자유로운 형성의 대상이 된다는 의미에서 이러한 사고유형을 '개방적 사고'라고 부르고, 이에 대하여 독일기본법에는 입법권에 의해서도 침해될 수 없는 사유재산권의 핵·본질적 내용이 결정(보장)되어 있다는 사고유형을 '결정적 사고'라 부르는 견해가 있다. 藤田宙靖, 『行政法』, 東京, 靑林書院新社, 1987, p.109.

62) Forsthoff(Hrsg.) Rechtsstaatslichkeit und Sozialstaatlichkeit, 1968, S. 165; Ipsen, aaO, S. 94.

내용을 결정하는 것 자체가 법률에 위임되고 있다. 그에 의하면 재산권이란 법률이 그 내용을 결정하는 것 이상이 아니다.

Ipsen의 견해에 서게 되면, 기본법 제19조 제2항이 정하는 재산권의 '본질적 내용'의 보장한계를 어떻게 해석할 것인가 하는 것이 가장 중대한 문제로 남게 된다. 이 문제에 관하여 그는 "제19조 제2항의 본질적 내용이란 전체 헌법질서에 비추어 보호할 가치가 있다고 생각되는 것 이상의 것이 아니라고 하고, 그렇다면 논리적으로는 이러한 제약도 역시 상대화할 가능성이 있는 것"이라고 말할 수 있을 것이다. 특히, 토지소유권과 관련하여서는 "재산권의 내용·사회적 구속성의 강도 등은 재산권 대상의 차이, 전체 재산권 질서 내에 있어서 각각의 지위 차이 등을 고려하지 않으면 안 된다. 토지소유권에 대한 사회적 구속성의 정도와 차이는 그것이 존재하는 장소와 이용의 종류에 따라 발생하는 것으로 이러한 대상의 차이에 따른 상대화가 필요하다"고 주장하였다.[63] Ipsen의 이러한 사고를 지지하는 학자로서는, 기본법의 사회적 법치국가의 의미를 민주적 입법절차에 의한 경제의 민주화를 지상의 과제로 삼는 것으로 보는 Abendroth 등의 견해,[64] 또 이들 좌익 진영과의 명백한 단절을 표명하면서 Smend의 통합이론 계보를 좇아 헌법제도의 동태적·유동적 파악을 그 사고의 기초로 삼는 Hesse와 그 제자들의 견해[65]가 대표적인 예라 할 수 있다. 그리고 Ipsen의 이러한 사고는, 적어도 토지소유권에 대한 사회적 구속성이라는 문제에 관한 한 그 후의 학설·판례에 상당한 영향을 미쳤다고 할 수 있다. 예컨대, 연방헌법재판소는 1967년, 토지소유권은 토지라는 객체의 특수성 때문에 다른 재산권에 비하여 강한 사회적 구속성을 받는 것은 당연하다는 사고를 명확히 표명하기에 이르렀고,[66] 또 연방대법원과 연방행정재판소는 비교적 일찍부터 이른바 상황구속성이론, 목적위배이론, 즉 토지의 사회적 구속성의 내용 정도는 당해 토지가 놓인 상황, 종래의 이용방법 등에 따라 다르다는 견해를 전개해 왔던 것이다.[67] 뿐만 아니라 1967년 연방

---

63) Ipsen, aaO., SS. 95~96.

64) Abendroth, Zum Begriff des demokratischen und sozialen Rechtsstaaten im GG der BRD, 1954, in; Forsthoff(Hrsg.) Rechtsstaatlichkeit und Sozialstaatlichkeit, S. 114.

65) Hesse, aaO,. S. 557.

66) Beschl.d. BVerfG vom 12. 1. 1967. EBVerfG, Bd. 21, S. 73, U.a. S. 82‐83.

67) Urt.d. BGH vom 20. 12. 1956. EBGHZ Bd.23, S. 30ff(Grüneflachenentscheidung). 이른바 녹지대사건판결이라고 불리는 것으로, 사안은 종래 농지로 이용되어 왔던 토지가 주변지역의 심각한 도시화의 진행으로 말미암아 새로이 도시계획에 의하여 절대농지로 지정되었기 때문에 장래 건축행위가 금지된 사례이다. 법원은 첫째, 목적위배이론에 입각하여 토지의 종래대로 이용이 반드시 금지된 것은 아니라는 점, 둘째, 상황구속성 이론을 적용하여 주면이 도시화한 상황 속에 당해 토지가 놓였기 때문에 녹지대의 존재는 불가결한 것으로 되고 따라서 손실보상은 필요하지 아니하다고 판시하였다. Urt.e.BGH vom 10.

대법원은 "재산권의 사회적 구속성의 내용과 정도는 시간의 추이에 따라 변천할 수 있는 것"이라는 생각을 명시적으로 승인함[68])으로써 토지의 이용은 당해 토지에 가장 적합하다고 인정되는 기능에 부응하는 이용만이 보장된다는 의미에서 '재산권보장의 상대화'를 보편화시켰던 것이다.

한편, Ipsen의 견해와 정반대의 입장에 서는 Forsthoff에 의하면, Ipsen의 보고는 오직 '기본법의 사회국가에의 결정'을 설명한 것이라 비판하고, 오히려 '기본법의 법치국가에의 결정'이 명백한 사실이라고 강조한다.[69]) 그리고 사회국가의 개념은 법치국가의 개념과는 양립할 수 없는 것이고, 따라서 기본법의 사회적 법치국의 조항은 단지 실정법상의 사회적 색채를 가진 제도·규정을 기술·묘사하는 기능 내지 기본권에 대한 극단적·개인적 해석을 금한다는 의미를 가진 것에 불과하고, 이론적으로 어떠한 권리, 의무나 법제도를 도출할 수 있는 법 개념이 아니라고 한다. 그리고 기본법 제14조와 제15조는 그 자체 사회적 유보의 의미를 가지고 있기 때문에, 이들 조항은 제20조 제1항의 사회국가 조항에 대해서는 특별법으로서 지위를 가지게 된다. 따라서 제20조 제1항을 제14조와 제15조의 해석근거로 이용하는 것은 논리적으로 불가능하게 된다. 그리고 이러한 견해는 Forsthoff 이외에, Weber,[70]) Leisner[71]) 등에 의해서도 지지되었다. 결국, 이들의 주장에 의하면 민주적 입법에 의해서도 자유롭게 형성될 수 없는 구체적으로 재산권보장의 핵, 이른바 개별적 재산권의 본질적 내용이 존재하게 된다. 그러나 오늘날 독일의 공법학에 있어서, Forsthoff적인 결정사고가 학설의 주류를 형성하고 있다고 하나 그것은 반드시 일체의 상대화·변천을 허용하지 않는 고정화된 소유권 개념의 유지를 의도하는 것은 물론 아니다. 예컨대 보상을 필요로 하는 수용과 필요로 하지 않는 사회적 구속성과의 구별에 관하여, 현재 독일에 있어서 통설적 지위를 점하고 있는 '사적 효용 이론'을 주장한

---

12. 1957. NJW 1958, S. 380. 사안은, 종전까지 주거 및 영업지구였던 토지가 그 후 구획변경으로 순수 주거지구로 편입되었기 때문에 전쟁 때 파괴되었던 영업시설을 재건할 수 없게 된 사례이다. 판결은 Grüneflachenentscheidung의 사례를 원용하되, 본문은 사정이 정반대 경우로서, 이른바 목적위배이론을 전개하여 보상의 필요를 인정하였다. Urt.d. BVerwG vom 27. 6. 1957. EBVerwG Bd.5, 143 ff. 종전의 건축허용지(Bauland)가 경관보호지구로 변경, 지정된 사례에서 역시 보상을 필요로 하는 '수용'이라고 판결하였다.

68) Urt.d. BGH vom 13. 7. 1967. EBGHZ Bd. 48, 193 ff. 전쟁 전 허용되었던 "가옥의 건축은 그동안 완전히 변천한 일반적 건축 감각에 비추어, 이미 상황적합적인 것이라고 할 수 없는 것으로서, 허가의 거부는 보상을 필요로 하는 수용에 해당하지 않는다"고 판시하였던 것이다.

69) Forsthoff, aaO., S. 165.

70) Weber, aaO., S. 521 ff.

71) Leisner, "Sozialbindung des Eigentum", 1972, S. 71.

Reinhardt에 의하면, 기본법 제2조 및 제14조에 의해 "경제과정의 기동 및 형성을 위한 결정적 역할을 사적 이익·관심에 맡긴다"는 결정을 내린 것이라는 사고[72]를 취하면서도, 소유권의 본질적인 핵인 '사적 효용'을 보장하고, 유지·발전시키기 위해서는 바로 개개 재산의 기능적합적인 이용을 보장·실현해야 할 것이라는 입장에서 토지에 대한 특정한 이용제한이 수용인가 사회적 구속성인가의 구별은 그 토지의 종래 이용 태양에 따라 결정되어야 할 것이라는 이른바 목적위배설과 같은 취지의 해석론을 취하게 되었던 것이다. 또한 수용과 사회적 구속성의 구별에 관한 Ipsen의 개방적 사고를 엄격히 비판하면서 기본법의 '민법상 소유권 개념으로의 결정'을 주장한 Leisner에 있어서도, 그것은 역사상 특정 시기에 있어서 민법상의 이론 상태로의 복귀를 주장하는 것은 아니었고, 소유권 개념의 전통적 구속성을 강조하는 것으로, 이 '전통'이란 말속에는 다분히 '발전'이라는 계기가 이미 내포되어 있는 것이다.[73] 결국, Leisner의 주장의의는 비약이 없는 일보의 전진을 통한 전통의 계속을 주장한 것이며, 따라서 기본법의 재산권보장 의미는 재산권에 관한 혁명적 실험과 같은 것을 명백히 거부한 것이라는 점을 분명히 한 것에 지나지 아니한 것이다.[74] 그리고 재산권 개념의 '점진적 변천'의 중요성을 지적한 논자로서는 Leisner 이외에도, Kroner,[75] Lerche[76] 등을 들 수 있다.

요컨대 독일에 있어서 각종 입법이나 학설, 판례를 통한 재산권에 대한 제한의 문제는 이미 하나의 불가변적인 현상이 되고 있는 것이며, 비록 Forsthoff적인 결정론의 시각에서 보더라도, 보다 완만한 변화의 추구 내지 변화의 속도 조절에서 재산권보장의 의의를 찾고 있다는 사실을 결코 부인할 수는 없을 것이다.

(3) 검토

재산권의 본질적 내용에 대한 상기 학설 및 판례의 특징을 종합하면, 재산권의 보장은 궁극적으로 재산적 가치의 보장으로서, 재산권에 대한 '본질적 내용의 침해' 금지란 결

---

72) Reinhardt, Wo liegen für den Gesetzgeber die Grenzen, gemäß Art. 14 des Bonner Grundgesetzes über Inhalt und Schranken des Eigentums zu bestimmen? in; Reinhardt Scheuner, Verfassungsschutz des Eigentums, 1954, S. 14.

73) Leisner, aaO., S. 212.

74) Leisner에 의하면, 예컨대 토지에 있어서 건축제한은 '사회적 구속'이지만, 타인에게 건축을 허용하는 'Zwangserbaurecht'는 이미 '사회적 구속'이 아닌 것으로 된다(aaO., S. 213). 그에 의하면, 일반적으로 이러한 민법상의 Tradition에서 오는 '사회적 구속'의 기반에 있는 사고는 '상린관계'라고 한다(aaO, S. 232).

75) Kroner, "Zur Bedeutung der Eigentumsgarantie", Festschrift für Wille Geiger zum 65. Geburtstag, 1974, SS. 150~151.

76) Lerche, Stille Verfassungswandel als aktuelles Politikum, Festgabe für Theodor Maunz, 1971, S. 285.

국, 여하한 경우에도 침해할 수 없도록 미리 결정되어 있는 '특별한 실체'의 존재를 인정하는 것이 아니라, 재산권에 대한 다양한 침해 중에서 그 시대와 사회의 역사적 환경에 비추어 결코 수인할 수 없는 '재산적 가치'의 침해로 나타나고 있다는 것이며, 결과적으로 그것은 사유재산제도의 보장 및 손실보상의 문제와도 결코 무관할 수 없다는 사실이다. 일반적으로 본질적 내용은 기본권의 핵을 의미하며, 재산권의 근본적 실체를 결정짓는 하나의 특성으로 보고 있다. 따라서 그 내용이 무엇으로 구성되어 있는가는 기본권 전체의 체계 내에서 가지는 개별기본권의 특별한 의의에 의해 확정되어야 한다. 결국, 재산권의 본질적 내용은 존재하고 있으며, 그 내용은 입법자의 형성에 의해서도 침해할 수 없으며, 공공복리를 위하여 본질적 내용을 침해하는 경우에는 수용으로 보아 이에 따른 보상이 이루어져야 한다.

2. 재산권의 사회적 구속성과 공용수용

1) 재산권의 사회적 구속성

(1) 사회적 구속성의 의의

재산권의 사회적 구속성 원리는 헌법상 기본원칙의 하나인 사유재산제도의 보장에 기초하여 사유재산제도의 본질적인 내용은 보장하되 다만, 재산권이 갖는 사회적 의미를 통찰하여 일정한 제약과 통제가 가능하다는 의미로 이해할 수 있다. 개인의 재산권보장에 있어서 가장 의미 있는 한계는 재산권의 사회적 구속성이다.[77]

재산권의 사회적 구속성(Sozialbindung des Eigentums)이라 함은 공공복리를 위하여 재산권의 주체가 그 재산에 관하여 무보상으로 일반적인·적절한, 그리고 기대 가능한 갖가지 제한을 받게 되고, 또 받게 될 수 있음을 의미하며, 재산권의 악용이나 남용 등 재산권의 무제약적 행사로 말미암아 초래되는 사회적 폐단을 최소화하고 사유재산제의 기본이념을 수호하려는 것이며, 사유재산제의 유지·존속을 위한 최소한의 자기희생 내지 양보를 의미하는 것이다.[78] 재산권의 사회적 구속성은 독일에서 사용되는 용어로 사회적

---

77) Leisner, Sozialbindung des Eigentum, Berlin, 1972, S. 10.

78) 헌재 1989. 12. 22. 88헌가13 판례집 1권, p.357. 그리고 토지재산권의 사회적 구속성과 관련하여 헌법재판소는 재산권에 대한 제한의 허용 정도는 재산권 객체의 사회적 기능, 즉 재산권의 행사가 기본권의 주체와 사회 전반에 대하여 가지는 의미에 달려 있다고 할 것인데, 재산권의 행사가 사회적 연관성과 사회적 기능을 가지면 가질수록 입법자에 의한 보다 광범위한 제한이 허용된다. 즉 재산권의 이용과 처분

합성(Sozialadäquanz), 사회제한성(Sozialgebundenheit), 사회적 의무성(Sozialpflichtigkeit) 등으로 사용되며, 미국의 경우 이와 동일한 취지의 것이라 볼 수 없으나 공용수용 (taking)과 대비된다는 점에서 재산권의 규제(regulatory)가 대체로 여기에 해당한다고 할 수 있다. 재산권의 사회적 구속성은 그것이 공용수용에 반대 개념이라는 점에서 개념이 규정되어야 할 것으로,[79] 그 개념적 핵심은 공용수용과는 달리 보상의무가 없는 재산권 제한이라는 점에 있다. 즉 재산권의 박탈·양도가 아니라 재산권의 지배범위를 일정한 한계 내에서 일반적으로 구속력 있는 방법으로 제한하고 있다. 따라서 보상의무가 없는 국가의 고권행위에 의한 재산권 제한이라고 정의되거나,[80] 또는 재산권의 공동체 구속성 을 의미하는 것으로 재산권에 대한 통상적이고 적정하며, 기대 가능한 제한으로서 보상 없이 재산권을 제한하는 것을 의미한다고 설명할 수 있다.[81]

현행 헌법상 사유재산권은 재산권 형성적 법률유보에 의해서 그 내용과 한계가 정해지 는데 그것은 재산권의 사회적 구속성을 구체화해서 재산권 행사의 헌법적 한계를 명백히 하기 위한 것이다. 즉 모든 국민이 개인의 소유물을 중심으로 생활의 기본적 수요를 스 스로 충족시켰던 자급자족의 시대와는 달리, 오늘날에는 개인의 소유물이 갖는 생활보장 적 기능이 약화되고, 국민의 생활관계가 역무교환적·상호의존적·국가의존적인 관계로 변질됨에 따라, 재산권의 행사는 부분적으로 타인의 생활에 영향을 미치게 되었다. 따라 서 사유재산권에 관한 19세기적 자유방임주의를 그대로 받아들이는 경우, 여러 가지 사 회적 문제가 따르기 마련이다. 19세기적, 자유주의적 재산권사상의 핵심적인 내용으로 간주되었던 사유재산에 관한 무제한의 자율적 권리와 사유재산을 바탕으로 한 무제한의

이 소유자의 개인적 영역에 머무르지 아니하고 국민 일반의 자유행사에 큰 영향을 미치거나 국민 일반 이 자유를 행사하기 위하여 문제 되는 재산권에 의존하는 경우에는 입법자가 공동체의 이익을 위하여 개인의 재산권을 제한하는 규율권한은 더욱 넓어진다고 하겠다. 그런데 토지는 생산이나 대체가 불가능 하여 공급이 제한되어 있고 한국의 가용토지 면적이 인구에 비하여 절대적으로 부족한 반면에 모든 국 민이 생산 및 생활의 기반으로 토지의 합리적인 이용에 의존하고 있다. 따라서 토지는 국민경제의 관점 에서나 그 사회적 기능에 있어서 다른 재산권과 같게 다루어야 할 성질의 것이 아니므로 다른 재산권에 비하여 보다 강하게 공동체의 이익을 관철할 것이 요구된다. 우리 헌법은 재산권행사의 사회적 의무성을 강조하는 것에 더하여 "국가는 국민 모두의 생산 및 생활의 기반이 되는 국토의 효율적이고 균형 있는 이용·개발과 보전을 위하여 법률이 정하는 바에 의하여 그에 관한 필요한 제한과 의무를 과할 수 있 다"(헌법 제122조)고 함으로써 토지재산권에 대한 한층 더 강한 규제의 필요성과 그에 관한 입법부의 광 범위한 형성권을 표현하고 있다. 헌재 1999. 10. 21. 97헌바26, 판례집 11-2, 383, pp.406~407; 2005. 5. 26. 2004헌가10, 헌재공보 제105호, 2005, p.644.

79) Leisner 교수는 재산권의 사회 구속성은 한편으로는 헌법적 개념으로서 재산권 개념에서, 다른 한편으로 는 공용수용의 반대 개념이라는 점에서 정의되어야 한다고 하는데 재산권 개념의 확대는 사회구속성을 정의하는 데 큰 기능을 하지 않는다.

80) Leisner, aaO., SS. 11~43.

81) 김문현, 「재산권의 사회구속성에 관한 연구」, 서울대학교 대학원 박사학위논문, 1989, p.20.

계약 자유가 제약을 받지 않을 수 없게 된 까닭이다. 결국, 국가는 사유재산에 관한 무제한의 자율적 권리와 계약의 자유를 제한하는 대가로 재산권보장의 범위를 개인의 소유물에 국한시키지 않고, 재산가치 있는 모든 사법상, 또는 공법상의 권리에까지 확대시켜서 모든 국민에게 생존보장의 실효성을 확보해 주기 위해 재산권의 사회적 구속성을 따로 명문화한 것이라고 말할 수 있다.[82]

재산권의 사회적 구속성은 개념의 확장에 따라 모든 재산적 가치 있는 권리를 포함하며, 공공복리를 위해서 제한됨을 의미하고, 재산권의 침해 정도가 공용수용의 정도에 이르러서는 안 되며, 공용수용과는 달리 보상이 인정되지 않는다.

(2) 사회적 구속성과 관련 개념과의 구별 및 관계

가. 내용규정과 한계규정과의 구별

독일 기본법 제14조 제1항에서 재산권의 내용과 한계를 법률로 정하도록 하고 있다. 재산권의 내용과 한계가 법률에 의하여 구체적으로 형성되는 기본권 형성적 법률유보의 형식을 취하고 있다. 그리고 제14조 제1항은 제14조 제2항과 함께 재산권의 사회적 구속성을 형성하는 조문으로 이해되고 있다.[83] 제14조 제1항 제2문에서 문제가 되는 것은 재산권의 내용규정과 사회적 구속성을 규정하는 한계규정은 구별될 수 있는 것인가 하는 것이다. 내용규정과 한계규정과의 구별은 가능하나 재산권 내용의 형성까지 입법권에 부여하고 있는 재산권의 특수성에 비추어 내용규정과 한계규정의 구별은 다른 기본권의 제한에 있어 특유한 문제 상황을 가지는 것이다. 이에 대해 Chlosta에 의하면 법률이 재산권자의 사법적 권리를 공익을 위해 이를 규정하는 경우 재산권 제한이 된다고 하고, 따라서 내용규정과 한계규정과의 구별은 공법적 규정과 사법적 규정 간의 구별과 일치한다고 한다.[84] 그는 또한 내용규정과 한계규정과의 구별을 재산권보장의 권리보장과 제도보장이라는 측면에서 입법자가 재산권의 내용을 형성하는 경우에는 제도보장의 문제이지만 입법자에 의하여 형성된 재산권이 공익을 위하여 제한되는 경우에는 법적 지위 제한이 문제 될 뿐이라고 한다. 그리고 Badura도 제14조 제1항에서 재산권의 내용과 한계를 대립시켜 규정한 것은 재산권은 국가 경제적 질서와 제한 형성권에 어느 정도 앞서 존재하

---

82) 허영, 『한국헌법론』, 박영사, 2006, p.481.

83) Papier, Grundfälle zu Eigentum, Enteignung und enteignungsgleichem Eingriff, JuS 1989. S. 249.

84) Chlosta, Der Wesensgehalt der Eigentumsgewährleistung, Berlin, 1975, S. 32.

는 전 국가적 개념을 규정한 것이라 하였다.85) 이와는 반대로 **Bryde**는 제14조 제1항 제2문은 내용규정과 한계규정과의 구별에 관하여 특별히 규정하고 있지 않기 때문에 문언상의 구별이 법적 구별을 의미한다고 추정하는 것은 기본법의 문언을 확대 평가한 것으로 같은 말의 중복에 지나지 않는다고 한다.86) 또한 그는 내용규정과 한계규정을 공·사법적 측면에서 구별하는 것은 형식적이며, 구별에 실패할 수밖에 없다고 하였다. 기술한 내용규정과 한계규정의 구별에 관하여 학자들의 견해를 정리하여 보면, **Chlosta**의 지적처럼 이를 공·사법의 구별과 재산권보장의 법적 구조와 관련하여 이해하는 것은 일리가 있으나 그렇다고 공법규정은 언제나 제한적 의미를 가지고, 사법규정은 내용 규정적 의미를 가진다는 것은 **Bryde**의 지적처럼 형식논리적일 뿐만 아니라 재산권 개념의 학자에 따라 재산가치 있는 공법적 지위도 재산권 범주에 포함시키는 점에 비추어 타당할 수 없고, 또 제도보장에 관한 법률은 제한규정이라고 하는 것도 재산권에 관한 법률이 어느 한쪽에 대한 것만이 아니기 때문에 타당하지 않다. 결국, 재산권의 내용규정이나 한계규정 모두 공공복리에 의해 방향 지어지는 동일한 실체의 다른 표현에 지니지 않는다고 생각한다.87)

나. 공용수용과 사회적 구속성의 관계

재산권의 사회적 구속성에 대한 근거와 의미는 기술한 바와 같이 기본법 제14조 제2항에서 찾을 수 있으며, 재산권보장의 한계로 해석할 수 있다. 재산권의 사회적 구속성은 일반적으로 아직 보상이 요구되지 않는 재산권의 사회적 제약을 의미하며, 이러한 의미에서 볼 때 사회적 구속성의 한계를 넘어 재산권의 침해를 가져오는 공용수용에 대한 반대 개념이며,88) 재산권의 사회적 구속성의 제한규정은 공용수용에서 발견된다.

종래 독일에서 공용수용의 개념적 발전은 19세기 후반에 이른바 개별행위를 통한 공기업에로의 토지재산권이전으로 이해할 수 있는 1874년 프로이센 헌법89)의 고전적 공용수용 개념에서 1919년 바이마르 시대 이후 광범위하게 확장된 공용수용 개념으로 전환

---

85) Badura, Wirtschaftsverwaltungsrecht, in: Besonderes Verwaltungsrecht, I. Berlin, 1985. S. 280.

86) Bryde, Art. 14. in; v. Münch, GG Kommentar, 1987, S. 647.

87) 김문현, 전게논문, p.24.

88) Leisner, aaO., S. 17.

89) 프로이센헌법은 제1조 "토지재산권은 사전에 완전한 보상을 한 후에 공공의 필요에 한하여 수용법상의 사업을 하는 공기업을 위해서만 박탈되거나 제한할 수 있다", 제2조 "토지재산권의 박탈이나 지속적인 제한은 칙령에 의해서 공기업을 위해서만 가능하며……"라고 규정하고 있다.

되었다. 즉 이전까지는 토지재산권에 한정되었으나 채권이나 모든 재산적 가치가 있는 사권과 권리의 이전만이 아니라 단순한 제한, 특히 이용제한도 수용으로 이해되었다. 그러나 1981년 독일연방대법원의 자갈채취 판결에서 종래의 확장된 공용수용 개념을 축소시키는 듯한 판결을 하였다.[90]

이와 같이 공용수용에 있어서 재산권 범위가 변화를 가져오지만 재산권의 사회적 구속성의 한계에서 공용수용의 법리적 측면을 생각하면 사회적 구속성의 한계를 넘어서면 보상을 하여야 한다는 경계이론의 입장에서 확장된 수용이론으로 전개됨이 타당하다. 따라서 여기에서 공용수용의 개념을 어떻게 정립하여야 하는 데에는 공용사용·제한을 행정상의 좁은 의미의 공용수용 개념이 아니라 손실보상을 요하는 일체의 재산권침해라는 의미로 공용수용을 이해하는 것이 타당할 것이다.[91] 다만 재산권의 사회적 구속성과 공용수용의 관계를 어떻게 구성하느냐는 어려운 문제로 남아 있다. 이는 독일연방대법원의 판례, 즉 경계이론을 중심으로 발전해 온 수용유사침해와 수용적 침해에 대한 보상청구를 인정할 것이냐의 여부에 따라 공용수용의 개념적 범위가 달라지고 재산권의 사회적 구속성과 공용수용을 보상의무 없는 사회적 제약 그리고 보상의무 있는 수용으로 구별할 것이냐의 여부가 달라지는 것이다.

공용수용과 사회적 구속성의 구별은 바이마르 헌법 이전의 고전적 공용수용 개념에서는 비교적 분명한 듯하였으나, 그 이후 확장된 공용수용 개념에서는 매우 애매하여 대상이나 외적 형성, 침해형태, 침해목적 등에서는 그 구별이 인정되지 않게 되었다. 따라서 공용수용과 사회적 구속성의 구별은 손실보상의 여부에 있다. 다시 말하면 재산권의 침해 정도가 수인의 한도를 넘어서 보상을 요하게 되면 수용으로 보게 되고 재산권의 침해 정도가 수인의 한도를 넘지 않아 보상을 요하지 않는 경우에는 사회적 구속성으로 보아야 할 것이다. 이와 관련하여 후술하는 바와 같이 손실보상을 가져오는 재산권침해 정도에 관한 기준은 매우 다양하게 주장되고 있다.

(3) 사회적 구속성의 법적 성격

독일 기본법 제14조 제2항은 "재산권에는 의무가 따른다. 그 행사는 동시에 공공의 복리에 적합하여야 한다"고 규정함으로써 재산권의 행사에 일정한 헌법적 한계를 설정하고

---

90) 독일에 있어 공용수용 개념에 관해서는 Papier, Eigentumsgarantie des Grundgesetzes im Wandel, Heidelberg, 1984, S. 30; Schwabe, Die Enteignung in der neueren Rechtsprechung des Bundesverfassungsgerichts, JZ, 1983, S. 273.

91) 김문현, 전게논문, p.25.

있다. 이는 재산권의 자유주의적인 무제약적 행사로 인한 사회적 폐단을 방지하고 사회정의를 실현하려는 의도에서 규정된 것이다.[92] 재산권의 행사는 이처럼 사회적 의무를 지기 때문에 이를 사회적 구속성이라 한다. 사회국가원리의 구체적 표현인 사회적 구속성은 우선적으로 재산권의 내용과 한계를 규정하고 있는 입법자에게 향하고 있다. 입법자는 재산권을 구체적으로 형성하는 데 있어 재산권의 보호와 사회적 의무를 갖는다. 즉 개인주의적 · 절대적 재산권 개념의 입법화는 이러한 헌법적 명령에 위반되며, 사회구속적 재산권 개념을 헌법의 지시에 맞추어 형성하고, 구체화해야 되는 의무가 입법자에게 주어지는 것을 의미한다. 그리고 다음으로 재산권자가 실현해야 할 의무와 규범적 요소로서 성격을 지니고 있다.[93] 즉 이 규정은 입법자뿐만 아니라 재산권자에 대해서도 직접적으로 법적 의무를 가진다. 이 경우 입법에 의한 내용이 구체화 없이도 규정 자체에서 의무가 나오고 판결이나 행정처분을 통해 구체화될 수 있다고 보는 견해[94]도 있는데 재산권의 사회적 구속성의 내용이 그 시대의 공동체적 관념에 의해 규정되고 자체에서 그 구체적 내용을 추출하는 것은 곤란하며, 법치주의와 관련해서도 문제가 생긴다고 생각한다. 그러나 재산권보장과 사회적 구속성에 관한 헌법적 가치결정을 무시하거나 이를 실현하지 않는 입법은 위헌이다. 따라서 재산권의 사회적 구속성 규정에 기할 재산권자의 의무는 추상적 의무로서 구체적 법률을 통해 구체적 의무가 된다고 할 것이다.[95] 다시 말하면 재산권의 사회적 구속성의 헌법적 규정은 자유주의적 · 개인주의적 재산권 개념으로부터의 전환이며, 사회국가에 있어서 사회구성원의 사회 및 다른 구성원에 대한 의무와 사회의 구성원에 대한 책임의 한 표현으로서 사회국가적 원리의 한 실현형태를 의미한다.

(4) 사회적 구속성의 내용과 범위

가. 사회적 구속성의 내용

재산권의 사회적 구속성은 독일기본법 제14조 제2항에 규정된 바와 같이 "공공복리"

---

92) 계희열, 『헌법학(상)』, 박영사, 2004, p.512.

93) BVerfGE 37, 132, 140. 그러나 v. Mangolt/Klein은 기본법 제14조 제2항은 사회 윤리적 재산권구속에 대한 법적 근거로서 일반적 사회유보하에 재산권의 사회의무성을 규정한 것으로서 재산권자에게 공익을 고려하여 권리를 행사할 것을 명령하고 재산권의 공동체 위반적 사용을 부정하는 것으로 단지 도덕적 의무로 이해되어야 할 것이라 하였다. v. Mangolt/Klein/Starck, Das Bonner Grundgesetz, Kommentar, 3. Aufl., Bd. 1, München. 1985, S. 434.

94) Nüßgens/Boujong, Eigentum, Sozialbindung, Enteignung, 1987, S. 69.

95) 김문현, 전게논문, p.48.

112   손실보상법제의 비교

를 그 목적으로 한다.96) 따라서 사회적 구속의 내용적 범주는 그 목적 개념인 공공복리의 개념에 의하여 결정된다고 할 수 있다.

공공복리 개념은 일반적으로 극히 다의적이어서 많은 논의가 되어 왔고, 역사적으로 많은 변화가 있었기 때문에 간단하게 구체적으로 확정하기는 곤란한 불확정적인 개념이긴 하지만, 재산권의 내용과 한계를 정하는 데 있어서 헌법질서를 운용하는 입법자의 재량의 폭을 가늠하는 척도로 그 기능을 수행하고 있다.

공공복리의 개념을 형식적으로 보면 사회 전체의 공통이익이라고 할 수 있지만, 실질적으로 어떠한 내용의 이익이 사회 전체의 공통이익에 해당하는가에 대해서는 다양한 이념이나 가치판단의 상위에 의하여 견해가 갈라지게 된다.97)

재산권의 사회적 구속성의 목적 개념으로 공공복리의 개념을 이해하기 위해서는 다음의 두 가지 측면으로 접근하여야 할 것이다.

첫째, 근대에서 현대로의 이행에 따른 헌법의 발전과정에 있어서 공공복리가 어떻게 파악되어 왔는가 하는 것과, 공공복리의 이익을 향유해야 할 주체의 문제이고, 둘째는 현대 헌법에 있어서 다른 기본권과 비교하여 재산권에 인정되는 사회적 구속성의 목적 개념으로서 공공복리는 어떠한 의미를 가지느냐 하는 것이다.98)

우선, 첫째의 의미를 파악해 보면, 원래 재산권의 구체적 내용은 국가의 법질서에 의하여 정해지는 것이고, 그 법은 그 당시 사회이념의 공공이익이라는 관점에서 규정되는 것이므로 재산권이 공공복리의 규제를 받는다고 하는 점에서는 근대시민법하의 재산권이나 현대국가의 재산권이나 다름이 없다.99) 그러나 문제는 공공복리라고 하는 개념의 차

---

96) Posner에 의하면 경제규제에 관해서는 두 가지 입장이 있다고 한다. 즉 하나는 전 세대의 경제학자와 현재의 법학자들이 주장하는 것으로 경제규제가 비효율·불공정한 시장현실의 수장을 요하는 공공의 요구에 의한 것이라고 보는 '공익이론(the public interest theory)'과 또 하나는 마르크스주의자, 자유시장경제학자 등이 주장하는 것으로 경제규제는 그 구성원의 이익을 극대화하기 위해 투쟁하는 이익집단들의 요구에 응한 것이라고 보는 '보호이론(the capture interest theory)'으로 나눌 수 있다. 전자는 규범적 입장에서 후자는 사실적 입장에서 경제규제의 문제를 보는 것이다. Posner, Theories of Economic Regulation, Reading in the Economics of law and Regulation, 1984, pp.240~241.

97) 사회구속성의 내용을 체계적으로 이해하기 위하여 학자들의 사회구속성 내용에 대한 분류를 살펴보면 Breyer는 ① 독점권의 통제, ② 부당이득의 통제, ③ 외부효과의 조정, ④ 잘못된 정보의 조정, ⑤ 과당경쟁제한, ⑥ 기타 불공정거래 및 희소상품에 대한 통제를 들고 있고, Nüssgens & Boujong은 ① 토지재산권의 제한, ② 자연, 기념물 보호, ③ 공적 상린법에 의한 통제, ④ 경제 질서적 조치, ⑤ 사인의 청구 및 권리의 제한, ⑥ 공동침해적 재산권 제한을 들고 있다. Brever, "Analyzing Regulatory Failure; Mismatches, less Restrictive Alternatives, and reform", 92, Harvard Law Review 547, 1979, pp.552~560.

98) 김형성, 「재산권」, 『헌법재판연구』, 헌법재판소, 1995, p.433.

99) 渡邊洋三, 『財産權論』, 一粒社, 1985, p.154.

이로 공공복리의 개념은 불변적·고정적 개념이 아니라, 그 당시의 사회적 상황과 가치관념에 따라 변모하는 것이기 때문이다.

절대국가에 있어 재산권에 대한 공공복리가 봉건적 구속과 중상주의적 규제를 의미하는 절대주의적 공공복리를 의미하였다면, 근대 시민국가에 있어서 그것은 봉건적 제한과 구속으로부터의 해방을 위해 자유주의적 재산질서를 유지하고 개인의 재산적 자유를 향유하도록 하기 위한 개인주의적이고 자유주의적인 공공복리 개념을 의미하였다. 그런 의미에서 그것은 재산권의 기본적인 구도 위에서 재산권의 절대성과 자유성에 내재하는 제한을 의미하였으며, 그에 대한 제한은 재산권의 사적 성질과 일체적인 것을 의미하는 것이었다. 따라서 그것은 시민법적 재산권질서의 유지라고 하는 소극적인 목적을 가지는 것에 한정되었고 자유국가에 있어서 소극적 공공복리를 의미하는 것에 불과하였다.

따라서 재산권자의 사적 이익과 개별의 독립된 사회 전체의 이익으로서 공공복리는 관념되지 않았다. 그래서 재산권에 대한 사회적 구속성도 공공의 질서유지에 필요한 것에 국한되었다. 그러나 사회국가에 있어서 공공복리는 이러한 것에 한정되지 않는다. 그것은 전체주의국가나 사회주의국가에서처럼 사회적 또는 전체적 계기가 사적 권리를 압도하는 것도 아니고, 개인주의·자유주의국가에서처럼 개인이 가치의 중심에 있고 재산권의 사적 계기가 그 사회적 계기와 분리되어 있는 것을 의미하지도 않는다. 그것은 재산권의 사회 관련적 의미를 인정하며, 공익과 사익의 조화를 실현하는 것을 의미하는 것으로[100] 각 개인의 재산권을 실질적으로 공평하게 존중하고, 각 개인에게 인간적 생존을 보장하는 사회국가적 공공복리를 의미하는 한편,[101] 사회적 정의를 실현하는 것을 의미한다.

이어서, 둘째의 의미를 파악해 보면 우리나라 헌법의 경우 제37조 제2항에서 일반적 법률유보에 관해 규정하고 있어 독일기본법이나 일본헌법의 해석을 둘러싼 기본권의 내재적 한계의 논의는 별 의미가 없고, 따라서 재산권의 구속성에 있어 공공복리와 기본권의 내재적 한계로 논의되는 일반 공동체 유보, 타인의 권리, 헌법질서, 도덕률 그리고 공공복리와의 관계는 별로 문제가 되지 않는다.

나. 사회적 구속성의 범위

재산권은 사회적 구속성을 갖기 때문에 사유재산에 관한 무제한의 임의적인 사용·수익·처분권이 허용되지 않고, 재산권의 내용과 한계는 입법권자에 의해 법률로 정해진다

---

100) 허영, 전게서, p.307.
101) 김철수, 『헌법학개론』, 박영사, 2006, p.367; 宮澤俊義, 『憲法Ⅱ』, 有斐閣, 1985, p.406.

는 것은 이미 언급한 바 있다. 그렇지만 재산권의 사회적 구속성을 구체화하기 위한 입법권자의 입법형성에도 일정한 한계가 있다고 보아야 한다. 헌법이 정하는 재산권의 형성적 법률유보와 재산권의 사회적 구속성을 지나치게 확대 해석해서 입법권자가 보상이 필요 없는 사회적 구속성의 범위를 너무 넓게 정하는 경우에는 재산권보장의 실효성이 상실되기 때문이다. 우리나라 헌법재판소가 그린벨트제도에 대한 헌법불합치결정에서 "입법자는 재산권의 내용을 구체적으로 형성함에 있어서 헌법상의 재산권보장과 재산권의 제한을 요청하는 공익 등 재산권의 사회적 구속성을 함께 고려하고 조정하여, 양 법익이 조화와 균형을 이루도록 해야 한다"[102]고 강조하는 이유도 그 때문이다. 또한 우리나라 헌법과 거의 비슷하게 규정된 독일 기본법상의 재산권보장에 관한 규정의 해석과 관련해서 독일에서 사회적 구속성의 한계가 강조되고 있는 이유도 그 때문이다. 그러나 구체적으로 보상이 필요 없는 재산권의 사회적 구속성과 반드시 보상을 해 주어야 하는 공용수용의 한계를 명확히 구별하는 것은 매우 어려운 일이 아닐 수 없다. 오늘날에는 재산권에 대한 공용수용이 재산권의 소유자변경의 형태로만 나타나지 않고, 재산권의 공용사용 내지 공용제한으로까지 확대되는 바람에 보상이 필요한 경우와 보상이 없어도 무방한 재산권의 사회적 구속성의 구별이 더욱 어렵게 되었다. 예컨대 문화재적 가치가 있는 주택의 소유주에게 그 주택 구조를 바꾸지 못하도록 제한하는 것,[103] 전세권자를 보호하기 위해서 주택소유자의 계약 자유를 제한하는 것, 도시계획을 이유로 건축을 제한하는 것, 지하철공사를 이유로 사유토지의 지하개발을 금지하거나 영업장소의 통행권을 제한하는 것 등이 어느 범위까지 가능한 것인지, 가능하다면 그것이 재산권의 수용에 해당하는 것인지 아니면 단순한 재산권의 사회적 구속성에 해당하는 것인지를 바르게 판단하는 일이야말로 재산권보장의 실효성을 위해서 매우 중요한 의미를 갖는다. 학설과 판례에서 이러한 문제를 둘러싸고 심한 견해 차이를 보이고 있는 것도 그 때문이다. 세부적인 사항에 관한 다양한 견해 차이를 도외시한다면, 오늘날 대체로 다음과 같은 일반적인 판단기준이 제시되고 있다.[104]

---

102) 헌재 1998. 12. 24. 89헌마214등(병합), 판례집 10-2, p.944.

103) 독일 연방헌법재판소는 문화재로 지정된 건물을 그 소유자가 임의로 개축·철거하지 못하게 하고 있는 라인란트팔츠주 문화재보호법 규정에 대해서 재산권침해를 이유로 위헌결정을 했다. 즉 문화재로 지정된 빌라 소유자가 그 빌라의 유지·보수에 감당하기 어려운 거액을 투자해야 하고, 그 빌라를 달리 합리적이고 경제적으로 활용할 방법이 없는데도 그 빌라를 계속 보존하라고 강요하는 것은 재산권보장과 조화될 수 없기 때문에 국가는 빌라 소유주의 빌라철거를 허가하든지, 아니면 그 빌라를 매입해서 문화재로 직접 관리하든지 선택하는 길밖에 없다고 판시했다. BVerfGE 100, S. 226.

104) 허영, 전게서, p.483.

(5) 사회적 구속성의 한계설정을 위한 이론

가. 이론적 구분의 필요성

재산권의 사회적 구속성은 재산권의 사회적 공동체의 구속을 인정하여 재산질서의 형평에 관한 의무와 권한을 부여하며 다른 한편으로는 재산권자에게 공익을 고려하여 그 권리를 행사할 것을 명하는 것이다. 이는 소극적으로 보상 없는 재산권의 침해를 의미하며, 적극적으로는 타인의 생존적 재산권보장, 국가 전체 부의 효율적인 배분, 격차의 해소 등 사회정의에 따른 재산질서의 형성과 그에 따른 제한을 의미한다. 물론 재산권의 사회적 구속성은 고정불변의 개념이 아니라 시대적·사회적 가치관에 의해 크게 영향을 받는 개념이다. 역사적으로 사회적 법치국가의 원리가 등장한 20세기 이후 토지재산권에 대한 사회적 구속성은 다른 재산권에 비해 더욱 엄격히 요구되었다.

재산권의 사회적 구속성과 수용 간에는 보상 여부를 놓고 논의가 이루어져 왔다. 즉 재산권의 완전박탈인 공용수용과 공용사용인 경우는 그 침해의 정도가 재산권의 사회적 구속성을 넘어서는 공용침해가 확실하므로 이에 대한 보상이 있어야 하는 데에 이론(異論)이 없다. 반면에, 공용제한인 경우 일반적인 사회적 제한인지 아니면 보상을 요하는 제한인지가 불분명한 경우가 많다. 이에 사회적 구속성과 공용수용의 구별기준을 어떻게 설정할 것인가의 문제가 일차적으로 제기된다. 다시 말해 구체적으로 어느 경우에 재산권이 침해가 있다고 보아 보상을 인정할 것이고, 어느 경우에 사회적 구속성으로 보아 보상이 불필요한지의 문제가 제기되는 것이다. 따라서 경계이론에서는 어떠한 경우가 보상의무 없는 사회적 구속성인지, 또한 어떠한 경우가 보상을 요하는 공용수용인지 경계를 확정하는 것이 가장 중요하게 된다. 이에 대한 구분은 후술하는 형식설과 실질설의 두 축을 중심으로 하여 기준이 제시되어 왔다.105)

한편, 앞에서 기술한 바와 같이 사회적 구속성과 공용수용 구별에 관한 이론은 독일의 경계이론106)을 그 출발점으로 한 것이다. 우리나라도 독일의 이론을 수용하여 학문적 기

---

105) 이에 대해서는 Ossenbühl, Staatshaftungsrecht, 1998. S. 169 ff.; BGHZ 6, 270(279f.); 30, 338(341).
106) 경계이론과 분리이론은 재산권의 제한이 보상을 요하는 수용인지 보상을 요하지 않는 사회적 제약인지의 여부와 관련하여 독일에서 성립된 이론이다. 독일 기본법 제14조 제1항은 "소유권과 상속권은 보장된다. 내용과 한계는 법률로 정한다"고 하였고 제2항은 "소유권은 의무를 수반한다. 그 행사는 공공복리에 적합하여야 한다"고 하였고 제3항에서는 "공용수용은 공공복리를 위해서만 할 수 있다. 공용수용은 법률로써 또는 법률에 근거하여서만 행해지며, 법률은 보상의 방법과 정도를 정한다. 보상은 공공의 이익과 관계자의 이익을 공정하게 형량하여 정해져야 한다. 보상 때문에 분쟁이 생길 경우에는 일반법원에 소송을 제기할 길이 열려 있다"고 규정하고 있다. 즉 기본법 제14조 제1항은 재산권보장 규정이며, 제2항은 사회적 의무규정이며, 제3항은 공용수용과 보상의 근거를 정한 것이라 할 수 있다. 특히

초이론으로 형성하고 있다.

나. 구별기준에 관한 논의

재산권의 사회적 구속성과 공용수용의 구분에 관해서는 학설에서 상당한 논란이 있는데 후술하는 바와 같이 형식적 기준설, 실질적 기준설, 절충설로 크게 나누어지며,[107] 이러한 학설은 공용침해에 전반적으로 적용되는 학설이다.

① 형식적 기준설

형식적 기준설은 개별행위설로 명명되기도 하는바 이 이론은 재산권침해의 정도가 아니라 침해의 대상이 되는 사람의 '數'를 기준으로 하여 사회적 구속성과 공용수용을 구별하고자 하는 이론이다. 형식적 기준설은 바이마르 공화국시대의 제국법원의 판례를 통해서 형성된 것으로 연방대법원에 의해 지지·승계되었다.

형식적 기준설은 침해행위가 일반적인 것이냐 개별적인 것이냐라는 형식적 기준에 의해서 특별한 희생과 사회적 구속성을 구별한다.[108] 이는 자유권인 재산권의 문제를 평등권의 문제로 전환시켜, 재산권의 침해가 특정 개인이나 집단에 다른 사람이나 집단과 비교하여 불평등하게 특별한 희생을 강제한다면, 공용침해가 발생한다고 보는 이론이다.[109]

제3항의 규정은 불가분조항이며 따라서 공공의 필요에 의한 사인의 재산권행사를 제약하는 공권력 행사의 허용 여부에 관한 규정과 이에 대한 손실보상의 기준, 방법, 범위에 관한 규정은 모두 하나의 법률로 규정되어야 하며 이때 양 규정은 서로 불가분의 관계를 형성하고 있어야 하는 것이다. 따라서 사회적 제약과 공용수용과의 양자를 해석함에 있어 토지재산권의 사회적 구속성과 수용을 하나의 재산권 제한 형식으로 파악하고 그 제한의 강도에 따라 양자를 구분함으로써 이들의 경계를 확정하는 것이 가장 핵심적인 문제로 귀착되었다. 이러한 의미에서 연방대법원이 취하였던 양자의 구별이론을 경계이론(Schwellentheorie)이라고 한다. 이와 관련하여 독일 연방대법원은 그 경계의 판단기준으로 바이마르 공화국시대 제국법원의 개별행위론에 입각한 특별희생 이론(Sonderopfertheorie)을 전개하였다. 한편 우리나라 헌법 제23조 제1항과 제2항에 의한 재산권의 제한은 사회적 구속성을 구체화한 것으로서 보상이 필요 없으며 사회적 구속성의 한계를 넘는 제한은 제23조의 공용침해로서 보상을 요한다는 것이 이른바 기술한 경계이론이다. 그러나 이 이론은 1981년 독일 연방헌법재판소의 자갈채취 판결 이후 수용 개념의 확대를 가져온 종래의 경계이론을 반박하고 무엇이 내용규정이고 수용규정인가는 행위형식으로 결정되지 침해행위의 효과에 따라 결정되지 않는다는 분리이론을 제시하였다. 학자 중에는 경계이론을 문턱이론으로 분리이론을 단절이론으로 지칭하기도 한다. 이에 대해서는 김문현, 전게논문, p.204; 표명환, 전게논문, p.117.

107) 이에 대한 자세한 논의는 Ossenbühl,. aaO., S. 169.

108) Maurer, Allgemeines Verwaltungsrecht, 12. Aufl., 1999, S. 666; 석종현, 「도시계획결정과 손실보상」, 『공법연구』 제28집 제3호, 한국공법학회, 2000, p.29; 최재건, 「손실보상의 개념과 근거에 관한 소고」, 『현대공법의 제문제』, 한창규 박사 화갑기념논문집, 삼영사, 1993, p.511; 김동희, 『행정상 손실보상의 근거』, 1997, pp.3～6.

109) RGZ, 129, 146(149); 128, 165(171).

연방대법원은 제국법원의 구별기준에 기초하여 사회적 구속성과 공용수용의 구별기준을 공공의 이익을 위한 고권적인 침해 행위가 재산권자 개개인에게 행해지거나, 또는 개개의 그룹에 특히 다른 사람에게 인정되지 않는 희생이 부담되었느냐에 따라 판단하였던 바[110] 이러한 의미에서 이를 특별희생이론(Sonderopfertheorie)이라고도 한다.[111] 특별한 희생이란 공평하게 과하여진 것이 아니라, 다른 자와 구별되어 특정인에게 불공평하게 과하여진 권익의 박탈을 의미한다.[112] 이는 일반적으로 국민일반에게 균등하게 과하여진 부담이 아니라, 특정인, 또는 일정범위의 국민에게만 불균형하게 과하여진 권익의 박탈이어야 하고, 재산권자가 당연히 수인하여야 할 정도의 제한이 아니라, 재산권 자체를 소멸시키거나 그 효용을 방해하는 것을 의미한다.[113] 다시 말해서, 재산권 제한의 효과가 일반적인 성질을 가져서 사회 전체에 미치는 경우에는 재산권의 단순한 사회적 제약에 해당하지만, 재산권 제한의 효과가 개별적인 성질을 가지는 경우에는 특별한 희생에 해당한다고 하겠다.[114]

기술한 실질적 기준설은 내용상 개별행위설과 특별행위설로 구분할 수 있으며, 구체적으로 언급하고자 한다.

가) 개별행위설(Einzelaktstheorie)

바이마르 헌법하에서 판례상 정립된 견해로 공권력 주체가 공익을 위하여 개발행위에 의하여 특정인에게 특별한 손실을 가한 경우는 보상을 요하는 재산권의 제한으로 보는 것이다. 이 견해는 Anschütz[115]에 의해 처음으로 주장되어 그 후 독일 제국법원에 의해 수용되었는데 이 견해는 공용침해가 불특정 다수인, 혹은 국민 전체를 대상으로 하는 일반적 희생과 구별된다는 점에서는 나름대로 타당성을 인정할 수도 있다. 그러나 공용침해행위는 행정처분 등과 같은 개별행위가 특정인을 대상으로 이루어지기도 하지만 법률이나 법규명령 등 일반적·추상적인 법규의 형식을 띠는 경우도 있으므로 설득력이 부족하다.[116] 또한 공익상 특정인의 재산권에 대하여 일시적으로 이루어지는 제한행위는 특

---

110) BGHZ 6, 270(279f); 30, 338(341f); 60, 126(130).

111) Maurer, aaO., S. 673 f.; Thormann, Abstufungen in der Sozialbindung des Eigentums, Stuttgart u.a., 1996, S. 90.

112) 천병태, 「손실보상론」, 『고시연구』, 1998, p.33.

113) 권영성, 『헌법학원론』, 법문사, 2007, p.539.

114) 허영, 『헌법이론과 헌법』, 박영사, 2000, p.606.

115) Anschütz, Die Verfassung des Deutschen Reichs, 1994, S. 172.

116) 행정처분을 통하여 이루어지는 공용침해를 흔히 행정수용(Administrativenteignung)이라고 하며 반면에

별한 희생으로 보는 반면, 광범위한 국민층을 대상으로 하는 공용제한행위 등은 특별한 희생을 야기하는 공용침해행위에서 제외한다는 모순에 빠지게 되는 것이다.117)

나) 특별희생설(Sonderopfertheorie)

특별희생설은 연방대법원이 위의 개별행위설을 계승·발전시켜 정립한 견해이다.118) 이 설은 공익을 위하여 특정인, 또는 특정 다수인에 대하여 다른 자에게는 요구되지 않는 희생을 불평등하게 부과하게 되는 경우, 그러한 재산권의 침해·제한행위를 보상을 요하는 공용수용행위로 본다. 이 설은 법규에 기한 침해행위일지라도 비교적 소수인의 재산권을 침해하는 경우에는 이를 불평등한 침해로 볼 수 있다고 하는 점에서, 위의 개별행위설에 비하여 보상을 요하는 침해행위의 범위를 확대하고 있는 것이다.119) 그러나 이러한 견해도 공용침해의 대상자가 많으면 많을수록 그 기준이 모호해짐을 부인할 수 없다.120) 예를 들어, 우리나라에서 흔히 문제가 되는 도시계획법상의 개발제한구역지정행위와 같은 공용제한행위는 그 대상자가 다수이므로 이것이 도시계획법의 적용을 받는 전 국민을 대상으로 하여 재산권의 내용과 한계를 정하는 일반적 희생인지, 혹은 이 법의 적용을 받지 않는 다른 국민과 비교하여, 특별한 희생을 의미하는 것인지 구별하기 어렵다. 따라서 특별희생설은 재산권에 대한 공용침해의 정도가 재산권 주체에 수인할 수 없는 정도를 넘어서는 경우에도 비교적 다수의 국민을 대상으로 하는 경우에는 이를 재산권의 내용과 한계, 혹은 재산권 주체가 수인해야 하는 단순한 사회적 구속성으로 인정하게 된다. 그러므로 특별희생설이 제시하는 기준은 설득력이 약하다는 비판이 제기되고 있으며, 따라서 공용침해 행위의 강도(Eingriffsschwere)와 심도(Eingriffstiefe)를 바탕으

법률이나 법규명령의 형식으로 이루어 공용침해를 법정수용(Legalenteignung)이라고 한다.

117) 김성수,「행정상 손실보상의 요건으로서의 공공의 필요와 특별희생의 재조명」,『고시계』, 1996, p.130.

118) 특별희생설(Sonderopfertheorie)은 독일의 희생사상(Aufopferungsgadanke)에 유래한다고 한다. 희생사상은 국가공동체 내부에서 부담의 균형화를 위한 사상으로서 공공복리와 개인의 권리 사이의 충돌 해결을 목적으로 프로이센일반란트법에 명문화되었다. 프로이센일반란트법 제74조는 공공복리와 개인의 권리 사이에 충돌이 있는 경우 공공복리가 우선함을, 제75조는 공공복리를 위하여 특별한 희생이 강요된 자에게는 보상이 주어져야 함을 규정하고 있다. 이러한 사상은 관습법상 일반희생원칙(allgemeiner Aufopferungsgrundsatz)으로 받아들여지고, 이후의 바이마르 헌법 제153조 및 독일기본법 제14조에도 계승되고 있다고 한다. 재산권의 내용이나 행사에서 제한이 사회적 구속에 따른 내재적 제약의 한계 내일 때에는 손실보상의 문제가 생기지 않지만, 재산권의 내재적 제약을 넘어 특별한 희생이 되면 손실보상의 문제가 생기게 된다. 우리나라의 공용침해에 있어서 사회구속성과 수용의 기준에 관해 다수설이며, 통설이다.

119) 김동희,『행정법 I』, 박영사, 2004, p.487.

120) 김성수, 상계논문, p.130.

로 하는 보다 실질적인 기준으로 사회적 구속성과 특별한 희생을 구별하려는 시도가 이루어지게 되었다.

② 실질적 기준설

실질적 기준설은 재산권을 침해하는 실질적 내용에 따라 공용제한의 개념을 규정하려고 하는 이론으로서 제한의 구별을 당해 제한의 성질·정도를 기준으로 하여 결정하여야 한다는 입장이다.[121] 이러한 실질적 기준설에 해당하는 학설로서 보호가치성설, 수인기대가능성설, 사적 효용설, 상황구속성설, 사회적 구속성설, 사회적 비용설이 있다.

가) 보호가치성설(Schutzwürdigkeitstheorie)

Walter, Jellinek[122]가 주장한 보호가치성설은 개별행위설에 비하여 재산권의 보호가치라는 실제적 관점을 도입하여 재산적 보호가치가 있는 권리에 대한 공용침해는 특별한 희생의 요건을 충족하는 반면, 보호가치가 인정되지 않는 재산권침해는 단순한 재산권 내용의 한계를 정하는 국가의 행위로 보는 것이다. 즉 재산권에 대하여 역사적·일반적 사상, 용어의 관용, 법률의 취지 등에 비추어 보호할 만한 것과 그렇지 않은 것으로 구분할 수 있음을 전제로 보호할 만한 재산권에 대한 침해만 보상을 요하는 특별한 희생으로 보는 견해이다. 그런데 이 견해에 의하면 무보상으로 행하여지는 재산권의 사회적 구속성과 보상을 요하는 공용침해를 구분함에 있어서, 그 실제적 표준으로 보호가치성이라는 애매한 개념을 사용함으로써 국민 의식상 다양한 가치 개념을 충족시킬 수 있는 가능성을 내포하고 있다. 이에 대하여 옐리네크는 이 이론을 통하여 다양한 기준을 통합하려하였으나 체계적 관련성이나 우선성의 형량 없이 이를 절충하였다. 그리고 이 이론은 개념적 단일성이 결여되어 사실상 사회적 구속성과 공용침해의 구별을 포기한 것이 됨으로써 입법자에게 무제한의 재량권을 주는 결과가 될 수도 있다.

나) 기대가능성설(Zumutbarkeitstheorie: 수인한도설)

Stödter가 주장한 기대가능성이론은 공용침해행위의 심도 및 강도, 본질성 그리고 중요성 등을 바탕으로 그것이 재산권 주체에 기대 가능한 것인지, 혹은 이를 넘어서는 것인지에 따라서 사회적 구속성과 공용수용을 구별하려는 견해이다. 재산권에 대한 침해행위

---

121) 홍정선, 『행정법원론(하)』, 박영사, 2004, p.620; 허영, 전게서, p.606.

122) Jellinek, Verwaltungsrecht, 3. Aufl., 1948, S. 413.

의 본질성과 강도에 비추어 재산권의 본체인 배타적 침해성을 침해하는 행위는 수인의 한도를 넘어서는 것으로 보상을 요한다는 설이다. 이러한 학설의 경향은 연방행정법원과 연방일반법원의 최근 판례에서 발현된다.[123] 그러나 이 견해는 보호가치설과 마찬가지로 그 기준으로 제시한 재산권침해의 강도 내지 중요성에 대한 정확한 기준을 제시하고 있지 못하고, 그 해석에 대한 재량의 범위가 너무 커 법적 안정성을 저해하게 되는 문제가 있다.

다) 사적 효용설(Privatnützigkeitstheorie)

Reinhardt가 주장한[124] 사적 효용설은 재산권이 제한된 상태에서 아직도 사적인 유용성이 유지되고 있으면 재산권의 단순한 사회적인 구속성이고, 그렇지 않고 재산권이 완전히 다른 목적을 위해 제공되고 있다면 보상을 해야 하는 재산권의 제한이라고 한다. 이 학설은 목적위배설과 매우 유사한 것으로 공용침해는 사적 효용의 원리를 본질적으로 방해하는 것과 같은 재산권의 침해인 데 반하여 사회적 구속성은 사적 효용의 원리를 존중하여 재산권의 기능에 적합하게끔 이용을 확보하기 위하여 행하여지는 재산권의 침해라고 한다. 여기서 사적 효용이라 함은 물건의 기능적합적 사용을 의미하며, 사회적 구속성은 이러한 사적 효용을 제한하지 않는 모든 재산권의 침해를 말하고 공용침해적 효과가 있는 침해는 해당 물건의 목적을 사적인 것에서 공적인 것으로 바꿈으로써 사적 효용성을 배제하는 것이라고 한다. 그러나 이 견해는 다음과 같은 점에서 비판을 받고 있다.

첫째, 재산권은 그 본질에 대하여 그 자체로서 파악될 수 있는 목적을 가지지 않는다. 재산권은 그 물건을 이용하고 그 이용에 있어 타인을 배제할 수 있는 가능성이 인정된 것으로 그 목적은 이러한 이용인 것이며, 이 이용에 관한 변경의 모두가 공용침해가 된다고는 할 수 없다.

둘째, 그렇다면 재산권의 목적변경은 이러한 이용이 아니라 다양한 이용방법을 목적으로 해야만 파악될 수 있는데, 이용방법은 재산권의 목적이 아니며 양자를 동일시하는 경우, 국민 경제적 목적 개념에 귀착하게 되고, 재산권자의 목적과는 구별하게 된다. 사회적 구속성과 공용침해의 구별에 있어 문제가 되는 것은 기본권 주체인 재산권자와의 관계이다.

셋째, 이 견해는 사물의 본성이나 내재적 제약에 의하여 사회적 구속성을 규정하는 것과 다름이 없다.

---

123) Ossenbühl, aaO., S. 122.

124) Reinhardt, Zur bundesverfassungsrechtlichen Konzeption der grundgesetzlichen Eigentumsgarantie, DVBl., 1983, S. 39.

라) 목적위배설(Zweckentfremdungstheorie)

Forsthoff,[125] Weber[126] 등에 의해 주장된 목적위배설은 재산권침해가 당해 재산권 본래의 기능, 또는 목적에 위배되는 것인가 아닌가를 기준으로 사회적 구속성과 특별한 희생을 구별하는 입장이다. 따라서 재산권 본래의 기능 또는 목적에 위배되는 공권적 침해를 특별한 희생으로 본다. 즉 이 견해는 공권력에 의한 재산권의 침해·제한이 그 재산권에 인정되고 있었던 것과 동일한 목적을 위한 것으로서 그 재산권 본래의 기능을 발휘시키기 위하여 부과된 것이면 보상을 요하지 아니하나, 당해 재산권 본래의 목적과는 무관하게 그 기능을 침해하는 제한행위는 보상을 요한다고 한다. 이는 보호가치설이나 기대가능설과는 달리 무보상의 사회적 구속성과 공용침해를 구별하는 기준을 보다 명확하고 객관적인 형태로 포착한 것이라고 하는 점에 특색이 있다고 할 것이다.

이 견해에 의하면 법률이 재산권을 그 목적에 따라 파악하고 재산권자에게 그 객체의 기능적합적 사용만을 의무 지우는 경우 재산권의 처분권능은 사회적 구속성 범위 내에서 제한되는 것이나, 반대로 재산권자에게 그 객체의 목적에 위배되는 의무를 부과하는 경우 이는 공용침해가 된다고 한다. 그리고 이 견해는 특히, 토지이용에 관한 입법에 유용하다. 예컨대, 만약 어떤 토지가 건축가능지로 인정받아 온 경우 이에 건축을 하지 않은 때에는 보상 없이 건축 자격을 박탈할 수 없으나, 반대로 그 토지가 건축 금지된 곳인 경우 보상이 필요 없다고 한다. 이 견해에 의하면 어떤 재산권의 객체에 대하여 이제까지의 목적을 박탈하고, 새로운 임무를 준 경우 공용침해가 된다. 이에 대한 비판은 기술한 사적 효용이론과 유사하다.

마) 상황구속성설(Theorie der Situationgebundenheit)

이 설은 동종의 재산권이라 하더라도 그것이 처하여 있는 구체적 위치나, 상황에 따라 그에 대한 사회적 제약에는 차이가 있는 것이므로 보상 여부의 결정에 있어서도 이러한 구체적 상황이 고려되어야 한다고 본다. 즉 당해 재산권이 처한 지정학적 상황을 경제적 관찰방법에 의해 고찰하여 조리상 인정되는 당해 재산권의 효용이 거부되거나 본질적으로 제약당하는 경우에는 공용침해로 인한 특별한 희생이 된다. 반면에 당해 재산권이 처한 특수한 상황에 비추어 재산권 주체가 이미 예상할 수 있는 단순한 행사상의 제한이 가해지는 경우라면 이는 이미 주어진 재산권 주체의 의무로서 사회적 구속성에 불과한

---

125) Forsthoff, Zur Lage des verfassungsrechtlichen Eigentumschutzes, Festgabe für T. Maunz, 1973, S. 344.
126) Weber, Eigentum und Enteignung, in: Die Grundrecht, Bd. Ⅱ, 1998. S. 174.

것이다. 예컨대 지금까지 농경지 내지는 임야로만 이용되던 토지를 그린벨트로 지정함으로써 그 개발을 제한하는 것이 그 대표적인 경우이다.127)

이 이론은 주로 토지의 이용제한과 관련하여 판례이론으로 형성·발전된 것으로서 토지재산권에 대한 공법적 규제가 사회적 구속성에 해당하는가, 공용침해에 해당하는가 하는 문제는 경제적 관점에서 당해 토지의 상황구속성 내지 지역구속성, 예컨대 그 위치적 관계, 지금까지의 경제적 용도, 당해 토지의 역사적 발전 및 그 주변상황 등을 고려해서 판단해야 한다는 것이다. 즉 일정한 토지는 사실상의 위치로 인하여 일정한 이용이 규제를 받게 되는데, 그것은 이와 같은 지리적 위치에서 오는 일정한 토지이용의 부작위 의무를 수반하기 때문에 그 상황에 일치된 토지이용의 금지가 구체적으로 결정되더라도 이는 보상이 되는 공용침해가 아니라 재산권에 내재하는 사회적 구속성이라고 한다. 그러나 이 견해에 의하면 토지의 물리적 위치로 인한 구속은 실정법 규정에 의해서가 아니라 그 성질에 의해 주어진 의무이며, 입법자가 토지재산권에 이미 내재하는 한계를 실현하여 의무를 구체화하더라도 이는 토지재산권의 내용을 규정하는 것이 된다. 따라서 토지의 이용제한은 그 지역적 특성상 당연히 존재하는 제약을 구체화한 것으로 보상을 요하지 않게 된다.

이 견해는 토지재산권에 대해서는 타당한 결론을 도출하는 데 매우 유용하다고 할 수 있겠으나 의무성 평가의 기준이 되는 상황구속성이 무엇인지 불명확하여 결국은, 언제나 공공복리와 사익의 충돌에 대한 가치형량으로 귀착하게 되며, 상황구속성의 가치 규범적 요소가 강조되어 합리적이며, 현명한 토지소유자의 행동은 토지계획이 합리적인 이상 그 것과 일치할 것이 기대되기 때문에 재산권보장이 다분히 입법정책적인 것으로 변질됨에 따라 보상 문제도 입법정책적으로 결정하는 여지를 확대하는 결과가 된다는 것이 문제라고 하겠다.

바) 사회적 구속성설(Sozialbindungstheorie)

이 이론은 최근 독일에서 주장된 견해로서 공용침해의 측면에 초점을 맞추어 구별기준을 찾으려 했던 종래의 접근방식과는 달리 재산권의 사회적 구속성이란 측면으로부터 양자의 구별을 시도하려는 입장이다. 즉 이에 따르면 재산권의 사회적 제약을 넘는 모든 재산권의 침해는 공용침해이다. 따라서 어떤 재산권의 침해가 기본권에 관한 일반이론상 허용되는 재산권에 대한 침해에 해당하는가를 검토해야 하며, 이에 해당하지 않으면 공

---

127) 헌재 1998. 12. 24. 89헌마214 등, 판례집 10 - 2, p.953.

용침해가 성립하게 된다는 것이다.128)

사회적 구속성설은 이러한 기본입장에서 종래의 이론이 사회적 구속성과 공용침해의 구별기준을 재산권에 대한 공용침해의 규정에서 파악하는 데 반하여, 그 기준을 재산권의 사회적 구속성이라는 관점에서 추출하려는 점에 특색이 있다. 즉 사회적 구속성을 넘어선 모든 재산권의 침해는 보상을 요하는 공용침해라고 하나 일반적인 기본권이론에 의하여 허용되는 재산권의 침해인가 여부를 따져 그 정도를 넘어서지 않으면 보상을 요하지 않는 사회적 구속성이라 한다.129) 이 견해는 사회적 구속성과 공용침해의 구별을 기본권이론에 비추어 구성하려고 한 점에서는 그 의의가 있으나, 그 자체만으로 양자의 구별에 실질적인 기여를 하지 못한다는 점이 문제가 된다.

사) 사회적 비용설

공공의 필요에 의한 공용침해는 의도적인 재산권침해로서 원칙적으로 재산권 주체에 특별한 희생을 의미하므로 공용침해가 이루어지는 시점부터 그 강도에 관계없이 특별한 희생이 되어 보상을 하여야 하나, 그 손실보상에는 사회적 비용을 고려하여 보상 여부를 결정하여야 하고, 따라서 손실보상을 실시하기 위한 사회적 비용이 특별한 희생을 초과하는 경우는 보상을 요하지 아니하는 사회적 구속성으로 보며, 초과하지 아니하는 경우는 보상을 요하는 특별한 희생으로 보는 견해이다.

③ 절충설

이 학설은 형식적 기준설, 실질적 기준설을 같이 고려하여 특별한 희생 여부를 판단하여야 한다는 견해로 재산권의 관념이나, 그에 대한 평가는 시대나 사회에 따라 혹은 상황에 따라 변하기 때문에 재산권의 제한과 보상도 일관된 기준의 적용이 불가능하기 때문이라고 한다.130) 이에 따르면, 재산권침해에 대한 손실보상 여부는 형식적 · 실질적 기

---

128) Maurer, aaO., S. 545; Stein Zur Wandlung des Eigntumsbegriffs, in: FS für Gebhard Müller, 1970, S. 166; 홍준형, 「수용유사침해보상의 법리와 그 수용가능성」, 『고시연구』, 1997, p.214.

129) BVerfGE, 20, 351(358ff).

130) 우리나라에서는 절충설이 다수설로 되어 있으나 학자에 따라 약간의 차이가 나타나고 있다. 김도창 박사는 실질적 기준을 주로 하고 형식적 기준을 참작함이 타당하다고 하고 이상규 변호사는 양설이 주장하는 바를 절충하여 얻은 구체적인 해답의 최대공약수를 표준으로 하여 해결할 수밖에 없는 유동적 · 상대적인 것이라 하며, 박윤흔 교수는 형식적 표준과 실질적 표준을 아울러 기준으로 하여야 한다는 견해를 보이고 있다. 그리고 김남진, 석종현 두 교수는 특정인의 부담으로 방치하는 것이 정의 · 공평의 원칙에 반하는 것으로 보면서 독일의 실질설 가운데 목적위배설을 포함하는 것으로 보아야 하며, 때로는 상황구속성설을 보완적으로 고려하여야 한다는 주장을 하고 있다. 유해웅, 「토지이용계획 제한과 손

준을 함께 고려하여 판단하여야 한다. 아울러 재산권 제한의 태양, 정도, 사회적 수용성, 사회적 인수인 한도, 평등원칙, 행정적 비용 등을 종합적으로 고려하여, 구체적·개별적으로 결정하여야 할 것이다.131) 그것은 양자의 개념이 지극히 불확정성, 다의성을 내포함으로써 그 해석에 극단적인 주관성이 개입될 우려가 클 뿐만 아니라 재산권의 관념에 대한 평가가 시대적·사회적 상황에 매우 유동적으로 변환되고 있기 때문에 그 개념의 정의나 그에 따른 보상의 여부를 일관되게 하나의 견해를 기준 삼아 적용한다는 것은 또다른 주관성과 불합리성을 만들어 낼 위험성이 있는 것이다. 이와 같이 특별한 희생, 권익의 사회적 구속성, 내재적 제약이라는 것도 모두 개념상 내용이 명확한 것 같지만 구체적으로는 내용이 빈약할 수밖에 없다. 그 내용은 어디까지나 이용규제의 태양, 원인, 손실의 정도, 사회통념을 종합적으로 고려하여 판단함이 바람직하다.132) 손실보상을 요하는 특별한 희생은 재산권의 침해를 특정인의 부담으로 방치하는 것이 사회정의, 공평의 원칙에 반하는 것으로 보면서, 재산권에 대한 실질적·본질적 제한의 유무는 그 목적, 위배, 기능에 적합한 이용·상황적 구속성 등의 기준을 종합적으로 고려하여 판단하여야 한다는 입장이다.133)

다. 검토

기술한 이론들은 그 나름대로의 문제의식을 갖고 있음에도 불구하고, 공공의 필요에 의하여 특정인의 재산권에 의도적인 공용침해행위를 가하면서도 어느 정도의 침해행위까지는 이를 재산권 주체가 수인하여야 하는 재산권의 내용과 한계, 사회적 구속성의 문제로 보고 있다는 점에 있다.

재산권의 사회적 구속성과 공용수용의 구별에 관한 이론의 입장은 다양하고 대단히 혼란스럽다. 그러나 이로부터 몇 가지 결론을 도출하여 본다면 학설의 입장은 실질적 기준에 의하여 양자를 구별하려는 경향이 있으나 그 실질적 기준 자체도 다양하기 때문에 어느 하나만이 절대적 기준이 될 수 없다. 따라서 구별에 관한 기준은 재산권 제한의 목적, 태양, 원인, 손실의 정도, 사회통념을 종합적으로 고려하여 구체적·개별적으로 판단함이 바람직하다.134)

실보상에 관한 연구」, 건국대학교 대학원 박사학위논문, 1999, p.114.

131) 서원우, 『전환기의 행정법이론』, 박영사, 1997, p.77.

132) 천병태, 전게논문, p.28.

133) 박평준, 「헌법상 토지재산권에 대한 공용침해」, 『헌법학연구』 제3집, 한국헌법학회, 1997, p.409.

134) 서원우, 「토지이용규제와 손실보상」, 『행정상 손실보상의 주요문제』, 1997, p.77.

한편, 최근에 와서 사회적 구속성과 손실보상의 문제와 관련한 학설대립에 대해서 재산권의 가치보장으로서 기능을 수행하는 헌법 제23조 제3항의 규정에 얽매어 재산권의 존속보장이라는 재산권보장의 일차적 기능에 대한 검토가 미흡하였다.[135] 이는 공용수용과 사회적 구속성의 경계이론 영향을 극복하지 못한 데 기인한다는 것이다. 헌법재판소는 독일 기본법 제14조와 우리헌법 제23조의 조문 구성이 유사한 점에 착안하여 재산권에 대한 형성적 법률유보[136]와 제한적 법률유보를 엄격히 구별하고자 하는 독일의 분리이론을 취하는 것은 이해하나,[137] 분리이론은 보상 여부를 입법자의 판단에 일임하는 이론으로 보상을 원하는 당사자에게 구제책이 되지 못하는 단점이 있다. 더구나 공용제한의 경우에는 보상을 요하는 침해를 입법자가 모두 예상하여 규정을 둔다는 것은 현실적으로 불가능하다는 문제점이 또 있는 것이다. 그리고 재산권보장의 목적에 관하여 존속보장을 우선시키는 것은 분리이론을 취하는가, 경계이론을 취하는가의 문제와 논리적으로 필연적인 관계에 있는 것은 아니라는 점이다. 가치보장에 앞서 재산권의 존속보장에 보다 유념하여야 한다는 명제는 재산권보장의 인격권 보호적 측면이나 생활 보상의 이념을 승인함으로써도 긍정될 수 있는 것이다.

(6) 사회적 구속성을 구체화하는 일반적 기준

가. 상황구속성(Situationsgebundenheit)

무엇보다도 토지와 관련된 재산권 제한의 허용범위를 확정하는 데 도움을 주는 기준으로 상황구속성이라는 기준[138]이 개발되었다. 이는 특히 독일 연방법원 및 연방행정법원

---

135) 홍완표, 「토지규제행정법상개발권양도에 관한 법적 연구」, 서울시립대학교 대학원 박사학위논문, 1999, p.70.

136) 우리 헌법재판소는 헌법 제23조 제1항 후문("그 내용과 한계는 법률로 정한다")을 형성적 법률유보 조항으로 해석해 왔다. 헌재 1993. 7. 29. 선고 92헌바20, 민법 제245조 제1항에 관한 위헌소원, 판례집 4: "우리 헌법상의 재산권에 관한 규정은 다른 기본권 규정과는 달리 그 내용과 한계가 법률에 의해 구체적으로 형성되는 기본권 형성적 법률유보의 형태를 띠고 있으므로, 재산권의 구체적 모습은 재산권의 내용과 한계를 정하는 법률에 의하여 형성되고, 그 법률은 재산권을 제한한다는 의미가 아니라 재산권을 형성한다는 의미를 갖는다."

137) 분리이론을 취하는 경우 입법자는 헌법 제23조 제3항 및 제37조 제2항 기본권 제한의 한계이론에 의거한 엄격한 제약을 일단 벗어나 제23조 제1·2항에 따라 재산권의 내용 및 한계에 대하여 비교적 광범한 형성의 자유를 누릴 수 있다는 해석이 가능해진다(물론 비례원칙 등에 의한 제약은 피할 수 없지만). 이에 따라 토지 공개념이나 토지재산권에 대한 사회적 제약의 개방이론 등을 채택하는 데 보다 용이해질 수 있을 것이다.

138) 이에 대하여 상세한 것은 Weyreuther, Die Situationsgebundenheit des Grundeigentums, 1983 참조.

의 판례에서 많이 활용되고 있으며,139) 우리 헌법재판소도 명시적이지는 않지만 사실상 이 기준에 의거하고 있다고 볼 수 있는 판례를 형성하고 있다.140) 그 출발점은 모든 토지재산권은 재산권 제한 시에 고려하여야 하는 일정한 상황에 놓여 있다는 것이다. 그리하여 가령 그러한 토지상에 있는 천연기념물을 보호하기 위하여 관련 재산권에 대하여 가해진 제한은 "순수하게 상황의 규정을 받은 것"이라는 것이다. 이 경우의 제한은 상황에 의하여 원래 존재하던 것이며, 입법자나 행정청은 단지 이를 현실화한 것일 뿐이라고 본다. 재산권의 상황구속성을 구체화하는 재산권에 대한 제한은 창설적인 것이 아니라 이미 존재하는 한계를 선언·확인하는 것일 뿐이라는 것이다.141)

재산권의 객체가 처한 자연적 상황에 주목한다는 점에서 이 공식이 특별한 설득력을 발휘하는 원인이 있다. 그렇지만 어떤 물건의 보호가치는 원래 자연적인 개념이 아닌 법적 개념이며, 따라서 그것은 궁극적으로 국가가 결정한다. 그 전에는 어떤 물건이 천연기념물로서 보호가치를 갖게 될 것인지는 불확실한 것이다.142) 따라서 상황구속성이라는 기준을 남용할 경우 재산권을 가변적인 일반적인 견해 내지 사회의 다수 견해에 좌우되는 권리로 만들어 버릴 우려가 있다. 그러므로 이 기준을 신중하게 사용할 필요가 있다. 다행히도 지금까지 판례는 상황구속성의 논거를 전적으로 토지재산권에 대해서, 그것도 주로 자연보호 내지 경관보호와 관련하여 사용해 왔다.143) 재산권의 사회적 구속성과 보상을 요하는 재산권의 제한에 대한 구분의 문제는 재산권의 상황구속성만을 지적한다고 해서 해결될 수 있는 것은 아니다. 오히려 그 구분을 위해서는 판례와 학설에 의하여 형성된 추가적인 기준들의 도움을 받아야 한다. 즉 재산권 주체가 그 토지가 처한 상황 때문에 다른 상황에 있는 재산권 주체에 비하여 강도 높은 사회적 구속성을 감수하여야 하는지, 특정 이용 가능성의 실현 여부를 추가적인 기준으로 들 수 있다.144) 물론, 재산권의 박탈 여부는 재산권 주체가 특정 이용성을 이미 행사했는지를 기준으로 할 것이 아니라, 물건의 본성상 존재하는 이용 가능성과 경제적 활용 가능성, 즉 토지가 처한 지리적

---

139) BVerwGE 49. S. 365.

140) 헌재 1999. 10. 21. 97헌바26, 판례집 11－2, 383, 요지 2, 3; 2003. 4. 24. 판례집 15－1, 371, 396.

141) Leisner, in: HStR VI,§ 149 Rdnr. 157.

142) 이 기준에 대한 평가는 갈리고 있다. 그 효용성에 대하여 부정적인 Schulte, Zur Dogmatik des Art. 14 GG, Karlsruhe 1979. S. 13; 그 기준이 생산적이라는 견해로는 Weyreuther, aaO., S. 165; 남용의 위험성을 지적하는 Leisner, in: HStR VI § 149 Rdnr. 160.

143) 이 때문에 상황구속성의 문제를 토지재산권의 문제로만 간주하는 경향도 있다. 그러나 이 공식의 확대 적용의 기능성에 대해서는 가령 Leiser, in: HStR VI § 149 Rdnr S. 158 ff.

144) 헌재 2003. 4. 24. 판례집 15－1, 371, 396.

상황과 제반 여건들을 합리적 · 경제적으로 고찰할 때 객관적으로 존재한다고 볼 수 있는 이용 가능성의 금지나 현저한 제한 여부를 기준으로 판단하여야 한다.145)

나. 사회적 관련성

연방헌법재판소에서 사회적 구속성의 일반적 기준으로 자주 쓰고 있는 사회적 관련성 (Sozial Bezüge)이라고 하는 개념이 있다.146) 이 사회적 관련성이라는 말은 대체로 사회적 기능이나 사회적 의미와 같은 뜻으로 쓰이는 말이라고 한다.

사회적이라는 개념은 약자보호, 재분배의 의미뿐만 아니라 존재론적으로는 공동체 관련성을 의미하기도 한다. 재산권 영역에서 사회적 관련성의 핵심적 내용은 제3자가 재산권객체의 이용에 의존하는 상태를 뜻한다.147) 이 개념은 잠재적으로 토지재산권에서 연금청구권에 이르기까지의 모든 종류 재산권에까지 적용될 수 있다. 그렇지만 사회적 관련성이라는 기준이 사회적 구속성과 동의어는 아니다. 그 기준이 재산권해석에서 의미를 갖는 것은 그것이 특히 현저하게 나타나는 경우에 한한다.148)

사회적 관련성이라는 기준에 대해서도 개념의 모호성을 비판하는 소리가 높다. 이 기준을 사회적 관련성이 현저한 경우에 국한시킨다고 하더라도 그 기준은 여전히 재산권해석론을 통해 통제하기 어렵다는 것이다.149) 그리고 사회적 관련성과 관련하여 제3자의 의존상태는 동태적인 개념으로 실제로 확인될 수 있는 개인들의 필요성 크기보다는 관련자들의 주장에 의거하여 정의되는 경우에는 더욱더 동태성을 띤다는 것이다. 이 기준이 구체적인 사건에서 어느 정도 주장할 수 있는 결론을 제시할 수 있는 것이 사실이지만, 기준 자체가 모호하다는 점을 감안하면 이 기준을 사용함에 있어서 각별한 신중함이 요구된다.150)

---

145) 무엇보다도 현재 1998. 12. 24. 89헌마214 등, 판례집 10 - 2, 927 - 928 요지 5 참조; Kimminich in: BK, Art. 14, Rdnr. 171.

146) BVerfGE 42, 263(294); 50, 290(340); 52, 1(32).

147) 독일 연방헌법재판소는 주택임차인의 보호와 관련하여 이 점을 부각시킨 바 있다. BVerfGE 18, 121. 132; 37, 132.

148) Leisner, in: HStR VI § 149 Rdnr. 162.

149) Leisner, in: HStR VI § 149 Rdnr. 163; Hösch. aaO., S. 204.

150) Leisner, in: HStR VI § 149 Rdnr. S. 164f. 참조. 사회적 관련성의 강조는 결국 사회적 구속조항을 타인의 재산권에 의존하는 자들의 청구권 근거로 변질시킬 우려가 있다고 보는 견해가 있다. Hösch, aaO,. S. 189.

(7) 사회적 구속성의 한계

가. 재산권의 전면적인 사회적 구속의 금지

독일 기본법 제14조 제2항은 "재산권은 의무를 수반한다. 그 행사는 동시에 공공복리에 봉사하여야 한다"고 규정하고 있어, 재산권 주체가 전적으로 공공복리를 위해서만 재산권을 행사하여야 하는 것 같은 인상을 준다. 그러한 해석에 의하면, 재산권 주체는 공익을 위하여 재산권을 관리하여야 할 책임을 지는 단순한 수탁자에 불과할 것이다. 이 경우 재산권은 개인의 권리가 아니라 의무로 전락하게 될 것이다. 그러나 기본법 제14조 제1항 제1문에 의한 재산권의 존속보장, 제3항에 의한 재산권의 가치보장, 재산권보장의 목적 등을 고려할 때 그와 같은 해석은 타당성이 없다고 보아야 한다. 즉 기본법 제14조 제2항을 재산권 주체 개인의 이익에 대한 공공복리의 일반적 우위를 인정한 것으로 해석할 수는 없다. 기본법 제14조 제2항이 재산권 주체인 개인의 이익이 공동체의 이익에 무조건적으로 우위를 점하는 재산권 질서의 거부를 분명히 한 것임에는 의문의 여지가 없다. 따라서 재산권의 실질적 가치를 사실상 박탈하고 재산권을 빈껍데기로 만드는 조치는 사회적 구속성의 이름으로 정당화될 수 없다. 이와 관련하여 독일에서는 재산권 가치의 증식분 50% 이상을 국가가 취하는 것은 허용되지 않는다는 판례가 형성되어 있다.[151]

나. 사회적 구속성의 한계 획정 절차로서의 형량의 의미

그렇다면 재산권에 대한 사회적 구속성의 한계를 어떻게 확인할 것인가? 사회적 구속성의 한계를 확정하려는 학설과 판례의 시도들 중 대표적인 것인 형량설이다.[152] 이 형량설은 대부분 비례의 원칙과 결합되어 있다.[153] '형량'이 사회적 구속성의 범위 안에서 행해져야 하는 재산권의 내용확정권에 대하여 실질적인 제한을 가하지는 않는다. 형량이란 사회적 구속성과 사적 유용성을 균형 있게 고려하는 가운데 재산권의 내용을 확정하기 위한 절차, 행정청이나 법원의 입법절차에 사용할 수 있는 절차적 규준을 의미한다. 입법자는 세심한 형량을 거쳐 사리에 맞는 결정[154]을 내려야 하며, 그 결정을 내릴 때 결정의 기초가 되는 입법사실을 충분히 파악하고 있어야 한다.[155] 형량명령은 절차적 원

---

151) 이에 대하여 상세한 것은 김성수, 『고시계』, 48권, 2003, p.15 이하. 「국가과세권과 법치주의원리, 헌법재판소의 결정을 중심으로」, 『헌법의 규범력과 법질서』, 연천 허영 박사 정년기념논문집, 2002. p.839.

152) 이에 대해서 자세한 것은 Leisner, in: HStR VI § 149 Rdnr. 143ff.

153) 현재 1998. 12. 24. 89헌마214 등, 판례집 11-2, 383, 408 등.

154) BVerfGE 36. 47. 58ff.

칙으로서 실질적인 기준을 포함하고 있지 않다. 형량명령은 극히 일반적으로 사익과 공익의 '정의로운 조화'를 꾀할 것을 시사하고 양자 중 어느 하나에 일방적 우위를 부여하거나 무시하지 않도록 경고할 뿐이다. 즉 구체적으로 어떻게 평가를 하여야 하는지에 대해서는 아무런 지침을 제공하지 않는다. 그러므로 형량명령은 실질적 가치 개념이 아닌 형식적인 도구에 불과하다.156) 형량의 이면에는 대개 제한의 한계를 설정하는 본래의 실질적 기준이 있다. 가령 '정의롭게' 또는 '조화와 균형'을 이루도록157) 형량하여야 한다는 것이 바로 그것이다. 그러나 이는 단순한 형량에 불과하다. 구체적인 경우에 과연 무엇이 정의인지, 조화와 균형인지가 불분명하기 때문이다. 실제로는 비례의 원칙이 재산권의 사회적 구속성의 한계를 확정하는 주된 역할을 맡고 있다. 비례의 원칙 하부요건들 중에서 수단의 적합성 요건은 사실상 입법자의 형성 자유를 통제할 수 없기 때문에 실질적으로는 필요성과 협의의 비례성만이 사회적 구속성의 허용범위를 정하는 기준으로 작용한다. 그러나 이 요건들의 충족 여부에 대한 판단도 어려운 경우가 적지 않다.158) 그렇기 때문에 형량과 비례성 심사에 대해서는 사회적 구속성의 범위를 확정하는 데 있어서 형식적인 절차로서, 기껏해야 재산권 주체로부터 지나치게 많이 앗아 가서는 안 된다는 지극히 일반적인 지침만을 줄 수 있을 뿐이라는 비판이 가해지고 있다.159)

2) 공용수용

(1) 수용 개념의 역사적 발전

독일에서는 재산권침해에 대한 수용의 역사적 시발점을 1794년 프로이센 일반국법 서문 제74조와 제75조의 규정에 근거를 두고 있는 희생보상 청구권에서 찾고 있다. 동법 제74조는 "국가구성원의 개별적인 권리와 이익이 공공복리와 현실적으로 모순되는 경우에 공공복리를 우위에 두어야 한다"고 규정하여 사익에 대하여 공익을 우선시하였다. 또

---

155) BVerfGE 39. 210. 225ff.

156) Leisner, in: HStR VI, § 149 Rdnr. 145f.

157) 가령 현재 1998. 12. 24. 89헌마214 등, 판례집 10-2, 927, 944~945. "입법자는 재산권의 내용을 구체적으로 형성함에 있어서 헌법상의 재산권보장(헌법 제23조 제1항 제1문)과 재산권의 제한을 요청하는 공익 등 재산권의 사회적 구속성(헌법 제23조 제2항)을 함께 고려하고 조정하여 양 법익이 조화와 균형을 이루도록 하여야 한다."

158) 정태호, 「헌법재판의 한계에 관한 고찰」, 『공법연구』 제30집 제1호, 2001, p.227; Leisner, in: HStR VI, §149 Rdnr. 147.

159) Leisner, in: HStR VI § 149 Rdnr. 147.

한 동법 제75조에서는 "국가는 공동체의 이익을 위해 그 특별한 권리와 이익의 희생이 요구되는 자에게 보상을 명할 수 있다"라고 하여 공익을 위해 특별한 희생이 발생한 자에게만 보상을 할 수 있다는 것을 명시하고 있다. 독일 경찰국가에서 인정된 이러한 희생의 법제도는 가치보장, 즉 "수인하라, 그러나 청산하라(Dulde, aber liquidere)"라는 법언에 잘 나타나 있다.

그 후 19세기 후반의 전통적 의미의 수용 개념은 희생보상청구권과 공공복리를 위해 보상 없이 수용할 수 있음을 규정하고 있는 주 헌법상의 재산권 규정보다 그 범위가 명확해진 법제도로서 발전하였다. 전통적 의미의 수용 개념은 그 대상이 토지에 제한되어 있었다. 또한 법적 과정에 있어서도 새로운 권리주체에 재산권이 이전되어야 하였고, 그 형식도 행정행위에 의해서 이루어졌다. 그 밖에 수용목적으로서 공익에 기여하는 구체적 사업에 대한 필요를 요구하였다. 이와 같이 전통적 의미의 수용 개념은 매우 좁게 이해하고 있었다.

그러나 20세기에 들어와서는 수용 개념이 점차 확대됨에 따라, 바이마르 헌법 제153조는 종전의 주 헌법과 관련하여 재산권보장을 규정하고 있었다.160) 이것은 공공복리를 위한 수용을 허용하면서도 상당한 보상에 반하여 행할 수 있었다. 비록 바이마르 헌법 제153조는 명백히 전통적인 수용 개념과 관련이 있었지만 제국법원과 통설에 의해 넓게 해석되고 있었다. 당시의 수용과 보상의 요건을 살펴보면, 수용대상은 토지뿐만 아니라 동산, 기타 재산적 가치가 있는 사권까지 포함하였다. 또한 수용의 법형식에 있어서도 법률에 근거한 행정행위뿐만 아니라, 직접 법률을 통해서도 수용이 가능하였다. 수용절차에서도 재산권의 이양뿐만 아니라 재산권 제한을 포함하였으며, 구체적인 사업이라는 목적도 요구하지 않았다.

가. 경계이론에서의 공용수용

20세기에 들어와서 독일 연방대법원은 토지수용에 대한 판결을 통해 토지수용 분야에

160) 바이마르 헌법 제153조는 "재산권은 헌법에 의하여 보장된다. 그 내용과 한계는 법률로 정한다." 동 조 제2항에서는 "공용수용은 공공의 복지를 위하여 법률에 기하여 행해질 수 있다. 공용수용은 별단의 규정이 없는 한 상당한 보상을 지급해야 한다. 상당액에 관하여 분쟁이 있는 경우에는 보통법원에 출소 (出訴)가 인정된다"고 규정하고 있으며, 그리고 동 조 제3항에서는 "재산권에는 의무가 따른다. 재산권의 행사는 동시에 공공의 이익에 적합하여야 한다"고 규정하고 있다(Art. 153. Eigentum wird von der Verfassung gewährleistet. Sein Inhalt und seine Schranken ergeben sich den Gesetzen. Eine Enteingung kann nur Zum Wohle der Allgemeinheit und auf gesetzlicher Grundlage vorgenommen werden. Sie erfolgt gegen angemessene Entschädigung, soweit nicht ein Reichsgesetz etwas anderes bestimmt Wegen der Höhe der Entschädigung ist im Streitfall der Rechtsweg bei den ordentlichen Gerichten offenzuhalten, soweit Reichsgesetze nichts anderes bestimmen. Enteignung durch das Reich gegenüber Ländern, Gemeinden und gemeinnützigen Verbänden kann nur gegen Entschädigung erfolgen).

대한 이론을 사실상 지배하였다. 종래 연방대법원은 보상의무 없는 사회적 구속성과 수용은 재산권 제한의 한 유형이라는 것에서 출발하여 양자를 그 제한의 정도에 따라 구분하였다.[161] 이에 따르면 수용은 사회적 구속성의 범위를 넘는 재산권에 대한 제한으로서이 경우는 보상이 주어지는 제한의 유형이라고 하고 이와 달리 보상의무 없는 사회적 구속성은 재산권자의 수인한도 범위를 넘지 않는 범위 내에서의 재산권 제한 형식이라고하였다.[162] 따라서 연방대법원은 양자를 하나의 재산권 제한 형식으로 파악하고, 그 제한의 정도에 따라 양자를 구분함으로써, 이들의 경계를 확정하는 것이 가장 핵심적인 문제로 귀착되었다. 이와 관련하여 연방대법원은 그 경계의 판단 기준으로 바이마르 공화국시대의 제국법원의 개별행위론에 입각하여 특별희생이론을 전개하였다.[163] 이 판단의 기준에 따르면 보상의무 있는 수용과 보상의무 없는 재산권 제한의 구별은 공공의 이익을위하여 행해지는 경우나, 또는 개개의 그룹에 특히 다른 사람에게 인정되지 않는 희생이부담되었느냐에 따라 판단된다.[164] 이와 같은 판단 기준에 의하여 연방대법원은 재산권의 사회적 구속성을 넘어서 특별한 희생에 해당하는 모든 재산권의 침해를 기본법상의수용이라고 하여, 기본법 제14조 제3항 결부조항의 요구와는 달리 비록 보상규정이 없더라도 그것이 재산권의 사회적 구속성을 넘어 희생을 발생하는 경우에는, 이를 기본법상의 수용범위에 포함하여 그에 근거한 보상을 인정하였다.

나. 분리이론에서의 공용수용

경계이론에 입각한 연방대법원 수용 개념의 정립에 대하여 연방헌법재판소는 자갈채취판결뿐만 아니라, 여러 판결을 통하여 수용 개념을 정립하였다.[165] 이에 따르면 우선 연방헌법재판소는 독일 기본법 제14조 제2항의 사회적 구속성은 재산권 형성과정에서 입법자에 의해 구체화되는 영역이라고 하여, 재산권의 내용과 한계를 정함에 있어 비례형량의 원칙에 의하여 실현된다고 하였다. 이에 따라 기본법 제14조 제1항 제2문의 내용규정은 입법자가 비례형량의 원칙에 의하여 재산권의 사회적 구속성의 범위를 일탈하지 않는 범위에서 형성되는 보상을 요하지 않는 내용규정과 비례형량의 원칙을 벗어난 범위에서 형성되는 보상을 요하는 내용규정 영역의 두 가지 유형의 입법화가 요구될 수 있다.

---

161) BGHZ 6, 270; 30, 338.
162) BGHZ 6, 270(279f); 30, 338(341).
163) Thormann, aaO., S. 90.
164) BGHZ 6, 270(279f); 30, 338(341).
165) BVerfGE, 52, 1(27); 58, 300(330f); 70, 191(1999f); 72, 66(76).

여기서 후자의 경우 일반적으로 인정되는 것이 아니라, 예외적인 경우에 조정보상 규정을 부과함으로써 그 위헌성을 모면하려는 데 그 의의가 있는 것이라고 하였다.[166] 이와 달리 기본법 제14조 제1항 제2문에 의하여 구체화된 개인적인 법적 지위를 전면적으로 부인 또는 부분적으로 박탈하는 것이라고 하였다.[167] 이때의 수용은 직접 법률로써 행해지거나, 또는 법률의 위임에 의해서 행정행위로 할 수 있다고 하였다. 따라서 연방헌법재판소는 연방대법원과 달리 재산권의 사회적 구속성과 수용을 재산권 객체의 한 유형으로 간주하지 않고, 내용규정과 수용은 각각 기본법상 엄격하게 독립된 것이라고 전제하고 있다.[168] 이러한 전제하에서 보상을 요하지 않는 내용규정과 수용기준 구별 역시 연방대법원의 그것과 다를 수밖에 없고, 이에 연방헌법재판소는 양자가 각각 독립된 기본법상의 영역이라는 출발점에서 새로운 분리이론을 양자의 구별기준으로 하였다.[169] 이에 따르면, 입법의 형식과 목적에 따라 행해진다고 한다.[170] 즉 기본법 제14조 제1항 제2문, 제2항에 따른 내용과 한계규정은 일반적이고, 추상적인 형식으로 재산권의 내용, 즉 재산

---

166) BVerfGE, 100. 226(243f).

167) 연방헌법재판소의 수용 개념은 재산권의 박탈과 이를 통하여 야기된 권리와 재산손실을 개념적 징표로 하고 있는 것이며, 재화의 양도, 즉 재화의 조달우선을 의미하는 것은 아니다. 재화의 조달우선은 고전적 의미의 수용에서 나타나는 개념적 징표이다. 고전적 의미의 수용 개념이란 법적으로 허용된 행정작용을 통하여 공공목적에 구체적으로 제공되는 기업들을 위하여 강제적인 방법으로 부동산, 동산 또는 권리를 요구하는 것을 말한다. 즉 고전적 의미의 수용은 공공목적을 위하여 필요한 특정한 재화 또는 권리의 보상을 요건으로 조달하는 것으로 특정된다. 이 고전적 의미의 수용은 19세기에 산업의 발전에 따라 필요한 기반시설을 건설하기 위한 목적으로 국가가 행했던 것을 배경으로 형성되었다. 당시 프로이센 헌법 제9조 제2항의 수용규정은 프로그램규정으로서 법적 구속력을 갖지 않는다는 것이 지배적인 다수 견해였다. 이에 따라 국가는 수용법을 제정하고 이 법률에 의하여 법적 권리가 분명하여졌다. 이 수용법의 기술인 개념은 다음과 같은 점에서 특정된다. 그 목적은 오직 공익을 위한 것, 그 대상은 토지 그리고 물권에 한하고, 실행행태는 수용된 대상을 국가나 공공생활을 위하여 기여되는 국가에 양도하고, 법적 형태는 공식적인 절차와 보상을 규정한 법률에 의한 행정작용을 통한 수용 실행의 그것이다(Ossenbühl, aaO., S. 201). 그러나 바이마르시대의 제국법원은 이와 같은 수용의 개념을 종래의 재산권 권리자로부터 새로운 권리자로 이행하지 않는 경우까지 확장하였다. 즉 재산권의 전부 또는 일부가 공공복리를 근거로 권리자로부터 박탈되는 것뿐만 아니라, 권리자에게 특별한 희생을 의미하게 되는 방법으로 제한되는 것까지 수용의 개념에 포함하였다(Hess, aaO, S. 450; BVerfGE, 83, 201).

168) 연방헌법재판소는 그의 결정에서 재산권에 대한 입법자의 개입 가능성을 세 가지 영역에서 제시하고 있다. 첫째, 기본법 제14조 제1항 제2문의 영역에서 입법자는 일반적이고 추상적인 법률을 통하여 재산권의 내용과 한계를 정하고(내용규정), 둘째, 기본법 제14조 제3항 제2문에 따라 입법자는 동 조 제1항 제2문에 의하여 일반적이고 추상적인 법률을 통하여 정당하게 형성된 구체적인 재산권을 박탈하는 것이 가능하며, 셋째, 입법자는 기본법 제14조 제3항 제3문에 따라 법률을 통하여 수용의 실행을 행정에 위임할 수 있다고 하여 입법자의 재산권 영역에 대한 개입 가능성을 판시하고, 이에 따라 입법자가 재산권에 대하여 작용할 수 있는 위의 세 영역은 기본법상 각각 독립된 제도로서 각각의 영역에서 요구되는 요건도 다르다고 하였다(BVerfGE, 58, 300(331)).

169) BVerfGE, 58, 300.

170) BVerfGE, 58, 300(330).

권자의 새로운 권리와 의무를 정하는 것으로 현재나 장래를 위하여 특정한 사안을 대상으로 하는 것이 아니라, 추상적으로 재산권의 제도를 형성하고, 일반적인 재산권의 범위를 설정하는 것이라고 하고, 이에 대하여 수용은 위의 내용규정에 의하여 형성된 구체적인 개인의 재산권적 법적 지위를 공익목적을 위하여 전면적으로, 또는 부분적으로 박탈하는 것이라고 하였다.171) 따라서 양자의 구별은 법규정이 특정한 공적 과제를 수행하기 위하여 구체적인 재산권의 지위를 박탈하는 것이나 아니면 일반적이고, 추상적인 재산권자의 권리와 의무를 특정하는 것이냐에 따라서 구별되는 것이라고 할 수 있을 것이다.

이러한 구별기준에 의할 경우, 비록 재산권의 내용과 한계를 정하는 법적인 규정이 헌법적인 모든 한계를 유월하여 특별한 희생이 발생하는 경우라도 이는 기본법상 수용의 범위에 포함되는 것이 아니게 된다.172) 왜냐하면 양자는 기본법상에 있어서 각각 독립된 것으로서, 그 허용조건이 다를 뿐만 아니라 그 위헌성의 판단기준도 달리하고 있기 때문이다. 즉 연방헌법재판소는 내용규정의 위헌성 심사기준으로 비례형량의 원칙, 평등권, 신뢰보호의 원칙을 들고 있고173) 수용의 위헌성 심사기준으로 기본법 제14조 제3항이 요구되고 있는 조건을 심사척도로 들고 있기 때문이다.174) 따라서 내용규정 영역에서 위의 심사기준을 벗어나는 입법이 형성되었을 경우, 이는 수인할 수 없는 한계를 벗어난 것으로서 수용의 범위에 포함시키는 것이 아니라, 보상의무 있는 내용규정의 영역이 된다고 하였다.175)

II. 公用收用과 損失補償法制176)

1. 손실보상법제의 유형

독일의 손실보상법제는 개인의 공공복리를 위하여 특별한 권익의 희생이 있을 때 이를

---

171) BVerfGE, 58, 300(331); 72, 66(76).

172) BVerfGE, 58, 300.

173) BVerfGE, 52, 1(29 f); 58, 137(152).

174) BVerfGE, 49, 220(237); 52, 1(27 f).

175) BVerfGE, 52, 1(27f); 58, 300(331).

176) 독일의 손실보상법제의 구성은 1997년 8월 27일 공포된 독일 연방건설법전과 1988년 12월 6일 공포된 가격조사령(BGBl. I S. 2209)을 송동수 교수가 번역하여 「공공용지취득 및 손실보상제도 개선방안 연구」, 「공용수용과 손실보상에 관한 비교법적 연구」 등 논문에 게재된 내용을 재정리하였음.

보상해야 한다는 이른바 희생사상(Aufopferungsgedanke)에 기인한다. 이러한 희생사상이 입법화된 것이 1794년 프로이센 일반국법이다. 그 후 바이마르 헌법 제153조에 계승되었고 독일기본법 제14조가 이를 계승하였다.177)

독일 기본법 제14조 제3항은 공용수용과 그에 수반되는 손실보상에 관하여 "공용수용은 공공복리를 위해서만 허용된다. 공공수용은 보상의 종류와 범위를 정한 법률에 의하여 또는 법률에 근거하에서만 행해진다. 보상은 공공의 이익과 관계자의 이익을 공정하게 형량하여 정해져야 한다. 보상액 때문에 분쟁이 발생하는 경우에는 정식재판에 제소할 길이 열려 있다"라고 규정하고 있다. 이에 근거한 손실보상과 관련하여 일반적인 법률은 제정되어 있지 않고 각 개별법에서 규정하고 있다. 그 개별 법률로서는 「연방건설법전(Baugesetzbuch: BauGB)」, 「토지조달법(Land beschaffungsgesetz: LBS)」, 「연방도로법(Bundesfernstraβegesetz: FStrG)」 등이 있다. 이 중에서 가장 대표적인 것이 연방건설법전으로 도시계획, 토지구획정리, 도시재개발 등을 규정하고 있으며,178) 특히 제5장(제85조~제122조)에서 도시계획과 관련된 공용수용 및 손실보상에 관하여 상세히 규정하고 있다.179) 그리고 토지조달법은 국방·군사에 관련된 공익사업의 시행에 따른 수용과 보상에 대해서 규정하고 있다. 이에 비해 연방도로법은 도로건설 등의 공익사업에 필요한 토지의 수용과 그에 따른 손실보상에 대해 근거 조항만을 두고 각 주의 「공용수용 및 손실보상법」을 준용하도록 하고 있다.180) 이와 같이 각 연방 개별법의 영역에 속하는 공용수용에 대해서는 각 개별 법률이 적용되지만 그 이외의 경우에는 연방대법원에서 위임하고 있는 경우라든지, 기타 일반적인 공익사업 시행의 경우 공용수용과 손실보상의 근거 법률이 되는 것이 「공용수용 및 손실보상법(landesenteignung und Entschädigungsgesetz)」이라는 일반법이 적용된다.181) 이하에서는 수용과 보상에 관하여 독일 손실보상법제의 대표적인 연방건설법전의 규정을 중심으로 구성하였다.

---

177) 박규하, 「재산권보장과 손실보상」, 『외법논집』 제15집, 2003, p.28.

178) 연방건설법 내용에 도시계획, 토지구획정리사업, 도시재개발사업, 공용수용 및 손실 보상 등이 총망라되어 규정되어 있는 점에서 연방건설법전은 토지공법의 기본법으로서 기능을 가지고 있다. 이러한 점에서 이에 대한 규정 등을 각 개별법에서 분리하여 정하고 있는 우리나라와 상이하다.

179) 손실보상의 기준이 되는 토지 등의 거래가격산정을 위해서는 「가격조사령」에 적용범위, 일반적 절차원칙(제1조~제5조), 가격조사절차(제13조~제25조) 등에 규정하고 있다.

180) 연방도로법 제19조.

181) 송동수, 전게논문, p.112.

2. 공용수용의 당사자

1) 수용자

공용수용에 있어서 수용자란 피수용자의 재산권을 수용하여 사업을 시행할 수 있는 권리의 주체로서 국가 또는 지방자치단체, 즉 행정주체가 되는 것이 원칙이지만 사인도 공적 임무를 위하는 경우라면 행정주체로부터 공용수용을 할 수 있는 권한을 부여받을 수 있다. 즉 토지의 수용 또는 사용을 필요로 하는 공익사업을 행하는 자는 국가 또는 지방자치단체뿐만 아니라, 사인도 될 수 있는 것이다. 이와 같이 사인이 국가적 공권에 의해 타인의 재산권을 취득하는 것을 공공적 사용·수용182)이라고 하며, 이는 최근 공공성 개념이 확대됨에 따라 민간투자사업 등에서 민간기업에 의한 공익사업의 시행이 활발하게 이루어지고 있다.

독일에서는 공용수용이 추구하는 목적 여부에 따라 공공복리를 증진시키는 것이라면 수용의 주체가 사인이라도 별다른 문제가 되지 않음에 따라 사인을 위한 수용(Enteignung zugunsten Privater)이 광범위하게 허용되고 있다.183)

2) 피수용자

공용수용에 있어서 수용권의 객체로서 피수용자란 공용수용의 목적물인 재산권의 주체를 말하는 것으로 토지소유자 및 관계인을 의미한다. 독일의 경우 관계인의 범위에 대하여 독일 연방건설법전 제106조 제1항 각 호에 규정하고 있는데 신청인, 소유자 및 등기부상의 권리소지자, 또는 토지에 설정된 물권의 권리소지자, 등기부에 기재되어 있지 않은 토지상의 권리소지자, 대체지가 제공된 경우에 대체지의 소유자, 지방자치단체 등이 포함된다. 신청인 및 등기부에 기재되어 있지 않은 토지상의 권리소유자 경우에는 그 권

---

182) 김남진, 「공공적 사용·수용」, 『고시연구』, 1988. 11. p.12.

183) 이와 관련하여 연방헌법재판소는 전기, 가스, 상하수도, 철도, 도로, 공항 등의 사적 기업자(생존배려형 사기업: Daseinsvorsorgeunternehmen)와 같이 전적으로 공공성을 추구하는 경우는 말할 것도 없고, 일차적으로는 사인의 이익을 추구하지만 부수적으로 공익성을 추구하는 경제적 사기업(private Wirtschaftsunternehmen)의 경우에도 공용수용이 허용된다고 판시하고 있다(BVerfGE 66, 248(257 f)). 그리고 연방헌법재판소는 Benz자동차 회사의 시험구간사건에서 시험구간의 건설은 일차적으로는 사인기업자의 이익을 증진시키지만, 부수적으로 지역경제의 활성화 또는 일자리창출 등의 효과를 발생시켜 간접적인 공공성의 효과를 가지고 있다고 하면서 수용을 원칙적으로 허용하였다(BVerfGE. 74. 264(284ff)).

리를 공용침해행정청에 신고한 시점부터 관계인이 될 수 있다.184) 이때 신고된 권리에 대해 의심이 가는 경우에는 공용침해행정청은 신고인에게 지체 없이 그의 권리의 소명을 위한 기간을 설정해 주어야 하며, 소명기간의 경과 후에는 신고인은 그의 권리를 소명할 때까지 관계인이 될 수 없다.185) 그리고 증서가 교부된 저당권, 토지채무, 정기토지채무의 등기부상 기재된 채권자 및 그의 권리승계인은 공용침해행정청의 요청이 있을 시 타인의 저당권, 토지채무, 정기토지채무 또는 그에 관한 권리를 취득하였는지 여부에 관하여 의사표시를 하여야 한다. 이 경우 그는 취득자의 인적 사항을 표시하여야 한다.186)

3. 공용수용의 목적물

1) 공용수용 목적물의 종류

공용수용의 목적물은 법률의 규정에 의한 공익사업을 위하여 수용할 수 있는 특정한 재산권으로 가장 일반적인 것은 토지재산권이다. 독일에서는 바이마르 공화국시대 이후 재산권 개념이 확대됨에 따라 재산적 가치가 있는 민법상의 저당권 등의 물권 및 채권이 공용수용의 대상이 됨을 명문으로 규정하고 있으며187) 또한 공법상의 연금청구권이나 봉급청구권과 같은 공법상권리(öffentlich－rechtliche Rechtsstellungen) 역시 공용수용의 대상인 재산권에 해당한다고 보고 있다. 이러한 재산권 개념의 확대는 나아가 넓은 의미의 생산수단까지도 그 보호대상이 되었다.188) 물론 단순한 영업상의 기대이익은 이에 포함되지 않는다.189) 공법상 권리로까지의 확대는 사회구조가 국민의 복지 증진을 중심으로 하는 사회적 법치국가로 바뀌면서 공법상 권리에 대한 보호의 필요성이 증대하였던 것이며, 이는 Bonn기본법 시대에 계속되었다.190) 그동안 판례는 공법상 권리에 대해 일관되지 않은 태도를 보였으나,191) 1957년 연방사회법원(BSG)의 판결이 있은 후부터는

---

184) 연방건설법전 제106조 제2항.
185) 연방건설법전 제106조 제3항.
186) 연방건설법전 제106조 제4항.
187) 송동수 전게논문, p.114.
188) Huber, Wirtschaftsverwaltungsrecht, 2. Aufl., Bd. Ⅱ, S. 8 ff.
189) BVerfGE 7, 377.
190) Bonn기본법 시대에 공법상의 권리를 재산권보장의 대상으로 확정하는 데 많은 영향을 끼친 사람은 Dürig 이다. 자세한 것은 Dürig의 Der Staat und die vermögenswerten öffentlichrechtlichen Berechtigungen seiner Bürger, in: FS für Aplet, 1958, 13 ff. 참조.

재산권으로 인정하고 있다.[192]

2) 확장수용

확장수용이란 특정한 공익사업을 위하여 필요한 범위, 또는 정도를 넘어서 수용하는 경우를 말한다. 이는 주로 피수용자의 이익을 도모하기 위한 보상상의 필요에 의한 것이며, 수용자 또는 피수용자의 청구에 의해 행해진다. 확장수용의 내용으로는 완전수용, 이전수용, 잔여지수용 등을 들 수 있다. 독일에서도 이러한 확장수용은 인정되고 있으며, 확장수용을 청구할 수 있는 권리를 확장수용청구권이라 한다.[193]

(1) 잔여지수용

잔여지수용이란 동일한 토지소유자에게 속하는 수용목적물인 일단의 토지 일부가 협의에 의하여 매수되거나 수용됨으로 인하여 잔여지가 발생하고, 그 잔여지를 종래의 목적에 사용하는 것이 현저히 곤란한 경우에 당해 토지소유자는 사업시행자에게 일단의 토지 전부를 매수하여 줄 것을 청구할 수 있다. 이를 잔여지수용 또는 전부수용이라고 한다.[194]

(2) 완전수용

완전수용이란 토지를 사용하는 경우에 있어서 토지의 사용기간이 일정기간을 경과하거나, 토지의 사용에 의하여 토지의 형질을 변경할 때, 사용하고자 하는 토지에 그 토지소유자가 소유하는 건물이 있는 경우에 그 토지소유자의 청구에 의하여 당해 토지를 수용하는 것을 말한다.[195]

---

191) 국가법원은 부정하는 입장이었으며(RGZ 219, 246; 139, 177), 연방보통법원은 긍정하는 입장이었다 (BGHZ 6, 270).

192) BSGE 5, 40 = NJW 1957, 1691. "치과의사면허사건"이라고 부르는 이 사건은 일반의사와 치과의사면허를 동시에 가지고 있던 어떤 의사가 베를린주의 법규명령으로 인해 치과의사면허가 박탈당하자 이에 대해 제기한 사건으로 연방법원은 의사면허와 같은 공법상의 권리 역시 재산권보장의 대상이 된다고 판시하였다.

193) 송동수, 전게논문, p.115.

194) 홍정선, 『행정법원론(하)』, 박영사, 2004, p.525. 토지수용법 제48조.

195) 「토지수용법」 제48조 제2항.

(3) 이전수용

수용할 토지 또는 사업시행자 소유의 토지에 정착한 타인의 입목·건물·공작물·기타 물건은 이전료를 보상하고 이전시키는 것이 원칙이다.[196] 하지만 건축물 등의 이전이 어렵거나 그 이전으로 인하여 종래의 목적대로 사용할 수 없게 된 경우, 건축물 등의 이전비가 그 물건의 가격을 넘는 경우, 사업시행자가 공익사업에 직접 사용할 목적으로 취득하는 경우 등, 물건 등의 이전을 강행하는 것이 소유자나 사업시행자에게 과밀한 손실을 가져올 우려가 있는 경우에는 예외적으로 그 물건을 아울러 수용할 수 있도록 할 필요가 있으며, 이러한 경우의 수용을 이전수용이라 한다.

4. 공용수용절차

공용수용은 헌법상 보장되는 개인의 재산권을 침해하는 침익적 행정행위이기 때문에 재산권자의 권리보호를 위해 중요하게 다루어져야 하며, 적정한 절차가 요구된다. 적정한 절차가 이루어지지 않은 공용수용은 위헌의 소지를 남기며, 일련의 행정절차를 거침으로써 비로소 수용의 효과가 발생한다.

독일에 있어 수용절차는 행정절차법상의 특별행정절차에 해당하는 것으로, 연방건설법전 제87조에서부터 제114조까지 수용절차에 관한 절에서 수용신청, 구두변론, 화해, 수용재결 등에 대해 자세히 규정하고 있으며, 수용신청 전의 협의, 수용신청, 수용절차 중의 협의, 수용재결이라는 단계를 거친다.

1) 수용신청 전의 협의

연방건설법전 제87조 제2항은 "공용수용은 신청자가 상당한 조건을 제시하고 적당한 다른 토지의 제공이라는 제100조 제1항 및 제3항의 요건 아래에서 피수용토지를 임의 취득하려고 진심으로 노력하였으나 불가능했다는 것을 전제조건으로 한다"고 규정하고 있다. 제87조 제2항은 수용신청의 전제조건으로 협의취득을 규정하고 있음을 알 수 있다. 이 규정에 의하면 사업시행자는 수용신청 이전에 토지소유자에게 받아들여질 수 있는 상당한 조건을 제시하고 토지를 협의 취득하도록 진심으로 노력하여야 한다고 한다. 독일

---

196) 「토지수용법」 제49조 제1항.

의 수용절차에 있어 수용신청 전 협의는 토지를 수용함에 사업시행자와 토지소유자 간의 자율적인 의사의 합치에 의해 이루어지는 임의 규정으로 볼 수 있지만 이는 수용신청 전에 반드시 거쳐야 할 절차이기 때문에 실질적으로 강제조항에 해당한다.

그리고 수용신청 전 협의 절차는 행정청의 개입 없이 당사자 간의 자율적 의사에 의해 토지가 취득되고 보상이 이루어지기 때문에 협의가 자칫 피수용자에게 악용될 우려가 있어 연방건설법전은 사업시행자와 토지소유자로 하여금 신청 전 협의에 제한을 두고 있다.[197]

독일의 수용신청 전 협의는 사업시행자가 법률의 규정에 의한 상당한 요건을 갖추어 토지소유자에게 협의할 것을 요구하는 실질적 전치주의에 해당하며, 사업시행자와 토지소유자 간의 협의는 전형적인 사법상의 계약으로 보고 있다. 이에 반하여 우리나라의 경우 「공익사업을 위한 토지 등의 취득 및 보상에 관한 법률」 제26조의 사업인정고시 후의 협의는 독일과 유사하나 보상시기 및 방법 등에 대해 토지소유자에게 일방적으로 통지하는 형식적 전치주의이며, 사업시행자와 토지소유자 간의 협의를 공법상 계약으로 보고 있는 점이 다르다.[198]

2) 수용신청

연방건설법전 제105조는 "공용수용신청은 피수용토지를 관할하는 지방자치단체에 제출하여야 한다. 지방자치단체는 공용수용신청에 의견표시를 첨부하여 1개월 내에 수용청에 제출하여야 한다"고 규정하고 있다.

사업시행자는 상당한 요건을 갖추고 수용신청 전에 토지소유자와 협의가 이루어져야 하나, 협의가 이루어지지 않아 토지를 취득하지 못하였을 경우 수용청에 수용신청을 할 수 있다. 사업시행자는 이 경우 수용신청서에 관련 서류를 첨부하여 피수용토지를 관할하는 지방자치단체에 제출하여야 하며, 지방자치단체는 수용신청에 의견을 첨부하여 수

---

197) 이러한 사업시행자와 토지소유자 간의 연방건설법전상의 협의 제한으로는 첫째, 상당한 조건을 제시하여야 한다(제87조 제2항). 둘째, 토지소유자가 사업시행자의 상당한 조건을 갖춘 청약을 거절할 경우 그 이후의 토지가격의 상승은 보상액에서 고려되지 않는다(제95조 제2항 제3호). 이는 보상기준의 원칙인 수용재결 시점의 예외로서 협의를 거절하고 수용재결 시까지 미루어 그동안의 지가상승으로 인한 보상액을 받으려고 함에 따라 이를 방지하기 위한 것이고 상당한 조건을 갖춘 청약에 응해 토지를 매매한 선의의 소유자보다 시간지연으로 토지가격의 상승을 유발시킨 소유자가 더 많은 보상액을 받는 것은 형평성에 맞지 않다. 이런 이유로 상당한 조건을 갖춘 청약이 있었고, 그에 대해 토지소유자가 특별한 이유 없이 거절하여 수용재결로 갈 경우, 보상액의 가격시점은 더 이상 수용재결 시점이 아니라 그 전의 청약시점이 기준이 된다. 즉 청약시점 이후의 가격상승이 고려되지 않는 것이다.

198) 송동수, 전게논문, p.120.

용청에 제출한다.199)

　독일 연방건설법전 제107조에서는 구두변론의 준비에 관하여 규정하고 있는데 그 내용은 다음과 같다. 수용절차는 원칙적으로 신속하게 진행되어야 한다. 따라서 수용청은 이미 구두변론 전에 가능한 한 수용절차가 변론기일 내에 종결될 수 있도록 필요한 모든 조치를 취해야 한다. 또한 수용절차는 법치국가 원칙의 한 표현이기 때문에 수용청은 소유자, 신청인 및 수용의 업무 영역상 중요한 의미를 갖는 행정청에 의사표명의 기회를 제공하여야 한다. 이와 더불어 소유권이 박탈되거나 지상권이 설정되어야 할 경우에는 수용청은 사안의 조사 시 감정평가위원회의 감정평가를 받아야 한다.200) 그리고 신속한 수용절차의 진행을 위하여 다수의 수용절차는 상호 병합될 수 있으며, 병합된 수용절차는 다시 분리될 수 있다.201)

3) 수용절차 중 협의

　수용절차 중의 협의는 수용신청을 받은 수용청은 수용재결에 앞서 관계인과 협의에 이르도록 노력하여야 한다.202) 관계인과 협의를 한 경우 수용청은 협의에 관한 문서를 작성하여야 하는데 제113조 제2항의 요건을 갖추어야 하며, 관계인은 문서에 서명하여야 한다. 이때 관계인의 대리인 경우 공증된 대리권을 필요로 한다.203) 이 경우 협의는 수용청이 주체가 되어 수용신청 전의 협의와는 달리 수용재결을 갈음하는 공법상 계약으로 문서에 의하여야 한다.204) 공증된 협의는 불가쟁력의 효력을 가진 수용재결과 동일한 효력을 가진다.205) 이러한 수용절차 중의 협의는 우리나라의 수용절차 중 화해와 비슷한 절차로서 필요적 절차가 아닌 임의적 절차이다. 그리고 연방건설법전 제111조는 "관계인 간에 피수용토지의 소유권이전이나 부담설정에 대해서만 협의가 이루어지고, 보상액에 대해서는 협의가 이루어지지 않은 경우에도 협의가 성립한다. 이 경우 협의에 특별한 다른 규정이 없는 한 수용청은 예상되는 보상액을 피수용자에게 선지급할 것을 명하여야

---

199) 연방건설법전 제105조.
200) 연방건설법전 제107조 제1항.
201) 연방건설법전 제107조 제3항.
202) 연방건설법전 제110조 제1항.
203) 연방건설법전 제110조 제2항.
204) 따라서 특별한 규정이 없는 한 연방행정절차법 제54조 이하의 공법상 계약에 관한 규정이 적용된다.
205) 연방건설법전 제110조 제3항

한다"고 하여 일부협의를 규정하고 있다.

4) 수용재결

수용재결은 수용절차 중에 협의가 성립하지 않은 경우 수용청은 수용신청, 기타 신청 및 이의제기에 대해 구두변론에서의 심사를 근거로 하여 재결로써 결정을 내려야 한다.206) 이러한 재결은 행정행위이며, 법원의 심사대상이 된다는 점에서 우리나라와 그 이론적 바탕이 동일하다. 그리고 관계인의 신청이 있는 경우 수용청은 피수용토지의 소유권이전이나 수용에 의해 발생되는 권리변경에 대하여 결정하여야 한다. 이 경우 수용청은 예상되는 보상액을 권리자에게 선지급할 것을 명하여야 한다.207) 또한 수용청이 수용신청을 인용하는 경우에는 소유권 이외의 권리 중 어떤 권리가 수용대상 위에 존속되는지, 수용대상, 대체지 또는 기타 토지에 어떤 권리가 설정되는지, 대체지보상의 경우에는 소유권의 이전에 대하여 동시에 결정하여야 한다.208)

수용청의 수용재결은 관계인에게 송달되어야 하며, 재결을 함에 있어서 법원결정신청의 허용성, 형식 및 기간 등을 고지하여야 한다.209) 수용청이 수용신청을 인용하는 경우에는 수용관계인 및 수용자, 기타 관계인, 수용목적 및 토지를 예정된 목적에 이용해야 할 기간, 수용목적물, 토지에 대한 권리설정의 경우 그 종류, 권리의 순위, 권리자, 수용 전후의 소유권 관계 및 기타 법률관계, 보상의 종류와 금액 등이 표시되어 있어야 한다.210)

5) 사전점유지정

사전점유지정에 관하여 연방건설법전은 제116조 제1항에서부터 제6항까지 자세히 규정하고 있다. 사전점유지정이란 계획하고 있는 사업의 즉시시행이 공공복리의 이유로 긴급히 요구되는 경우 수용청이 신청인의 신청에 의하여 재결로써 수용절차에 관련된 토지의 점유를 지정하는 것이다. 사전점유지정은 그에 관하여 구두변론이 행해진 경우에만 허용되며, 신청인, 소유자 및 직접점유자에게 송달되어야 한다. 사전점유지정의 효력은

---

206) 연방건설법전 제112조 제1항
207) 연방건설법전 제112조 제2항
208) 연방건설법전 제112조 제3항 각 호.
209) 연방건설법전 제113조 제1항.
210) 연방건설법전 제113조 제2항 각 호.

수용청이 표시한 시점부터 발생한다.211) 그리고 사전점유지정은 제116조 제1항의 규정 이외로 수용청은 예상보상액의 담보제공 및 기타 조건의 사전이행 여부에 따라 사전점유 지정을 할 수 있다. 토지의 점유권이나 사용권의 권리자가 신청을 한 경우에는 점유지정 은 권리자에게 지급될 예상보상액의 담보제공 여부에 종속된다.212) 한편, 사전점유지정에 의해 점유자의 점유가 박탈되고 피지정인이 점유자가 된다. 피지정인은 토지에 대해 수 용신청에서 그가 표시한 건축사업계획을 시행할 수 있으며, 그에 필요한 조치를 취할 수 있다.213) 그리고 사전점유지정으로 인해 발생한 재산상의 불이익이 금전보상의 이자로 조정되지 않을 경우 피지정인은 그 재산상 불이익에 대하여 보상을 지급하여야 한다.214)

최종적으로 수용신청이 기각되면 사전점유지정은 취소되고 이전의 직접점유자가 다시 점유를 지정받는다. 피지정인은 사전점유지정으로 인해 발생한 모든 특별 불이익에 대해 보상을 지급하여야 한다.215)

5. 손실보상의 원칙과 내용

1) 손실보상의 원칙

독일의 손실보상원칙에는 사업시행자보상의 원칙, 금전보상의 원칙, 시가보상의 원칙, 사전보상의 원칙, 개별불의 원칙 등이 있다.

(1) 금전보상의 원칙
금전보상은 현금보상216)이라고도 하며 현금은 시장경제체제에서 자유롭고 원활한 유통

---

211) 연방건설법전 제116조 제1항.
212) 연방건설법전 제116조 제2항.
213) 연방건설법전 제116조 제3항.
214) 연방건설법전 제116조 제4항.
215) 연방건설법전 제116조 제6항.
216) 현금보상의 원칙과 관련한 보상의무 이론에서 Maurer는 보상의무가 있는 내용·제한규정은 기본법 제14조 제1항 제2문의 소유권 규정과 관련된다. 법률 또는 법률의 집행과정에서 발생할 수 있는 여러 가지 제한에 대하여 소유자는 원칙적으로 보상 없이 수인하여야 한다. 그러나 보상 없이 수인해야 한다는 것은 타당한 것이라고 생각되지 않는다. 합헌적 방법으로 소유권을 제한할 수 있다는 법률 규정이 있다면, 이는 비례의 원칙을 위반하는 것이므로 금전보상을 지급하는 것만이 비례의 원칙과 소유권보호원칙의 위반을 회피시켜 줄 수 있다고 보고 있다. Maurer, aaO., S. 666. 그리고 Ossenbühl은 보상의무 내용·제한 규정은 소유권의 내용과 한계를 정하고 있는 것이기는 하나 비례원칙을 초과하는 방법으로

이 보장되고, 객관적 가치가 다른 물건과 비교하여 볼 때 변동이 적고, 피수용자들이 손실보상의 완전성을 확보하기 쉬운 보상수단이란 점에서 금전으로 지급함을 원칙으로 한다. 금전보상의 요건으로는 즉 구체적인 사례에서 재산권자에 대한 보상청구가 인정되려면 ① 재산적 가치가 있을 것, ② 재산권의 내용 · 제한규정이 있을 것, ③ 특별한 또는 예측할 수 없는 침해가 있을 것, ④ 침해에 대한 금전보상 규정이 있을 것 등이다.[217] 금전보상의 원칙에 대한 예외로 독일의 경우는 대체지보상을 인정하고 있다.

독일의 경우 연방건설법전 제99조가 현금보상의 원칙에 대해 규정하고 있다. 제99조 제1항에서는 이 법에 특별한 규정이 없는 한 일시불의 금전보상과 소유자의 신청이 있고 기타 관계인에게 적절한 경우 회귀적 급부(wiederkehrende Leistungen)로의 보상을 규정하고 있으며, 동 조 제2항에서는 지상권이 설정된 토지에 대해서는 지료에 의한 보상 등 3가지를 들고 있다. 이러한 현금보상의 원칙에 대해 제100조의 대체지보상은 예외규정이다. 즉 일반적인 경우 수용청은 현금보상을 원칙으로 하지만 소유자가 그의 직업활동 및 영업활동의 보장을 위해, 또는 그에게 본질적으로 부과된 업무의 수행을 위해 대체지가 필요하다고 인정되는 경우 당사자의 신청에 의해 대체지보상을 지급할 수도 있는 것이다.[218]

(2) 대체지보상

대체지보상(Entschädigung in Land)이란 현금보상 대신 토지소유자의 신청에 의하여 필요한 경우 토지로 보상하는 것으로 독일은 연방건설법전 제100조 제1항에서 "소유자가 그의 직업활동 및 영업활동의 보장을 위해, 또는 그에게 본질적으로 부과된 업무의 수행을 위해 대체지가 필요하고 다음의 경우에 해당되면 보상은 소유자의 신청에 의하여 적당한 대체지로 지급한다"고 규정하고 있다. 그러한 다음의 경우에는 수용자가 그에게 업무의 수행을 위해 필요치 않은 적당한 토지를 대체지로 제공한 경우, 수용청이 수용자가 타당한 조건으로 적당한 대체지를 조달할 수 있다고 판단한 경우, 또는 적당한 대체지가 공용수용에 의해 조달될 수 있는 경우 등이 해당된다. 여기에서 보상을 대체지로 지급한 경우에는 대체지의 이용목적 및 기간을 표시하여야 한다.[219] 그리고 대체지보상

제한하고 있기 때문에 이를 조정할 수 없는 법률규정이다. 비례의 원칙을 이유로 하는 법률규정에 대한 조정은 경과규정을 둔다든가, 또는 금전보상을 한다든가의 방법을 제시할 수 있다고 하여 새로운 보상유형을 주장하고 있다. Ossenbühl, Ausgleichspflichtige Inhaltsbestimmumg des Eigentums, in: FS für Karl Heimrich Friauf, 1997, S. 391.

217) 박종국, 「독일법상의 공용침해론」, 『법제』, 법제처, 2008, p.22.

218) Nüßgens/Boujong, aaO., S. 174.

219) 연방건설법전 제100조 제2항.

은 꼭 전체적으로 지급되어야 하는 것은 아니며, 피수용자 혹은 수용자의 신청에 의하여 전부 또는 부분적으로 지급될 수 있다.[220]

대체지의 가격감정에 대해서는 일반 토지의 거래가격에 의해 산정된다. 즉 대체지가 피수용토지보다 낮은 가격인 때에는 그 가격 차이에 상응하는 금전보상이 추가적으로 지급되어야 할 것이고, 대체지가 피수용용토지보다 높은 가격인 경우에는 피수용자는 수용자에게 그 가격 차이에 상응하는 조정금을 지급하여야 한다.[221] 그리고 대체지에 의한 보상인 경우 물적·인적 권리는 그것이 피수용토지에 존속되지 않는 한 권리자의 신청에 의하여 전부 또는 부분적으로 권리자의 동의를 얻어 대체되어야 하며, 이것이 충분치 않은 경우에는 권리자에게 현금으로 보상하여야 한다.[222] 대체지보상에 대한 신청은 일반적으로 구두변론 개시 이전까지 서면으로 수용청에 제출해야 하나 대체지의 권리존속에 관한 보상 문제와 관련해서는, 즉 제100조 제6항의 경우는 구두변론 종결까지 제출하여야 한다.[223]

2) 손실보상의 내용

독일의 경우 손실보상의 내용에 대하여 연방건설법전 제95조의 규정에 의한 권리손실에 대한 보상과 제90조의 규정에 의한 기타 재산상의 불이익에 대한 보상이 있다. 여기서 권리에 대한 손실보상은 재산권의 직접적인 침해에 대한 보상이며, 기타 재산상의 불이익에 대한 보상은 간접적인 침해로 인한 보상을 의미한다고 볼 수 있다. 따라서 독일의 손실보상 내용은 크게 직접적인 손실보상과 간접적인 손실보상으로 양분된다.

(1) 권리손실에 대한 손실보상

연방건설법전 제95조 제1항은 "공용수용으로 인한 재산권의 침해에 대한 손실보상은 침해된 대상물의 거래가격에 의하여 산정된다"고 규정하고 있다. 즉 보상에 있어서 결정적인 것은 침해된 순간의 피해재산권의 실제가치(Substanzwert)로 이는 시장에서의 거래가격(Verkehrswert)에 의해 산정된다. 침해 순간의 실제가치가 손실보상의 기준이 된다

---

220) 연방건설법전 제100조 제4항.
221) 연방건설법전 제100조 제5항.
222) 연방건설법전 제100조 제6항.
223) 연방건설법전 제100조 제7항.

는 점에서 침해 이후의 가상적인 발전예상은 손실보상의 산정에 고려가 되지 않는다.[224]

연방건설법전 제95조 제2항은 손실보상의 산정에 있어 고려되지 않는 가격상승 요소를 명문으로 규정하고 있다. 이에 따르면 ① 토지의 허용된 이용에 대한 변경이 가시적인 시점 내에 기대될 수 없는 가운데 단순히 예상되는 토지의 가격상승, ② 수용에 임박하여 발생한 가격 변경, ③ 사업시행자가 수용을 피하기 위해 수용신청 전에 상당한 조건으로 매매 또는 교환을 청약하였고,[225] 소유자가 이를 승낙할 수 있었던 시점 이후에 발생한 가격 상승, ④ 변경금지기간 동안에 건축허가청의 허가 없이 행해진 가격상승적 변경, ⑤ 수용절차 개시 이후에 수용행정청의 명령이나 동의 없이 행해진 가격상승적 변경, ⑥ 관례적인 협의에 현저히 어긋나고, 또한 그것이 좀 더 많은 보상금을 타기 위해 이루어졌다는 사실이 인정되는 경우의 협의, ⑦ 소유자가 손실보상을 주장했었더라면 고려되지 않았을 지가(주장하지 않음으로 인해 고려되는 지가) 등의 가격상승적 요소는 손실보상의 산정에 있어 고려되지 않는다.

(2) 재산상 불이익에 대한 손실보상

연방건설법전 제96조는 재산상의 불이익에 대한 손실보상에 관하여 "공용수용에 의해 발생한 기타 재산상의 불이익에 대한 보상은 그러한 재산상의 불이익이 권리손실에 대한 보상의 산정 시에 고려되지 않은 경우에만 보장되며, 보상은 공공 및 관계인의 이익에 대한 정당한 형량이 확정되며, 다음 각 호의 사항이 고려되어야 한다"고 규정하고 있다. 여기서 권리보상 산정 시에 고려되지 않을 사항을 결과적 손실이라고 칭한다.[226] 즉 권리보상 산정 시에는 결과적 손실을 포함하지 않는다는 것이다. 이러한 결과적 손실의 예로는 제95조 각 호의 규정에 의하면 지금까지 소유자가 그의 직업활동, 영업활동, 또는 그에게 본질적으로 부과된 업무수행에 있어 입은 일시적, 또는 계속적 손실, 토지일부의 수용에 의하여, 또는 공간적 · 경제적으로 관련이 있는 다른 토지소유의 일부분 수용에 의하여, 혹은 다른 토지의 토지상 권리 수용에 의하여 발생한 가격하락, 수용에 의해 필요하게 된 이전의 필수적 비용 등이 있다.

이러한 결과적 손실에 대한 보상은 공용수용으로 인하여 발생한 직접적인 손실인지 간접적인 손실인지를 구별하기가 어려워 끊임없는 분쟁이 되고 있다.[227] 판례에 의하면 결

---

224) Ossenbühl, aaO., S. 209.

225) 연방건설법전 제87조 제2항, 제88조.

226) 송동수, 전게논문, p.128.

과적 손실로 인정된 경우는 가장 대표적인 것이 영업손실이고, 그 외 고객상실비용 및 필수적인 법률상담비용, 이전비용 등이 인정되고 있다.[228]

6. 손실보상의 기준과 보상액의 산정

공용수용으로 인하여 재산권이 침해된 경우 그에 따른 손실보상이 수반되어야 하는데 손실보상에 있어서 가장 중요한 것은 보상의 기준을 정하는 것과 보상액의 산정방법이라고 할 수 있다.

독일에서 손실보상의 기준은 연방건설법전 제94조 제1항에서 "공용수용으로 인하여 발생된 권리손실에 대한 보상은 피수용토지 또는 공용수용목적물의 거래가격에 의해 산정된다. 거래가격은 수용청이 수용신청에 대해 결정한 시점을 기준으로 한다"고 규정하고 있다. 여기서 말하는 거래가격에 대한 의미는 연방건설법전 제194조에 의하면 "통상적인 매매를 목적으로 하는 가격으로, 법적 사실이나 사실상의 특성 및 그 밖의 토지위치 상태에 따라 결정된다"고 규정하고 있다. 일반적으로 거래가격이 손실보상의 기준으로 되기 위해서는 거래가격이 실질적으로 투명하게 공개되어야 하며, 그 거래가격에 대하여 보상권자가 수용할 수 있는 제도적 장치가 필요하다. 기술한 바와 같이 독일은 실질적인 매매가격에 의해 토지의 기준시가를 정하고 있어 보상액산정에 별다른 문제가 발생하고 있지 않다. 이에 반하여 우리나라는 공시지가를 원칙으로 하고 있어 실질적인 거래가격과 공시지가 사이에 차이가 심하여 정당한 보상을 위한 보상액산정에 문제가 되고 있다. 독일에서 토지 및 토지상의 권리에 대한 가격조사와 공용수용으로 인한 보상액의 평가는 각 지방자치단체별로 구성되어 있는 감정평가위원회에서 한다. 이러한 감정평가위원회의 권한에 대해서는 연방건설법전 제192조 이하에 규정되어 있을 뿐만 아니라 각 주별로 별도의「감정평가위원회령」이라는 법규명령에 자세히 규정되어 있다. 즉 연방건설법전은 감정평가위원회에 대해 연방 전체에 통일적으로 요구되는 최소 기준에 대해서만 제시하고 있고, 자세한 내용은 각 주별로 제정된 감정평가위원회령에 규정되어 있는 것이다. 따라서 어느 정도 규모의 지방자치단체별로 감정평가위원회를 구성할 것인지, 누가 감정평가위원을 선정하고 그 임기는 어느 정도인지, 비밀유지의무 및 제척사유 등 감정평가위원회에 대한 세부적인 내용은 각 주별로 다소 다르다. 한편, 독일에 있어서 거

---

227) 송동수, 전게논문, p.128.
228) BGHZ 61, 240(248); BVerwGE 40, 254(257).

래가격의 조사방법에 대해서는 연방건설법전 제199조 제1항에 근거한 「가격조사령 (Wertermittlungsverordnung: WertV)」에 구체적으로 규정되어 있다. 그 방법에 대해서는 토지조사령 제1절(제13조~제14조)의 비교가치절차, 제2절(제15조~제20조)의 수익가치절차 및 제3절(제21조~제25조)의 현물가치절차 등 3가지 방법이 이용되고 있다.

Ⅲ. 收用類似 및 受容的 侵害와 損失補償

1. 수용유사적 침해

연방헌법재판소의 자갈채취 판결은 연방대법원의 수용유사적 침해 및 수용적 침해의 존립 여부를 두고 격렬한 논란을 불러일으킨 바 있다. 그 결과 재산권보장에서의 존속보장을 강조하는 분리이론의 입장에서는 수용유사적 침해와 수용적 침해론은 더 이상 존재할 수 없다고 보지만[229] 재산권보장의 흠결 없는 법질서를 강조하는 경계이론의 입장에서는 수용유사적 침해와 수용적 침해는 자갈채취판결 이후에도 계속 존재하여야 한다고 주장한다.[230] 또한 수용유사적 침해 및 수용적 침해의 법적 근거를 기본법 제14조 제3항의 유추해석으로부터 독립시켜 희생보상이라는 개별법에서 근거를 찾는다면 수용유사적 침해와 수용적 침해는 수용과는 독립된 보상이론으로 자리 잡는 것으로 이해할 수 있다.[231]

---

[229] 수용유사침해이론의 존속을 부정하는 학자들의 주장을 살펴보면 Scholz는 바이마르 헌법과는 달리 독일 기본법 제14조에서 재산권은 가치보장이 아니라 존속보장을 그 틀로 하고 있으므로 부정하고 있고, Rupp은 특별희생의 성격을 띠는 모든 조치는 그것이 위법한 것이든 적법한 것이든 혹은 위법·유책한 것이든 관계없이 재산권 혹은 비재산적 권리에 대한 수용유사적 혹은 희생유사적 침해로 보고 보상해 주어야 한다는 논리는 더 이상 타당하지 않다는 이유를 들고 있고, Weber는 연방헌법재판소의 자갈채취 판결에서 재산권의 내용규정과 수용 간에는 법적인 차이가 분명해졌기 때문에 수용유사적 침해는 수용 개념으로부터 완전히 배제되었다면서 부정하고 있다. 그리고 Bull은 수용의 목적지향성과 취득성에서 찾고 있으며, 수용 개념은 후에 확정되는 것이 아니라 사전적으로 주어지는 것이라면서 부정하고 있다. Scholz, Identitätsproblem der verfassungsrechtlichen Eigentumsgarantie, NVwZ, 1982, S. 346; Ruppe, Reform der Staatshaftung trotz Teilnichtigkeit des Staatshaftungsgesetzes? NJW, 1982, S. 853; Weber, "Die verfassungsrechtlichen Grenzen sozialstaatlicher Forderungen in: Die staatliche Einwirkung auf die Wirtschaft", 1984, S. 855; Bull, Allgemeines Verwaltungsrecht, 1991, S. 380.

[230] Götz, Allgemeines Verwaltungsrecht, 3, Aufl, 1985, S. 201. 연방대법원은 "경관지구의 지정은 재산권자로서는 타 이익에 봉사하는 것이기 때문에 당해 임시지정을 원고가 보상 없이 수인해야 하는 것은 아니라고 판단한 것은 법해석의 잘못이라고 본다. 재산권의 사회적 구속과 수용 간의 구별에 대해 모든 토지는 그것의 위치와 성상에 따라서 그리고 경관 및 자연에 대한 관계에 따라서, 즉 그것의 상황에 따라서 판단된다는 기준을 제시해 왔기 때문에 각 재산권자는 권한의 행사범위를 이 기준에 따라서 판단하여야 한다고 본다."(BGHZ 90, 17(24); BGHZ 90, 17(24-25))

수용유사적 침해(enteignungsgleicher Eingriff)는 독일 기본법 제14조에 의하여 보호되고 있는 재산권에 대한 위법한 고권적 침해를 구제하기 위하여 연방대법원의 판례에 의하여 형성·발전된 국가책임제도이다. 이 제도는 독일의 국가책임제도가 기본법 제14조 제3항에 기한 적법한 수용과 위법하고 책임 있는 공무원의 침해에 대한 기본법 제34조의 공무원 직무책임이라고 하는 구조로 이루어져 있기 때문에 위법하지만 책임 없는 침해에 대한 국가책임의 인정이 흠결되었고, 이러한 국가책임법상의 흠결을 보전하기 위한 제도로서 등장한 이론이다. 나아가 연방대법원은 위법·무책한 경우에 한하여 인정하였던 수용유사침해이론을 다시 위법·유책한 국가의 작용으로 인한 재산권의 침해로까지 확장하였다. 즉 연방대법원은 "만일 그러한 침해로 인하여 책임 없는 피해를 당한 경우에 수용원칙에 의한 보상이 인정된다면 이는 마찬가지로 당해 침해가 단지 위법할 뿐만 아니라 유책한 경우에도 해당할 것이라고" 판시하였던 것[232]에서 볼 수 있다.

수용유사적 침해는 타인의 재산권에 대한 위법한 수용유사침해의 경우를 말한다.[233] 이는 공용침해의 모든 허용조건을 갖추고 있으면서도 보상에 관한 요건을 결하고 있는 침해의 경우이다. 다시 말하면, 공용침해를 허용하는 법률은 그로 인해 발생하는 특별 희생에 대하여 보상규정을 두어야 함에도 불구하고 보상규정을 두지 않음으로써 개인의 재산권에 침해적 결과를 가져오는 경우를 말한다.[234]

이와 같은 재산권침해에 대하여 '수용유사'의 법리를 적용하는 경우 헌법상 재산권보장규정과 평등원칙을 근거로 하는 동시에 보상규정 및 기타 관련 법규상의 보상규정을 유추 적용하여 위법·무책 또는 위법·유책의 공용침해에 대하여 손실보상을 인정할 수 있는 이점이 있다.

수용유사적 침해의 법리는 적어도 국가배상법상 위험책임이나 무과실책임이 도입되어 보상규정 없는 법률에 의한 재산권의 박탈에 대한 불법행위책임이 인정되기까지는 긍정적으로 평가하고 인정해야 할 필요가 있는 것이다.[235] 우리나라 판례의 입장을 보면, 수

---

231) 수용유사적 침해와 수용적 침해를 인정하는 독일의 대표적인 학자로는 Maurer, Hendler 등이 있다. Papier, Grundfälle zu Eigentum, Enteignung und enteignungsgleichem Eingriff, JuS, 1989, S. 635; Maurer, aaO., S. 624; Hendler, zur bundesverfassungsgrrichtichen Konzeption der grundgesetzlichen Eigentumsgarantie, DVBI, 1983, S. 881.

232) BGHZ 7, 296(298); 13, 88(92).

233) 정하중, 「수용유사적 그리고 수용적 침해제도」, 『고시연구』, 1994. 3. p.88; 윤양수, 『행정법개론』, 제주대학교출판부, 2007, p.449.

234) Ipsen, aaO., S. 1034.

235) 홍준형, 「수용유사침해보상의 법리와 그 수용가능성」, 『고시연구』, 1997. 1. p.140.

용유사적 침해 이론은 국가, 기타 공권력의 주체가 공권력을 행사하여 국민의 재산권을 침해하였고, 그 효과가 실체에 있어 수용과 다름없을 때에는 적법한 수용이 있는 것과 마찬가지로 국민이 그로 인한 손실의 보상을 청구할 수 있다는 것인데, 1980. 6. 말경의 비상계엄 당시 국군보안사령부 정보처장이 언론통폐합조치의 일환으로 사인소유의 방송사 주식을 강압적으로 국가에 증여하게 한 것은 위 수용유사행위에 해당하지 않는 것으로 보아 수용유사적 침해 보상의 법리를 최초로 수용한 고등법원의 판결236)을 백지화하였다. 그러나 위 판례는 수용법적 침해이론에 대해서는 법적 판단을 하지 아니하고 원심판결을 파기했지만, 우리나라에서도 법적 현안의 해결을 위한 하나의 대안으로 수용유사침해법리를 고려하였다는 사실만으로도 그 의의를 인정할 수 있다.

수용유사적 침해 법리의 적용조건으로는 재산권침해, 공용침해, 침해의 위법성, 특별한 희생을 들 수 있다. 이러한 적용요건을 설명하면 다음과 같다.

첫째, 재산권침해에 대한 재산권 개념은 모든 재산적 가치 있는 사권과 공권을 포함하여 민법상의 소유권 개념보다도 넓게 파악되고 있다. 다만, 재산권의 범위는 재산적 가치 있는 권리의 보호영역이 어디까지 미치며, 또한 그 보호영역이 침해되었는지의 여부를 심사하여 구체적으로 결정하게 된다.

둘째, 공용침해는 공공필요에 의한 재산권의 수용, 사용, 제한을 의미한다. 종래에는 침해가 반드시 의욕적이고 목적적일 것을 요건으로 하였으나, 현재에는 그 침해가 공권력의 행사로 인해 직접적으로 야기된 것이면 족하다는 것이 일반적인 견해이다.237)

셋째, 침해의 위법성에 있어서의 위법은 개인에게 고의·과실로 손해를 가하는 경우에 있어서의 위법, 또는 불법과는 다른 의미이다. 즉 여기서의 위법은 공용침해의 근거법규가 보상규정을 두어야 함에도 불구하고 그에 관한 규정을 두지 않음으로써 동 법률에 근거한 공용침해가 결과적으로 위헌이 된다는 의미의 위법인 것이다. 바로 이 점이 위법한 공용침해에 대한 보상으로서의 손실보상과 다른 점이다.238)

---

236) 서울고법, 1992. 12. 24. 92나20073. 이 결정은 "강요에 의한 주식의 증여에 관하여 그 주식수용은 개인의 명백히 자유로운 동의가 없이 이루어진 것이고, 나아가 법률의 근거 없이 이루어진 것으로서 개인의 재산권에 대한 위법한 침해이고, 이는 결국 법률의 근거 없이 개인의 재산을 수용함으로써 발생한 이른바 수용유사적 침해이므로, 이로 인한 판결, 즉 손실을 당한 원고는 자연법의 원리나 구 헌법 제22조 제3항의 효력으로서 국가에 그 손실의 보상을 청구할 권리가 있다"고 판시하여 수용유사적 침해법리를 인정하였다.

237) 침해의 직접성을 요건으로 하는 경우에 단순한 부작위에 대한 보상을 해 줄 수 없는 문제가 생기며, 이 점에서 수용유해사적·수용적 침해논리는 중요한 요점을 지니게 된다는 것이다. 정하중, 전게논문, p.103.

238) 석종현, 전게서, p.675.

마지막으로 「국토계획법」 제38조 및 「개발제한구역의 지정 및 관리에 관한 특별조치법」 제3조의 규정에 의한 개발제한구역이나 국토계획법 제39조의 규정에 의한 시가화조정구역의 지정은 특별한 희생이 없는 사회적 제약에 해당하는 것으로 보아 보상규정을 두고 있지 아니하다.

그러나 특별한 희생을 가려내기 위한 여러 학설 중 어느 학설에 의하든 이와 같은 개발제한구역 및 시가화조정구역의 지정에 의한 제한은 보상을 필요로 하는 특별한 희생을 가한 것이라고 판단되며, 수용유사침해에 대한 보상도 특별한 희생에 대해서 주어진다고 할 수 있다. 그 특별한 희생의 존재 여부는 위에서 예시한 손실보상의 기준에 관한 학설을 통해 개별적으로 검토해야 할 것이다. 다만, 헌법재판소의 그린벨트결정 이후에 제정된 「개발제한구역의 지정 및 관리에 관한 특별조치법」 제16조는 개발제한구역의 지정으로 인하여 개발제한구역 안의 토지를 종래의 용도로 사용할 수 없어 그 효용이 현저히 감소된 토지, 또는 당해 토지의 사용 및 수익이 사실상 불가능한 토지소유자에게는 당해 토지의 매수청구권을 인정하고 있다.

보상규정 없는 법률에 의한 재산권침해 중 '특별한 희생'에 해당하는 경우로 「국토의 계획 및 이용에 관한 법률」상 보존지역이나 미관지역의 결정, 자연공원법상 자연공원 지정, 도시계획의 장기간 미집행 등이 있다.[239]

한편, 독일의 경우 독일 연방헌법재판소는 1981년 7월 15일 이른바 자갈채취사건판결에서 "보상규정이 없는 법률에 근거한 행정처분에 의한 보상수용적 조치는 위헌법률에 의한 것이기 때문에 위법하다. 그러나 상대방은 손실보상규정이 없기 때문에 손실보상의 청구를 할 수 없다. 그러므로 상대방은 위법한 공용수용적 처분을 취소하는 행정소송을 제기할 수 있을 뿐이다. 상대방은 취소소송과 손실보상청구 소송 중에서 택일할 수 있는 선택적 청구권도 인정되지 않는다. 그리고 최고법원은 보상소송과 관련하여 법률이 규정한 손실보상이 행하여진 것이냐의 여부에 대하여 판단할 수 있을 뿐이며, 보상규정이 없는 경우에 공용침해보상을 긍정하는 판결을 할 권한이 없다"라고 판시하였다.

위 판례가 공용수용의 침해법리를 전면적으로 부인한 것으로 보는 견해도 있으나, 학설은 다음과 같은 점에서 동 법리를 긍정적으로 평가하고 있다.[240]

첫째, 연방헌법재판소와 연방최고법원의 공용수용 개념에 대한 견해가 서로 다르기 때

---

239) 석종현, 상게서, p.675.

240) Maurer, aaO., S. 714ff.; 수용유사침해법리의 결정을 긍정적으로 논설하는 국내학자로는 홍준형, 전게 논문, p.124.

문이다. 즉 연방헌법재판소는 행정행위, 법률, 또는 법적 행위에 의한 의도적 재산권침해 만을 공용수용으로 보고 있다. 따라서 법적 행위에 의한 재산권침해의 경우에도 의도적 인 것이 아니거나 법적 근거 없는 재산권침해는 공용수용 개념에 포함되지 않는다. 그러 므로 비의도적 재산권침해나 법적 근거 없는 재산권침해와 관련하여 성립된 수용유사침 해는 연방헌법재판소의 견해에 의하여 공용수용이 아니며, 그 결과 동 판결은 공용유사 침해법리에 관하여 판단한 것이 아니라고 할 수 있다.

둘째, 공용유사침해에서 문제 되는 재산권침해는 공용침해의 개념에 포함되지 않는 것 이기 때문에 "공용수용으로 인한 보상에 관하여 판단한 위의 연방헌법재판소 판결을 적 용할 여지가 없으며"라는 내용, 바로 이 점에서 수용유사의 침해나 수용적 침해법리는 여전히 긍정적으로 평가되어야 할 것이다.

셋째, 연방최고법원도 그 후 동 법리의 법적 기초를 관습법, 평등원리, 재산권보장규정 에서 구하여 동 법리를 재확인했으며, 학설도 이를 지지하고 있다.

넷째, 위 판결은 수용 개념을 엄격히 제한하였는데, 그 결과 오히려 다른 법적 근거에 의한 손실보상청구권, 특히, 수용유사의 침해나 수용적 침해에 대한 손실보상청구권들이 성립할 수 있는 여지를 남기는 역설적인 결과를 초래한 것이라 할 수 있는 것이다.

이러한 수용유사의 침해법리에 대해서는, 그것은 손실보상 개념의 요소로서 직법성을 포기하는 것이며, 그 결과 손실보상과 손해배상의 구별을 불명확하게 한다는 점에서 비 판되고 있다.241) 그러나 수용유사의 침해논리는 보상의 폭을 넓히기 위한 것으로 보상의 요건을 판단함에 있어서 종래의 손실보상이념에서 그 요건으로 문제 삼는 특별한 희생 이외에 대해서 관심을 둘 뿐 결코 적법성의 요건을 포기한 것은 아니다. 종래의 손실보 상 개념은 보상원인의 위법성 여부보다는 오히려 보상에 관한 것을 중심으로 구성된 것 이라 할 수 있으나, 수용유사의 침해법리는 바로 재산권의 가치보장에 중점을 두어 침해 행위의 적법요건을 중심으로 구성된 이론인 것이다.242)

최근에는 독일과 같은 희생보장제도가 없는 한국에 있어서 수용유사적 침해를 실무화 하기 어렵다는 점에서 동 법리의 무용론이 제기되고 있다.243) 또한 입법자가 공용침해를 규정하면서 보상규정을 두지 아니한 경우에는 침해를 받은 자는 침해행위의 취소소송을 제기하고, 그 취소소송절차에서 헌법재판소에 위헌심판을 제청하여 위헌결정이 된 경우

---

241) 서원우, 「손실보상개념의 확장논의」, 『고시연구』, 1989. 4. p.71.
242) 김남진, 「재산권의 가치보상과 존속보장」, 『월간고시』, 1989. 5. p.35.
243) 유지태, 「공용수용법상의 손실보상논의」, 『고시연구』, 1996. 9. p.59.

에는 침해행위의 취소판결에 의하여 재산권 자체의 회복을 기하도록 하고, 침해행위의 존속기간의 손해배상청구를 인정하되 과실을 완화하여 모든 경우에 그것이 가능하도록 하여야 한다고 하여 결과적으로 동 법리의 무용론을 제기하고 있다.[244]

그러나 무용론에 따르면 입법자가 특별한 희생을 가하는 재산권침해를 규정하는 때에 보상규정을 두는 것이 가장 바람직한 제도적 해결방법이 아니나, 입법자가 재산권의 사회적 제약과 특별한 희생에 해당하는 침해를 모두 예상하여 규율하기는 현실적으로 불가능하다는 점을 간과하고 있다.

2. 수용적 침해

수용적 침해(enteignender Eingriff)는 적법한 행정작용의 비정형적·비의욕적인 부수적 결과(atypische und ungewolte Nebensfolge)가 직접적으로 특별한 희생의 한계를 일탈하여 타인의 재산권에 대한 수용적 영향을 가하게 되는 침해를 말한다. 즉 부수적 결과가 재산권침해에 직접적이어야 하고, 그 침해가 특별한 희생에 해당되어야 한다. 수용적 침해는 법률에 근거하여 적법하게 타인의 재산권에 가해진 침해이기 때문에 상대방은 그 침해를 수인할 의무를 지며, 관계 법률은 공권력 행사의 비의욕적인 부수적 결과로 인한 재산권침해를 보상하여 보상규정을 두고 있는 것이 아니므로 수용적 침해에 대한 손실보상을 위한 법적 근거가 없다.[245] 연방대법원은 자갈채취 판결에도 불구하고 수용적 침해가 여전히 존재한다는 것을 명백히 인정하였다.[246] 즉 연방헌법재판소가 민사법원은 법률적합성의 견지에서 단지 법률상의 근거가 있을 때만 보상을 인정할 수 있다고 판시하였으나, 여기에서 말하는 수용이란 기본법 제14조 제1항 제1문에 속하는 개인의 구체적인 법적 지위의 보장에 대한 부분적인, 혹은 전체적인 박탈을 의미하는 국가에 의한 재산권의 취득을 말하며, 수용적 침해는 이와는 상관없다고 말하고 있다.[247] 오히려 여기에서는 그 자체로서 적법한 고권적인 작용이 개인에게 수용법적인 한계를 넘는, 수인을 기대할 수 없는 통상 비정형적이며 예측 불가능한 손해를 일으키는 것이 문제 된다고 한다. 그래서 이러한 경우의 전보에는 보상의 합법률성 원칙이 적용되지 않는다고 본

---

244) 박윤흔, 『최신행정법강의(상)』, 박영사, 2002, p.770.
245) Maurer, aaO., S. 763f.
246) BGHZ 91, 20.
247) BGHZ 91, 20(26).

다.[248] 또한 수용적 침해의 경우에는 연방헌법재판소가 자갈채취 판결에서 문제 삼은 관계인의 행정재판소에 대한 취소소송과 민사법원에 의한 보상청구소송 간의 선택권 문제도 발생하지 아니한다고 본다.[249] 그리고 수용적 침해의 법적인 구성에는 피할 수 없는 필요성이 존재한다고 본다. 즉 수용적 침해는 독일민법 제906조 제2항 제2문에 의하여 상린관계에서의 민법적인 보상청구에 대한 공법적인 대응관계에 있다고 본다. 또한 국가책임법도 제14조 제3항에서 판례법적으로 발전되어 온 수용적 침해론에 대한 입법적 근거를 시도했으며, 자갈채취 판결에 의해서도 수용적 침해가 없어지지 않았다는 점은 많은 지지를 받고 있음을 보여 준다.[250]

수용적 침해의 요건은 재산권에 대한 침해, 특별한 희생 등이다. 여기서 특별한 희생은 수용적 침해의 결정적인 요건에 해당하며, 희생한계의 일탈에 관해서는 수인성 및 상황구속성 등의 적용을 통해 구체화된다.

3. 수용유사 및 수용적 침해에 대한 손실보상

1) 수용유사침해에 대한 보상

수용유사침해에 대한 보상이론은 이러한 위법한 공용침해로 인하여 발생한 특별한 희생에 대해서는 공용수용에 준하여 손실보상을 하여야 한다는 이론이다. 수용유사침해에 대한 보상은, 위법한 공용침해에 대한 보상인 점에서 적법한 공용침해(공공필요에 의한 재산권침해를 인정한 법률이 보상규정도 두고 있는 경우)에 대한 보상과 구별되며, 그 원인이 되는 공용침해가 공공필요에 의한 것이고 공용침해권자의 과실에 의한 것이 아닌 즉 위법·무과실의 침해라는 점에서 공무원의 위법한 직무행위로 인한 손해배상과 구별된다.

수용유사적 침해에 대한 보상은 적법한 공용침해에 대하여 보상이 이루어진다면 위법한 공용침해에 대하여 보상을 하는 것은 너무나 당연하다는 논리에서 그 이론적 근거를 찾을 수 있다. 수용유사적 침해에 대한 보상이 인정되지 않고, 헌법에 제도화되어 있는 적법한 공용침해에 대한 손실보상과 공무원 직무상 위법행위 등으로 인한 손해배상만이 인정된다면, 위법·무과실의 공용침해로 인하여 특별한 희생을 입은 자는 구제받을 길이

---

248) BGHZ 91, 20(26 – 27).

249) BGHZ, 91, 20(27).

250) BGHZ, 91, 20, (27); Ossenbühl, Enteigungsgleicher Eingriff im Wandel – BGH, NJW 1987, S. 1945.

없게 된다.

2) 수용적 침해에 대한 보상

수용적 침해란 공공복리를 위하여 타인의 재산권에 가해진 공법상 적법하고도 직접적인 침해의 부수적 효과로서 의도하지 아니한 특별한 희생을 타인에게 야기하는 침해를 말한다. 이러한 수용적 침해는 적법한 행정작용의 이례적·비이론적인 부수적 효과로서 타인의 재산권에 가해진 침해인 것이며, 본래 손실보상의 범위에 포함되지 않은 것이다. 예컨대, 단기간에 종료될 것으로 예상했던 지하철공사가 장기간 계속됨으로 인하여 인근 상가가 영업손실을 입게 되는 경우와 같이, 원래 적법한 것이기 때문에 상대방은 그 침해를 참아야 할 의무가 있었으나 시간의 흐름에 따라 참아야 할 의무가 없어지게 되는 침해를 뜻한다.

수용적 침해는 당초 법률에 의해 예측되지 않은 희생을 수반하는 점에서 예측할 수 있는 특별한 희생을 수반하는 본래 의미의 공용침해와 구별되며, 또한 침해 자체가 적법한 행정작용이라는 점에서 침해 그 자체가 위법한 수용유사침해와 구별된다. 즉 수용유사침해와 수용적 침해는 양자 모두 관계 법률에 보상규정을 두고 있지 않은 점에서는 동일하나, 전자의 경우는 처음부터 특별한 희생에 해당하기 때문에 보상규정을 두지 않은 것이 위법인 데 비하여, 후자의 경우는 처음에는 특별한 희생에 해당하지 않았기 때문에 보상규정을 두지 않은 것이 위법인 점에서 차이가 있다.

Ⅳ. 小結

지금까지 독일공법상의 공용수용과 손실보상법제에 대해서 논하고자 사회적 구속성, 공용수용과 손실보상 그리고 수용유사적 침해와 수용적 침해의 보상에 대하여 살펴보았다. 독일 공법상의 수용과 보상은 연방헌법재판소의 자갈채취 판결을 기점으로 하여 혁신적인 변화를 일으켰음은 기술한 바와 같다.

사회적 구속성은 공용수용과 반대되는 개념으로서 보상의무 없는 사회적 구속으로 보아야 하며, 사회구속성의 한계를 넘어서면 보상의무가 있는 공용수용으로 보아야 한다. 사회적 구속성의 근거는 분리이론에 따르면 독일기본법 제14조 제1항 제2문의 내용규정과 한계규정에서 근거를 두고 제14조 제2항과 분리하여 설명하고 있으나, 제14조 제1항 제2문과 제14조 제3항은 밀접한 관련성을 갖고 있기 때문에 제14조 제2항에 의한 공공복리는 제14조 제1항을 포함하고 있는 것으로 보아야 한다. 따라서 재산권의 내용규정이나 사회적 구속성이나 모두 공공복리에 의해 방향 지어지는 동일한 실체의 다른 표현에 지나지 않는다고 생각한다. 재산권의 사회적 구속성과 공용수용의 구별에 관하여 학설의 입장은 실질적 기준에 의하여 양자를 구별하려는 경향이 있으나 그 실질적 기준 자체도 다양하기 때문에 어느 하나만이 절대적 기준이 될 수 없으며, 재산권의 침해는 보상 여부의 필요충분요건임을 감안하여 그 이용규제의 태양, 원인, 손실의 정도, 사회통념을 종합적으로 고려하여 판단함이 바람직하다.

수용유사적 침해와 수용적 침해에 대하여 존속보장을 중요시하는 분리이론에 따르면 수용유사적 침해와 수용적 침해의 존속을 부정하는 이유로 바이마르 헌법과는 달리 독일 기본법 제14조에서 재산권은 가치보장이 아니라 존속보장을 그 틀로 하고 있으므로, 특별희생의 성격을 띠는 모든 조치는 그것이 위법한 것이든, 적법한 것이든, 또는 위법·유책한 것이든 관계없이 재산권이나 비재산적 권리에 대한 수용유사적·수용적 침해로 보고 보상해 주어야 한다는 논리는 더 이상 타당하지 않다는 이유를 들고 있고, 연방헌법재판소의 자갈채취 판결에서 재산권의 내용규정과 수용 간에는 법적인 차이가 분명해졌기 때문에 부정하고 있으나, 재산권보장의 흠결 없는 법질서를 강조하는 경계이론의 입장에서는 자갈채취 판결 이후에도 수용유사적 침해와 수용적 침해에 대하여 다수의 학자들에 의해서 지지되고 있으며, 또한 대법원 판례에 의하여 명백히 판시하고 있다. 따라서 재산권보장에 있어서 수용의 범위를 확장하여 재산권의 침해에 대한 보상은 당연한 것이며, 수용유사침해의 법리는 적어도 국가배상법상 위험책임이나 무과실책임이 도입되어 보상규정 없는 법률에 의한 재산권의 박탈에 대한 불법행위책임이 인정되기까지는 긍정적으로 평가할 필요가 있는 것이다.

第2節 美國 公法上의 公用收用과 損失補償法制

I. 美國 憲法上의 財産權保障과 公用收用

1. 재산권보장의 헌법적 발전

미국 헌법체제에서 재산권[251]은 아주 오랫동안 역설적으로 정부의 권한을 제한하였으며 개인자유의 보호범위와 정부권한의 합법적인 범위를 정하였다. 이러한 재산권은 재산권의 행사와 한계가 잘 조화되었으며, 재산권이 미국에 있어서 자유권의 상징인 것처럼 보였다. 이것은 전통적인 헌법적 지위를 상실한 것으로서 사유재산은 더 이상 개인의 권리와 정부권력 사이의 경계처럼 작용되지 않는다. 이러한 역설은 재산권에 관한 이론상의 해결책으로서 나타난 것인데 이것은 법적·정치적 논쟁의 주제로 지속되었다. 재산에 대한 미국의 정치적 사고는 항상 실용적이고, 이상적인 특성인 이중성을 가지고 있다. 이상적인 체제는 독립적인 표준·권리의 개념과 정부권한을 합법적으로 한정할 수 있는 정의의 법칙을 필요로 한다. 제한된 가치가 미국에서 개념의 기초가 되었으며, 이 개념은 한계를 벗어나 재산을 둘러싼 문제를 야기하였는데, 이것은 재산권을 보호하기 위한 최초의 헌법구성같이 왜곡되었다. 그러나 헌법구성이 왜곡되었어도 한쪽으로 치우친 것은 아니었다. 개인과 공동체 사이에서 개인의 권리와 대부분의 법률 사이에서 그리고 확장관계를 제도화하는 것과 근본적인 확장관계를 인식하는 것이 미국헌법 체제의 특성이었다. 그리고 헌법이 인권과 재산권 그리고 정치적 권리가 균형을 이루는 것이 안전하게 성공한 것이 아니라 노력의 결과이다. 정치적 권리와 시민의 권리 사이에서 또한 정부에 한정된 민주주의와 개인의 권리 사이에서 계속된 긴장관계는 미국헌법의 특성을 나타내는 가장 중요한 것이다.[252] 이와 같이 민주국가의 입법기관에 의한 침해로부터 기득권의 보호는 법원이 민주국가의 침해로부터 개인적인 권리를 보호하기 위해 그들의 권력을 강

---

251) 연방대법원은 United States v, General Motors Corp. 사건에서 수용조항에서 말하는 재산권이란 "개인의 소유권에 내재해 있는 권리의 총체(the entire of rights inhering in the citizens ownership)"를 의미한다고 말하였다(323 U.S. 373(1945)).

252) Ester and Rune Slagstad, *Constitution and Democracy*(studies in rationality and social change) Cambridge University Press, 1999. pp.244~247.

력히 주장하는 핵심쟁점이었다. 재산권의 불가침은 사법상 필요한 헌법과 자연법 대부분의 권력에 제한적으로 시행된 것을 보여 주기 위하여 행사하였다.

한편, 미국연방 헌법상 재산권에 대한 태도는 크게 보수경제주의와 진보경제주의로 나누어진다. 보수경제주의는 Madison에 의해 주장된 이론을 바탕으로 한 것이다.

Madison은 Locke 등의 주장에 따라 재산권은 자기가 직접 소유하고 있는 권리뿐만 아니라 상속에 의한 권리도 포함된다고 보고 국가는 개인의 재산권을 장려하고 효율적으로 보장하여야 한다고 주장하였다.253) 반면, 진보경제주의의 이론적 기초를 제공한 Jefferson은 재산은 공유적 의미를 가지며, 공익을 위해서 규제될 수 있는 것으로서 재산권은 재산권자의 자신을 위해서가 아니라 다른 사람과 국가를 위해 개인에게 수임된 것이라 보았다.254) 이러한 미국의 재산권에 대한 태도는 그 후 여러 학자들에 의해서 더욱 발전하여 연방대법원의 태도변화에 영향을 미쳤다.

미국 연방법원은 재산권 자체에 대해 별도의 규정을 두고 있지는 않지만 재산권에 대한 규정은 수정헌법 제5조와 제14조 및 헌법 제1조 제10항 계약상의 채무조항에서 발견할 수 있다. 이러한 헌법규정 형식은 물론, 우리나라의 헌법이나 독일 기본법, 일본 헌법의 그것과는 상이하지만 어떤 이익이나 관계가 헌법에서 재산이라 규정하여 보호하는 범주에 속하는가에 관해 헌법이 스스로 그 범위와 내용을 규정하고 있는가 하는 문제가 제기되는 것은 다르지 않다.255) 이 문제에 대한 입장은 두 가지 유형으로 나눌 수 있는데, 하나는 헌법상의 재산권을 직접적 헌법상의 권리라는 주장과, 또 하나는 파생적 헌법상의 권리라는 주장이 그것이다. 즉 직접적 헌법상의 재산권을 주장하는 입장은, 헌법은 일련의 중요가치 객체나 기회를 위해 각 주 법이 어떤 사적 기능을 규정해야 함을 요구하며, 그 법률은 적어도 재산권의 특성이라 생각되는 권리와 의무의 법적 관계를 확립 · 유지한다고 함에 반해 재산권을 파생적 권리로 보는 입장은 객체에 대하여 사적 기능을 규정하든 규정하지 아니하든 자유이며 파생적 권리는 법률이 어떤 공적 침해에 대해 이러한 기능을 보장하는 규정을 둔 경우에만 보호된다고 하였다. 이 문제에 대한 연방대법원의 대도는 경제적 보수주의에 속하는 대법관의 의견이 다수를 이루었던 Allgeyer v. Lousiama 사건,256) Lochuer v. New York 사건,257) Coppage v. Kansas 사건258) 등의 경우 재산

---

253) Oakes, "Property Rights in Constitutional Analysis today", *Washington Law Review*, 1981, pp.583~584.

254) Oakes, op, cit, pp.586~587.

255) Michelman, "Property as a Constitutional Right", 38 *Washington and Lee Law Review* 1 1981, pp.1097~1098.

권은 입법부의 자의에 의해 변경될 수 없으며, 다른 법률의 규정에도 불구하고 헌법에서 직접적으로 재산권보장의 주장이 가능하다고 보았다. 반면에 경제적 진보주의에 속하는 대법관들의 경우는 Board of Regents v. Roth 사건[259])에서 대법원은 재산권은 헌법에 의해서 직접적으로 창조되는 것이 아니라 파생적 권리로 보는 경향에 따라 헌법 이외의 다른 법률, 즉 주법과 같은 독립적 법원에서 나오는 규정에 의해 결정된다고 보았다. 이 이론은 재산권에 대해서 절대적 기본권리가 아닌 입법자의 지식과 경험에 합리적 판단에 입각하고 있다고 볼 수 있으며,[260]) 재산권에 대한 광범위한 입법의 재량을 인정하는 것을 의미한다.

2. 헌법의 규정

미국의 재산권보장에 관하여 1791년 제정된 미국 연방수정헌법 제5조에서 "법률의 정당한 절차에 의하지 않고는 생명, 신체 및 재산이 박탈되지 않으며, 또한 정당한 보상 없이는 공공을 위하여 사유재산은 수용당하지 않는다"라고 규정하고[261]) 있으며, 또한 제14조 제1항에 "어떠한 주도 적법절차에 의하지 아니하고는 어떠한 사람으로부터도 생명, 자유 또는 재산을 박탈할 수 없으며, 그 지배권 안에 있는 어떠한 사람에 대해서도 법률에 의한 평등한 보호를 거부하지 못한다"라고 규정하고[262]) 있어 개인의 재산권보장과 정

---

256) 185 U. S. 578(1897). 이 판결은 실체적 적법절차원리와 계약자유의 원칙을 근거로 기어의 자유로운 계약 체결권과 재산의 자유로운 이용을 제한하는 경제개혁입법을 무효화시킨 첫 번째 판결이었다.

257) 198 U. S. 45. 이 판결은 최고노동시간 규제법은 계약자유에 대한 위헌적 침해라고 보았다.

258) 208 U. S 161. 이 판결은 노동조합에 가입하지 않은 것을 조건으로 채용하는 근로계약을 금지한 연방 법률을 위헌으로 선언하였다.

259) 408 U.S. 564.

260) 304 U.S. 144.

261) Amendment 5(Criminal actors – Provisions concerning – Due process of law and just compensation clauses) No person shall be held to answer for a capital, or otherwise infamous crime, unless on a presentment or indictment of a Grand Jury, except, in cases arising, in the land or naval forces, or in the Militia, when in actual service in time of war or public danger, nor shall any person subject for the same offense to be twice put in jeopardy of life or limb; nor shall be compelled in any criminal case to be a witness against himself; nor be derived of life, liberty, or property, without due process of law; nor shall private property be taken for public use, without just compensation.

262) Amendment 14, Section 1(Citizenship – Due process of law – Equal protection) All persons born or naturalized in the united states, and subject to the jurisdiction thereof, are citizens of the united states and of the state wherein they reside, No State shall make or enforce any law which shall abridge the privileges or immunities of citizens of the united states; nor shall any states deprive

부가 공적 이용을 위해 재산권을 침해했을 때 보상을 요구하는 근거규정인 동시에 논쟁의 원인이 되고 있다.263)

재산권의 헌법적 지위와 변화에 대한 범위는 수용 법률과 이에 대한 학문적인 해석에 있어 문제를 야기하고 있다. "누구든지 정당한 보상 없이는 사유재산을 수용하지 못한다"는 수정헌법 제5조의 금지조항에는 문제점이 있다. 공용사용을 요구하는 것으로 수용금지에 대해 엄격히 제한하는 것이다. 법원은 정부가 공용사용을 위해서 사유재산을 수용할 수 있다는 것으로 수용조항을 채택하였다. 공용사용의 목적이 아니면 정부는 수용에 대한 보상을 지불할지라도 사유재산을 수용할 권한이 없다. 그래서 정부가 토지수용권을 발동할 때 재산소유자는 재산의 공적 사용을 위한 것보다는 특정 개인을 위한 수용이기 때문에 비합법적인 토지수용권의 이의를 제기할 수 있다. 실질적으로 공용사용은 거의 모든 수용에 장애가 없듯이 오랫동안 광범위하게 시행되어 왔다. 공용수용을 제한하는 기준의 결정은 광범위하게 입법부에 위임되었다. 토지수용권이 공공목적을 위해 발동되었는지를 결정하는 데 있어 사법부의 역할은 대단히 한정적이었으며,264) 공용사용은 오랫동안 사유재산을 제한하는 효과적인 장애물이었던 것을 중지하였다.265) 그리고 수용조항에 대해 아무리 광범위하게 해석하여도 수용에 관한 모든 것을 다룰 수가 없었기 때문에 학자들은 보상 문제를 고려하는 데 법률적으로 제한된 토지를 수용할 때만 가능하였다. 그 이유는 규제를 위해 경찰권을 단순히 실행하는 것은 종국수용과 같이 이의제기를 할 수 있으나 모든 시민이 감수해야 하는 사회질서의 피할 수 없는 일부분이기 때문에 보상이 이루어지지 않고, 재산권이 침해받는 수용을 형성하는 경우에 보상을 받게 되기 때문이다. 이러한 해석을 헌법의 구성에 관한 시각에서 보면, 하나는 헌법에서 재산권의 위치가 절대적·상대적 측면에서 충돌되었으며, 다른 하나는 헌법의 규정은 정부의 권력을 한정하는 것을 고려하지 않았으나 보상을 위해 진정한 계획과 합리적인 근거를 제시하였다. 이러한 헌법 구성의 시각에서 본 기본적인 문제는 재산의 재분배 결과로서 재산을 잃어버린 사람들은 보상을 받을 수 있는지를 추정할 수 있다.266) 이것은 정부가 합법

any person of life, liberty, or property, without due process of law; nor deny to person within its jurisdiction the equal protection of the laws.

263) Serkin, "The meaning of value; Assessing compensation for regulatory taking", *northwestern university law Review*, 2005, p.677.

264) Bernman v. Parker. 348 U.S.26, at 32.

265) The challenge here, as in Poletown, is that the taking is not for "Public use" Hawaii Housing Authority v. Midkiff, 2000 pp.80~141.

266) The question of "what is such a serious interference with property rights that it constitutes a

적인 권한의 한계를 넘었을 때에는 근본적으로 다른 문제이다.[267]

미국의 헌법에서 사유재산은 보장된다고 하고 있다. 그러나 이 사유재산보장도 공익사업에 사용되기 위해서는 수용과 제한이 되고 있다. 이와 같이 정부가 권한의 한계를 넘어 법적으로 보장된 사유재산을 부득이 침해할 경우에는 개인의 권리를 보장하고 침해 없이 사유재산을 수용하기 위한 방법으로 적법절차를 적용해야 한다는 데 그 이념적 기초가 있다.

3. 재산권보장의 구조 및 체계

미국의 연방수정헌법은 적법절차와 정당한 보상 규정하에서 재산권을 보장한다. 비록 수정헌법 제5조와 제14조는 영역과 목적에서 상이하지만 각각의 규정은 법원이 유사한 문제들을 판결할 것을 요구한다. 수정헌법 제5조는 원래 연방정부의 경우에만 적용되도록 의도되었지만, 주정부를 대상으로 하고 있는 수정헌법 제14조의 이른바 적법절차조항에 의하여 수정헌법 제5조의 내용이 주정부에도 적용되는 것으로 간주되고 있다.[268] 또한 연방대법원도 Chicago, Burlington & Quincy Railroad Co. v. City of Chicago 사건에서 "수정헌법 제14조의 적법절차조항으로 인해 주는 정당한 보상 없이 재산권을 수용하지 못한다"고 판시함으로써[269] 비록 수정헌법 제14조가 수정헌법 제5조의 수용조항을 편입한다고 명시적으로 밝히고 있지는 않지만 결국, 이를 편입하는 것과 같은 효과를 야기한 것으로 간주되고 있다.

수정헌법 제5조와 제14조는 재산권에 대한 가장 중요한 보호장치로서, 수용조항은 개인의 재산권을 다른 사람에게 자의로 이전하기 위하여 정부가 재산권을 박탈하는 것을 금지시킴으로써 재산권자를 보호한다.[270] 그리고 수용조항은 손실분산의 기능을 가지고 있다. 정부가 공익을 위하여 개인의 재산권을 박탈하는 경우 정부가 그 손실을 지불하도록 하는 것이다.[271] 한편, 수정헌법 제5조와 제14조는 재산권의 침해로 인한 수용과 보

---

taking"(and thus requires compensation) becomes inverted to, "what sort of thing do we think should be compensated and hence called a taking?" reflects the fact that the sole issue has become compensation, not limits on governmental power.

267) Elster and Rune Slagstad, Constitutionalism and Democracy(studies in rationality and social change), cambridge University Press, 1993, pp.244~253.

268) Nowak & Rotunda, Constitution law, 6th ed, 2000, pp.471~472.

269) 166 U.S. 226(1987).

270) Ervin Chemerinsky, Constitution law, 2nd ed, 2002, pp.478~479.

상규정을 정한 것으로 수정헌법은 제5조에서 정당한 보상, 제14조에서 적법절차에 관하여 규정하고 있다. 이러한 규정은 수용과 보상에 있어 반드시 적용되어야 할 원칙이며 이를 위반 시 위헌이 되는 것이다. 이러한 내용을 기준으로 하여 적용이 되는 재산에 대하여 미국연방법원은 재산권보장이 재산소유자의 기대감[272]의 합리성에 관계되는 하나의 것으로서 존재하는가의 의문을 제기한다. 예를 들어 주법과 같은 어떠한 독립적인 근거를 언급함에 의해 결정돼야만 하는 문제인가를 연구한다. 비록 이와 같은 재산이익의 창조는 적법절차와 정당보상규정하에서 보장된 권리에 적용되지만,[273] 다른 재산들은 정당보상조항의 부가적 보호를 받는 반면, 어떠한 종류의 재산은 유일하게 적법절차 조항에 의해 보장된다.

1) 적법절차규정의 적용을 받는 재산(Due Process Property)

금세기에 연방대법원은 재산의 많은 상이한 형태를 보장하기 위해 적법절차규정을 해석해 왔고, 절차적 보장을 주기 위해 해석하여 왔다. 이와 관련하여 Goldberg v. Kelly 사건[274]은 법원이 보통법에 인식되지 아니한 다양한 이익들에 적법절차보호를 확장했던 적법절차혁명[275]의 계기가 되었다. 그러나 연방대법원은 곧 헌법적인 해석을 통해서가 아니라, 주법과 같은 독립적인 근거에 의한 조사를 통해서 이러한 재산권의 이익들을 한정할 것을 명백히 하였다.

Goldberg 판결 이래로 연방대법원이 판결해 왔던 적법절차규정의 적용을 받는 재산은 첫째, 정부가 이익을 제공한 기준의 실현에 근거한 자격,[276] 둘째, 정부가 수혜자로부터 이익을 빼앗을 수 있는 예외적인 조건을 적용할 수 없는 것에 기초한 자격,[277] 셋째, 전통적 소유기준에 입각한 실질적 재산 이익이다.[278] 이러한 세 가지 형태의 재산이 적법

---

271) Amstrong v. united States, 364 U.S. 40, 49(1960).

272) 연방대법원은 재산이익으로서 '일방적인 기대감'은 취급하지 않을 것이라는 반면 '합리적인 기대감'은 고려한다. Penn Cent. Transp. Co v, New York City, 438 U.S 104(1978).

273) 연방대법원은 정당보상규정을 적용하는 사건에서 재산의 이익을 토론함에 있어, 적법절차주장을 포함했던 Roth 판결(Board of Regents v, Roth, 408 U.S. 564(1972)).

274) 397 U.S. 254(1970).

275) Breyer & Stewart, *Administrative Law & Regulatory Policy*, 1979, p.594.

276) Mathews v. Eldridge, 424 U.S. 341(1976).

277) Bishop v. Wood, 426 U.S 341(1976); Amett v. Kennedy, 416 U.S 134(1974).

278) Parratt v. Taylor, 451 U.S 527(1981).

절차와 정당보상규정에 의해 보호되는 반면, 처음 두 가지 형태의 재산은 오직 적법절차 규정에 의해서서만 보호된다.

2) 정당보상규정의 적용을 받는 재산(Just Compensation Property)

수정헌법에 규정하고 있는 정당보상 조항은 정부가 정당한 보상을 지급함이 없이 사유재산을 수용하는 것을 금지하는 것을 의미한다. 연방대법원은 부동산·동산과 같은 재산을 정당보상규정의 적용을 받는 재산으로 취급하고 있을 뿐만 아니라 권리금에 대한 이익에 있어서의 권리와 법정유치권과 같은 보통법 재산의 형태도 정당보상규정의 적용을 받는 재산으로 다룬다. 적법절차와는 달리 정당보상규정하에서의 주장은 항상 재산에 있어서의 자격에 대한 논쟁, 또는 재산의 소유에 대한 논쟁을 포함하지 않는다.

따라서 개인적 손실과 정부의 개입이 명백할 때 논쟁되는 문제는 정부가 가한 손실에 대하여 정당한 보상이 지급되어야 하는 수용에 해당하는가이다. 이러한 문제에 대하여 정당한 보상에 관한 사건들은 그 기초가 되는 행위가 합리적인 기대감을 좌절시켰고, 정당한 보상이 지급되기 위해서는 이전의 법이 합리적인 기대감을 창조했다는 것을 입증하여야 한다.279)

Ⅱ. 公用收用과 規制的 收用

1. 개설

미국에 있어서의 공용수용에 관한 제도는 다른 소송제도의 경우와 마찬가지로 복잡하다. 미국의 수용과 보상제도는 다른 국가와는 달리 독특한 내용을 지니고 있다. 그것은 미국에 있어서는 국가가 수용고권(eminent domain)을 가지되 주권의 속성이고 다른 나라의 경우와 달리 주권 자체에 구할 수 있고, 헌법의 승인에 의해 존재하는 것이 아니라

---

279) United States v. Willow River Power Co. 324 U.S. 511: Rehnquist 대법관은 재산이익은 연방법원에 의하여 창출되는 것이 아니라 주법과 독립적인 근거에 창출된다는 Stewart 대법관의 주장을 받아들이고 있다. D. Benjamin Barros, *Defining Property in the just Compensation Clause*, 63, Fordham Rev. 1853, 1995, pp.1869~1872.

는 사상과 주권이 각 주마다 존재하기 때문에 수용고권의 구체적 행사에 있어 각 주마다 다르기 때문에 통일성을 결하고 있다. 수용에 관한 사항이 입법에 의하여 정해지거나, 또는 행정절차에 의해 수용이 정해지는 경우에 있어서도 최종적으로 수용고권의 행사는 사법재판소의 판단에 의존하게 된다는 것이다. 따라서 공용수용과 보상은 행정절차에 의한 행정법적 제도보다는 사법적 제도라는 경향이 짙다. 이러한 미국의 수용과 보상에 관한 제도적인 역할은 사법부의 판례를 중심으로 발전하여 왔음을 대변하고 있다.

미국의 경우는 초기에는 물리적 박탈만을 수용으로 보았지만, 수용논쟁을 겪으면서 오늘날에는 정부가 직접소유권을 취득하는 것이 아니라도 공용수용으로 보는 경향이다. 그러한 점에서 규제적 수용(regulatory taking)이 인정되고 있다. 따라서 공용제한의 성격을 띠고 있는 공적 규제도 재산적 가치, 권리침해가 되면 수용으로 보며, 경찰권에 의한 규제(regulation of police power)[280]만이 보상을 요하지 않는 제한으로 보고 있으며, 이에 대한 수용과 공적 규제의 구별에 관하여 학설의 대립이 있다. 판례도 일정한 기준을 제시하지 못하여 경우에 따라 해결하여 왔다. 이에 수정헌법이 제정되고 수용과 보상에 관한 헌법적 근거규정이 마련됨으로써 재산권보장을 구체화시켰다. 수정헌법 제5조는 "적법절차에 의하지 아니하고 재산권을 박탈당하지 아니하며 정당한 보상 없이는 공용을 위해 개인의 재산을 수용하지 못한다"고 규정하고 있으며, 이를 기초하여 미국에서는 수정헌법 제5조의 해석과 판례를 통하여 형성된 미국의 손실보상 내용과 함께 손실보상기준을 정한 연방법「표준이주정착지원법 및 부동산정책 취득법(Uniform Relocation Assistance and Real Property Acquisition Policies Act of 1970(이하 Relocation Act라고 칭한다)」이 있다. 미국에 있어서 공공사업을 위한 용지취득에 대한 보상은 이 법률의 규정에 의하여 행하여진다. 그 이외에는 명문의 통일적 기준을 정한 법률은 없으며, 이 법률이 미국의 손실보상 내용과 기준의 한 측면이라고 생각한다. 이러한 헌법 및 법률의 규정에도 불구하고 수용과 정당한 보상에 관하여 학술적 대립이 끊이지 않고 있으며, 판례 또한 일정한 모델을 제시하고 있지 못하고 있다.

이 절에서는 미국의 공용수용과 규제적 수용의 법리, 정당한 보상에 대하여 고찰하고자 한다.

---

280) 김민호 교수는 police power(경찰권에 의한 규제)를 '규제권'이라고 번역하였다. 김민호,「미국의 규제적수용에 있어 공익과 사익의 조정」,『토지공법연구』, 한국토지공법학회, 2002, p.75.

2. 공용수용

1) 의의

미국은 공용수용(taking)[281])에 관하여 미연방수정헌법 제5조는 "적법절차에 의하지 아니하고 재산권을 박탈당하지 아니하며 정당한 보상 없이는 공용을 위해 개인의 재산을 수용하지 못한다"라고 규정하고 있다. 이러한 공용수용 조항의 취지는 공공정책으로 인한 경제적 부담은 공공성과 정의에 비추어 국민 전체가 분담하여야 하며, 특정 개인 소유권자에게 불공정하게 전가되어서는 안 된다는 점에 있다.[282]) 즉 수용조항은 정부에 의해 파괴되거나, 또는 수용된 재산에 대해 정당한 보상을 지급할 것을 요구한다.[283])

수정헌법 제5조는 제정 당시에는 원래 공용수용의 개념이 재산권의 물리적 박탈 또는 소유권자의 재산을 사실상 몰수하는 것과 같은 경우만을 의미하는 것으로 생각되었으나[284]) 오늘날에 와서는 이러한 재산권의 물리적 박탈에 의한 정부의 재산권 취득이 아니라 하더라도 헌법적 의미의 수용에 해당하는 소위, 규제적 수용을 인정하고 있다. 그런데 공용수용과 그 보상에 관한 미국수정헌법 제5조는 손실보상을 하여야 하는 공용수용과 보상을 요하지 않는 공적 규제의 구별에 관해 어떤 기준을 제시해 주고 있지는 않다. 또한 현실적으로 모든 사건에서 보편적으로 적용될 수 있는 구별기준을 발견하기도 어렵고, 이 문제에 대한 미국 연방대법원의 판례도 일관된 기준을 제시하고 있지 못하고 있다.[285])

무엇이 수용에 해당하는가에 대해서는 법은 상당히 복잡하다. 단순히 재산가치가 감소를 초래하는 합리적인 정부권한의 실행은 그 자체로는 보상할 수 있는 수용을 창설하지 못한다. 재산은 합법적인 정부행위에 의해 어느 정도까지는 규제될 수 있는 반면, 만일

---

281) often, the concepts "eminent domain" and "land condemnation" are used interchangeably though they are clearly distinct. While "eminent domain" is the right of the government to take land, denoting an inherent capacity, land condemnation is the act of taking the land, Eaton, Real Estate Valuation in Litigation, 13. 2000. p.152.

282) Pen central Transportation Co. v. New York City, 438 U.S 104, 1977, p.123.

283) 아마도 국가가 바라는 것을 수용하고 그 침해에 대하여 보상을 지급한 최초의 경우는 이스라엘의 지배자 아랍왕(King Ahab)이다. Radford, Goverment Takings and Constitutional Guarantees: When Date of Valuation Statutes Deny Just Compensation, Brigham Young University Law Review, 2003, p.265.

284) Notes, "The Principle of Equality in takings Clause Jurisprudence", 109 *Harvard, Law, Review,* 1999, pp.1030~1031.

285) Klemme, "Taking and the Regulatory Roles of Government", *Colorado Law Review*, Colorado University, 2003, pp.2~3.

규제가 너무 지나치다면 그것은 수용으로 인식될 것이다.

Pennsylvania Coal Co, v. Mahon 사건[286]까지는 공용수용의 대상이 되는 재산이 직접적으로 공공의 목적에 이바지하고 그 실질에 있어 재산의 점유가 박탈된 경우에만 수용이 인정되었으나, 동 판결에서 재산권은 어느 정도까지는 규제될 수 있으나 그 규제가 지나치면 이는 공용수용으로 보아야 한다고 하고 있다. 그러나 Mahon 사건에서 이러한 판결이 언제 그리고 어떤 상황에서 문제가 된 공용규제가 너무 지나쳐 공용수용이 되는지에 대하여 별다른 기준을 제시하지는 않았고, 그 이후 70여 년간 규제적 공용수용의 법리에 일반적 공식 없이 개개의 사건에 따라 해결해 왔던 것이다.

그러므로 정부행위에 의해 야기된 재산권의 박탈은 적법절차가 적용되고 그와 같은 상황은 수용에 대한 분석을 유발한다. 즉 규제가 만일 재산을 가치 없이 만들고 규제가 보통의 불법행위도 아닐 뿐만 아니라, 재산권침해의 배경원칙을 반영한 것이 아니라면 수용으로 간주될 것이다.[287]

그리고 국가행위 등에 의하여 사인의 재산에 물리적 침해가 가해진 경우에는 이를 사실상 수용행위로 본다. 이는 규제적 수용에 있어서 가장 고전적인 수용 여부의 판단기준이었다. 즉 직접적인 재산권의 이전이 아니더라도 규제에 의하여 그 재산권이 물리적으로 침해된다면 이는 사실상 재산권이 이전되는 수용과 다름없다는 것이고, 따라서 수정헌법 제5조에 따라 정당한 보상이 필요하다는 것이다.

사인의 재산에 물리적인 침해를 수용으로 보려는 입장은 Pumpelly 판결[288]에서 유래하였다. 이 사건에서 연방대법원은 판결문을 통하여 주가 물리적으로 사인의 토지를 침해한 경우 주정부는 그 토지소유자에게 보상을 하여야 한다는 입장을 밝히고 있다.[289] 법원은 공용수용이 성립하기 위하여 사인의 토지가 수용에 의해 공공의 사용으로 완전히 전환될 것을 필요로 하는 것은 아니라고 판결하였다.[290] 즉 사인의 재산권이 완전히 공

---

286) Pennsylvania Coal Co, v. Mahon 260 U.S 393, 413, 415(1992). 이 판결에서 Holmes 대법관은 공적 규제를 인정하면 석탄회사는 그 규제로 인하여 발생하는 공익보다 더 큰 손실을 입게 된다고 하여 주 거지의 지반붕괴를 우려한 석탄채굴을 금지한 것이 수용에 해당한다고 판시하고 있다.

287) Beermann, *Government official torts and The takings Clause: Federalism and Stat Sovereign*, 68 B.U.i. Rev, 277. 1998, p.321.

288) 80. U.S(13 wall). 166(1871).

289) Id. at 180 - 81. 이 사건은 주가 운하건설 계획을 세움으로써 그 건설의 결과 사인의 토지가 불가피하게 침수하게 된 사건이다.

290) Id. at 177 - 78. 법원은 "수용조항을 해석함에 있어 국가가 부동산을 공공의 사용에 완전히 전환시킬 수 없다면 수용을 좁은 의미로 해석하는 한 그것은 공공의 사용을 위한 수용이라 볼 수 없을 것이고 그 결과 아무런 보상 없이 완전히 가치가 박탈되는 결과를 초래할 것인데 그것은 매우 기이하고도 불

공사용으로 전환되지 않더라도 물리적 침해가 있는 한 수용의 범위에 포함된다는 것이다. 사인재산의 경제적 가치를 박탈하는 데 중점을 둔 판결을 하였다.[291]

어떤 법이 합리적인 규제인지, 또는 보상을 요하는 수용인지를 결정하는지에 있어서 적당한 요소들은 이것을 항의하는 당사자에 대한 규제의 경제적 충격, 규제가 확실한 투자기대에 대한 간섭의 정도, 정부행위의 성격, 예를 들면, 재산에 대한 물리적 점유 등이고, 또한 연방대법원은 Agins v. Tiburon 사건에서 Powell 대법관은 원고가 문제에 있는 토지를 구입한 후 제정되었고, 그 토지의 사용을 제한하고 있는 지역설정조례(municipal zoning ordinance)가 수용을 구성하고 있는지에 대해 수용 여부를 결정하기 위해서는 사익과 공익의 형량이 필요하다고 판시했다.

오늘날 미국에 있어서 수용의 개념은 기술한 바와 같이 사건에 따라 규제와 수용의 적용을 달리하고 있으며, 일반적으로 법리상 수용의 개념을 일반적으로 규제적 수용으로 전환하고 있다. 따라서 본 연구에서는 사인의 재산권이 완전히 공공사용으로 전환되지 않더라도 물리적 침해가 있는 한 그리고 사인재산의 경제적 가치를 박탈하는 데 중점을 두고 있는 수용의 취지에 비추어 규제적 수용에 초점을 맞추어 이론을 전개하고자 한다.

2) 구별 개념으로서의 역수용

역수용(inverse condemnation)이란 수용절차가 개시되지 않는 시점에서 정부 등 수용자가 개시하여야 할 수용절차를 반대하여 손실을 입은 토지소유자 쪽에서 개시한 손실보상을 위한 절차를 말한다. 역수용의 유래는 정부가 공공사업을 위하여 토지를 강제 수용하고 수용절차가 종료된 후에 본래의 수용절차에서 누락되었다고 주장하는 사인에 대하여 인정된 손실보상청구소송에서 발생되었다.[292]

부동산 소유자는 역수용행위(inverse condemnation action)에 대한 손실보상을 청구할 수 있는 소송[293]을 제기할 수 있는데, 이는 원고의 부동산을 정부가 실질적으로 수용한 것을 원인으로 정당한 보상을 지급할 것을 명령하도록 법원에 소송을 청구하는 것이다. 반대로 토지수용행위(eminent domain proceedings)는 재산을 수용할 것을 정부가 인정

만족스러운 결과일 것이다"고 판시하고 있다.

291) Id. at, 181.

292) 이와 같은 소송은 우리나라의 경우 보상에 관한 규정을 두지 아니한 경우에 헌법 제23조 제3항을 근거로 하여 직접손실보상을 청구하는 소송을 제기하는 경우에 해당한다.

293) San Diego Gas & Electric Co, v, City of San Diego: 450 US, 621(1981).

하는 것이다.

3) 수용의 주체

연방 수정헌법은 사유재산을 압류할 권한을 연방정부에 수여하고 있지 않다. 그럼에도 불구하고, 19세기 후반 이래로, 연방대법원은 연방정부에 수용권한을 인정해 왔다. 연방대법원은 "토지수용권한(power of eminent domain)은 국가통치권과 정치적 필요의 속성이다"라고 판시해 왔다.294) 그리고 연방정부가 열거된 권리의 하나를 실행하는 것이 "필요하고도 적절하다"는 근거에서 토지수용권한을 합법화하였다.

주정부는 연방정부에 명쾌하게 수여하지 않은 주들의 모든 권한(경찰권)을 수여할 수정헌법 제10조를 통해서, 또는 선택적으로 통치권의 속성으로서, 토지수용권한을 주장한다. 경찰권과 토지수용권한은 밀접하게 관련되어 있으나, 양자는 뚜렷이 구분되는 특징을 가진다. 정부의 경찰권하에서, 주는 공공건강과 안전, 복지 또는 도덕을 증진하기 위해 행위를 규제할 수 있다. 토지수용권한은 주가 공공사용을 위해 재산을 압류할 수 있게 한다. 후자의 권한은 일반적인 경찰권의 하나로 보일 수 있거나, 또는 개별적으로 통치권의 속성으로 보일 수 있는 반면, 어떠한 수용도 같은 헌법상 제한에 종속된다. 1897년 이래로 수정헌법 제5조의 공공사용과 보상요구는 수정헌법 제14조를 통해서 주에 적용되어 왔다.

연방정부와 주정부 양자는 토지수용권한을 가지고 있는데, 이는 공공사용을 위해 개인재산을 수용할 수 있는 권한이다. 수정헌법 제5조는 연방정부에 의한 수용을 다루고 있고, 주정부들은 수정헌법 제14조의 적법절차조항을 통해 적용될 수 있도록 한 수정헌법 제5조의 정당한 보상조항에 의해 개인의 재산을 수용할 때는 보상을 하여야 한다.

4) 수용 논쟁

미국 연방수정헌법 제5조는 "사유재산은 정당한 보상 없이 공적 사용을 위하여 수용당하지 아니한다"고 규정하고 있으며, 이 규정은 수정헌법 제14조의 적법절차(due process) 조항을 통하여 주정부에도 적용되었다. Holmes 판사에 의하여 세워진 원칙은 그 뒤 토지이용규제를 다루는 소송에 적용되어 많은 토지이용규제법에 있어서 정당한 목적의 범위를 확대할 필요성을 인정하면서도 많은 토지이용규제법을 수용조항에 따라 무효화한

---

294) Kohl v. United States, 91 U.S. 100(1953).

것이다.295)

연방헌법의 수정조항은 간결하고 일반적이어서 경찰권에 의한 규제(police power)와 관련하여 수정헌법상 경찰권 규제의 기준을 헌법 문헌 자체에서 도출하는 것을 불가능하게 한다. Holmes 판사는 Mahon 판결에서 수용은 정도의 문제로서 일반적 명제에 의하여 처리될 수 없다고 하며, 연방수정헌법 제5조가 경찰력에 대하여 과하는 헌법상의 제한에 대해 일반적인 원칙을 수립하는 것을 회피하였다. 그러한 태도는 그 후 연방대법원에 의하여 달라졌으며, 그러한 케이스접근법은 1978년 Penn central 판결에서도 확인되었다.296) 연방대법원은 Euclid 판결297) 이래 1978년에 Penn central 판결에 이르기까지 재산권보장의 관계에서 토지이용규제법의 한계에 관한 판단을 하지 않았다. 그리하여 그에 관한 법형성은 주의 법원과 연방의 하급법원에 의하여 행하여졌는데, 거기에서도 일반적 명제를 수립하고 그에 따라 통일적인 법형성을 행하는 것은 불가능했다. 그 결과 토지이용규제법이나 환경법의 발전에 따라 차차 새로운 법제가 등장하고 법원마다 토지이용규제의 합헌성이 판단되게 되었으며, 그 결과 판례의 혼란이 생기게 되었다. 각 법원마다 다른 결론이 나옴은 물론 같은 법원에서조차도 각종 규제의 합헌·위헌의 기준이 달라서 통일적인 원칙에 의하여 설명할 수 없는 상태였다. 이와 같은 토지이용규제에 관한 소송의 증가와 기준의 혼란, 효과적 규제 수단 마련을 담당하는 정부 측의 혼란, 재산권보장의 불안정·불공정화 등의 문제를 배경으로 하여 수용 논쟁의 중요성과 해결 필요성의 인식은 미국의 토지이용계획법 및 헌법 분야의 새로운 기준 마련을 위한 시도를 행하게 하였다. 이런 움직임은 종래의 기준에 의해서 토지이용규제의 필요성과 재산권보장과의 충돌을 해결할 수 없게 되었으며, 한편으로는 토지이용계획법의 발전에 대한 장애가 되고, 다른 한편으로는 충분한 재산권보장 기능을 수행할 수 없게 되었다는 것을 반영한다. 따라서 수용 논쟁은 새로운 기준의 마련이라는 관점에서 이해되어야 할 것이다.298)

5) 공적 규제와 공용수용의 구별

종래 미국에 있어 공용수용(taking, eminent domain)과 공적 규제(public regulation)

---

295) 박윤흔, 「미국에 있어서의 토지이용규제와 손실보상」, 『미국헌법연구』 제2호, 1991, p.104 참조.

296) 438 U.S. 104(1978) Justices Rehnquist and Stevens and Chief Justice Burger dissented.

297) Village of Euclid v. Ambler Reality Co. 272 U.S 365(1926).

298) 이기한, 「미국의 토지이용 규제와 손실보상―주정부의 토지이용규제 권한과 한계를 중심으로―」, 부동산법학회, 1999, pp.111~150 참조.

의 구별은 그 행위가 공용수용권(the power of eminent domain)의 행사이냐, 아니면 경찰권의 행사이냐에 의하였다. 그러나 경찰권과 공용수용의 범위가 해명되지 않았으므로 이러한 구별기준은 아무런 소용이 없었다.[299] 즉 경찰권의 개념적 범위는 본질적으로 입법부 결정의 소산이나 건강과 안전, 도덕, 일반적 복지를 위한 토지이용규제는 경찰권에 의한 규제로서 손실보상이 필요 없다고 보았다. 그러나 이처럼 공적 안전, 일반적 복지를 위한 공중위생, 도덕, 법과 질서 등이 전통적으로 경찰권의 예로 들어지고 있으나 이것이 그렇다고 경찰권의 범위를 한정하는 것은 아니다.[300] 게다가 최근 Lucas v. South Carolina Coastal Council 사건[301]에서 미연방대법원이 해악을 방지하기 위한 경찰권에 의한 재산권의 규제와 이익을 부여하는 규제의 구별은 가치평가와 관련된 것으로 상대적임을 지적한 것에서 볼 수 있듯이 사실상 양자의 구별은 어렵다. 그리하여 미국 연방대법원은 공용수용과 경찰권에 의한 공적 규제의 구별에 관해 일관된 기준을 제시하지 못하고 경우에 따라 해결해 왔던 것이다.

공적 규제와 공용수용은 독일의 수용법리에 있어서 사회적 구속성과 공용수용에 해당하는 것으로서, 미국은 공용수용과 공적 규제에 대한 구별은 Pennsylvania Coal Co, v. Mahon 사건 이후 일정하게 기준을 적용하지 못하다가 1970년대 말 이후로 미연방대법원은 재산권규제가 수용으로 되는 요건으로 재산권에 대한 규제가 원고에게 미치는 효과, 재산권에 대한 규제가 명백히 투자에 대한 뒷받침된 기대(distinct investment-backed expectation)를 침해하는 정도, 정부행위의 성격(character of the government action)을 들고 있다.[302] 이에 따라 공용수용과 공적 규제를 구별해 보면 다음과 같이 볼 수 있다. 즉 공적 이용을 위한 토지수용은 보상을 필요로 하는 수용의 고전적 예인데 그러한 개념은 더 확대되고 있다. 재산권이 일정한 범위로 규제되는 동안 이 규제가 지나치게 심하다면, 이것은 아마 수용으로 인식될 것이다. 그리고 일반적으로 정부의 규제가 합리적인 공공이익을 추구하는 것이라면, 그리고 단순히 재산의 가치를 감소시키는 것에 불과하다면, 이러한 규제로 인해 보상 있는 수용이라는 사실이 발생하지 않는다. 정부의 행위가 합리적인 규제냐 보상 있는 수용이냐를 결정하는 데 있어 법원은 청구인에게 규제가 미치는 경제적 영향·규제가 확실한 개발기대를 방해하는 정도, 국가작용의 특징을 우선적

---

299) Orgel, *Valuation under The law of Eminent Domain*, Vol, 1. 2. 1953, p.8.

300) Humbach, *A Unifying Theory for the just-compensation Cases; Takings, Regulation and Public Use*, 34 Rutgers L. Rev, 1992, p.243.

301) 1992, 505 U. S. 1003.

302) Penn Central Transportation Co. v. New York City, 438, U.S, 1978, p.104.

으로 고려하여야 한다.303)

일반적으로, 공적 규제가 적법한 공공이익을 추구하고 단지 재산의 가치를 감소시키는 것에 불과하다면, 이로 인해 보상이 필요한 수용이라는 사실이 생기지는 않는다. 공적 규제가 합리적 규제이냐 수용이냐를 가리는 데 있어 법원은 청구인에게 규제가 미치는 영향, 규제가 확실한 개발기대를 저해하는 정도, 공적 행위의 특성과 같은 사항을 고려하여야 할 것이다. 이에 대해서는 다음과 같은 사례가 있다.

원고가 토지를 구매한 후 토지의 사용을 제한할 시 조례를 시행한 것은 상당한 보상 없이 수정헌법 제5조, 제14조를 위반하는 수용이 아니다. 이미 해석된 것처럼 조례가 거주에 관한 모든 사용을 금지시키는 것이 아니었다. 조례는 토지의 개발을 조절함으로써 도시화에 따르는 악영향을 회피하여 공공의 이익을 실제적으로 개선하였다. 원고는 그 이익을 공유하고 조절에 따른 제한을 받는다. 조례가 토지의 경제적 이용을 금지하거나 소유권의 기본적 기능을 폐지시킨 것도 아니다. 정의와 형평에 대한 어떠한 위반도 없었다.304)

기존의 공공건물, 거주지, 공동묘지를 보호하기 위하여 그 지하에 있는 석탄의 50%만을 채굴하도록 제한하는 펜실베이니아 주 법은 소유자에게 보상을 해 주어야 하는 수용이 아니다. 채굴권을 가진 소유자의 시행 가능한 경제상 재산 이용권이 부인된 것이 아니다. 대법원은 채굴이 공공복리에 중대한 위협을 가했다는 주 의회의 견해를 존중했다. 이러한 금지는 공공복리상 중요하고도 합법적인 목적을 위해 최대한 제한적으로 규정된 주 경찰권의 정당한 행사이다.305)

(1) 공용수용과 공적 규제의 구별 기준

종래 미연방대법원이 공용수용과 경찰권에 의한 재산권규제의 구별에 관하여 사용한 기준은 다양하고 일관된 것은 아니지만, 미국 연방대법원이 사용한 기준은 전통적 기준으로서 불법방해기준(Nuisance Test)306)과 가치감소기준(Diminution in Value Test)307)이 있으며, 그 후 발전된 기준으로는 첫째, 피해자에게 미친 경제적 영향의 심각성, 둘째, 규제가 토지소유자의 투자기대 이익에의 방해 정도, 셋째, 정부행위의 성질이 있다.308)

---

303) Barron, *Constitutional law*, West Publishing, Co, 1995, p.156.

304) Agins v. City of Tiburon, 447 U.S. 255(1980).

305) Keystone Bituminous Coal Association v. Debenedicts, 480 U.S. 470(1987).

306) Hadacheck v. Sebastian, 239 U.S. 394(1915).

307) Pennsylvania Coal Co, v. Mahon, 260 U.S. 393(1922).

308) 이 세 가지 요소 기준을 처음으로 채택한 판결은 Penn Central Transportation Co. v. City of New

그리고 Michelman, Sax 등의 구별에 관하여 사용한 기준은 다음의 몇 가지로 요약할 수 있다.309) 즉 행정청이 물리적으로 피해자의 소유물을 사용하거나 점유하느냐 여부, 피해자가 입은 손해의 정도, 피해자의 손해에 비하여 공공이익의 중대성 여부, 타인에게 해가 되는 행동에 대한 자유의 제한과는 관계없이 피해자가 손해를 입었느냐 여부의 네 가지 기준인데 그중 피해자의 손해에 비하여 공공이익의 중대성 여부에 의한 기준이 가장 유력하였다.

가. 물리적 침해설(Physical Invasion Test)

이 이론은 초기 미국사회에서 정부의 수용, 또는 규제가 별로 없었던 시기에는 보상의 필요성이 별로 문제가 되지 않았지만 정부의 활동이 활발해짐에 따라 재산권침해가 증대됨으로 인하여 헌법 수정에 의하여 보상의 범위를 확대하기 시작하면서 대두되었다. 공용수용은 물리적 침해여야 한다고 보는 이론(the physical invasion theory)으로 현재 미국의 법원에서는 거의 채택되고 있지 아니하다. 이 이론은 이미 18세기의 판례에서도 등장하였으나, 발전을 보게 된 것은 19세기이다.310) 이 판례의 발전에 큰 기여를 한 것은 Transportation Co. v. City of Chicago 사건의 건축공사 중 통행권 상실이나311) Mugler v. Kansas 사건312)에서 양조공장의 재산권 가치의 상실 등 보다 간접적인 재산권의 침해에 의한 손실은 포함하지 않았다.

이 이론에 대한 비판은 첫째, 물리적 침해의 대상을 토지로 한정하여 토지이용제한에 따른 침해에 대한 보상이 이루어지지 않는다는 점, 둘째, 수용을 물리적 침해에 한정하는 경우 미국의 모든 주의 사례에서 볼 수 있듯이 주정부가 보상을 하지 않기 위하여 사실

York, 438 U.S. 104(1977); 박원석, 「미국의 규제수용법리에 관한 연구」, 『중앙법학』 제2호, 중앙대학교, 2000, pp.126~137 참조.

309) Sax, "Takings and Police Power", 74 *Yale Law*, 1964, p.46.

310) 이 이론에 입각하고 있는 판례로는 pumpelly v. Green Bay Co. 80 U. S. 166(1871); United States v. Central Eureka Mining Company, 357 U.S. 155(1958).

311) 99 U.S. 635(1878).

312) 123 U.S. 623(1887). 양조가 합법적으로 허용된 당시에 창립된 양조회사가 술의 제조, 판매를 금지당한 데 대한 보상을 청구한 동 사건에서 Harlan 대법관은 수정헌법 제5조의 'taken'이란 문언에 주목하여 원고의 청구를 기각하는 이유 중 하나로서 이러한 구제는 공익을 위한 재산권의 박탈이 아니고, 단지 사회공동체에 유해한 사용에 대한 제한에 불과한 것으로 정부가 자신의 이익을 위하여 재산권을 박탈한 것이 아니라는 견해를 제시하였다. 이러한 Harlan 대법관의 개념적, 형식적 접근방법은 정부가 행한 행위의 피해자에 대한 경제적 효과는 문제 삼지 않고 재산권의 규제와 공용수용에는 단순히 정도의 차이가 아니라, 질적 차이가 있음을 전제로 하는 것이었다. 그리하여 소유권자가 그 재산을 여전히 이용·처분할 수 있고 또 주가 이를 박탈하지 않고 다만 공익을 위하여 그 사용에 개입하는 것은 공용수용이 아니라고 보았다.

상 수용에 해당되는 침해를 하면서도 물리적 침해가 아닌, 우회적 방법으로 그 목적을 달성하려는 경우가 많아 사유재산제에 대한 중대한 위험을 초래하였고, 셋째, 물리적 침해에 의한 손실을 받은 자와 간접적 침해에 의하여 같은 정도의 침해를 받을 자를 구별할 실익이 없으며, 그러한 형식에 의한 구별은 구체적 타당성을 잃은 결과를 초래한다는 비판이다. 그리고 넷째, 이 이론은 헌법상의 문언에 지나치게 집착하여 재산은 고유물을, 수용은 물리적 박탈을 의미하는 것으로 해석하였다는 비판을 제기할 수 있다.

나. 해악적 침해설(Noxious Test)

이 이론은 누구도 자기의 재산을 사용함에 있어서 타인의 재산에 해를 끼쳐서는 안 된다는 법리로 유해한 토지이용과 그렇지 않은 이용을 구별하여 유해한 토지이용에는 보상을 요하지 않고, 유해하지 않는 토지이용에는 보상을 요한다는 입장이다. 즉 타인에 해가 되는 행위에 제한인가 아니면 이와는 관계없는 제한으로 인하여 피해자가 손해를 입었느냐의 여부에 따라 결정하려고 한다.

이 이론은 물리적 침해설과 같이 발전되어 왔는데, 해악적 침해설에 의하여 판결한 사건으로는 Harlan 대법관이 물리적 침해설과 동시에 해악적 침해설을 주장하였던 Mugler v. Kansas 사건313)과 사과나무를 보호하기 위하여 보상 없이 향나무의 벌채를 명하였던 Miller v. Schone 사건,314) Just v. Marinette 판결315) 등이 있다.

해악적 침해설은 기본적으로 개인의 재산권은 단순히 공적 편익을 위하여 침해되어서는 안 되나 개인의 재산권도 공공의 이익을 침해하여서는 안 된다는 점에 기초하고 있다. 이 이론을 적용하는 경우 물리적 침해설에 대해서는 수용의 범위가 확대된다고 할 수 있다.

이러한 해악적 침해설에 대해서는 다음과 같은 비판이 있다. 첫째, 어떠한 경우를 유해하다고 볼 것인가 하는 것이 매우 애매모호하고 주관적이다. 즉 수용 여부가 문제 되는 대부분의 경우는 재산권의 사용 자체가 사회적으로 유해한 경우보다는 재산권의 무해

---

313) 123 U.S. 623, 669(1887). Harlan 대법관은 정부의 역할에 대해서가 아니라, 정부의 행위를 초래한 재산소유자 행위의 질에 착안하여 재산권의 사용을 해악적 사용(noxious use)과 무해한 사용(innocent use)으로 구별하고 공적 불법방해(public nuisance)를 가져오는 재산권에 대한 침해는 경찰권의 행사로서 수용과는 다른 것으로 전자는 단지 불법방해만이 제거되었을 뿐이나, 후자는 수유권자의 무해한 재산권 사용을 침해하는 것이라 하였다. 이러한 Harlan 대법관의 이론구성은 현대의 미국의 각 법원의 판례에서도 간간이 인용되고 있다.

314) 276 U.S. 272(1922).

315) 56 wis. 2d. 7. 201 N.W. 2d 761(1972)

한 사용 간의 충돌로 인하여 어느 한쪽의 사용을 구제하는 경우이므로 이 이론은 어떤 해결책도 제시하지 못한다. 즉 토지이용규제의 경우 해악적 사용으로 인한 규제라기보다는 인근토지 간의 이용관계의 조정을 의미하는 것이다. 이 점은 특히, 재산권의 규제가 어떤 사회적 정책을 실현하기 위하여 행해지는 경우에 그러하다. 둘째, 무엇이 유해한 이용인가는 어떤 토지이용과 상관관계에 의하여 결정되는 것이며, 따라서 유해한 이용을 이유로 보상을 하지 않는 것은 타당하지 않다는 비판이 있다.316) 셋째, 해악의 개념 자체의 변화, 즉 무주물에 대한 해악의 인정, 빈부의 차이에 따른 해악의 판단 등의 문제로 인해서도 이 이론은 곤란하다.317)

이 이론은 위와 같은 비판 이외에도 기본적으로 개인의 재산권보다는 공공복리를 중시하는 입장에 있으면서도 공격적으로 해악을 끼치는 경우만을 보상 없이 규제할 수 있다고 함으로써 무해한 재산사용이 보다 큰 공공복리를 위하여 행사되지 않는 경우에 이를 규제하는 것에 대해서는 왜 보상이 지급되어야 하는지에 대해 해명을 하고 있지 않다는 지적도 있다.318)

다. 가치감소설(Diminution in Value Test)

이 이론은 사회의 변화에 따라 Harlan 대법관의 주장이 실효성을 잃게 됨에 따라 Holmes 대법관에 의하여 주장된 기준으로 보상 여부의 기준을 피해자에게 가해진 침해의 정도에서 찾아 재산권의 규제가 재산의 시장가치를 현저히 저하시키는 경우 수용이 된다고 보는 것이다.319) 가치감소설의 영향력은 그 당시뿐만 아니라 그 후에도 상당한 영향력을 발휘하였다.

이 이론은 재산권의 감소 정도가 많은 판결에서 결론을 도출함에 있어서 유일한 요소가 아니더라도 중요한 요소로 고려되었다. 그리고 물리적 침해설과 해악적 침해설의 단

---

316) Sax, op, cit, p.37.

317) Tribe, Constitutional Law, 1988, p.462.

318) Development in the law-Zoning, 91 Harv. L, Rev, 1978, p.1471.

319) Holmes 대법관은 Pennsylvania Coal Co. v. Mahon 사건에서 재산권은 어느 정도 규제될 수 있으나 그 정도가 지나치면 공용수용이 되며, 공적 조건개선을 위한 강렬한 요청만으로도 보상에 의한 입헌적 방법에 의한 변화보다 지름길로 그 요청을 충족시킬 수 없다고 하였다. Holmes 대법관은 이 문제를 Harlan 대법관과 같이 개념적, 형식적으로 접근하지 않고 사회적 갈등의 표현이라는 측면에서 이해하여 경찰권의 행사와 공용수용 간에는 질적 차이가 있는 것이 아니며, 공적 필요에 의한 재산권의 규제로서 보상의 여부는 그 규제에 의한 경제적 침해의 정도에 의해 결정해야 한다고 보았다. 그는 이 문제에 대한 법의 역할은 상충되는 충돌을 공정·평등하게 해결하는 데 있다고 보고, 공정성 기준(test of fairness)을 도입하였다. 그리하여 그는 공용수용 여부를 규제에 의하여 피해자에게 가해진 경제적 피해의 정도에 의할 것을 주장하고 규제가 지나치면 수용이 된다고 하였다.

점을 극복하고 근대사회에 있어서 복잡하고 다양한 토지에 관한 재산권의 보호에 구체적 기준을 제시함에 따라 타당성을 갖게 하였다. 또한 이 이론은 입법부가 대립하는 가치에 대하여 행하는 선택적 판단을 용이하게 하였다. 물론 이 이론에 대해서도 다음과 같은 비판이 있다. 첫째, 이 이론에서 말하는 가치감소란 도대체 무엇을 의미하는가에 대해 아무런 해명이 없다. 즉 재산권을 구성하는 가치는 다양하며 문제가 되는 권능은 언제나 규제에 의해 완전히 침해되었다고 할 정도로 좁게 정의될 수 있는 것이기 때문에 언제나 공용수용이 인정될 수 있게 된다. 둘째, 어느 정도의 가치감소가 있는 경우 수용으로 볼 것인가이다. Holmes 대법관 자신도 그러했던 것처럼 이 이론의 핵심적 요소라 할 수 있는 수용이 되는 경제적 피해의 정도에 관해 명확한 기준이 없으며, 이러한 기준의 애매성으로 인하여 법원의 그때그때 판단에 의존하는 위험성을 가진다. 셋째, 이 이론에 의하면 재산사용의 해악성은 침해 정도를 정하는 데 고려하지 않게 되며 일정 정도 이상의 침해가 있더라도 그것을 정당화시킬 충분한 이유가 있는 경우가 전혀 무시되고 있다는 비판을 면할 수 없다.[320] 그래서 이 이론이 실제적으로 효용을 가지는 것은 대체로 물리적 침해가 아닌 재산권침해와 아무런 해악을 가져오지 않는 재산사용에 대한 규제의 경우만이라고 지적되기도 한다.[321] 넷째, 이 이론은 수용 여부 판단에 있어 문제가 된 재산권을 평가할 때 포함해야 되는 가치영역을 구체화하지 못했다는 비판도 가해진다. 즉 경제적 가치만으로 헌법에 의해 보호되는 이익이 창출되는 것은 아니라는 것이다.

한편, Holmes 대법관이 주장한 가치감소설은 Pennsylvania Coal 사건이 있은 지 6년 뒤 Miller v. Schoene 사건[322]에서 미연방대법원은 사실상 Pennsylvania Coal 사건과는 상반되는 판결을 함으로써 Holmes 대법관 자신에 의해서도 사실상 부정되기도 하였다. 그리하여 Holmes 대법관의 이러한 의견은 Ackerman의 지적에 의하면 수용법에 있어 가장 중요하고도 가장 불가한 주장이며, Rehnquist 대법원장의 표현처럼[323] 규제적 수용법리(regulatory takings)의 기초를 놓았다고 평가되는 동시에, 오늘날 수용의 법리에 관한 혼란을 초래한 것으로 비난받기도 하는 것이다.[324]

---

320) Michelman, op. cit, p.1191.

321) Michelman, ibid, p.1191.

322) 276 U.S, 272(1928).

323) Keystone Bituminous Coal Ass'n v. Debenedictis, 480 U.S. 470, 508(1987).

324) 이에 관해서는 Brauneis, "The Foundation of our Regulatory Takings Jurisprudence", The Myth and meaning of Justice Holmes's Opinion in Pennsy lvania Coal Co. V. Mahon, 106 *Yale Law Journal* 613, 1996, pp.615~618.

라. 형량이론(Balancing Test)

이 이론은 재산권의 규제에 의하여 공익과 개인의 재산권침해로 인한 손실을 비교하여 개인의 재산권침해로 인한 손실이 더 큰 경우 수용으로 보아 위헌·무효로 하는 것이다.[325] 이 이론은 지금도 미국 연방법원에 의하여 자주 채택되고 있으며, 수용을 판단함에 있어서 규제에 의하여 실현되는 경제적인 효율성을 강조한 점에 의의가 있다. 반면에 대부분의 수용사건을 해결하기 위하여 구체적 사건마다 사실상 형량기준에 기초하고 있다는 지적도 있다. 그러나 이 이론에 대해서는 다음과 같은 비판이 가해지고 있다. 첫째, 재산권의 침해로 인한 개인의 재산적 손해는 측정할 수 있으나 공적 이익의 측정은 어려워 비교 형량에 문제가 있다. 둘째, 공적 이익이 사적 손해를 초과한다 해도 그것은 그러한 규제가 효율적이라는 것을 의미하는 것이지 피해자에게 보상을 해 주지 않아야 할 이유는 될 수 없는 것이다. 셋째, 사적 이익과 별개의 독립한 공적 이익이 존재할 수 없는 것이 자유민주주의의 제도적 기초인데, 이 이론은 피해자의 이익과 공적 이익을 대립시키고 피해자의 이익은 공적 이익에서 제외시키는 문제점이 있다는 비판을 받고 있다.[326]

(2) 새로운 학설

가. Sax의 이론

Sax 교수는 공적 규제와 공용수용의 구별은 사인의 재산권에 대한 침해의 목적에 따라, 즉 정부행위의 성격에 따라 결정해야 한다는 주장이다. 다시 말하면 공익을 위하여 개인의 재산권을 침해하는 경우에는 정당한 보상을 하여야 하는 수용이지만, 사인 간의 분쟁을 해결하려는 입장에서 재산권에 대한 규제는 공적 규제라는 것이다.[327] 이 이론은 Penn Central Case[328]에서 정립된 수용성립의 요건 중 정부행위의 성격이라는 요건에

---

325) 이 이론은 Pennsylvania Coal Co v. Miller 사건에서 Holmes 대법관의 견해에서 그 맹아를 발견할 수 있는데 여기서 형량이론은 가치감소설과 결합하여 있었다. 이 사건에서 Holmes 대법관은 공적 규제를 인정하면 석탄 회사는 그 규제로 인하여 생기는 공익보다 더 큰 손실을 입게 된다고 하여, 주거지 지반 붕괴를 우려한 지하 석탄채굴을 금지한 것이 수용이 된다고 하였다. 근래의 판례로는 Ahins v. Tiburon 사건(1980)에서 법정의견을 쓴 Powell 대법관이 지역지구지정(zoning ordinance)에 의하여 재산이 수용되었느냐 여부를 결정하기 위하여 사익과 공익의 형량이 필요하다고 한 바 있다(447 U.S. 255(1980).

326) Michelman, op. cit, p.1194.

327) Sax. Taking, Private Property and Public Rights, 81 Yale L. J. 149, 1993, p.149.

328) 연방대법원은 이 사건에서 공적 규제와 수용을 구별하는 기준으로 3가지의 요소(three parts test)를 제시하였다. 그 요소로는 ① 정부의 규제행위 또는 명령의 성질, ② 재산권 소유자에 대해 규제가 미치는 경제적 영향, ③ 합리적인 투자에 기초한 기대이익의 침해 정도이다. Penn Central Transportation Co. v. New York City, 438 U.S. 104.

영향을 미친 것으로 생각된다. 그리고 이 이론은 종래의 이론을 발전시켜 주관적 · 가치적 요소를 배제시켜 공적 규제가 허용되는 범위를 명확히 하였다. 그러나 공공의 이익과 형식적 기준의 설정 양자 모두를 위하여 재산권에 대한 규제가 이루어지고 있는 것이 일반적이고, 정부행위의 성격 구별에 대해 애매모호하고 재산권보장의 위험을 초래한다는 비판이 있다.

나. Michlman의 이론

Michlman은 보상을 요하는 수용과 보상을 요하지 않는 공적 규제의 차이는 체감손실비용과 거래비용을 양적으로 평가하는 유용성 평가[329]와 사회 전체의 이익을 고려하는 공정성 평가[330]에 의한 형량적 분석에 의하여 구별된다고 주장하였다.

체감손실비용이란 수용을 당하는 자 또는 수용을 당하지는 않았지만 장차 무보상으로 수용을 당할지도 모르는 자에 대한 체감비용을 금전으로 환산한 것을 말한다. 따라서 체감손실비용이 거래비용을 초과하는 경우에는 규제적 수용으로 보아 보상을 하여야 한다.[331]

이 이론은 체감감소비용 또는 거래비용 등 그 산정에 있어서 구체화 · 수량화하기 어려운 개념을 기초로 하고 있기 때문에 법원에 의한 적용에는 어려움이 있다는 비판이 있으며, Michlman은 그 자신도 이 기준은 입법과 행정에 있어서 지침이 될 것을 기대하고 있다.

다. Fischel의 이론

이 이론은 규제적 수용의 성립 여부는 사회적 규범에 기초해야 한다는 이론으로서 사업시행자가 자신의 토지를 사용하는 경우는 정당한 규제이지만 사회적 규범을 초과하여

---

329) 그는 먼저 토지의 규제에 관하여 첫째, 효율적 순이익(net efficiency gain), 둘째, 의욕저하비용(demoralization cost), 셋째, 분쟁해결비용(settlement cost)이란 새로운 개념을 제시하였다. 효율적 순이익은 규제에 의하여 얻어지는 사회적 이익에서 그것을 위하여 필요한 사회적 비용을 제외한 사회적 이익의 증가량이다. 의욕저하비용은 보상 없이 당해 규제가 행하여진 경우에 규제를 받는 사인 및 동종의 침해가 장래 스스로의 재산권에 생길 것을 우려하는 다른 사인에게 생기는 마이너스 효과, 그들이 이러한 규제에 의하여 본래 행하려고 한 경제적 활동을 포기함으로써 생기는 사회적 손실을 보탠 것을 말한다. 분쟁해결비용은 의욕저하비용을 피하기 위하여 필요한 보상에 의한 분쟁해결에 필요한 사회적 자원, 즉 보상비용 및 그에 필요한 시간, 노력 기타 자원을 말한다.

330) 또한 Michelman이 제안한 기준은 공평성인바, 사회적 효용의 최대화라는 별개 차원의 문제 각인에 대한 공평성의 보장이라는 시점에서 제안되었다. 그는 공평의 내용을 다음과 같이 설명한다. 보상 없는 규제를 당한 자가 그러한 규제에는 보상을 요하지 않는다는 원칙 아래서 계속하여 토지이용규제가 행하여지는 쪽이 그렇지 않은 쪽보다 장기적으로 보면 바람직스럽다는 것을 납득할 수 있는 경우에는 그러한 선택은 공평하다고 할 수 있다고 한다.

331) Michelman, Property, Utility, and Fairness: Comments on the Ethical Foundation of Just Compensation Law, 80 Harv. L. Rev. 1967, pp.1125~1128.

토지소유자로 하여금 강제로 공공이익에 기여하도록 하는 것은 규제적 수용으로 보아 보상을 하여야 한다는 것이다.332)

라. Radin의 이론

미국은 1980년 후반기부터 연방대법원을 중심으로 실무와 학설에 있어서도 종래의 비교형량기준과는 다른 접근 방법이 시도되고 새로운 견해가 나오고 있다. 그중 대표적인 학자가 Radin이다. Radin 교수는 재산의 성질에 따른 헌법상 보호의 정도에 차이를 두어야 한다고 주장하면서 수용성 여부의 심사에 있어 재산의 성질의 중요성을 강조하였다.333)

이러한 입장에서 Radin 교수는 우선 물리적 침해를 받은 경우에 재산 그 자체의 성질을 고려하여야 한다고 지적한다. 예를 들면, 인격과의 관계가 밀접한 주거가 물리적 침해를 받은 경우와 그 이외의 시설이 물리적 침해를 받은 경우는 보호의 정도가 다르다고 생각한다. 이러한 관점에 의하면, Loretto 사건334)에서 물리적 침해는 집주인의 인격에 대한 관련성이 주거보다도 희박한 임대용아파트에 대한 것이고, 당해 건물을 임대용에서 개인용으로 바꾸면 규제 법률이 미치지 않게 됨으로써 특별한 보호를 받을 가치가 없다고 하게 된다. 그리고 시장거래에 관한 권리가 침해된 경우에 대해서도 Radin 교수는 규제를 받는 재산의 성질이 고려되어야 한다고 한다. 예를 들면, 법인이 소유하는 재산을 적정한 시장가격으로 노동자에게 지급하라는 규제는 등가교환이기 때문에 수용으로 되지 않지만, 반대로 사인으로 하여금 주거를 법인에 적정한 시장가격으로 매각시키는 규제는 금전적으로 등가교환이라 하더라도 수용이 성립할 수 없다고 한다.

위에서 살펴본 예시들은 이미 소유자가 어떠한 형태로 재산을 이용하고 있었던 경우이지만 만약 그것이 개발행위에 대한 규제이면 어떻게 될까? 이에 대해 Radin 교수는 소유자가 사인인지, 투기자인지, 주택건축을 위한 토지인지 여부에 관한 고려가 필요하다고

---

332) Fischel · Shapiro Perry, "Taking Insurance and Michelman: Comments on Economic Interpretation of Just Compensation Law", 17, *Journal Legal Studies*, 1988, p.269.

333) Radin, supra note 129, 1988, p.1685.

334) Loretto V. Teleprompter Manhattan CATV Corp, 458US.419(1982). 이 사건은 아파트 소유자인 원고가 피고인 케이블 TV 회사에 아파트에 대한 CATV설비의 설치를 허락하는 대가로 일정한 수입을 얻고 있었는데 그 후에 뉴욕주 임대인은 자신의 건물에 대한 CATV수신시설의 설치를 방해할 수 없다는 주법을 제정하여 피고회사가 이를 원용하자 원고는 종전의 일정한 수입을 얻을 수가 없게 되었다. 이에 원고는 피고회사가 원용하는 주법은 보상 없는 수용이므로 무효라고 주장하면서 손해배상과 금지명령을 요구하는 소를 제기한 사례였다. 주 법원은 모두 주법을 합헌이라고 하였으나 연방대법원은 이를 파기 환송하였다. 연방대법원의 법정의견은 본건과 같은 영구적 물리적 점유를 수반하는 규제는 다른 규제에 비하여 그 엄격함이 질적으로 다르고 점유당한 장소의 범위 및 입법목적을 고려할 필요도 없이 카테고리컬한 수용이 성립한다고 판시하였다.

한다. 이러한 관점에서 보면, Lucas 판결은 개인에 의한 주택건축을 위한 초기개발을 금지하는 규제에 대하여 총체적 감소를 이유로 수용을 인정한 사안이지만, 개인에 있어서 주택건축은 인격과 밀접한 이용이므로 수용 여부의 심사에 있어서 재산의 성질이 고려된 사례로 재해석할 수 있다.

(3) 검토

규제적 수용의 구별기준에 관하여 학설과 판례를 살펴보았다. 우선 학설을 정리하여 보면, 물리적 침해설은 헌법상의 문언에 치우쳐 수용을 물리적 침해에 한정함으로써 오늘날 규제의 범위가 확대됨에 따라 규제적 수용을 인정하지 않는 문제점이 있으며, 해악적 침해설은 공공복리를 중시하는 관점에 있으면서도 이 이론의 핵심인 해악성의 기준이 애매모호하다는 비판을 받고 있으며, 가치감소설은 재산의 경제적 피해의 정도에 관한 명확한 기준을 제시하지 못한다는 비판을 받고 있으나 후술하는 규제적 수용의 법리 기초를 놓았다는 점에서 높이 평가되고 있다. 형량이론은 공익과 사익을 형량하여 수용 여부를 결정하는 것으로 지금도 미국법원에 의하여 자주 채택되고 있으나 사익과 공익을 대립시키고 사익을 공익에서 제외시키는 문제점이 있다.

기존의 학설을 비판하면서 Sax는 수용주체로 기능수행 여부와 외부효과에 따라 수용 여부를 결정하여야 한다는 새로운 기준을 제시하였다. Michlman은 사회적 효용의 최대화 공평성의 보장이라는 두 가지 시점에서 보상이 필요한 규제와 그렇지 않은 규제를 구별할 것을 제안하였다. 그리고 Radin 교수는 수용성 여부의 기준에 대하여 재산의 성질을 강조하였다. Michlman은 경제학적 측면에서의 효율성을 그리고 정책적 측면에서의 공평성을 강조한 것이라고 볼 수 있다.

3. 규제적 수용

1) 의의

규제적 수용(regulatory taking)은 Pennsylvania Coal v. Mahon 사건 전까지는 보상을 요하지 않은 재산권의 제한에 포함되었지만 Pennsylvania Coal v. Mahon 사건 후 재산권의 물리적 박탈만을 수용으로 보는 것이 아니라 재산권의 제한 정도가 지나쳐 재산적 가치를 감소시키는 경우에 이를 규제적 수용으로 보아 보상해야 한다는 것을 의미한다.335) 규제적 수용에 대한 정확한 의미는 재산권에 대한 규제 또는 제한이 수용의 법리에 의한 보상을 요하는 정도로 개인의 재산적 이익을 침해할 경우이다. 이를 공용수용, 또는 공용제한(zoning)으로 번역하기도 한다. 그러나 공용수용, 즉 공익사업을 위한 재산권의 강제취득에 해당하는 것으로는 takings 또는 eminent do main이라는 용어가 사용되고 있으며, 공용제한이란 공익을 위해 재산권 행사를 제한한다는 것에 중점을 두고 있는 용어임에 반하여, 규제적 수용이란 재산권침해에 대한 보상을 강조하는 용어이므로, 우리에게는 다소 생소하지만 의미의 정확성을 위해 규제적 사용으로 해석하고 있다. 결국, 규제적 수용이란 행정청의 일반적 규제권에 근거한 공적 규제의 정도를 벗어나서 수용의 법리에 따른 보상이 요구되는 재산권의 침해라고 정의할 수 있다.

그러나 기술한 바와 같이 규제적 수용의 법리는 1922년 Pennsylvania Coal v. Mahon 사건 이후 어떠한 경우에 규제적 수용에 해당하느냐를 결정하는 기준336)이 구체적으로 법률에 의해 규정된 것도 없으며, 사건의 성질이나 내용에 따라 별개의 기준을 제시하고 있어 혼란을 가중시키고 있다. 규제적 수용은 기술한 공적 규제와 수용의 구별에 관한 학설과 판례에 의하여 정립된 이론에 근거하고 있으며, 사법부의 판단에 일임하고 있다.

2) 규제적 수용의 헌법적 근거

규제적 수용의 헌법적 근거는 연방헌법 수정 제5조는337) "적정절차 없이는 누구도 생명과 자유와 재산권을 박탈할 수 없으며, 정당한 보상 없이는 공익에 사용할 목적으로 사적 재산권을 수용할 수 없다"라고 규정함으로써 보상이 없는 공용수용을 금지하고 있음에 따라 본 규정은 연방정부의 규제적 수용에 대한 헌법적 근거가 된다. 아울러 수정

---

335) 정연주, 「미국헌법상 재산권 수용의 법리: 수용의 허용조건과 관련한 연방대법원 판례를 중심으로」, 『미국헌법연구』 제16권, 제2호, 미국헌법학회, 2005, p.86.

336) 규제적 수용의 기준에 대해서는 전통적 기준으로 위에서 기술한 내용에 나라 정리하면 ① 해악적 기준, ② 가치삼소기준 그리고 그 후에 발전된 기준으로서 3가지의 요소(three parts test)가 있다. 그 요소로는 ① 정부의 규제행위 또는 명령의 성질, ② 재산권 소유자에 대해 규제가 미치는 경제적 영향, ③ 합리적인 투자에 기초한 기대이익의 침해 정도이다.

337) Amendment 5(Criminal actions — Provisions concerning — Due process of law and just compensation clauses) − /No person shall be held to answer for a capital, or otherwise infamous crime, unless on a presentment or indictment of a Grand Jury, except in cases arising in the land or naval forces, or in the Militia, when in actual service in time of war or public danger; nor shall any person be subject for the same offence to be twice put in jeopardy of life or limb; nor shall be compelled in any criminal case to be a witness against himself; nor be derived of life, liberty, or property, without process of law; nor shall private property be taken for public use without just compensation.

헌법 제14조 제1항은338) "어떠한 주도 적법절차 없이는 개인의 생명, 자유, 재산권을 박탈할 수 없다"라고 규정하여 주의 규제적 수용에 대한 헌법적 근거를 마련하고 있다. 물론, 각 주 헌법은 연방수정헌법 제5조와 유사한 내용을 규정함으로써 규제적 수용에 대한 주 헌법적 근거를 두고 있다.

3) 규제적 수용의 적용 사례

정부가 공공의 이익을 증진시키기 위하여 사유재산을 보상과 함께 수용할 수 있다는 것이 규정된 반면, 규제권에 의하여 재산권 사용에 대한 규제를 받게 되며 재산권 규제에 대한 정도가 지나쳐 수인의 한도를 넘게 되면 수용이 된다는 것이다.

Mahon 판결 이후 법원과 학자들을 당황하게 만든 문제는 무엇이 정도를 지나친 것인가 이1다. 언제 규제가 수용이 될 것인가339) 하는 규제적 수용기준이다. 이에 대하여 기술한 바와 같이 연방대법원 Penn Central Transportation Co. v. city of New york 사건에서 전통적인 불법방해기준, 가치감소기준 외에 세 가지 요소를 제시하였다. 그것은 첫째, 청구인에 대한 규제의 경제적 효과, 둘째, 법규가 투자의 기대치를 억제하는 범위 그리고 셋째, 정부행위의 특성이다. 이 기준은 법원의 광범위한 자유재량과 분명히 일치한다. 그리고 규제적 수용을 고려한 사건들이 종종 일관성이 없고 조정하기 어려운 것은 놀라울 일이 아니다. 이 기준들이 지적하는 것과 같이 법원은 정부규제의 경제적 효과와 범위는 그들이 사유재산 소유자의 합리적인 기대를 침해하는 범위에 특별히 초점을 맞추었다고 생각한다. 이하에서는 규제적 수용의 기준 변화에 따른 규제적 수용의 대표적 사례를 살펴보고자 한다.

(1) Pennsylvania Coal v. Mahon Case
이 판결은 가치감소기준에 입각하여 결정한 케이스로 사건 개요 및 판결의 요지를 요약하면 다음과 같다.

---

338) Amendment 14, Section 1(Citizenship – Due process of law – Equal protection) – All persons born or naturalized in the United States, and subject to the jurisdiction thereof, are citizens of the United States and of the State wherein they reside. No State shall make or enforce any law which shall abridge the privileges or immunities of citizens of the United States; nor shall any State deprive any person of life, liberty, or property, without dud process of law; nor deny to any person within its jurisdiction the equal protection of the laws.

339) For an excellent discussion of the issue, tracing it back to Mahon, 참조. Carol Rose, Mahon Re Reconstructed; Why the taking issue is still a muddie, 57 So. Calif. L Rev, 1984, p.561.

전통적으로 정부가 사유재산을 수용했거나, 또는 실질적으로 사유재산을 점유한 곳의 상황에 대한 수용을 법원이 제한하였다. Pennsylvania Coal v. Mahon Case의 획기적인 케이스에서 법원은 사유재산의 사용에 대한 정부의 규제가 정도를 지나치면 수용이 된다고 선언하였다.[340]

Pennsylvania Coal v. Mahon Case는 어떠한 형태로든지 소유물이 침몰하는 원인이 되는 석탄 채광을 금지하는 펜실베이니아 주 법규에 연계되었다. 그 법률의 효과는 확실한 채광권을 소유하고 행사하는 사회의 권리를 억제하는 것이다. 지표면을 유지하기 위해 지하에 있는 기둥 모양의 석탄은 그대로 남겨 놓도록 요구하였다. 정부는 사유재산을 압수, 점유, 파괴, 또는 침입하지 않았으나 정부는 사유재산의 사용을 규제하였다. 그래서 연방대법원에 상소하기 전에 문제는 정부의 규제가 수용요건에 해당하는지 아닌지를 결정하는 것이다.

Oliver Wendell Holmes 판사는 법원에 의견을 제출하기를 사건의 전부는 아닐지라도 규제가 어떤 일정한 범위에 도달하였을 때 그것은 수용이라고 판결하였다. 대부분의 사건은 토지수용의 실행에 관한 것이고, 보상은 이러한 토지수용을 지지하기 위해 필요한 것이다.

Holmes 판사는 정부의 행위가 원인이 되어 재산의 가치가 감소된 모든 소유자에게 재산손실에 대한 보상을 하여야 하며, 이는 정부가 정부의 역할을 다하지 못하였다는 것을 인정하는 것이라고 했다. 그러나 그는 재산이 일정한 범위로 규제되는 동안 규제가 지나치면 수용으로 인정될 것이라고 한다. 채광을 제한한 펜실베이니아 주 법은 수용이라고 Holmes 판사는 결론지었다. 왜냐하면, 펜실베이니아 주 법에 의해 상업성이 없는 석탄을 채광하는 것은 주법에 의해 수용했거나 파기한 것같이 헌법의 목적과 같은 효과를 가진다.[341] 그러므로 수용이라고 판결하였다.

(2) Penn central Transportation co. v. city of New York Case

이 판결은 첫째, 청구인에 대한 규제의 경제적 효과, 둘째, 법규가 투자의 기대치를 억제하는 범위 그리고 셋째, 정부행위의 특성이라는 규제적 수용의 기준을 제시한 의미 있

---

340) Concluding that a state prohibition of alcohalic beverages was not a taking and declaring that "a prohibition …… upon the use of property for purposes that are declared, by valid legislation, to be injurious to the health morals, or safety of the community, cannot in any sense, be deemed a taking or an appropriation of property for the public benefit."(430 260 U. S. 393, 415(1922)).

341) Keystone bituminous Coal Assoc. v Debenedictis, 480 U. S, 470(1987); upholdihg a Pennsylvania law that limited the amount of coal that could be removed so as to prevent subsidence of land.

는 판결이다.

이 케이스에서 연방대법원은 정부가 어느 건물을 역사적인 건물이라고 지명하면서 그 빌딩의 최상부를 실제로 가치가 있는 확장공사를 주인이 하지 못하게 억제할 때, 그것은 수용이 아니라는 판결을 하였다.[342] 연방대법은 그 규제가 소유자의 이윤을 추구할 수 있는 빌딩의 사용을 억제하지 않았다는 것을 강조하면서 실질적으로 그 빌딩 위의 지상권에 관한 모든 개발을 억제하지는 않았다. 왜냐하면, 그 빌딩은 역사적인 건물로 지정되었기 때문에 오직 재산 가치를 감소시키는 효과만이 있을 뿐이라고 하였다. 그리고 이것은 아주 중요한 목적에 이용될 수 있기 때문에 연방대법원은 적정보상이 요구되는 수용이 아니라고 하였다.

Penn central 케이스는 연방대법원의 다음과 같은 최근 판례인 Lucas v. South Carolina Coastal Council 케이스와 비교하여 볼 수 있다.[343] 어느 사람이 해변의 땅을 약 1백만 불에 구입한 후 주정부가 해변보호계획을 채택했는데, 그 보호계획은 토지소유자들의 토지에 어떠한 영구적인 주거용 구조물을 건축하는 것을 불허한다는 것이다. 주법원은 판례에서 이러한 불허는 재산의 가치감소를 가져온다고 결론지었다. Scalia 판사는 법원에 의견을 제출하기를 규제가 모든 경제적 이윤이나, 혹은 토지의 생산적 사용을 부인하는 경우, 규제는 수용으로 된다고 하였다. Scalia 판사에 의하면 그곳에는 우리가 자주 표현하는 확신을 위한 아주 좋은 이유가 있는데, 그것은 공적인 이익이라는 명목하에 부동산의 소유자가 모든 경제적으로 유익한 사용을 희생하라고 요구받았을 때, 그의 재산은 경제적 유휴지로 방치되고 그것은 수용에 해당된다. 그가 토지를 취득할 당시에 개방을 위한 유사적 제한을 하지 않았다면, 해안보호법은 Lucas의 재산을 수용하였다고 연방대법원이 결론지었다.[344] 매우 적은 부분이라도 정부의 행동이 재산을 합리적이고 경제적으로 개발 가능한 이용인 경우는 규제적 수용이 아니라는 것을 분명히 하였다. 또한 규제

---

342) 438 U.S. 104(1978).

343) 112 S. Ct. 2886(1992).

344) In a foornote, Justice Scalia indicated that less than a complete elimination of economic value could be the basis of a taking. Scalia Wrote: Regretatbly, the rhetorical force of our "deprivation of all economically feasible use" rule is greater than its precision, since the rule does not make clear the "property interest" against which the loss is to be measured. When, for example, a regulation requires a developer to leave 90% of a rural tract in its natural state. It is unclear whether we would analyze the situation in which toe owner has been deprived of all economically beneficial use of the burdened portion of the tract or as one in which the owner has suffered a mere diminution in the value of the tract as a whole. Unsurprisingly, this uncertainty regarding the composition of the denominator in our "deprivation" faction has produced inconsistent.

적 수용인지 아닌지를 평가하는 데 결정적인 것은 재산소유자의 기대에 대한 정부의 행위에 달려 있다. 예를 들면, 연방대법원은 South Carolina 주정부는 부동산을 지금 존재하는 상태로의 이용을 금지하는 재산법과 불법방해의 원칙을 분별할 수 있다면, 수용으로 간주되는 수용규칙을 무효로 할 수 있다고 하였다.

(3) Miller v. Schoene Case

이 판결은 가치감소 기준에 입각하여 판결한 것으로 그 판결의 요지를 살펴보면 다음과 같다.

이 케이스에서 버지니아 주 정부는 번식력을 가진 나무 전염병인 참죽나무 녹균의 확산을 막기 위해 아주 많은 관상용 붉은 삼나무들을 제거할 것을 명령하였다. 주정부의 행위는 그 근처의 많은 사과나무 과수원을 보호하기 위한 것이었다. 법원은 주정부의 편을 들어 관상용 붉은 삼나무의 소유자에게 정당한 보상을 제공할 것을 요구하지 않았다. 법원은 정부에 두 종류의 소유재산을 보존하는 방법 중에서 하나만을 선택할 것을 강요하였다. 주정부는 한 종류의 소유재산을 보호하기 위하여 공공대중에게 많은 가치가 있다고 입법부가 판단한 종류를 보호하기 위해 다른 종류의 소유물을 제거하는 결정을 하였다.

(4) Lucas v. South Carolina Coastal Council Case

이 판결은 규제적 수용의 기준 중에서 경제적 이익에 중점을 둔 판결로서, 사건의 개요와 판결의 요지를 살펴보면 다음과 같다.

1986년 Lucas는 South Carolina 연안해 섬에다 주변 필지에 이미 지어진 주택들과 같은 형태의 단독주택을 건축할 목적으로 두 필지의 택지를 구입하였다. 당시 Lucas의 택지는 건축을 제한하는 주의 연안해 제한구역에 속하지 않았다. 그러나 1988년 주의회는 해변관리법(Beachfront Management Act, 이하 BMA라 함)을 제정하여 Lucas로 하여금 어떠한 영구건축물도 건축할 수 없도록 하였다. 이에 Lucas는 비록 BMA가 합법적인 입법이라 하더라도 자신에게 건축을 제한한다는 것은 자신의 재산에 대한 모든 경제적으로 유익한 사용을 박탈하는 것으로 연방헌법 수정 제5조 및 제14조에 근거한 규제적 수용으로 보이며, 따라서 이에 대한 보상이 있어야 한다는 취지의 소를 제기하였다.

주지방법원은 Lucas의 주장을 인용하여 주정부에 120만 불을 배상하라고 판시하였다. 그러나 주대법원은 Lucas가 BMA의 위법성을 주장하지 못하는 한 동법에 의한 건축제한을 받아들여야 한다고 판시하면서 원심을 파기하였다. 그리고 그 근거로서 환경오염을 방지하기 위해 재산의 유해, 또는 불건전한 사용을 제한하는 것은 수용의 법리에도 불구하고, 이에 대한 보상을 할 필요가 없다는 **Mugler Case**를 인용하였다. 이에 Lucas가 연방대법원에 상고하였고 대법원은 이를 규제적 수용으로 판시하였다.

(5) Nollan v. California Coastal Commission Case

이 판결은 토지이용규제가 실질적으로 합법적인 정부이해를 촉진하는지 여부에 대한 기준,345) 즉 규제적 수용의 기준 중에서 정부행위의 성격이 적용되었다. 법원은 해변 주택의 확장허가를 조건으로 해변을 가로질러 공중이 통행할 수 있는 지역권을 확장하는 것은 실질적인 이익이 아니라고 판결하였다. 부지정면의 도로에서부터 해변의 경관을 대중들이 즐기도록 보호하기 위한 주정부의 적법한 이익은 현실적인 이익이 아니라고 법원이 판결하였다. 그 대신에 지역권은 두 개의 공중해변 사이의 해변가를 대중이 산책하는 것을 허락하도록 계획하였다. 허가조건이 개발금지라는 동일한 정부목적에 기여하는 것이 아니라면, 건축제한은 토지수용의 합리적인 제한이 아니라 철저한 부당이득의 계획이라고 법원은 결론지었다.

정부가 Nollan 케이스에서 법원은 허가조건과 확실한 정부이익 사이에 본질적으로 관련된 것이 없기 때문이라고 했다. 토지기부와 다른 허가조건의 경우에처럼 이러한 관계가 존재할 경우에서처럼 어떠한 부가사항이 있는지 여부를346) 밝히지 않았다. 그렇지만 7년 후 **Dollan v. City of Tigard** 케이스347)에서 법원은 개발허가에 부가된 조건들은 제안된 개발의 영향과 성질뿐만 아니라 범위에 있어서도 관련이 있어야 한다고 판결하였다. 정부의 허가 조건과 정부의 목표인 개발효과 사이에는 개략적인 균형이 확립되어야 한다.

---

345) Agins c. City of Tiburon, 447 U.S. 225. 265(1936).

346) Justice Scalia, author of the Court's opinion in Nollan, amplified his views in a concurring and dissenting opinion in Pennell c. City of San Jose, 485 U.S. 1(1988), explaining that "common zoning regulations requiring subdividers to observe lot－size and set－back restrictions, and to dedicate certain areas to public streets, are in accord with [constitutional requirements]because the proposed property use would otherwise be the cause of" the social evil(e.g. congestion) that the regulation seeks to remedy. By contract, the Justice asserted, a rent control restriction pegged to individual tenant hardship lacks suck cause－and－effect relationship and is in reality an attempt to impose on a few indivuals public burdens that "should be borne by the public as a whole" 485 U.S. at 20. 22.

347) 114 S. Ct. 2309(1994). This was a 5－4 decision. CChief Justice Rehnquist's opinion of the court was joined by Justices O'Connor, Scalia, Kennedy, and Thomas. Justices Blackmun and Ginsburg joined Justice Stevens' dissention opinion, and Justice Souter added a dissenting opinion.

(6) First English Evangelical Lutheran Church Case

First English Evangelical Lutheran Church Case v. Country of Los Angeles Case 에서 토지 이용규제가 수용이 되고 보상은 토지를 점유하기 전 보상 문제에 지급하라고 법원이 그 문제를 최종적으로 판결하였다.[348] 그러나 법원은 정부가 이러한 상황에서 규제를 지속하지 않고 영구적인 재산손실에 대한 손실보상을 회피하면서 정부에 의한 후속 조치로 수용효과가 있는 기간에 손실보상을 해야 하는 의무감을 감해 주지는 않는다[349]고 인정하였다. Penn Central Case에서 시작된 규제적 수용청구에 관한 해결을 조언하기 위한 일반적인 규범을 설명하는 과정은 수용법의 특별한 성질의 범위를 축소시켰다. 그럼에도 불구하고 모든 케이스가 날짜에 의해 제한된 범위에 속하는 것은 아니며, 아직까지는 각기 다른 케이스들이 법원에 의해서 각각 다른 기간의 범위에 속하게 되었다.

법원이 빈번하게 우리에게 상기시키는 가장 중요한 것은 "공정하고 정당한 것이라고 하여 전체와 같은 대중에 의해 공중의 부담을 몇몇 사람에게 단독적으로 강요"하는[350] 행위는 정부에 저항하여 수정헌법 제5조에 의한 보호를 활성화시킨다는 것이다. 그리하여 규제의 효과가 공공의 복리를 증진시키기 위한 경제생활의 부담과 이익을 조정하는 것보다는 정부 자신을 풍요롭게 한다면[351] 이것은 수용에 해당한다고 판결할 수 있다. 이와 유사하게 법원은 공공복리를 토지수요자의 경비로 확보하려는 독특한 공적 기능을 허가하거나 증진하기 위한 자원 획득으로 특징짓는 정부조치에 대해서 불신하는 태도를 갖는다.[352] 동전의 양면처럼 정부의 규제에 의해 영향을 받는 부동산의 이익에 관한 범

---

348) 482 U.S. 304(1987). The decision was 6‒3, Chief Justice Rehnquist's opinion of the Court being joined by Justices Brennan, White, Marshall, Powell, and Scalia, and Justice Stevens' dissent being joined in part by Justices Blackmun and O'Connor. The position the Court adopted had been advocated by Justice Brennan in a dissenting opinion in San Die해 Gas & Elec. Co.v. City of San Diego, 450 U.S. 621. 636(1981)(dissenting from Court's holding that state court decision was not "final judgment" under 28 U.S.C. Sec.(1257).

349) 482 U.S. at 321.

350) Armstrong v. United States, 364 U.S. 40, 49(1960). For other incantation of this fairness principle 참조: Penn Central, 438 U.S. at 123‒24; and Andrus v. Allard, 444 U.S 51. 65(1979).

351) Webb's Fabulous Pharmacies v. Beckwith, 449 U.S. 155(1980)(government retained the interest derived from funds it required to be deposited with the clerk of the couty court as a precondition to certain suits; the interest earned was not payment for the clerk's services). By contrast, a charge for governmental services "not so clearly excessive as to belie [its] purported character as [a] user fee" does not qualify as a taking. United States v. Sperry Corp.,439 U.S. 52, 62(1989).

352) Penn Central Transp. Co. c. New York City, 438 U.S. 104, 128(1978). In adition to the cases cited there 참조: Kaiser Aetna v. United States, 444 U.S. 164, 180(1979)(viewed as governmental effort to turn private pond into "public aquatic park"); Nollan v. California Coastal Comm'n, 483 U.S. 825(1987)("extortion" of beachfront easement for public as permit condition unrelated to

---

위뿐 아니라, 부동산의 본질도 때로는 중요성을 갖는다. 법원은 재산의 일부분에 대한 수용에도 불과하고 전체 재산이 경제적인 효용성을 보유하면, 그 재산은 수용에 해당되지 않는다고 하면서 몇몇 요소는 다른 요소들보다 더욱 중요하다는 것을 강조하였다.

자기 토지에 다른 사람을 출입할 수 없게 하는 권리는 소유권에 있어서 매우 중요한 것이며 이 권리의 소멸을 통상 수용에 해당된다.[353] 상속자에게 재산권을 상속하는 상속권도 유사하게 평가된다.[354] 수용이 비록 First English와 Nollan과 Lucas 케이스에서와 같이 최근의 결정에 근거를 두어 판단된다고 할지라도 토지 수용에 대한 부재적 제안에 항의하는 것은 장래에 소송 당사자에게는 상당한 장애로 남아 있게 될 것이다.

4) 규제적 수용 관련 최근 사례

위에서 살펴본 바와 같이 규제적 수용에 있어서 어떠한 내용과 그 기준의 정도가 제시되고 있지만 재산권에 대한 정부의 규제를 수반하는 모든 사례에 일관되게 적용되는 명확한 기준은 확립되지 않았다. 위에서는 재산권의 가치 감소, 불법방해, 경제적 이익, 정부의 성격에 의한 규제적 수용의 사례를 살펴보았지만 여기서는 그 이외의 유사한 기준요소로 경제적 사용 가능성, 정부가 부과하는 조건과 허용성의 관련성을 기준으로 한 최근의 사례를 살펴보기로 하겠다.

(1) Palozzolo v. Rhode Island

이 사건에서 대법원은 환경보호법이 재산권의 개발을 제한했다 하더라도 재산권의 일정한 경제적 사용 가능성이 여전히 남아 있기 때문에 그러한 규제가 수용에 해당하는 것은 아니라고 판시하였다.[355] 비록 해안보호법이 해당 재산권 대부분의 개발을 막고 있다 하더라도 토지소유자는 여전히 시가 약 200,000달러에 해당하는 18에이커 면적의 필지에 주택을 건설할 수 있고, 따라서 더 이상의 개발이 제한된다 하더라도 이를 규제적 수용이라고 보기는 어렵다는 것이다.

---

purpose of permit).

353) Hodel v. Irving, 481 U.S. 704(1987)(complete abrogation of the right to pass on to heirs fractionated intersts in lands constitutes a taking).

354) 473 U.S. 172(1985).

355) 533 U.S. 610(2001).

(2) Dolan v. City of Tigard

이 사건에서 정부는 상점 주인에게 건물 증축 허가를 하면서, 정부가 하천범람을 최소화하기 위해 시냇가를 따라 일반인을 위한 산책로를 개설하고, 교통 혼잡을 줄이기 위하여 자전거도로를 건설하고자 하는데 이들 건설을 위한 부지를 상점 주인이 제공해야 하는 조건을 부과하였다. 여기서 이러한 개발에 부과되는 조건이 수용에 해당하는지의 여부가 쟁점이었다. 대법원은 두 가지 심사기준을 적용하였다.

첫째, 정부가 추구하는 정당한 공공목적과 시가 부과하는 허용조건 사이의 관련성이다. 이러한 심사기준과 관련하여 대법원은 이 사건에서 개발에 부과되는 조건과 규제의 목적 사이에 명백한 관련성이 존재한다고 언급하였다. 예컨대 하수범람지역에서의 건물 증축 등의 개발계획은 하수범람의 위험을 증가시키기 때문에 해당 개발계획에 부과되는 조건으로서 하수범람지를 강구하기 위한 부지제공 부담은 문제해결을 위한 적절한 수단이고, 보행로와 자전거도로 개설을 위한 부지의 제공 또한 교통 혼잡을 해결하기 위한 적절한 수단이라고 언급하였다.

둘째, 개발에 부과되는 조건이 정부의 정당한 규제목적에 비례적인지를 심사한다는 것이다. 즉 대법원은 비록 정확한 수학적인 비례가 요구되는 것은 아니지만 개별화된 측정과 평가를 통해 조건에 의하여 부과되는 부담의 정도가 달성코자 하는 공공목적에 본질과 정도 면에서 비례적이어야 한다고 하였다.

따라서 정부가 재산권의 개발에 이러한 두 가지의 요건이 충족되어야 하며, 그렇지 못한 경우의 규제는 수용에 해당하는 것이다.

Ⅲ. 損失補償

1. 손실보상의 의의 및 법적 근거

재산권의 침해로 인한 손실보상은 재산권의 물리적 박탈을 초래할 경우, 수용으로 보아 보상이 이루어지는 것은 당연한 결과이지만, 규제적 수용인 경우에 있어서 보상 여부가 문제 되어 왔다. 그러나 미국은 보상의 문제에 있어서 수용과 마찬가지로 판례를 통하여 형성되었으며, 오늘날 수용의 확장으로 인하여 규제적 수용도 수인의 한도를 넘어서 침해를 가져오면 수용으로 보아 보상이 요구된다.

오늘날 미국 보상의 법리는 경찰권에 의한 공적 규제를 제외하고는 재산권의 침해를 수용으로 보아 보상이 이루어지고 있음은 기술한 바와 같다.

미국의 손실보상 기준은 '정당한 보상'을 기준으로 하고 있지만 그 기준을 정확히 제시하지 못하고 있으며, 판례에 의해서 형성된다고 할 수 있다. 따라서 공용수용에 대한 손실보상에 있어서 어느 범위까지 보상을 하여야 하는가 하는 문제는 보상의 기준이 문제가 된다. 일반적으로 보상기준은 각국의 헌법 규정에 따라 상이하며, 대체로 '정당한 보상' 또는 '상당한 보상'으로 규정하고 있다. 미국 연방수정헌법 제5조에서 "법률의 정당한 절차에 의하지 않고는 생명, 신체 및 재산이 박탈되지 않으며, 또한 정당한 보상 없이는 공공을 위하여 사유재산은 수용당하지 않는다"라고 규정하고 있다.

여기서 정당한 보상의 의미에 관한 판례의 입장을 보면, 정당한 보상은 수용된 재산권의 금전에 의한 충분하고도 완전한 가치의 보상을 의미하고, 손실보상의 척도는 수용자의 이익이 아니라 피수용자의 이익이라는 것이다. 그리고 피수용자의 시장가격이 결정될 수 있는 경우에는 그 시장가격이 보상기준이 된다는 것이다.356) 여기에서 '충분하고도 완전한 보상(full and prefect compensation)', 피수용재산의 '시장가치(market value)'는 완전보상의 원칙으로 이해되고 있다. 그러나 제2차 세계대전 후의 판례는 완전보상의 원칙을 부정하는 판결357)도 있었으나 그 중요한 의미는 정당한 보상의 의미를 시장가치에 의한 인정보다 '공정한 시장가치(just market value)'로의 전환이었다고 보는 것이 옳다.358) 그리고 공용수용에 수반하여 발생하는 물건의 이전비용, 영업 등에 있어서 고객의 상실, 사업의 폐지, 휴직 등에 의한 이른바, 재산권 이외의 권리에 대한 손실에 대해서는 원칙적으로 손실보상이 이루어지지 않았지만 판례의 태도는 점차로 변화하여 이전비용의 보상,359) 영업보상360)을 독립적으로 인정하기에 이르렀다. 이와 같이, 정당한 보상의 범위는 경제적 가치가 있는 재산 이외에도 권리에까지 포함되고 있음을 알 수 있으며, 미국의 보상법위와 기준은 물적 보상에서 인적 보상으로의 전환으로 탈바꿈하고 있다. 이러한 보상의 내용과 기준에 대해서는 수정헌법 제5조와 제14조를 근거로 제정한 연방법인 「표준이주정착지원법 및 부동산정책취득법」에 규정되어 있다.

---

356) Mongahela Nav. Co, v. U.S. 148. U.S. 312, 1893.

357) U.S. v. Cors, 337, U.S. 396, 1949. "시장가격으로부터 정부수요의 증대로 인하여 등귀한 것으로 인정되는 가격을 감하고 보상액들을 정하는 것을 인정하게 되어 수용 당시의 시장가격보다 낮은 보상액을 정한 것을 정당한 보상에 해당한다고 판시하였다."

358) U.S. v. Commoditis Trading Corp, 399, U.S. 121. 1950. "공정가격을 기준으로 하여 보상액을 정하는 것의 합헌성을 인정하였다."

359) U.S. v. General Motors Corp, 323. U.S. 373, 1945.

360) Kimball Laundry Co. v. U.S. 338. U.S 1, 1948.

2. 미국의 손실보상법제[361)]

1) 의의

미국의 공용침해에 대한 손실보상에 대해서 수정헌법 제5조와 대부분의 주 헌법들은 공공필요에 의한 재산권의 침해에 대해서 정당한 보상이 지급되어야 한다고 규정하고 있다. 따라서 공용수용에 해당하면 법률의 규정이 없는 경우에도 보상은 헌법상의 청구권(claim founded upon the constitution)으로서 인정되고 있다.[362)]

미국의 손실보상에 관한 법률은 대륙법계의 국가처럼 행정법의 이론으로서 다루어지기 보다는 헌법의 기본권보장의 문제와 관련하여 일반적으로 고찰되고 있는 것이 특색이다. 수용에 따른 이 특별입법에 의해 정해지거나, 또는 행정절차에 의해 행하여지는 경우에 있어서도 최종적으로 사법권우월주의의 원칙상 법원의 관할에 속하게 된다.

한편, 정당한 보상의 관념을 확립한 미국에서는 수정헌법 제5조의 운영에 있어서 정당한 보상이란 후술하는 바와 같이, 피수용 재산의 일반적인 시장가치를 기준으로 하여 '충분하고 완전한 가액'으로서의 보상을 뜻한다는 태도를 판례를 통해서 지켜 오고 있다.[363)] 미국에서는 수정헌법 제5조의 해석과 판례를 통하여 형성된 미국의 손실보상 내용과 손실보상 기준을 정한 연방법 표준이주정착지원법 및 부동산정책취득법(Uniform Relocation Assistance and Real Property Acquisition Policies Act of 1970, 이하 Relocation Act라고 칭한다)이 있다. 미국에 있어서 공공사업을 위한 용지취득에 대한 보상은 이 법률의 규정에 의하여 행하여지며, 그 이외에는 명문의 통일적 기준을 정한 법률은 없으며, 이 법률이 미국의 손실보상 내용과 기준의 한 측면이라고 생각한다. 이 법률은 일반적인 보상기준과 함께 주로 공공사업을 위한 사유재산의 취득에 따른 이주자에게 제공되는 통일적이고, 형평에 맞는 급부금 등의 기준과 이전지원서비스에 대한 기준을 규정하고 있다.

---

361) 김창휘, 「미국의 손실보상기준에 관한연구」, 『토지공법연구』, 한국토지공법학회, 2005, pp.149~176; 최환용, 「미국의 손실보상기준에 관한연구」, 『감정평가연구』, 한국감정평가원, 2005, pp.27~42의 내용을 토대로 미국 운수부가 발행한 Relocation Act(Your rights and benefits as a displaced person & The Appraisal guide)를 참고하여 재정리하였음.

362) 터커법(Tucker Act)에 의하여 청구법원에 보상을 청구할 수 있다. E.S. Corwin, The Constitution and What it Means Today, 1999, p.223.

363) U.S. ex rel. TVA. v Powerson. 319 U.S. 267, 275(1943); U.S. v Miller, 317 U.S. 399, 375(1943).

2) Relocation Act의 일반적 고찰

(1) Relocation Act의 제정배경

미국 연방정부는 1940년대부터 도시빈민가의 불량주택밀집지역에 대한 재개발사업을 적극 추진하게 됨에 따라 지역주민들의 이주문제가 심각하게 제기되었다. 이에 대한 지원책으로 주택법을 중심으로 각종 지원책이 법제화되었다.

미국 연방수정헌법 제5조에 따른 수용의 경우 수정헌법 제14조의 정당한 보상 규정은 이른바 재산권보상에 그치고 있으며, 그 토지 위에 거주하고 있는 자의 생활에 주안점을 둔 것은 아니었다. 이러한 이유로 주택법 이외의 공공사업관련법제에서는 피수용자인 사람의 이전에 중점을 둔 지원조치를 정한 연방법인 Relocation Act(표준이주정착지원법 및 부동산정책취득법)이 제정하기에 이르렀다.364) 그리하여 연방정부가 관련한 모든 공공사업으로 인하여 이주하게 되는 주민들의 재정착에 대한 지원을 통일적인 기준으로 하기에 이르렀다. 이와 같은 보상대상의 변천은 오늘날 우리나라에도 시사하는 매우 크다. 특히, 물질적 요소로부터 인적 요소로서의 변화는 손실보상에 있어서 정당한 보상의 기준과 내용에 따른 평가의 문제로 귀결된다고 하겠다.

(2) Relocation Act의 개요

Relocation Act는 연방법이다. 법률명에 Uniform이란 단어가 붙어 있으나, 주법인 uniform state law는 아니다. 연방에서 직접 행하는 사업 및 연방의 보조를 받아 주 또는 자치단체에서 행하는 사업에 대해서 직접 적용한다.

Relocation Act는 총 3개의 장으로 구성되어 있다. 제1장은 총칙부분으로 13개 항목에 대한 용어의 정의를 규정하고 있다. 그리고 그 이외에 주택 및 도시개발성(Department of Housing an Urban Development)의 권한을 주에 이양 등 제101조부터 제103조까지의 3개 조문이 있다. 제2장은 통일이전재건지원(Uniform Relocation Assistance)이라는 제목 아래 제201조로부터 제221조까지의 18개조 조문을 두고 있는바 이 법률의 중심적 내용을 규정하고 있다. 그 내용은 크게 두 가지로 구분되는데 첫째는 이전보상에 관한 사항이고, 둘째는 생활재건조치에 관한 사항이다.365) 제3장은 통일부동산취득정책

---

364) 松井茂記, 『アメリカ憲法入門』, 有斐閣, 1996, p.228.

365) 제2장에서 규정하고 있는 조치는 헌법상의 정당한 보상의 성격을 갖는 것이 아니고 재산권보상으로 충족되지 않는 생활재건을 지향하는 것으로 주목되는 부분이다.

(Real Property Acquisition Policies)으로 제301조로부터 제306조까지 6개의 조문으로 구성되어 있다. 이 장은 취득해야 하는 부동산에 대한 전통적인 재산권보상과 함께 보상에 관한 협의절차를 규정한 부분이다.

한편 동법의 주요 용어의 정의를 살펴보면 사업시행자란 이 법률에 의하면 'displacing agency'로 표기하고 있고 그 의미는 사업을 위해 토지를 취득하는 조직으로 연방, 주 또는 공익사업자 그 밖의 연방보조를 받아 사업하는 사인인 비정부조직을 말한다(RA 제101조(11)). 그리고 피매수이전자(displaced person)는 토지를 매수당하거나 부득이하게 이전이 강제되는 자라고 정의하고 있다.[366]

Relocation Act 제3장의 부동산에 대한 보상은 정상적인 거래가격으로 되어야 한다는 것이 법으로 정해져 있지만 이를 어떻게 산정할 것인가 하는 것은 감정평가가 중심적 과제이며, 이를 위해 연방의 사업시행자 단체인 토지취득위원회(Interagency Land Acquisition Conference)가 연방토지취득을 위한 감정평가 표준기준(Uniform Appraisal Standards for Federal Land Acquisitions)이라는 감정평가기준을 정하고 있다. 이것은 판례를 통하여 정립된 것으로 현재는 1992년 재정기준이 적용되고 있다. 그리고 Relocation Act를 구체화하기 위하여 연방규칙(Federal Regulation)이 제정되어 있다. 이에 대한 내용은 일반인들도 알기 쉽게 이해할 수 있도록 연방운수부가 발행한 "이주민으로서의 권리와 이익(Your rights and benefits as a displaced person)", "감정평가안내(The Appraisal guide)" 등의 도서에 수록되어 있다.

3) Relocation Act의 구체적 내용

Relocation Act의 제2장은 피매수이전자의 이전재건에 관한 규정으로, 이 법률의 중심적 내용이다. 이 장에서 규정하고 있는 조치는 보상이 아니라 행정조치라는 점이 특이하지만 실질적으로 볼 때 보상으로 간주해도 좋을 듯하다. 제2장은 크게 두 가지 부분으로 나누어진다. 하나는 이전재건급부금에 관한 부분이고, 다른 하나는 이전재건지원서비스에 관한 부분이다. 전자가 보상적 금전급부, 후자는 우리나라에서의 생활재건조치이다. 이하에서는 이전재건급부금과 이전재건서비스에 대하여 살펴보고자 한다.

---

[366] Relocation Act의 제2장에서는 이전을 수반하는 경우를 규정하고 있지만 제3장에서는 이전을 수반하지 않는 경우도 포함하고 있어 사업시행자와 피매수이전자의 정의를 사업시행자는 'acquiring', 피매수이전자를 'owner' 또는 'tenant'로 표기하고 있다.

(1) 이전재건급부금

가. 개인에 대한 이전급부금

개인에 대한 이전재건급부금은 동산의 이전비, 주택취득을 위해 필요한 추가비용의 지급, 대체주택의 제공으로 나누어진다. 이 법률에서 이전비라는 것은 우리나라의 이전보상과 건물본체의 이전비가 아니다. 미국의 경우 건물본체는 토지와 일체로 평가되어 그 취득 가격이 보상된다. 따라서 여기서 말하는 이전급부금은 동산의 이전비, 또한 건물본체의 보상액이 부족한 경우의 차액에 관한 급부를 의미하는 것이다.[367]

첫째, 동산이전비 급부금(RA제202조(a))은 사람과 동산의 물리적 이전비가 급부되는 것이다. 동산이전비 급부금은 실액보상(actual resonable cost and related expenses)과 정액보상(fixed moving cost)으로 구별된다. 실액보상은 사람 및 동산의 이전비 실행으로 전문적인 운송업자에 의한 합리적 운송실비에 관련비용을 추가한 것이다. 원칙적으로 최대 50마일까지의 이전비용으로 제한되며(FR 제24조, 제301(a)) 기타 관련비용을 포함할 수 있다.[368]

정액보상은 주가 방의 개수에 따라 기준표를 작성하고 있으며, 이전에 따른 모든 비용을 포함하여 작성하고 있다(RA 제202조(b)).

둘째, 대체주택취득비용의 추가급부가 이루어진다.[369] 대체주택의 취득비는 본래 정당보상의 일환으로서 보상되지만, 그것과는 별개로 다음과 같은 추가적인 조치가 취해진다. 우선, 피매수이전자가 취득해야 하는 동등의 대체주택은 보기에 흉하지 않고 안전하며 위생적이면서 기능적으로 종전의 주택과 같은 것이어야 한다. 이러한 조건을 충족시킨 주택을 DSS 주택이라고 하며, 종전의 주택과 전적으로 동일할 필요는 없으나, 종전의

---

367) 西谷剛, 「アメリカの損失補償」, 『横浜國際經濟法學』, 1996, pp.221~221.

368) 기타 관련비용으로 ① 동산의 짐 꾸리는 비용과 푸는 비용, ② 가정용기구의 해체 및 설치비용, ③ 동산의 보관비용, ④ 운송의 보험료, ⑤ 전기, 전화, 가스의 등의 접속비용, ⑥ 그 외 기업자가 적당하다고 인정하는 비용이다.

369) 미국의 대체주택취득비용추가급부에 해당하는 우리나라의 경우는 이주대책 또는 이주정착금 지급이다. 양자는 이주자의 생활재건 조치라는 점에서 동일하다. 이주대책은 사업시행자가 행정당국과 협조하여 그 의 비용으로 도로, 급수시설, 배수시설 그 밖의 공공시설 등 당해 지역조건에 따른 생활기본시설이 포함된 이주정착지를 조성하여 이주자들에게 분양하여 주는 것을 말하며(토지보상법 제78조) 이주정착금의 지급은 이주희망자가 10호 미만인 경우 등으로 이주정착지를 조성하지 않은 경우에 지급하는 것으로 주거용 건축물에 대한 평가액의 30%에 해당하는 금액을 지급하되 그 금액이 5백만 원 미만인 경우에는 5백만 원으로 1천만 원을 초과하는 경우에는 1천만 원으로 한다. 「댐 시설 및 주변지역 지원 등에 관한 법률」에서는 수몰이주민 중 이주정착지에 이주를 원하지 아니한 자에 대해서는 실향 및 생활기반사실 등을 감안하여 세대당 1천5백만 원의 이주정착금과 세대구성원 1인당 250만 원의 생활안정자금을 제공하도록 하였다(동법 제39조, 동법시행령 제31조).

주택과 같은 정도의 쾌적함을 유지하고 추가적으로 동법 제101조 제10항과 동법 시행규칙 제24조 제2항에 규정된 조건을 구비하여야 한다.[370]

셋째, 대체주택취득을 위한 급부항목 중 최후의 수단으로는 대체주택의 제공이다.[371] 이것은 예외적인 항목으로서 사업시행자는 최후의 수단으로서 대체주택제공이라는 행정수단에 의해 문제를 해결한다. 만약 같은 정도의 주택이 없는 경우 또는 5,250달러에서 22,500달러의 한도액으로 취득이 불가능한 경우는 이전교섭에 들어가기 전에 사업시행자에 의해서 주택이 제공되어야 한다.

피매수이전자는 제공되는 대체주택에 대해서 선택의 권리를 가지며, 사업시행자는 피매수이전자의 문서에 의한 동의 없이는 제공주택을 받아들이라고 요구하지 못한다. 사업시행자가 제공한 주택을 거부한 경우에는 피매수이전자는 스스로 DSS 주택을 선택할 수 있다. 피매수이전자가 최후의 수단으로서 대체주택제공의 경우에 해당하는가에 대해서는 이전재건상담원이 정보를 제공한다.

나. 자영업자, 농업경영자 및 비영리단체에 대한 이전급부금

자영업자, 농업경영자 및 비영리조직인 경우의 소유자 또는 임차인에게는 이전비가 급부된다(제202조(a)(c)). 전술한 바와 같이 개인인 경우에 인정되고 있는 주택취득비나 추가비용지급은 최후의 수단으로서 주택제공은 없는 것이다. 이전비용지급으로 실액보상이나 정액보상 중 하나를 선택할 수 있다. 더욱이 여기에서도 개인의 경우와 마찬가지로 건물본체의 이전비는 보상으로 취급되며, 여기서 말하는 지급금은 동산의 이전에 대한 것임을 주의해야 한다.

실액보상(제202조(a))은 전문적인 운송업자, 또는 자기가 직접 운송하는 합리적 비용과 그와 관련된 부수적 비용에 대하여 지불된다. 관련된 부수적 비용은 동산의 손실(제202조(a)(2)), 대체지탐색비(제202조(a)(3)), 사업재건비(제202조(a)(4)) 등이다. 그리고 정액보상(202조(c))은 일정한 요건을 충족시키는 경우에만 인정된다. 정액보상의 금액은 1,000달러 이상 2,000달러 이하이며 그 영업, 또는 농업 순이익의 2년분 평균에 따라 지불된다. 비영리조직의 경우에는 계산이 복잡하며, 이전재건상담원이 개별적으로 이에 상담을 하고 있다.

---

370) DDS주택에는 반드시 고려해야 하는 기술적 요건이 있다. 이 기술적 요건은 동법 규칙(FR §§24 2(f))에 정해진 최저요건의 합치와 함께 주택·거주관계법령에 적합하여야 한다는 것을 의미한다.

371) 이러한 내용과 관련하여 미국은「정당주택법(Fare Housing Act)(Title Ⅳ of the Civil Rights Act of 1964 and Title Ⅷ of the Civil Rights Act of 1966)」에서 주택의 제공정책을 규정하였다.

다. 이전재건지원서비스

　사업시행자가 고용하고 있는 일정한 자격을 갖춘 자로 이전재건상담원(relocation counselor)
이라고 하며, 이전재건상담서비스(제205조, relocation planning, assistance coordination,
and advisory services)를 지원한다. 이전재건상담원의 직무는 법률로 자세하게 규정되어
있으며, 의무화되어 있다. 이전재건상담원의 서비스를 법률상의 의무로 규정한 점은 우리
나라와 비교하여 볼 때 미국법의 큰 특색이라 하겠다.

　상담서비스는 매수지의 인접지에 중대한 경제적 손실이 발생한다고 인정되는 때에는,
그 인접지의 소유자에게도 제공된다(제205조(b)). DSS주택이 취득 가능한 경우가 아니
면 이전요구를 하는 것은 불가능하다고 되어 있으므로(제205조 (c)(3), 206(b)), 사업시
행자는 이전재건상담원을 통해 이전하여야 할 장소의 주택이 DSS에 맞는 것인지에 대해
조사확인을 하게 된다. 이전재건상담원은 요청에 따라 취득 가능한 대체주택의 목록을
제공한다. 특히, 피매수이전자가 고령이거나 신체장애인인 경우에는 대체주택의 조사확인
을 위한 교통수단도 제공한다.

　이전재건상담원은 다른 기관과의 협조를 통해서 연방, 주, 지방자치단체의 피매수이전
자에 대한 주택제공에 관한 정보도 제공한다. 또한 상담원은 연방, 주, 지방자치단체의
피매수이전자에 대한 재정조치 및 지원조치에 관해서도 조사하고 조언을 해 준다. 그리
고 사업시행자는 사업지역 근처에 이전재건사무소를 설치할 수도 있다. 사업시행자가 필
요하다고 인정이 되면 야간에도 서비스를 제공할 수 있다. 사무소에는 각종 정보자료가
구비되어 있다. 예를 들면, 취득 가능한 대체재산의 목록, 지방자치단체의 주택조례, 건축
법규, 사회서비스정보, 임차보증료의 정보, 융자이자율과 기간정보에 관한 정보, 주택취득
계약금의 표준액정보 등 다양한 정보자료가 구비되어 있다.

　4) 토지에 대한 보상과 협의절차

　Relocation Act의 제3장은 통일부동산취득정책(Real Property Acquisition Policies)이
라는 표제 아래 되어 있으며, 토지에 대한 정당한 보상을 산정하는 경우의 몇 가지 원칙
과 사업시행자와 피수용자와의 협의절차가 규정되어 있다. 또한 정당한 보상의 산정기준
에 대해서도 그 상세한 부분은 판례에 의해 형성되어 가고 있으며, 중요한 원칙이 몇 가
지 제시되고 있다. 정당한 보상에 대한 상세한 내용은 판례를 참고하는 이외에 토지취득
위원회가 규정하고 있는 감정평가기준을 통해서 알 수가 있다.

이하에서는 Relocation Act의 제3장에서 규정하고 있는 정당한 보상의 기준과 협의 절차에 대해서 살펴보고자 한다. 그리고 정당한 보상의 법리에 대한 자세한 내용은 다음 절에서 살펴보고자 한다.

(1) 정당한 보상

가. 토지보상

부동산에 대해서는 공정한 시장가치가 정당한 보상금액이다. 다만, 이 법률에서는 보상액은 공정한 시장가치에 의해서 보상하여야 한다는 것을 직접적으로 규정하지 않고, 사업시행자는 협의를 개시함에 있어서 그러한 가격을 제시하여야 한다고 규정하여 절차적으로 규정하고 있다(제301조(3)). 실체적 보상액에 관해서는 전적으로 법원의 판단에 일임되어 있다. 우리나라는 「공익사업을 위한 토지 등의 취득 및 보상에 관한 법률」 제70조 제1항에서 "토지에 대한 보상은 「부동산 가격공시 및 토지 등의 평가에 관한 법률」에 의한 공시지가를 기준으로 하여 보상하되, 그 공시지가기준일로부터 가격시점까지의 관계법령에 의한 당해토지의 이용계획, 당해공익사업으로 인한 지가의 영향을 받지 아니한 지역의 대통령이 정하는 지가변동률, 생산자물가상승률 그 밖에 당해토지의 위치·형상·환경·이용 상황 등을 참작하여 평가한 적정가격으로 보상하여야 한다"고 규정하고 있다. 미국의 경우 판례와 토지취득평가위원회의 감정평가기준에 의하여 보상하고 있다.

특히, 토지재산권의 수용에 있어서는 공공사업의 계획과 그 집행에는 많은 시간이 소요될 수 있다. 수용대상토지가 발표되더라도 수용 시까지는 사업의 성격, 규모에 따라 수용의 시기가 다르기 때문에 보상액의 산정시기가 중요한 문제가 된다. 이와 같은 문제는 미국에서도 마찬가지로 이른바, 정당보상은 수용 시의 공정한 시장가치라고 보는 것이 판례상 확립된 원칙이므로[372] 미국의 판례는 보상액산정시기에 관하여 수용 시라고 하고,[373] 수용 시란 수용자에게 그 권한을 부여한 날이라고 하고 있다.

한편, 미국은 각 주마다 수용방법에 차이가 있다. 즉 행정기관의 명령에 의한 수용방법과 법원의 판결에 의한 수용방업의 2가지로 구별되고 그에 따라 보상액의 산정시기도 달라진다.

---

372) U.S v. General Motors Corp, 323 U.S. 373(1945); Baetjerv, U.S. 143 F2d 391, 395～396(1st Cir. 1945), cert, denied, 323 U.S. 772(1944).

373) 2, 953, 15 Acres of land v. U.S. 350 F2d 356(Ala 1965).

행정기관의 명령에 의한 수용의 경우에 있어서는 수용의 재결이 있은 후 그 재결문, 또는 조례가 제정·공고되어 특정지역의 수용결정에 관한 문서가 당해 토지를 관할하는 등기소에 등록됨으로써 그 토지에 관한 권한이 수용자에게 귀속됨과 동시에 수용문서가 등록되면 수용시기이다. 그리고 법원의 판결에 의한 수용의 경우는, 수용자가 토지소유자를 상대로 소송을 제기하여 법원으로부터 토지의 가격결정을 받고 수용권한을 부여받게 되지만 이때 주 헌법, 또는 법률이 규정하는 바에 따라 토지수용위원회, 또는 배심에 의해 구체적인 보상금액이 산정되어 그 위에 수용판결이 선고된다. 이 경우 토지수용위원회 또는 배심에 의한 산정일 산정을 위한 공판일이 보상액산정의 기준일이 되기도 하고, 수용자가 소송을 제기한 날이 기준일이 되기도 한다. 이와 같이, 토지수용의 방법에 따라 기준시점이 다르기는 하나 미국의 대부분 주가 판결에 의한 수용방법을 따르고 있으며, 보상액산정은 수용선언 시를 기준으로 한다는 것이 일반적인 판례의 경향이다.374)

나. 사업의 영향

감정평가일 이전에 당해 공공사업에 의한 영향과 당해 사업에 의하여 토지가 취득될 것을 예상하여 생긴 가치의 증감은 이를 고려하지 아니한다. 다만, 소유자의 책임에 의한 통상의 물리적 감소분은 그러하지 않다(제301조(3), 규칙 제24조 103(b)). 보상액은 법원에 의한 수용선언 시를 기준으로 한 원칙이지만 만약 정부의 행위가 시장가치에 영향을 미침으로 인하여 수용선언 시를 기준으로 한 평가가 공정하지 못한 경우 해당 공공사업의 영향으로 토지의 평가에 있어서 가치의 증감이 나타나기 때문에 개발이익이 보상액에 포함될 수도 있다.375) 그러나 사업의 영향에 의한 증감, 즉 개발이익의 흡수 및 반대로

---

374) U.S. 125, 2 Acres of Land, 732 F2d 239(Mass 1984). 피수용토지의 평가시점은 토지소유자가 수용 절차를 인지한 날 토지소유자가 정부의 통지가 부적절하다고 주장하면서 수용절차를 회복시키기 위한 청구서를 제출한 날, 또는 정부 측 청구를 지지하는 사실심 법원의 판결일이 아니라 정부가 수용선언서를 법원에 제출한 날이라고 판시하였다. 그러나 수용선언서를 제출하지 않은 경우 또는 점유가 정부에 실제로 이전된 후에 수용선언서가 제출된 경우에는 점유가 정부에 이전된 날을 기준으로 보상액을 산정해야 한다는 판례도 있다.

375) 이와 관련하여 미연방대법원은 공용수용의 목적물인 공공시설의 설치로 인한 가치의 증감은 보상할 수 없다고 판결을 내림으로써 가치의 증감분을 보상액에서 제외하여 왔다. 이에 대한 초기의 판례는 Kerr 사건과 Shoemaker 사건을 들 수 있다. 이 두 사건은 공공계획수립 당시부터 계획의 범위 내에 포함되어 있었던 경우에 개발이익배제의 원칙을 적용하는 데에는 어려움이 없었다. 하지만 그 이후에 사업계획이 확대되어 추가적으로 토지가 수용될 경우나 또는 사업 착수시기에 수용대상자가 불명확한 경우에도 이 원칙을 적용할 것인가 하는 어려운 문제였으나 이에 관한 결정적인 판결을 내린 것이 Miller 사건이다. 그리고 개발이익 배제원칙을 적용할 것인가에 관한 논란이 있었던 판례로는 1970년 Reynolds 사건과 Fuller 사건이다. Kerr v Sout Park Commissioners, 117 U.S. 379(1886); Shoemaker v United States, 147 U.S. 282(1893); United States, v. Reynolds 397 U.S. 14(1970); United States,

사업 손실의 문제는 아주 복잡하여 간단히 정리할 수 없다.376)

다. 잔여지 보상

토지의 일부수용인 경우에는 취득부분의 보상과 잔여지에 대한 손해에 보상을 구분하여 명백하게 하여야 한다(제301조(3)). 잔여지의 이용가치가 부분적 또는 전적으로 없어지게 된 경우 사업시행자는 토지소유자에게 매수를 청구할 수 있다(제301조(9)). 소유자는 그러한 청구가 있는 경우에는 수락과 거부를 할 수 있다. 우리나라에서는 잔여지 소유자가 매수를 청구할 수 있게 한 것과는 대조적이다.377)

이른바 일부수용의 경우에 토지소유자는 피수용토지에 대한 보상뿐만 아니라, 잔지에 발생한 손실, 즉 분할손실(severeance damage)에 대해서도 보상을 받아야 한다.378) 잔지보상은 주 헌법이 보상의 대상으로 수용 및 손실 양자를 규정하고 있는 것은 물론이고, 단지 수용만을 보상의 대상으로 규정하고 있는 경우에도 인정된다. 그 이유는 토지소유자는 수용된 토지에 대하여 보상을 받는 것이 아니라, 토지를 수용하는 행위에 대하여 보상을 받아야 하기 때문이다.379)

라. 건축물, 구조물 및 공작물의 보상

토지 위에 건축물, 구조물 그 밖의 공작물에서 부동산으로 간주되는 것이 존재하는 경우에 이런 공작물이 토지로부터 분리되어야 할 때, 또한 사업시행자가 사업에 의해 이들 공작물의 악영향을 받는다고 판단한 경우는 사업시행자는 당해 공작물에 대해 적어도 토지에 대한 것과 같은 권리를 취득해야만 한다(제302조(a)). 결국, 건축물 등의 이전을 강제할 수 없기 때문이며, 토지와 건축물을 일절 수용하지 않으면 안 된다. 그리고 이런 공작물이 토지소유자의 소유인 경우에는 감정평가에 있어서 당해 공작물은 토지와 일체의 것으로 취급된다. 따라서 토지가격과 건축물 등의 가격을 분리하여 산정하지 아니한다.

---

v Fuller 409 U.S. 488(1973).

376) 寺尾美子, 「アメリカにおける正當な補償と開發利益・アメリカ法におけるThePublic の 考察資料として」, 『法學協會雜誌』 112, 1995, p.87.

377) 「공익사업을 위한 토지 등의 취득 및 보상에 관한 법률」 제74조.

378) 미국에서 분할손실의 전형적인 예로는 ① 잔여지의 이용접도가 저해되는 경우, ② 비경제적 모향으로 변하는 경우, ③ 잔여지에 접근권이 저해되는 경우 등이다. Eaton, Real Estate Valuation in Litigation, 13. 2000. pp.188~196.

379) Hudson v, City of Shawnee, 777. 2d 800(kan, 1989); Fist American National Bank v. State 322 N.W. 2d 344(Minn, 1982).

그리고 소유자가 소유권을 유보한 공작물이 있는 경우에는 그 가격은 공제된다. 이 경우 소유자는 그 공작물을 적시에 이전할 의무가 있으며, 그 의무 이행이 없는 한 사업시행 자는 다른 보상의 지급을 동결한다. 또한 가격일체로서 행하는 것은 임차인 소유의 건축 물, 구조물 및 공작물에 대해서도 같지만 토지와 소유자가 다르기 때문에 특별한 취급을 필요로 한다(제302조(b)). 즉 우선 임차기간의 완료와 더불어 해당 공작물을 토지로부터 철거해야 한다는 사정은 무시한다. 당해 공작물에 대한 정당한 보상액수는 당해 공작물 이 토지의 정상적인 시장가격에 기여한 만큼의 액수, 또는 해당 공작물을 토지로부터 분 리한 경우의 그 잔존가격의 큰 쪽이다. 당해 공작물이 주법에 의해 동산이라고 간주된 것일 경우는, 임차인은 이전재건규정에 근거하여 그 이전료의 급부를 받게 되는 것으로 상기와 같은 보상은 받을 수 없다.

마. 기타의 보상

보상에 관하여 전술한 것 이외는 Relocation Act나 규칙에는 규정한 것이 없다. 우리 나라의 토지보상에 대해서는 "기타 공익사업의 시행으로 인하여 발생하는 손실의 보상 등에 대해서는 건설교통부령이 정하는 기준에 의한다"는 포괄적인 규정[380]을 두고 있으 나, 미국에서는 그러한 규정을 두고 있지 않다. 미국에서는 전술한 보상 외의 기타 보상 에 대해서는 판례, 보상실무, 감정평가실무에 맡겨져 있다고 하겠다. 역사적 가치, 경관상 의 가치 등의 보상에 대해서는 미국에서도 문제가 되고 있으나, 감정평가상으로 확립된 원칙은 없다.

(2) 협의절차

Relocation Act에 의하면, 사업시행자는 소송을 피하고 법원의 혼잡을 경감할 수 있도 록 가능한 한 협의에 의한 취득을 하도록 하고 있다(제301조(1)). 연방운수성에 의하면 90% 이상이 협의취득이라고 한다. 일리노이 주의 담당자에 의하면 1회의 가격제시에 의 하여 동의에 이르지 못하면 수용절차로 넘어가도록 되어 있다. 그러나 그 가격제시에 이 르기까지 보상액에 대하여 충분한 협의가 이루어지기 때문에 바로 소송절차로 넘어간다 고 할 수 없다. 다만, 결정된 보상액은 거의 변동이 없다는 것은 주목할 만하다. 여하튼 소송을 중시하는 미국에서도 협의취득절차가 중요시되고 있다.

---

380) 「공익사업을 위한 토지 등의 취득 및 보상에 관한 법률」 제79조 제2항.

가. 사전준비단계

사업시행자는 개인의 재산을 감정평가하기 전에 우선 소유자와 개인적 연락을 취하고 그다음에 감정평가인이 소유자와 접촉을 하고, 재산조사의 동의를 받는다. 감정평가인은 협의의 출발점이 되는 재산의 공정한 시장가치를 결정한다. 재산조사가 행해질 때는 소유자, 또는 소유자가 지명하는 입회인을 내세운다. 이때 소유자는 자기의 재산상 특징을 감정인에게 설명함과 아울러 토지에 대해 타인과의 권리관계 및 인근지역의 거래실태 등의 정보를 제공한다.

감정인은 재산을 조사하고 그 물리적 특징을 기록하며, 유사재산의 거래실태를 비교한다. 또한 가격에 영향을 미칠 수 있는 요소를 분석한다. 사업시행자는 감정평가인이 작성한 감정평가서를 기초하여 가격을 결정한다.

나. 심사단계

개인의 재산에 대한 감정평가인의 감정평가가 완료되면, 그다음으로 사업시행자가 임명하는 심사감정평가인이 적절한 감정평가기준과 감정평가조건을 충족시키고 있는 점을 확인하고 심사한다. 그리고 심사감정평가인은 사업시행자에 대해서 정당한 보상액의 결정을 위한 승인감정평가서를 제출한다. 사업시행자는 협의가 개시됨과 동시에 문서로 정당한 보상액을 제시한다.

소유자가 재산을 기부한 경우, 또는 대상 재산의 권리관계가 단순하고 이용 가능한 자료에 의하여 2,500달러 이하의 시장가격인 경우에는 감정평가는 필요 없다.

다. 협의단계

감정평가가 끝나면, 이어서 협의가 시작된다. 사업시행자는 정당한 보상으로 산정한 보상액, 취득되어야 하는 재산과 권리의 종류 및 위치, 토지의 일부가 되는 건축물, 기타 공작물의 종류가 기재된 내용을 문서로 소유자에게 제시하고 소유자, 또는 소유자가 지명한 대리인과 협의를 시작한다. 당해 재산에 관련된 모든 소유자의 재산 및 권리가 협의의 대상이 된다.

사업시행자는 협의의 대상이 되는 재산 및 권리에 관련된 개개의 권리자와 개별적으로 협의할 수도 있고, 적당한 경우에는 주된 소유자와의 사이에서 전 소유자에 대해서 공동지불을 하는 것으로 협의할 수도 있다.

소유자에게는 사업시행자의 신고를 검토할 합리적인 시간이 부여된다. 소유자는 그동안 감정평가에 관한 새로운 자료를 제출하거나 매수 기한이나 조건의 수정을 요청할 수 있다. 사업시행자는 협의 중에 이루어진 합리적인 요구를 고려한다.

라. 합의 단계

사업시행자와 소유자 간에 합의가 성립되면 계약서를 작성한다. 이때 서명은 취득의 시기 및 조건을 포함한 합의의 확인이라는 의미를 가진다. 사업시행자와 소유자 간에 합의에 이르지 못한 경우에는 사업시행자는 수용절차를 개시한다.

마. 보상액의 지불 및 점유의 단계

재산의 권원을 이전하기 위한 서류절차가 끝나면, 사업시행자는 그 재산에 현존하는 선취특권(lien)에 대해서 지불한다. 이어서 소유자의 순 자산 및 부수적 비용[381]에 대해서 지불한다. 사업시행자는 소유자에게 보상금을 지급하고 수용절차인 경우 사업시행자가 승인한 감정평가에 따른 정상적인 시장가격 수준의 금액을 법원에 공탁하고 재산을 점유하고 있던 모든 관계인이 문서로서 이전통지를[382] 받은 후에 재산의 점유를 할 수 있다.

바. 수용단계

사업시행자와 소유자 간 합의에 이르지 못한 경우에 사업시행자는 수용권을 행사함으로써 재산을 취득할 수 있다. 주 법원 또는 연방법원에 공식수용절차를 신청함으로써 수용이 개시된다. 대부분의 주에서는 조사수명관 그리고 수명위원으로 구성된 위원회 또는 이와 유사한 조직이 보상액을 일차적으로 결정한다. 소유자와 사업시행자는 수용절차가 진행되는 기간 동안 법원에 자료를 제출할 수 있고, 위원회의 결정에 의의가 있는 경우에 판사 또는 배심원에 의한 심리를 받을 수 있다. 변론 종결 후 법원은 최종적으로 정당한 보상액을 선고한다.

일반적으로 사업시행자는 소유자가 수용절차에 사용한 비용을 부담하지 않으나 법원이

---

381) 부수적 비용으로 등록료, 이전세, 인지, 권원증명, 조사, 토지표시 그 외 기업자에게 부동산을 양도함에 따라 필요해지는 동종의 비용 그리고 기존의 양도저당권에 관련된 사전지불에 관한 범칙금 비용, 그 밖의 비용이다.

382) 여기서 이전의 기한은 통지로부터 90일 이상이어야 한다(제301(5)). 그리고 관계인이란 주거의 점유자, 자영업자 및 농업 경영자를 말한다. 이에 대하여 주거의 점유자는 동등한 대체주택이 준비된 후 적어도 90일간은 이전을 요구받는 일이 없다. 다만 특별한 경우(예를 들면 그 주거에서의 점유가 점유자의 건강 또는 안전에 있어 중대한 위험을 가져올 수 있는 경우)는 90일 이내로 집을 비우도록 요구되는 경우가 있다.

수용에 의하여 재산을 취득할 수 없다고 결정할 때, 사업시행자가 화해 이외에 수용절차를 포기한 때 소유자가 역수용 소송을 제기하고 법원이 사업시행자가 정당한 보상 없이 재산을 취득한 결과가 발생했다고 인정한 때, 또는 사업시행자가 소송을 취하하고 화해를 선택한 때, 그리고 주 법이 수용절차비용을 사업시행자가 부담하도록 규정하고 있는 때에는 사업시행자가 비용을 부담한다.

3. 손실보상의 기준과 범위

1) 정당한 보상의 개념

수용은 공익을 위하여 개인의 재산권에 대한 침해로 이러한 토지의 수용은 당사자들의 재산이 수용되거나 또는 사용될 때, 그리고 재산의 소유에 대한 제한을 받을 때, 수용으로 된다. 이에 대한 보상이 수반됨은 당연하다. 보상이 당연함에도 불구하고 정당한 보상 문제와 항상 충돌하게 된다.[383] 보상 문제와 관련하여 분쟁이 일고 있는 문제로는 보상의 기준, 보상의 시기, 보상의 산정방법 등 여러 가지 측면에서 발생하고 있다. 그러나 이때 수용대상의 재산적 가치에 비하여 부족하거나, 또는 너무 과도한 보상이 아니라 완전하고 충분한 보상(full compensation), 즉 정당한 보상을 하여야 한다.

토지수용은 그 절차와 보상에 이르기까지 적법한 절차와 정당한 보상에 의해서 이루어져야 한다는 것을 의미하며, 수용에 있어서 행정행위의 적법절차는 수정헌법 제14조에 규정된 절대적 필요적 요건으로서, 적법한 절차에 의해 이루어지지 않았을 경우 피수용자는 그에 대한 이의를 제기할 수 있으며 경우에 따라서는 수용의 효력이 상실되는 수도 있다.[384]

수정헌법 제5조에 규정한 정당한 보상의 의미는 수용주체인 정부가 개인의 재산권을 수용하는 경우 그 책임을 어떤 특정인에게 부과하는 것이 아니라, 정부의 책임하에 보상이 이루어져야 한다는 것을 규정한 것이다.[385] 앞에서도 언급하였지만 정당한 보상은 헌

---

383) Dagan, "Just Compensation, Incentives and Social Meanings", *Michigan Law Review*, Vol. 99, 2001, pp.134~135.

384) Lunney, "Taking Efficiency and Distributive justice", *A Response to professor Dagan, 99 MICH, Law Review*, 2001, p.401.

385) Armstrong b. United States, 364 U.S. 40, 49(1960). "The political ethics reflected in the Fifth Amendment reject confiscation as a measure of justice." United States v. Cors, 337 U.S. 325, 332(1949). There is no constitutional prohibition against confiscation of enemy property, but aliens

법에 의해 보장된 요건이며, 헌법은 수용된 부동산은 그에 상응하는 충분하고 완전한 등가물로 보상받아야 된다고 하였다.386) 이때의 등가물은 물건의 동등성을 요구하는 것이 아니라 가격의 동일성을 요구하는 것이다.

정당한 보상은 수용주체에 의하여 경제성을 고려하여야 하는데 현재 투자가치와 미래에 대한 경제적 이익, 즉 효율성을 고려하여 결정하며, 소유자의 단순한 개발 가능성, 또는 투기적인 계획들은 포함되지 않아야 한다.

보상액산정기준에 있어서 일반적인 기준은 부동산의 시장가치이다. 예를 들어, 시장가치란 매도인과 매수인 사이에서 매수인이 지불하려는 가격이다. 그러나 법률용어로서 시장가치라는 표현이 반드시 사용되는 것은 아니다. 법률용어로서 시장가치란 표현보다도 오히려 적정가치(justified value), 정상가치(normal value), 공정가치(fair value), 또는 공정한 시장가치(fair market value)란 표현이 더 자주 사용되고 있다.

이하에서는 정당한 보상의 의미에 대해서 경제학적·법정책론적·입법론적인 측면에서 살펴보기로 한다.

(1) 경제학적 해석론

정당한 보상에 관하여 발생하는 주요 쟁점은 정부의 공권력에 의한 사유재산을 침해하는 경우, 특히 강제수용의 문제를 중심으로 법학 분야에서 많이 논의되어 왔다. 법학 분야에서 실제보상에 관한 논의는 주로 정당한 보상(just compensation)의 개념을 둘러싸고 이루어져 왔으나, 경제학적으로 정당한 보상의 개념에 대한 접근 방법은 법학적인 관점과는 많이 다르다. 특히, 신고전학파적인 관점에서 보면 정당한 보상이란 법학에서와 같이 공평성의 차원에서보다는 효율성의 측면에서 다루어진다는 점에 주목할 필요가 있다. 법적으로 보상은 어느 경우에 이루어져야 하는가 하는 의문에 대한 원론적 견해는 대표적으로 미국 수정헌법 제5조에 의해 표명되고 있다. 그러나 정부의 소위 정책권한

---

not so denominated are entitled to the protection of this clause. Compare United States v. Chemical Foundation, 272 Corp. v. Clark, 332 U.S. 469(1947), Russian Fleet v. United States, 282 U.S. 481(1931), and Guessefeldt v. McGrath, 342 U.S. 308(1952).

386) Monongahela Navigation Co. v. United States, 148 U.S. 312, 326(1893). The owner's loss, not the taker's gain, is the measure of such compensation. United States ex rel. TVA v. Powelson, 319 U.S. 266, 281(1943); United States v. Miller, 317 U.S. 369, 375(1943); Roberts v. New York City, 295 U.S. 264(1935). The value of the property to the government for its particular use is not a criterion. United States v. Chandler—Dunbar Co., 229 U.S. 53(1913); United States v. Twin City Power Co., 350 U.S. 222(1956). Attorneys' fees and expenses are not embraced in the concept. Dohany v. Rogers, 281 U.S. 362(1930).

(policy power)에 따른 적법한 규제에 의해 단순히 귀착된 손실은 법적으로 보상할 필요가 없다고 해석되고 있다.387) 문제는 수용과 공적 규제에 대하여 어떤 경우에 법적인 강제수용으로 해석되어야 하느냐에 대해 구별이 어려우며 이에 따라 손실보상의 문제도 어렵다는 것이다. 물론 판례에 의하여 정립되어 왔으나 판례도 일정한 기준을 제시하지 못하고 있음을 위에서 살펴보았다.

이러한 수용으로 인한 재산권의 침해에 대한 보상에 있어서 각국의 헌법에 규정되어 있는 정당한 보상의 의미에 대해서 어느 수준의 보상을 의미하는가? 문제는 기술한 바와 같이 법리학적으로 정당한 보상에 대해서 학설과 판례에 대해서 검토한 바 있으나 학설과 판례 모두 상황론적 정책적 입장에서 해석하고 있어 그러한 문제를 도출해 내기가 어렵다고 생각한다. 따라서 경제학적 의미에서 정당한 보상의 의미는 객관적인 시장가치를 의미하는가, 아니면 재산권자의 주관적 가치를 의미하는가 하는 문제를 살펴보기로 하자.

본질적으로 공용수용의 의의는 재산권의 주체가 개인에서 공공으로 재산권 주체를 이전함으로써 그 자원을 보다 효율적이고, 생산적으로 사용하려는 데 있다. 따라서 공용수용제도가 가지고 있는 잠재적 위험의 하나는 공용수용으로 인하여 취득한 재산이 공적 사용을 위해 보다 효율적인 활용을 못 하고, 비효율적 배분을 하지는 않을까 하는 데 있다.

이러한 문제 내지 위험은 개인 간의 거래에서는 당사자의 자유스러운 의사에 의하여 성립되기 때문에 발생할 수 없으나, 수용은 공권력에 의한 강제성을 띤 재산권의 침해이기 때문에 위와 같은 위험이 발생할 수 있다.388) 위 문제의 해결방법은 보상의 수준을 객관적인 시장가격(market price)으로 하지 아니하고, 재산권자의 주관적 가격(reservation price)으로 하는 방법이다. 그러면 앞에서 본 비효율적인 자원분배의 위험은 등장하지 않을 것이다. 항상 국가나 개인이 모두 자발적으로 합의할 때 수용이 발생하는 것과 마찬가지의 상황이 되기 때문이다.

이러한 재산권자의 주관적인 가격은 매우 간단하고 정당한 방법으로 보이나 토지소유자에게 일임되어 있는 가격의 제시방법은 지나치게 과장될 우려가 있다. 따라서 비효율의 위험이 있다 하여도 불가피하게 객관적인 시장가격을 기준으로 할 수밖에 없다는 결

---

387) Sax, "Taking Private Property and Public Rights", *Yale Law Journal,* 1971, pp.149~186.

388) 예컨대 어떤 사람이 자기소유의 토지에 특별한 애착을 가지고 있다고 가정하자. 그 토지에 대한 시장가치 내지 가격은 1,000인데 이 사람은 그 토지에 대하여 1,500의 가치를 느끼고 있다고 하자. 이 경우 정부가 1,000이라는 시장가격으로 보상하고 1,300의 가치가 있는 공공의 목적을 위해 그 토지를 수용하였다면 이는 분명히 비효율적인 자원의 배분이 될 것이다. 1,500의 고가치 활용부분에서 1,300의 저가치 활용부문(from a higher valued use to a lower valued use)으로 자원이 이동하였기 때문이다. 박세일, 『법경제학』, 박영사, 2003, p.158.

론이 된다.

(2) 법정책론·입법론적 해석

수용과 관련하여 법정책론적으로 수용의 시기와 그 기준 그리고 보상시기와 그 기준이 본질적인 과제이다. 보상의 시기와 그리고 그 기준과 관련하여 형평성에 의한 보상이 당연할 수도 있으나 반드시 그렇지만은 않다. 보상이 항상 형평에 맞는 경우란 수용으로 인하여 재산권이 침해당하였을 때의 보상은 수용이 있기 전의 상황과 일치해야 한다는 것으로, 수용이 있기 이전의 소득분배가 정의롭다는 것을 전제로 하는 이야기다. 만일, 그렇지 않다면 보상을 하지 않는 경우가 더 형평성에 알맞는 경우도 얼마든지 발생할 수 있다. 따라서 이러한 관점에서 보면 보상이 보다 바람직한지 아닌지 명확하지 않다. 그러면 효율의 관점에서 보면 어떨까? 항상 완전보상을 하는 것이 보다 효율적인가 아니면 보상하지 않는 경우가 보다 효율적인가? 이 문제 또한 소위 보상의 역설(paradox of compensation)이라는 문제가 존재하기 때문에[389] 확실하지 않다. 예컨대 만일 모든 경우에 시장가격으로 완전보상을 하면 피보상자는 자신의 소유재산에 대하여 과다 투자할 위험이 발생하고,[390] 반면에 완전보상을 하지 않으면 이제는 정부가 과다 수용할 위험이 발생한다는 것이다.[391] 그 어느 쪽이든지 비효율이 발생할 위험이 높다. 이것이 보상의 역설이다. 따라서 형평성의 관점에 의한 보상과 효율성에의 관점에 의한 보상 모두 바람직한지는 일률적으로 이야기하기 어렵다. 따라서 어떤 기준을 세우는 것이 바람직한가 하는 의문이 제기된다.[392]

다시 본래의 문제인 공용수용과 관련된 두 가지 법정책적 과제에 대한 논의로 들어가면 이들 문제에 대하여 비교적 설득력 있는 기준을 제시하고 있는 학자가 마이클먼이

---

389) Cooter and Ulen, *Law and Economics,* Scott, Foresman and Co, 1988, pp.198~201; cooter, "Utility in Trot, Contract and Property the Model of Precaution", *California Law Review,* 1985, 참조.

390) 예컨대 고속도를 건설하기 위해 정부가 토지를 수용할 계획이 있음을 숙지하고도 토지에 고층건물을 짓는 경우를 생각해 보라. 시가에 의한 완전보상을 받으니 개인으로는 손해 날 것이 없으나 이는 고속도로 건설을 위해 불가피하게 파괴하여야 할 불필요한 건물을 짓는 셈이 되므로 사회적 관점에서는 비효율이 아닐 수 없다.

391) 정부가 공공도서관을 건축하는 경우 두 가지 설계가 있다고 생각해 보자. 하나는 좁은 땅에 고층을 짓는 설계이고 다른 하나는 넓은 땅에 저층의 건물을 짓는 설계이다. 만일 수용토지에 대하여 보상을 하지 않아도 된다면 자연히 넓은 땅에 저층의 건물을 짓는 쪽이 선호될 것이다. 제한된 토지의 보다 합리적 활용이라는 관점에서 볼 때 위와 같은 선택은 비효율을 결과할 위험이 높다.

392) 이 문제는 어떤 의미에서는 특정한 정부의 재산권 제한 행위를 헌법상의 수용으로 볼 것인가 아니면 행정법상의 질서행정 내지는 경찰행정의 하나로 볼 것인가의 문제라고 할 수도 있다. 왜냐하면 전자는 반드시 보상을 하여야 하고 후자는 보상을 하지 아니하여도 되기 때문이다.

다.393) 그는 우선 첫 번째 과제인 언제 수용을 할 것인가 하는 문제에 대하여 다음과 같은 기준을 제시하고 있다.

만일 $B-C<D$와 $B-C<S$가 동시에 성립되면, 그러한 경우는 공용수용을 해서는 안된다고 하고 있다. 여기서 B는 당해 사업의 이익으로서 이는 당해 사업으로 이익을 볼 사람들이 그 사업의 채택을 위해 기꺼이 지불하려는 금액이다. 그리고 C는 당해 사업의 비용으로서 이는 당해 사업으로 손해를 볼 사람들에게 그 사업의 채택에 동의하도록 유인하기 위해 지불하여야 할 금액이다. 따라서 $B-C$는 당해 사업의 효율성 이익이다. D는 반도덕비용(demoralizing costs)으로서 다음의 두 가지로 구성된다. 즉 보상이 없었음을 알았을 때 당사자나 그 동조자, 제3자들의 장래생산감소분(lost future production)의 현재 가치로 구성된다. S는 해결비용(settlement costs)으로서 반도덕비용의 발생을 막기 위한 보상비용 및 보상에 합의하기 위해 드는 시간·자원·노력 등의 가치를 의미한다. 당사자뿐만 아니라 기타 관련자가 있는 경우에는 그들과의 합의 비용도 이에 포함된다. 계속하여 마이클먼은 두 번째 과제인 보상을 할 것인가의 여부와 관련하여 만일 $D>S$이면 보상하고 그 반대로 $D<S$이면 보상을 해서는 안 된다는 기준을 제시하고 있다.394) 앞에서 제시한 수용 여부의 기준과 여기의 보상 여부 기준을 합하면 결국 다음과 같이 된다. 즉 $B-C>S$이고 $D>S$이면 수용하고 보상하여야 하고 $B-C>D$이고 $S>D$이면 수용하되 보상을 하지 않아도 된다.

마이클먼이 주장하는 이 효율성 기준의 성격은 어떤 것인가? 엄밀히 이야기하면 이는 정부의 공용수용에 대하여 파레토효율성(Pareto-efficiency)보다는 제한적인 기준이라고 볼 수 있다.

---

393) Michelman, "Property, Utirity and Faimess; Comments on the Ethical Foundation of Just Compensation Law", *Harvard Review,* 1976. pp.1165~1258.

394) 색스(J. Sex)는 보상 여부에 대하여 마이클먼과는 달리 전혀 다른 관점에서 흥미 있는 기준을 제시하고 있다. 그는 우선 모든 재산권이란 서로 연결되어 있어 독자적으로 존재할 수 없다는 것(property does not exist isolation)을 강조한다. 따라서 불가피하게 재산권 사이에 파급효과(spillover effect)가 발생할 수밖에 없는데 이러한 파급효과에 대한 중재자로서 정부의 개입, 정부의 개인 재산권에 대한 제한은 보상의 필요가 없다는 것이다. 그러나 민간기업들과 마찬가지로 제한된 자원에 대한 경제적 사용자 하나의 사업자로서 정부가 개인 재산권에 제한을 가할 때는 반드시 보상을 해야 한다는 것이다. 전자의 경우는 일종의 경찰권에 의한 규제(police power)로 보아야 하고 후자의 경우는 수용이라는 것이다. 예컨대 상위지역에서 석탄을 채취하기 위해 비스듬히 굴착을 깊게 하는 바람에 하위지역에 사는 사람들의 주택지반이 붕괴되는 위험이 발생하는 경우 이러한 파급효과를 막기 위해 상위지역에서의 석탄채취를 정부가 막는 것은 일종의 경찰행정이므로 상위지역의 토지소유자가 받은 피해를 국가가 보상할 필요는 없으나, 만일 국가가 상위지역에 집을 짓거나 나무를 심는 것을 제한한다면 이는 파급효과가 없는 경우의 제한이므로 일종의 공용수용이 되어 반드시 그 피해를 보상해야 한다는 것이다. Sax, "Taking Private, and Public Right", 81 *Yale Law Joural,* 1971, p.149.

파레토효율이란 보상을 전제하고도 이익이 비용보다 클 때 그 방향으로 움직이는 것을 의미한다. 즉 B>C+S일 때는 항상 보상을 하고 그 방향으로 움직이는 것이 파레토효율적이다. 따라서 비록 B>C+S일지라도 보상을 하지 아니하면 파레토효율성 기준에 부합하지 않는다. 그런데 마이클먼의 기준에 의하면 B>C+S, 즉 B−C+S 하면서도 특히, 반도덕비용이 작아 S>D인 경우에는 보상을 아니 하고도 그 방향(공용수용)으로 움직일 수 있도록 되어 있다. 따라서 마이클먼의 기준은 파레토효율의 기준보다 정부의 수용행위에 대하여 보다 허용적이다. 반면에, 칼도−힉스효율성의 경우는 이익이 비용보다 크다면 보상하지 않고도 그 방향으로 움직이는 것이 바람직하다는 기준이다. 따라서 이는 B>C, 즉 B−C>0이면, 환언하면 마이클먼이 주장하는 효율성 이익이 0보다 크면 보상하지 않고도 수용을 할 수 있다는 이야기가 된다. 그러나 마이클먼이 제시하는 기준은 B−C>0만으로는 충분하지 않고 B−C>D 혹은 B−C>S이어야 비로서 수용을 할 수 있게 되어 있다. 따라서 정부의 수용에 대하여 마이클먼의 기준은 칼도−힉스기준의 중간에 위치하는 셈이다. 보다 합리적이라고 판단된다. 왜냐하면 파레토기준은 항상 보상을 요구하므로 사실상 정부가 할 수 있는 사업의 범위를 제약하는 측면이 너무 강하다. 따라서 효율적인 사업이 불가능하게 되는 경우가 발생할 수 있다.

반면에 칼도−힉스기준은 이익이 비용보다 크면 보상을 할 필요가 없다고 하기 때문에 정부사업의 부담이 특정개인이나 소수의 사람들에게 과도하게 집중될 위험이 크다. 그러므로 형평의 문제가 발생할 여지가 크다. 흥미 있는 것은 엄격히 효율성에 기초하여 수용 여부와 보상 여부에 대한 자신의 기준을 제시한 후 마이클먼은 자신의 기준이 롤즈가 제시한 공평으로서 정의의 기준에도 합치한다는 사실을 증명해 보이고 있다.

롤즈의 정의론은 두 가지 원칙 위에 서 있다. 첫째 원칙은 사회제도는 모든 사회구성원들에게 최대의 자유를 확보해 주는 것이어야 한다는 것이다. 둘째 원칙은 차별적 대우 ① 차별적 대우가 발생할 기회가 모든 사람들에게 평등해야 하고, ② 그 차별적 대우가 결국은 사회 모든 구성원들에게 유리하며, 특히, 가장 불리한 대우를 받은 사람들에게도 유리한 것일 때에만 정의롭다는 것이다. 이 두 번째 원칙의 두 번째 조건은 결국, 어떤 경우를 의미하는가? 한마디로 차별대우를 하지 아니한 경우보다 차별대우를 한 경우가 중·장기적으로 사회구성원 모두에게 유리한 것이 되는 경우를 의미한다. 즉 절대평등을 실현한 경우보다 차별대우를 한 경우가 특히 가장 차별을 많이 받았던 사람들을 포함하여 모든 사회 구성원들에게 이익이 되는 경우를 의미한다.

이러한 롤즈의 정의론을 보상의 문제에 적용해 보면 다음과 같이 될 것이다. 첫째, 모든 수용은 반드시 보상을 하여야 한다. 왜냐하면 보상하지 않으면 최대한의 자유가 보장되지 않기 때문이다. 보상을 받지 못하는 특정인에게는 자유침해가 되기 때문이다. 둘째, 다음과 같은 경우에는 수용에 대하여 보상하지 않을 수도 있다. ① 모든 사람들에게 발생 가능성이 동일하고, ② 보상을 하지 않는 경우가 보상을 한 경우보다 피해자에게도 장기적으로는 유리한 것이 되어야 한다. ②에 초점을 맞추어 피해자의 이익보호라는 입장에서 생각해 보면 피해자의 이익은 다음과 같은 두 가지 종류의 위험 내지 손해가 최소화하는 경우에 보장될 것이다.

첫째는 모든 수용에 보상을 요구함으로써 효율적인 사업을 채택할 수 없게 되어 발생하는 손해이다. 물론 이 손해는 작을수록 좋을 것이다.[395] 둘째는 위의 손해를 감소하기 위해서 무보상의 원칙을 채택했다고 할 때 그 부담이 소수에게만 집중될 위험과 수용사업이익에의 참여가 충분하지 못할 위험이다.

이상의 두 가지 위험 내지 손해를 최소화할 수 있을 때 피해자의 이익이 최대한 보장된다고 볼 수 있다. 그런데 중요한 것은 위에서 마이클먼이 제시한 수용과 보상의 효율성 기준이 여기서 논의하고 있는 롤즈식 정의의 기준과 합치한다는 사실이다. 이 두 가지 기준이 서로 어떻게 하여 일치하게 되는지 살펴보도록 하자. 일반적으로 해결비용이 크지 않고 그 사업의 효율성 이익이 불확실하고 소수의 개인들에게 부담이 집중될 우려가 큰 경우에는 위의 정의 기준에서 보아, 환언하면 위에서 본 두 가지 손해 내지 위험을 최소화한다는 관점에서 보아 보상을 강제하는 편이 바람직하다. 왜냐하면 해결비용이 크지 않다는 것은 보상을 하여도 곧 첫째의 위험이 크지 않다는 것을 의미한다. 또한 효율성 이익이 불확실하다는 것은 나중에 사업이익에의 참여가 충분치 못할 위험이 크다는 것을 의미한다. 따라서 이러한 위험을 줄이기 위해서도 보상을 하는 편이 보다 안전하다. 뿐만 아니라 소수에의 부담 집중화의 가능성이 큰 경우 이러한 위험을 막기 위해서도 보상을 하는 편이 바람직하다. 요컨대 위와 같은 경우에는 보상을 하는 편이 보다 정의롭다고 할 수 있다. 그런데 위와 같은 경우란 대부분이 바로 D>S이어서 마이클먼 기준에 따르면 반드시 보상해야 하는 경우와 일치한다. 즉 해결비용이 크지 않고 부담이 소수에게 집중되어 반도덕비용이 커질 가능성이 높은 경우이다. 역으로 해결비용이 크고 효율성 이익이 확실하고, 부담을 많은 사람이 나누어 지게 되는 경우에는 정의의 기준에서 보아 보상을 하지 않는 편이 바람직하다. 그 이유는 해결비용이 큰 경우 반드시 보상을

---

395) 만일 반드시 보상해야 한다는 조건이 완화되어 보다 많은 효율적인 사업들이 수행될 수 있어 국부가 급속히 증가하는 경우를 상정하면 현재는 무보상으로 피해를 본다고 하여도 장기적으로는 보상을 강제하는 경우보다 큰 이익을 볼 수 있으므로 그러한 기회의 상실은 그 자체가 손해라고 보아야 할 것이다.

요구하면 위에서 본 첫째의 위험이 발생할 가능성이 크기 때문이다. 또한 많은 사람이 부담을 나누고 효율성 이익도 확실하면 피해자가 이익에 참여하지 못할 위험이나 소수에게 과도하게 집중될 위험이 크지 않기 때문에 비록 보상을 하지 아니하여도 위에서 본 두 번째의 위험이 발생할 가능성은 크지 않다. 이러한 경우에는 보상하지 않는 편이 정의롭다고 할 수 있다. 그런데 여기서도 바로 이 정의의 기준이 대부분 S>D라는 마이클먼의 효율성 기준과 일치한다. 즉 해결비용이 상대적으로 크고 부담이 다수에게 분산되어 반도덕적 비용이 상대적으로 적은 경우가 된다.396) 위에서 살펴본 바와 같이 롤즈의 정의기준과 마이클먼의 효율성 기준이 대체적으로 일치한다.

2) 정당한 보상의 요건

수정헌법은 정부가 공적 사용을 위해 개인 소유의 재산을 수용할 수 있다고 하였다. 그러나 수용을 위해서 정부는 대가를 지불해야 한다는 것을 분명히 하였다. 지불액의 기준은 정당한 보상이어야 한다. 연방대법원은 보상을 결정할 때 소유주의 손실 기간을 고려해야 한다는 점을 일관성 있게 판결하였다. 수용자의 이익은 관련이 없다. 오래전에 Oliver Wendell Holmes 판사는 "수용자가 얻은 것이 무엇인가가 아니라 소유주가 잃은 것이 무엇인가를 측정하는 것이 정당한 보상을 위한 평가라고 선언하였다."397)

연방대법원은 손실에 대해서는 소유주에게 수용 시에 시장가격으로 환산하여 평가되어야 한다고 하였다.398) 그렇지만 정부는 부동산의 수용계획 때문에 발생하는 시장가격에 증가분을 지불할 필요는 없다고 연방대법원은 판결하였다.399) 수용이 된다면 해당 부동산의 소유주는 정부에 대해서 정당한 보상을 받기 위한 법적인 조치를 취할 수 있는데, 그 조치의 한 방법은 정부행위가 수용에 해당한다고 주장하여 개별적으로 청구하는 역수

---

396) 위에서 본 바와 같이 마이클먼은 효율성 기준에서 보상을 해야 할 경우와 해서는 안 될 경우를 구별하였다. 그런데 효율성이 아니라 형평의 기준에서 보아 정부의 민간재산권 제한이 보상을 필요로 하지 않는 경우가 있음을 로즈 액커먼(Susan Rose Ackerman)은 지적하고 있다. 그리고 그 경우를 다음과 같이 제시하고 있다. ① 권익권 자체에 문제가 있을 때, 예컨대 타인에게 주는 생활방해를 제거하기 위해 정부가 규제에 나선 경우, ② 초과이윤 내지는 독점적 지대에 대하여 규제하는 경우, ③ 정부가 민간기업과 동일한 조건 속에서 경제활동을 하여 경쟁을 통하여 민간기업에 준 경쟁적 피해, ④ 정부의 규제가 기업별로 상이한 결과를 가져온 경우 등은 형평의 관점에서 보아 정부가 보상하지 말아야 한다고 주장한다. Susan Rose Ackerman, Rethinking the Progressive Agenda, The Reform of the American Regulatory Sate, The Free Press, 1992, pp.140~143.

397) Boston Chamber of Commerce v. Boston, 217 U.S. 189, 195(1910).

398) Kirby Forest industries, inc. v. United States, 467 U.S. 1(1984).

399) United States v. Fuller, 409 U.S. 488(1973).

용소송이다.400)

First English Evangelical Lutheran Church of Glendale v. County of LosAngeles Case에서, 연방대법원은 정부가 역수용소송에 대한 응답으로 그 법규의 적용을 정지하였다 해도 정부는 그 기간의 손실에 대해서는 일시적이나마 사유재산의 침해에 따른 손실을 보상해야 한다고 판결하였다.401) 다시 말해 정부가 수용하기 위해 취한 행위의 전체적인 기간에 대해 정당한 보상을 해야 하며, 여기서 기간이란 수용이라는 사법부의 판결 전까지 기간을 포함하여 계산한 전체적인 기간을 의미한다고 법원이 판결하였다. 더 적절히 말하자면, 그것이 일시적인 수용일지라도 수용에 해당된다면 정부는 정당한 보상을 꼭 지불해야 한다는 것이다.

이와 관련하여 예외적인 사항으로 전시 및 국가의 위기상황하에서는 정당한 보상이 이루어지기가 매우 어렵다. 이때는 거대한 공급시장의 붕괴로 그 기능을 제대로 발휘하지 못함에 따라 정부가 행정적으로 강요한 가격의 최고한도는 전적으로 시장가격을 벗어난 것이다. 따라서 자유시장에 가격을 적용하는 것과 마찬가지로 정부가 정한 최고가격으로 부동산에 가치를 평가할 때 시장가격이 가격결정 기준이 되는 근거가 된다. 이에 법원은 부동산의 최고가격을 보상하기 위하여 소유주에게 보조금을 허락하였으며, 청구소송에 의해 판결되었음에도 불구하고, 부동산의 대체비용은 부동산의 최고가격을 초과하였고 보조금은 그 가격에 초과분을 보증가치로 소유하고 있다고 하였다. 정부는 전시국가에서 필요한 물건의 가치가 크게 상승한 경우는, 물품에 현 시장가치를 정부가 제공하여 지불할 의무가 없다고 법원은 판결하였다.402) 정당한 보상이 공정한 시장의 표준가격을 적용하는 데 있어 곤란한 점은 투표에 의해서 결정한 두 가지 사례가 있는데, 그 하나는 보조금을 수여한 것이고, 다른 하나는 보상금을 거절하는 것이다. 건물에 존속기간을 증진시키기 위해 임대부동산에 투자된 주택개량공사대금도 보상을 받을 수 있다.

법원은 임대가 경신될 수 있다는 것이라는 가능성이 고려된 수용에서는 정당한 보상이 요구된다고 하였다. 자발적으로 매수인과 매도인은 가능성에 대한 만큼의 가치를 부여받을 수 있다.403) 그럼에도 불구하고 연방정부 소유의 목초지 부근을 임대 소유한 목장주

---

400) 이는 미국에 있어서 일시적 보상과 보상규정이 없는 수용의 경우 재산권소유자가 국가를 상대로 청구할 수 있는 소송이다. 이 경우 항구적인 수용(a permanent taking)에 대한 보상에 해당하는 금액의 보상을 할 필요는 없다. 김문현, 「미국연방헌법상의 공용수용과 경찰권에 의한 구제의 구별기준」, 『미국헌법연구』 제11호, 미국헌법학회, 2000, p.333.

401) 482 U.S. 304(1987).

402) United States v. Cor, 337 U.S. 325(1949). And 참조; United States v. Toronto Navigation Co., 338 U.S. 396(1949).

의 개인소유 목초지를 연방정부가 수용했을 때 목초지의 소유주가 받은 보상금은 연방정부 땅에 인정한 것으로 인한 가격요건이 반영된 것이라고는 할 수 없다.404)

3) 정당한 보상의 종류

(1) 이자

통상적으로 부동산은 수용자에 의해서 돈이 지불되는 수용소송에 의해서 수용되며 이자는 발생하지 않는다.405) 그럼에도 불구하고 만약 재산에 대한 보조금이 지급되기 전에 실질적인 수용이 이루어진다면, 정당한 보상은 이자라는 용어를 사용하는 것을 피하기 위해 증가분이라는 말을 사용하여 포함시킨다. 법원은 정당한 보상이란 수용과 동시에 지불되는 가치와 동등한 물건을 구매할 수 있도록 충분한 것이라고 하였다.406) 소유주와 정부 사이에 이자에 대한 아무런 규정이 없고 수용될 토지의 구매가격을 조건으로 계약이 성립됐다면 수정헌법 제5조를 적용할 수 없고 소유주는 구매가격 지불이 비록 지체될지라도 이자를 청구할 수 없다.407) 어떤 사람의 부동산이 정부에 의해서 실수로 수용됐고 그 보상금은 다시 다른 곳에 투자되었으며, 또한 소유주는 그 부동산을 특정용도로 사용하기 위한 허가를 받은 경우에 이를 복구하기 위한 보상금을 청구할 권리가 있다. 그리고 장기임차인은 장기 점유한다는 가정하에 임대를 요구할 것이며, 일시적인 점유자는 그의 이주비용을 청구할 것이다. 양도되는 부동산 안에 비축된 물건들을 운반하는 합리적인 비용, 매매를 위한 상품에 저장비용, 그리고 양도재산에 물품을 반환하는 비용 등에는 시장가격에 이자를 포함시킨다.408)

---

403) Almota Farmers Elevator & Warehouse Co. v. United States, 409 U.S. 470 of the improvements could be claimed by the lessee, just compensation should be limited to that salvage value.

404) United States v. Fuller, 409 U.S. 488(1973). The dissent argued that the principle denying compensation for governmentally created value should apply only when the Government was in fact acting in the use of its own propery; here the Government was acting only as a condemnor.

405) Danforth v. United States, 308 U.S. 271, 284(1939); Kirby Forest industries v. United States, 467 U.S. 1(1984)(no interest due in straight condemnation action for period between filling of notice of lis pendens and date of taking).

406) United States v. Klamath Indians, 304 U.S. 119, 123(1938); Jacobs v. United States, 290 U.S. 13, 17(1933); Kirby Forest Industries v. United States, 467 U.S. 1(1984)(substantial delay between valuation and payment necessitates procedure for modifying award to reflect value at time of payment).

407) Albrecht v. United States, 329 U.S. 599(1947).

408) United States v. General Motors Corp., 323 U.S. 373(1945). In Kimball Laundry Co. v. United

(2) 권리에 대한 보상

부동산이 정당한 가격으로 수용된다면 보상금은 부동산의 시장가격으로 부동산 소유자에게 꼭 지급되어야 한다. 그러나 여러 종류의 재산과 재산에 여러 가지 활용방법은 정당한 보상을 계산하는 데 있어서 복잡한 문제를 만드는 근원이 된다. 토지의 소유권은 보상받을 수 있는 재산이며, 뿐만 아니라 지역권·임차권도 임대인의 소유권으로서 보상받을 수 있을 것이다. 만약 한 필지 토지에서 일정부분이 수용되면 소유자에 대한 보상은 수용당한 부분과의 관계성으로 인해 잔여분 토지의 지가가 상승한 경우 그 요인들은 잔여분 토지의 가치에 포함시킨다. 다른 한편으로는 수용이 실질적으로 소유자에게 이익이 된다면 그 이익은 토지수용에 가치를 상계하게 될 것이다. 수용된 부동산은 공적 사용에 전용되며 소유자는 공적 사용으로부터 얻은 모든 권익을 받을 수 있으며, 뿐만 아니라 어떠한 가상된 이익으로도 상계되지 않는다. 유형재산뿐만 아니라, 무형재산 이자도 수용조항에 의해서 보호대상이 된다. 그러므로 보상은 계약권리, 특허권 그리고 사업비밀이 수용을 위해서도 지급되어야 한다.409) 또한 개인회사의 독점판매권도 재산이며 이 판매권도 보상 없이는 공적 사용을 위하여 수용할 수 없다. 그리고 수문이 선박회사의 부속된 소유물이라 해도 공공을 위해 수용할 수 있으며, 유형 재산뿐만 아니라 통행료 징수를 위한 판매권에 대한 보상도 정부에 요구할 수 있다.410)

선박업자가 채무불이행 시에 정부는 선박업자와 계약을 파기하고 미완성된 배에 소유권을 소유하며 자재 공급업자가 선박업자에게 원자재를 공급할 때 주법에 의해 유치권을 첨부하였다면 이 유치권과 동일한 가치의 보상금을 받을 권리를 자재 공급자가 부여하게 된다. 이 유치권은 정부가 수용하거나 혹은 그 회사가 파산하는 경우에도 보상금을 받을 권리를 가진다.411)

States, 338 U.S. 1(1949), the Government seized the tenant's plant for the duration of the war, which turned out to be less than the full duration of the lease, and, having no other means of serving its customers, the laundry suspended business for the period of military occupancy; the Court narrowly held that the Government must compensate for the loss in value of the business attributable to the destruction of its "trade routes", that is, for the loss of customers built up over the years and for the continued hold of the laundry upon their patronage. 참조: United States v. Pewee Coal Co., 341 U.S. 114(1951)(in temporary seizure, Government must compensate for losses attributable to increased wage payments by the Government).

409) Ruckelshaus v. Monsanto Co., 467 U.S. 986(1984).

410) Monongahela Navigation Co. v. United States, 148 U.S. 312, 345(1983).

411) Armstrong v. United States, 364 U.S. 40, 50(1960).

(3) 간접적인 보상

미국 연방수정헌법은 재산을 수용할 때 보상금을 청구할 수 있다. 그러나 수용된 부동산에 시장가치가 형성되지 않음으로 해서 부동산 소유자나 임차인은 부동산 수용 결과 발생한 경비나 손실 그리고 그에 따른 부수적인 경비에 대해서는 보상금을 청구할 수 없다고 규정하고 있다.412) 정부는 국민이 소유하고 있는 어떠한 부동산이라도 수용할 수 있다. 부동산을 수용할 때는 비용, 임대 등 그 밖의 무엇이든지 소유주가 소유하고 있는 모든 권리는 소유권과 함께 종료된다. 제정된 법규에 의해 어떠한 재산을 수용하든 그 소유자에게 지불되는 보상금은 수용된 것 이상 과대하지 않게 꼭 지불하여야 한다. 그 보상은 무엇이든 간접적, 또는 관계가 없는 손해를 의미한다. 간접적이거나 관계가 없는 손해는 이와 같은 사례에서 정의된 것처럼 그 개념은 간접적인 침해의 의미 안에서 올바르게 파악될 수 있다. 그렇다 하더라도 그 결과는 종종 기대에서 벗어나며 연방의회가 간접적인 손해에 대한 법적 구제수단을 보유할 수 있을 것이다.

4) 공정한 시장가치

(1) 개설

앞에서 살펴본 바와 같이 수용과 규제적 수용을 둘러싸고 벌어지는 문제의 쟁점에서 볼 때 수용의 시기와 정당한 보상에 대하여 논쟁의 초점을 맞추어 왔다. 이러한 논쟁에서 수용의 시기와 정당한 보상은 중요한 문제로 부각되고 있지만 아직까지 연방수정헌법 제5조가 규정하고 있는 정당한 보상의 의미에 완전히 응하고 있는 것은 아니다.

수정헌법은 정당한 보상을 규정하고 있지만 일반적인 원칙만을 제공하고 있고 피수용자에 대한 재산권의 수용으로 인한 손실보상은 법원의 결정에 맡겨져 있다.413)

미국에 있어서의 공정한 시장가치의 출현은 국가, 또는 지방자치단체 공공사업을 수행하려는 경우 토지소유자들은 정부와의 거래에 있어서 자신들이 토지에 투입한 비용만큼 더 많은 보상을 요구하게 되고, 이는 정부로 하여금 대체 토지(alternative location)를 찾도록 한다. 이리하여 토지소유자들의 주관적 가치는 현실화되지 못하고 동시에 공익사업

---

412) Mitchell v. United States, 267 U.S. 341(1925); United States ex rel. TVA v. powelson, 319 U.S. 266(1943); United States v. Petty Motor Co., 327 U.S. 372(1946). For consideration of the problem of fair compensation in government-supervised bankruptcy reorganization proceedings, 참조: New Haven Inclusion Cases, 399 U.S. 392, 489-95(1970).

413) Bauman v. Ross, 167 U.S. 548, 569(1897).

의 수행에도 큰 차질을 빚게 된다. 그러므로 정당한 보상의 기준으로서 공정한 시장가치(fair market value)가 출현하게 되었으며,[414] 정당한 보상을 위한 최선의 대리인(best proxy)으로서 자리 잡게 되었다.[415] 그러나 공정한 시장가치에 의한 기준은 가끔은 피수용자의 보상에 대하여 충분하지 못하였다.

이하에서는 미국 연방대법원에 의하여 결정된 공정한 시장가치가 무엇이며, 공정한 시장가치는 어떠한 요소들을 포함하고 있으며, 그리고 또한 포함하고 있지 않는 요소는 어떠한 것인지를 살펴보고자 한다.

(2) 개념

법원은 수용으로 개인의 재산권침해에 대한 보상이 이루어져야 하는 경우, 정당한 보상의 기준으로 공정한 시장가치를 계속하여 적용하고 해석하여 왔다. 대법원이 최초로 보상의 기준에 관하여 공정한 시장가치를 직접 언급하지는 않았지만 공정한 시장가치로 알려져 있는 일반원칙을 사용한 판결이 Boom v. Patterson 사건이다.[416] 이 판결에서 법원은 헌법에 의한 토지가치의 결정을 사인에 의한[417] 재산의 취득에 비유하였다. 이 사건에서 의문은 무엇이 시장에서 재산가치여야 하느냐이다. 거의 20년 후에 Monongahela Navigation Co. v. U.S. 사건에서[418] 법원은 오늘날까지 존재하는 보상의 개념을 장황하게 설명했다.[419] 이 사건을 계기로 연방대법원은 보상이 수용되는 재산과 동일해야 한다는 등가성을 시장가치와 같다고 보기 시작했다. 넓은 의미에서 이것은 개인이 주관적으로 추구하고 있는 재산적 가치를 조건으로 정하지 않는 기준의 추구 때문이라고 할 수 있다. 공정한 시장가치는 공익을 위하여 수용당한 피수용자에게 발생한 손해를 보상하는 공적인 책임을 공정하게 측정하는 외부적 유효성을 제공하였다. 그러나 공정한 시장가치

---

414) United States v. Chandler－Dunbar Water Co. 229 U.S. 53, 81(1913).

415) Segerson, "Takings", Vol.4, *Encyclopedia of Law and Economics,* 2000, p.332.

416) Bomm Co. v. Patterson, 98 U.S. 403, 408(1878).

417) Olson v. United States, 292 U.S. 246(1934).

418) Monongahela Navigation Co. v. United States, 148 U.S. 312(1893).

419) 보상이라는 명사는 그 자체로는 형평이라는 사상을 내포하고 있다. 그러므로 우리는 징벌적 손해보상, 또는 경고적 손해배상과 구별하여 보상적 배상을 언급하고 있다. 보상적 손해배상은 이미 발생한 손해와 동등한 것이며, 후자는 형벌의 일종으로 부과되는 것이다. 그러므로 형용사 'just'가 생략되었다면 규정은 단지 보상이 없으면 재산은 수용되어서는 아니 된다는 것을 말할 뿐이다. just라는 언어의 삽입은 보상이 수용되는 재산과 동등하여야 한다는 것을 표현하고 있다. 이 두 단어 조합의 관점에서 보면 보상은 수용된 재산과 완전한 등가여야 한다는 것에 의심의 여지가 없다. 그리고 이 정당한 보상은 재산에 대한 것이지 소유권자에 대한 것이 아니라는 것을 명심하여야 할 것이다. 148 U.S. 312(1893).

라는 개념적 요소만으로는 정당한 보상을 둘러싸고 있는 문제점들을 충분히 해결할 수 없다. 따라서 공정한 시장가치가 정당한 보상의 문제점을 해결할 수 있는지의 여부를 구체적으로 파악하기 위하여 대법원에 의하여 결정된 포함요소들을 검토할 필요가 있다.

(3) 공정한 시장가치의 포함 요소

공정한 시장가치는 법원에 의하여 정당한 보상의 기준으로 결정되어 사용되어 왔지만 그 개념적 요소만으로는 정당한 보상을 해결하기에 충분하지 못하여 다음과 같은 요소들을 포함하고 있다. 그 요소들은 ① 최고ㆍ최상의 사용, ② 특별한 사용, ③ 이자, ④ 생산성, ⑤ 개선, ⑥ 최고가격이다.

첫째, 최고ㆍ최상의 사용은 개인적 입장에서는 그 목적물이 가치가 없을지라도 다른 사람의 입장에서 볼 때 그리고 장래의 이용 정도에 따라 목적물의 재산적 가치가 있는 경우를 말한다. 즉 그 목적물의 사용가치의 범위가 확대되는 것이다. 연방대법원은 공정한 시장가치에 최고ㆍ최상의 사용을 포함하여 Olson v. U.S. 사건에서 최초로 판시하였으며, U.S. exrel. Tennessee Valley Authority v. powelson 사건에서[420] 결정적으로 최고ㆍ최상의 사용이 공정한 시장가치에 포함되었다.

둘째, 특별한 사용은 공정한 시장가치의 결정에 있어 가상적 매매를 근거로 하고 있으므로 재산의 특별한 사용가치를 배제하는 극단을 피하는 고려가 반드시 있어야 한다는 것이다. 특별한 사용의 내용으로는 기대가치, 신용의 창조와 고객과의 관계증진을 위한 가치이다.[421]

셋째, 이자이다. 항상 수용의 일시와 보상의 일시는 일치하지 않기 때문에 수용 이후에 재산권 수용일의 토지 가치를 기준으로 지급하는 것이 정당한 보상인지의 여부라고 할 수 있다. 이자를 공정한 시장가치에 포함하기 시작한 것은 Seaboard Air line Railway Co.

---

420) 319 U.S. 266(1943).

421) Kimball Laundry Co. v. U.S. 사건 338 U.S. 1(1949). "원고의 세탁소는 군대의 세탁시설 일부로서 일시적으로 세탁기계를 사용하려는 정부에 의하여 수용되었다. 하급법원에서 원고는 세탁기계의 마모에 대한 보상과 함께 수용될 당시의 임대가치를 보상받았다. 하지만 원고는 이러한 보상은 불충분한 보상이라고 주장하며, 군 당국의 수용이 그의 영업 루트를 파괴했기 때문에 비즈니스 가치의 감소분에 대한 보상을 받을 자격이 있다고 주장했다. 그래서 원고는 정부가 시장 참가자들이 가질 수 있는 기대가치(blue sky)와 동등하게 보상하기를 원했다. 원고는 비즈니스에서 신용의 창조와 고객과의 관계 증진을 위한 공정한 시장가치를 기대했다. 법원은 원고의 특별한 사용가치의 존재와 금액에 관하여 잠재적 매수인을 설득할 수 있는 어떤 증거도 고려하여야 한다. 법원은 그의 세탁소는 특별한 사용이었다는 원고의 주장을 받아들였으며, 그래서 그는 파괴된 영업 루트에 대한 보상을 받을 자격이 있었다. 정부는 영업 루트를 포함하여 무엇이든지 간에 이전이 가능한 가치를 보상하여야 한다고 결정하였다."

v. U.S. 사건[422])에서부터이다. 이 사건에서 이자는 재산의 수용과 지급의 시간 간격을 조정하도록 추가되었으며, 특별히 공정한 시장가치의 추후 결정에 포함되기 시작했다.

넷째, 생산성이란 Monongahela Navigation Co. v. U.S. 사건[423])에서 "그 재산의 사용이 소유권자에게 가져다주는 이익에 의하여 결정되는 재산의 가치"라고 최초로 언급되었으며, 이 사건에서 생산성이란 오늘날 공정한 시장가치라고 알려져 있는 것과 똑같은 기준으로 측정되었다. 이 사건에서 생산성의 요소로서 3가지를 들고 있는데 ① 토양의 자연적 비옥함, ② 영업 중심지와의 인접성과 인구, ③ 사용에 대한 수요이다. 문제의 재산가치, 장소, 재산에 대한 수요는 모두 법원이 수용 시 소유권자가 받아야 할 보상 금액을 결정할 때 고려되어야 한다.

다섯째, 개선이다. Almota Farmers Elevator and Warehouse Co. v. U.S. 사건에서[424]) 정부가 원고의 재산적 이익을 수용할 때 원고가 임차한 재산보다 더 많은 재산을 수용했다. 원고는 당해 토지에 다수의 건물 신축을 포함하여 여러 가지 개선조치를 취하였으며, 그는 토지와 개선 조치에 대하여 보상을 받을 수 있다고 주장하였다.

여섯째, 최고가격이다. 최고가격이란 소유자에 의해 현실화될 수 있는 가치를 말한다. 최고가격이 공정한 시장가치에 포함되는지에 대하여 U.S. v. Comodidities Trading Co. 사건에서[425]) 미국 정부는 원고로부터 칠십만 파운드 이상의 고추를 수용하고 파운드당 6.63센트의 최고 가격을 적용하여 보상하였다. 이에 대하여 원고는 최고가격제가 없었다면 고추의 가치는 파운드당 22센트에 달할 것이며, 이 가격보다 낮은 어떤 것도 정당하지 못하다고 주장했다. 이에 대하여 최고가격은 공정할 뿐만 아니라 원고가 자신의 고객에게 적법하게 판매할 수 있는 유일한 가격이다. 그러므로 최고가격은 고추의 공정한 시장가치에 관하여 법원에 의한 독립적 투기를 제압한다. 이러한 사정에서 최고가격은 무엇이 정당한 보상인지를 결정하는 데 무시되어서는 안 된다.

위에서 기술한 이 여섯 가지 기준은 공정한 시장가치의 결정에 필요한 것으로 인식되

---

422) 361 U.S. 299(1923). "Seaboard 사건에서 정부는 군대를 위한 저장시설로 사용하기 위하여, 원고의 토지를 수용하고 차후까지 원고에게 보상을 지급하지 않았다. 원고는 그러한 보상은 수용과 동시에 지급되는 공정한 시장가치로서는 불충분하다고 주장했다. 법원은 그러한 보상은 불충분하며, 정당한 보상은 수용일의 재산가치와 등가를 포함한다고 판시했다. 만약, 정부가 보상의 지급을 연기할 수 있고, 그 지급연기 기간 동안에 이자를 지불하지 않아도 된다고 하면 토지소유권자는 그의 손실을 충분히 보상받지 못하게 될 것이다. 토지 소유권자는 그의 재산가치를 잃을 뿐만 아니라, 그 토지의 경제적 가치에 대한 장래의 투자가치를 잃게 되는 것이다"라고 판시하였다.

423) 148 U.S. 312(1893).

424) 409 U.S. 470(1973).

425) 339 U.S. 121(1950).

고 있다. 그러나 이러한 여섯 가지 기준과 유사한 개념인 정부가 기여한 가치,426) 제거 또는 이전,427) 소유권자의 혜택,428) 영업이익429) 등은 공정한 시장가치로부터 제외되는 요소들이다.

Ⅳ. 小結

제2절에서는 미국의 공용수용과 규제적 수용의 법리에 대하여 학설과 판례를 중심으로 고찰하였고, 그리고 손실보상 법제를 검토하였다. 미국의 경우 재산권보장 그리고 수용과 관련하여 Mahon 사건 전까지는 물리적 박탈만을 수용으로 보아 우리나라의 법리와 같은 입장을 취하고 있었다. Mahon 사건 이후 수용논쟁을 겪으면서 오늘날에는 정부가 직접소유권을 취득하는 것이 아니라도 공용수용으로 보는 규제적 수용이 인정되고 있다. 따라서 공용제한의 성격을 띠고 있는 공적 규제도 재산적 가치, 권리침해가 되면 수용으로 보며, 경찰권에 의한 규제만이 보상을 요하지 않는 제한으로 보고 있다. 이에 대한 수용과 공적 규제의 구별에 관하여 학설의 대립이 있다. 이러한 법리는 대륙법 계통인 독일과 우리나라의 사회적 구속성과 수용의 구별에 관한 법리와 비슷하다고 할 수 있다.

물리적 침해설 수용은 단순한 물리적 박탈을 의미하는 것으로 보고 있고, 사실상 수용에 해당하는 경우에도 물리적 침해가 아닌 한, 수용으로 볼 수 없어 사유재산제에 심각한

---

426) City of New York v. William Sage 사건에서 "정부는 저수지를 위하여 토지를 수용하였고 피고는 이러한 사용에 기초하여 좀 더 높은 수준의 보상을 받을 자격이 있다고 주장하였다. 법원은 토지의 모든 수익적 사용이 반드시 고려되어야 한다는 것에 동의하는 한편 만약 토지가 시 당국의 수용권의 행사 없이 판매가 제안되었다면, 일반인이 고려하였을 요소들로 제한하였다. 수용이 없었다면 피고토지의 가치는 실제적으로 무가치하였을 것이다. 정부가 그의 권한 범위에서 행동한 것 때문에 토지의 소유권자가 혜택을 봐서는 안 된다"고 판시하였다. 317 U.S. 369(1943).

427) U.S. v. Petty Motor Co. 사건에서 "정부는 임대차 계약의 나머지를 수용했다. 임차인은 비즈니스의 이전에 비용과 어려움이 수반한다는 증거를 제시했다. 법원은 그러한 증거를 소유권에 대한 이익보다도 재산에 대한 개인적 이익의 이전비용이라고 비유하면서 신뢰하지 않았다. 본질적으로 법원은 재산상의 이익은 보상되어야 하지만 소유권자의 이익은 보장되지 않는다"고 판시하고 있다. 365 U.S. 624(1961).

428) 167 U.S. 548(1897).

429) Mitchell v. U.S. 사건에서 원고의 농장 중에서 440에이커가 정부에 의하여 수용되었다. 원고는 이 농장을 특별한 품질의 옥수수를 재배하는 데 사용하고 있었다. 정부의 수용은 원고가 재배하고 있는 옥수수의 특별한 품질이 다른 곳으로 이전 재배를 실제로 불가능하게 만들었기 때문에 원고로 하여금 더 이상 비즈니스를 하지 못하도록 하였다. 원고는 그의 농업 비즈니스의 가치가 공정한 시장가치의 일부분으로서 고려되어야 한다고 요구했다. 하지만 법원은 원고의 비즈니스 파괴는 수용에서 발생하는 의도하지 않았던 사건이라고 부르면서 그러한 보상을 부인했다. 338 U.S. 396(1949).

위험을 초래한다는 문제점이 있으며, 해악적 침해설은 공공복리를 중시하는 관점에 있으면서도 이 이론의 핵심인 해악성의 기준이 애매모호하다는 비판을 받고 있으며, 사회경제적 변화와 정부역할의 증대에 따라, 해악적으로서 하나의 사용을 밝히는 것은 어렵다.

가치감소설은 문제가 된 재산권을 평가할 때, 포함되어야 하는 가치영역을 구체적으로 밝히지 못하는 점과 오늘날 수용의 법리에 혼란을 초래한 것으로 비판받고 있지만 규제적 수용의 법리에 기초를 놓았다는 점에서 높이 평가해야 한다. 형량이론은 지금도 미국 법원에 의하여 자주 채택되고 있으며, 연방대법원이 대부분의 수용사건을 해결하기 위하여 구체적 사건마다 사실상 형량기준에 기초하고 있다는 지적도 있다. 이 이론은 수용 여부를 판단하는 데 공공의 효용을 고려하고 개인의 이익을 침해하는 것을 방지한다는 점에 그 이론적 의의가 있다. 그러나 이 이론은 피해자의 이익과 공적 이익을 대립시키고 피해자의 이익은 공적 이익에서 제외시키는 문제점이 있다.

기존의 학설을 비판하면서 Sax는 수용주체로서 기능수행 여부와 외부효과에 따라 수용 여부를 결정하여야 한다는 새로운 기준을 제시하였다. 그리고 마이클먼은 사회적 효용의 최대화 공평성의 보장이라는 두 가지 시점에서 보상이 필요한 규제와 그렇지 않은 규제를 구별할 것을 제안하였다. 마아클먼은 경제학적 측면에서 효율성을 그리고 정책적 측면에서 공평성을 강조한 것이라고 볼 수 있다.

이와 같은 규제적 수용의 구별기준에 관한 최근의 판례 태도는 대체적으로 Penn Central Case에서 정립된 three part test와 Lucas Case에서 제시된 categorical rule을 따르고 있는 것으로 평가된다. 전자는 재산권의 일부에 대한 침해의 문제, 이른바 '부분적 수용'에 대한 평가기준으로, 후자는 토지 개발제한에 따른 개발기대이익의 침해문제에 대한 평가기준으로 활용되고 있는 경향이다.

Sax 교수도 1990년대 중반 이후에 제정되고 있는 정당한 보상 없이는 어떠한 개발제한도 할 수 없도록 하는 일련의 법률들은, 우리가 지금까지 쌓아 온 환경보호관련법들을 사실상 하루아침에 무너뜨려 버릴 것이라고 크게 비난하였다. 앞에서 소개한 최근의 판례들을 통해서도 사법부 역시 규제적 수용의 범위를 좁게 해석하는 태도를 취하고 있는 것으로 보인다.

이에 반하여 최근에 제정된 법률들, 예컨대 1994년에 제정된 Private Property Protection Act, 1995년에 제정된 Clean Water Act, Endangered Species Act 등은 상수원보호, 생태계의 종 보호 등과 같은 목적을 위해 재산권의 개발을 제한할 경우에도 공정한 대가의 지불이 있어야만 제한이 가능하도록 하는 것을 그 내용으로 하고 있는바, 입법부의 태도는 대체적으로 재산권보장을 강화하는 경향인 것으로 분석된다. 이는 정치적 입지 즉 유권자의 지지 등에 비교적 민감하지 않은 사법부나 학계는 공익성에 보다 큰 가치를 두고 있음에 반하여 정치적 입지에 예민할 수밖에 없는 의회는 재산 보유자의 이익을 대변하는 것이 아닌가라는 생각이 든다.

정당한 보상의 법리와 관련하여 우리나라는 완전보상설을 취하는 입장에서 피침해재산을 시장에서의 거래가격으로 보상한다는 뜻으로 해석하고 있다. 독일도 통상적인 매매를 목적으로 하는 가격으로 평가하여 우리나라와 비슷한 취지로 해석하고 있다. 미국은 현재 투자가치와 미래에 대한 공정한 시장가치로 해석하며 Homes 판사는 "수용자가 얻은 것이 무엇인가가 아니라 소유자가 잃은 것이 무엇인가를 측정하는 것이 정당한 보상을 위한 평가가 될 수 있다고" 하여 정당한 보상의 의미를 확대 해석하는 것이라고 볼 수 있다.

미국의 정당한 보상의 법리는 공정한 시장가치로 평가되는데 공정한 시장가치를 현재 투자가치와 미래에 대한 공정한 시장가치의 경제적 이익, 또는 정당한 수용과 동시에 지불되는 가치와 동등한 물건을 구매할 수 있도록 충분한 가격이라고 정의하고 있다.

반면에 공정한 시장가치는 보상의 일반적 기준으로서 존재하지만 이것이 고려되어야 할 유일한 가치는 아니라고 하고 있다. Lutheran Synod 사건에서 공정한 시장가치는 사유재산의 모든 가치를 반드시 보상할 필요가 없다고 하였다. 과연 공정한 시장가치가 모든 가치를 포섭하지 않는다면 수용이 일어나지 않았던 상태로 소유권자를 자리매김할 수 있을까 하는 것이다. 그렇다면 문제는 법원은 왜 정당한 보상의 새롭고 형평적인 방법을 모색하지 않고 공정한 시장가치에 의존하는가, 그것은 공정한 시장가치가 보상의 유일한 기준이기 때문이다. 그러나 토지소유자는 공정한 시장가치의 그 이상을 보상받고자 하기 때문에 문제가 발생한다. 그래서 공정한 시장가치가 정당한 보상의 기준으로서 어떠한 요소가 포함되고 제외되는지 살펴보았다.

법원은 정당한 보상으로 공정한 시장가치를 결정할 때 특별히 이 여섯 가지 요소를 포함한다. 가능한 최고 및 최상의 사용, 재산의 특별한 사용, 수용과 보상의 지급 시점 사이의 시간 경과에 대한 적절한 이자, 토지의 생산성, 토지의 개선, 그리고 수용의 시점에 유효한 최고 가격들을 고려하여야 한다. 그리고 공정한 시장가치에서 제외되는 요소로서 정부가 기여한 가치, 제거 또는 이전, 소유권자에게 해택, 비즈니스 이익을 들고 있다.

공정한 시장가치가 정당한 보상의 기준으로서 제거되어야 한다는 것을 제안하는 것은 아니다. 대신 현재 토지 소유권자에게 효율적으로 보상하는 방법으로 법원에 의하여 채택되고 있는 공정한 시장가치 기준은 불충분하다는 것을 제안하고 있다. 정당한 보상을 결정함에 있어서 외부요소를 고려하여야 한다.

결론적으로 공정과 형평의 개념을 재확립함으로써 공정한 시장가치를 엄격하게 해석하는 것을 제거하는 것만이 정부의 수용을 효과적으로 견제하는 정당한 보상이 될 수 있을 것이다.

손실보상의 법제는 그 나라의 정치문화, 생활방식에 따라 다소 차이가 있을 수 있으나, 개별적 법률의 근거규정은 대체로 유사함을 알 수 있다. 다만 미국의 경우 보상의 범위와 기준은 판례와 학설을 통하여 정립되었다는 점, 협의가 성립되지 않으면 법원에 수용신청을 한다는 점, 그리고 보상절차의 이원화와 Relocation Act에서 알 수 있는 바와 같이 물적 보상에서 인적 보상으로의 전환 등은 우리나라의 손실보상 법리에 시사하는 바가 크다 할 것이다.

이제는 우리도 기존의 법리, 즉 침해원인행위의 성질에 따라 구별되는 현재의 손해전보제도에 대한 집착에서 벗어나 제로베이스에서 수용과 행정책임의 법리에 대한 전면적인 재검토가 필요한 시점이라고 재강조하고 싶다.

미국의 규제적 수용의 법리를 고찰하면서 규제적 수용의 법리가 우리나라의 공용침해 법리에 주는 시사점은 첫째, 규제적 수용의 인정 여부, 즉 재산권침해에 대한 보상의 유무에 대하여 사법부와 학계는 대체적으로 규제적 수용의 인정 여부에 대하여 대체적으로 규제적 수용을 좁게 해석하려는 경향을 보이고 있음에 반하여 오히려 입법부는 재산권의 보장을 강화하려는 움직임을 보이고 있다는 사실이다.

둘째, 우리나라 공용수용법리에 대한 시사점이다. 이미 전술한 것처럼 미국의 경우에는 재산권에 대한 규제가 규제적 수용으로 평가되면 수용의 법리에 의하여 보상을 해 주어야 한다. 미국의 최근 판례인 Lucsa v. South Carolina Coasral Council 사건(1992)에서 공적규제가 토지의 경제적 유용 또는 생산적 이용을 부정하는 경우를 들고 있다. 말하자면 소유권자가 자신의 토지를 경제적으로 스스로 인정하는 것을 부정하는 토지이용규제는 수정헌법 제5조에 위배된다고 하는 것이다. 이 기준의 근거에 관해서는 유용한 이용의 전체적 박탈은 토지소유권자의 입장에서 보면 물리적 박탈과 다를 것이 없기 때문에 보상을 하여야 한다고 하였다. 이는 우리나라의 경우 개발제한구역의 지정으로 인한 공용제한인 경우에 사회구속성의 침해로 보지 않아 손실보상의 문제가 발생하지 않는다는 헌법재판소의 판례와 다른 점을 시사해 준다.

셋째, 미국의 역수용 법리의 도입이다. 미국은 First English Evangelical Lutheran Church of Glendale v. County of LosAngeles 케이스에서 국가 또는 사업시행자가 개

시하여야 할 수용절차를 반대하여 손실을 입은 토지소유자가 손실보상을 위한 절차를 제도적으로 마련하고 있다는 점, 그리고 일시적인 수용일지라도 수용에 해당된다면 정부는 정당한 보상을 꼭 지불해야 한다는 점에서 역수용의 법리는 우리나라의 수용의 법리에 시사하는 바 크다.

넷째, 수용의 법리에서 미국의 경우 수용논쟁을 겪으면서 규제적 수용을 수용으로 인정하면서 보상 여부에 관한 규제적 수용과 경찰권에 의한 규제의 구별이 법리의 쟁점으로 대두되었다. 이는 독일과 우리나라에 있어 사회구속성과 수용의 구별에 관한 법리와 비슷한 것이다. 미국에 있어 규제적 수용과 공적 규제의 구별에 관하여 새로운 학설로 제기된 Sax의 정부행위의 성격, 마이클먼의 효율성 이론, 그리고 Magreat Radin 교수의 수용성 여부에 관하여 재산의 성질을 고려하여야 한다는 이론은 지금까지 보이지 않았던 새로운 관점으로 파악된다. 우리나라에 있어 수용 여부에 관한 학설을 보더라도 목적 · 정도심사와 더불어 지역특성 · 상황구속성을 고려하여 판단하는 경우는 많지만 정부행위의 성격, 효율성 이론, 재산의 성질에 따라 수용 여부를 결정하고자 하는 법리는 거의 없는 것으로 보인다. 그러한 의미에서 우리나라의 학설에 시사하는 바가 크다.

미국의 최근 판례인 penn Central Transportation Co. v. New York City 사건(1977)에서 경제적 효과, 재산권에 대한 규제가 명백히 투자에 뒷받침된 기대를 침해하는 정도, 그리고 정부행위의 성격 세 가지 요소가 특히 중요한 의미를 가진다고 보았다. 또한 최근의 Lucsa v. South Carolina Coasral Council 사건(1992)에서 소유권자에 대해 그 재산에 대한 물리적 침해를 인용할 것을 강제하는 경우 그 침해가 얼마나 경미한가, 그리고 그를 통해 달성하려는 공적 목적이 얼마나 중요한 것이냐에 관계없이 수용되며 손실보상을 하여야 한다. 또 하나의 경우로는 공적 규제가 토지의 모든 경제적으로 유용한 또는 생산적 이용을 부정하는 경우를 들고 있다. 이러한 이론은 기존의 독일과 우리나라의 수용 법리에 진일보한 이론으로 시사하는 바가 크다.

다섯째, 미국에서는 행정작용으로 인하여 발생한 손해에 대하여 불법행위책임의 법리가 아니면 수용의 법리만으로 그 손해를 전보해 주어야 하기 때문에, 행정책임에 대해 프랑스와 같이 배상책임을 묻지 못하고 수용의 법리로써 보상을 하는 것이다. 미국의 손해전보제도가 안고 있는 가장 커다란 약점이라 할 것이다. 그러나 미국에서는 일단 규제적 수용으로 인정이 되면 이에 대한 보상은 당연한 후속조치이며, 단지 보상금액에 대한 쟁점만이 남는다. 이에 반하여 우리나라는 공용제한의 경우에도 법률에 보상의 근거가 없으면 수용의 법리에 의하여 보상을 받을 수가 없다. 수용유사침해이론 등과 같은 독일의 이론을 차용하거나, 보상규정이 누락된 법률에 대한 위헌심판을 통하여 구제받을 수 있다는 등의 논의가 작금의 우리 현실로서 시사하는 바가 있다 할 것이다.

여섯째, 미국의 규제적 수용에 의한 학설과 판례가 우리나라 토지재산권의 사회구속성에 있어서 어떠한 의미를 시사하는지를 보면 우리나라에서도 미국과 마찬가지로 현대복지국가의 이념에 기초하여 공공복리의 증진·시민생활수준의 향상 등을 위해 점점 다양한 토지에 대한 공용침해가 실시됨으로 인하여 손실보상의 여부에 대한 논의는 더욱 왕성하게 전개될 것으로 판단된다. 그러나 토지재산권에 대한 공용침해의 태양, 권리자에 대한 경제적 손실의 정도가 그 목적의 현대적 확대에 수반하여 대단히 다양화·복잡화하고 있기 때문에 종합적·개괄적 판단기준을 확립할 가능성은 매우 어렵다고 본다. 그리고 토지재산권도 헌법이 보장하는 권리로서 그것에 상응하는 재산권의 실현상황을 확보하기 위해서는 수용성 여부에 대해서 어떠한 태도로 임하는 것이 필요한지에 관한 인식을 최근의 학설과 판례의 태도로부터 배워야 할 것이다. 즉 공용침해에 관한 목적의 정당성에 대해서는 입법자의 판단을 우선하는 것이 이중기준론(double standard theory)의 적용결과로 인하여 승인된다고 하더라도 그 목적달성수단의 정당성이나 수용성 여부에 관한 판단이 필요하다. 특히 수용성 여부에 관한 판단은 사법부의 엄격한 심사가 필요한 매우 중요한 문제임에도 불구하고 우리나라 법원의 판단에서는 좀처럼 볼 수 없다는 점이다.

第3節 日本 公法上의 公用收用과 損失補償法制

Ⅰ. 日本 憲法上의 公用收用과 損失補償

재산권에 대한 공용수용과 그에 따르는 손실보상으로서 일본 헌법 제29조에서 제1항은 "재산권은 이를 침해하여서는 아니 된다", 제2항은 "재산권의 내용은 공공복리에 적합하도록 법률로 이를 정한다", 제3항은 "사유재산은 정당한 보상하에서 이를 공공을 위하여 이용할 수 있다"고 규정하고 있다. 또한 이 밖에도 손실보상의 헌법적 근거로는 공공목적을 위하여 특정인에게 과해진 부담이 전체의 부담으로 전가되어야 한다는 것을 요청하는 평등원칙을 규정한 헌법 제14조, 또는 생존권을 보장하는 헌법 제25조를 들 수 있다. 그 이외에 개개의 법률에 손실보상에 관해 규정되어 있지만 법률상의 보상 규정은 헌법상의 요청으로 생겨나는 것이다.[430] 일본에 있어서 손실보상에 관하여 국가배상에 대한 국가배상법이 제정되어 있는 것이 아닌 것처럼 손실보상에 관한 일반법이 제정되어 있는 것이 아니고 개개의 법률에 규정되고 있는데,[431] 그 대표적인 것이 토지수용법이다.[432] 토지수용법은 공공사업에 필요한 토지 등의 수용, 또는 사용에 관하여 그 요건, 수단 및 효과와 이에 수반되는 손실보상 등에 대하여 규정하고 있는데, 특히 제6장에서 수용 또는 사용으로 인한 손실보상에 관한 일반적 기준을 규정하고 있다.[433] 토지수용법은 손실보상의 원칙적 사항을 규정함에 그치고 구체적인 보상항목, 보상방식을 규정하고 있지 않기 때문에, 손실보상의 구체적인 적용을 둘러싸고 발생하는 문제점을 보완하기 위하여 보상하여야 할 범위를 명확히 하고, 보상항목을 합리적으로 분류하여 그에 따른 보상액산정방법을 통일적으로 규정하는 등 공공사업의 시행으로 인한 손실보상기준을 정할 필요성이 존재하게 되는데 이에 관한 것이 1962. 6. 29. 각의 결정된 「공공용지의 취득에 따른 손실보상기준요강」이다. 공공용지의 취득에 따른 손실보상기준요강은 각의 요해된 사항이므로 그 구속력은 행정부 내부에 그치고 일반 국민에 대하여 외부적 법적 구속력을 가지는 것은 아니나 사실상 영향력은 강력하다.

이하에서는 일본의 손실보상법제를 검토하기 위하여 토지수용법과 공공용지의 취득에 따른 손실보상기준요강을 중심으로 한 손실보상의 법적 체계, 그리고 손실보상의 기준에 대하여 검토하고자 한다.

---

430) 榊原秀訓, 「日本에서의 損失補償法의 現狀과 課題」, 『토지공법연구』, 토지공법학회, 2000, p.35.

431) 손실보상이 헌법상 필요함에도 불구하고 보상을 규정한 법률에 규정이 없는 경우 헌법 제29조 제3항에 근거하여 직접 손실보상을 청구할 수 있다. 最大判, 刑集22券 12号, 1968, p.1402.

432) 토지수용법이 제정되기 이전에 「지권도방규칙」, 「공공용지매상규칙」 등이 있었으나 근대적 의미의 토지수용법은 1889년 제정되었다. 그 후 민법이 제정됨에 따라 1990년에 새로 제정되었다. 그리고 1951년에 일본헌법이 새로이 제정됨에 따라 종래의 관권적인 폐습에서 벗어나 민주적인 모습으로 개정되어 2001년 개정까지 8차례의 과정을 거쳤다. 小澤道一, 『第2次改政版逐解說土地收用法上』, 東京, ぎょうせい, 2003, pp.2～16.

433) 토지수용법 제6장(제68조～제94조)에서 규정하고 있는 손실보상의 내용은 다음과 같다. ① 수용하는 토지 또는 그 토지에 관한 소유권 이외의 권리 보상(제71조), ② 사용하는 토지 또는 그 토지에 관한 소유권 이외의 권리에 관한 보상(제72조), ③ 잔여지 보상(제74조) 및 잔여지수용(제76조), ④ 잔여지에 관한 공사비용의 보상(제75조) 및 공사대행에 의한 보상(제84조), ⑤ 이전료보상(제77조), 이전 곤란한 경우의 수용(제78조), 이전료다액의 경우 수용(제79조), ⑥ 물건의 보상(제80조), ⑦ 대체지에 의한 보상(제82조), ⑧ 경지의 조성(제83조) 및 택지의 조성(제86조), ⑨ 통상 받는 손실보상(제88조), ⑩ 측량, 조사 등으로 인한 손실보상(제91조), ⑪ 사업의 폐지 또는 변경 등으로 인한 손실보상(제92조), ⑫ 수용 또는 사용하는 토지 이외의 토지에 관한 손실보상(제93조), ⑬ 제5조에 정하는 권리, 제6조에 정하는 입목, 건물, 기타 토지에 정착한 물건 및 토석사력의 수용 또는 사용의 경우 준용(제138조).

Ⅱ. 公用收用과 損失補償

1. 손실보상법제의 체계

공공사업의 시행으로 인한 손실보상의 대상으로 개인의 재산권에 대한 손실보상과 공공시설 등에 대한 손실보상으로 구분하고, 일반적으로 전자에 대한 손실보상기준을 '일반보상기준', 후자에 대한 보상기준을 '공공보상기준'으로 부르고 있다.

1) 일반손실보상기준

일반보상기준은 공공사업의 시행으로 인한 손실보상의 대상으로 개인의 재산권에 대한 손실보상으로 일반보상기준요강, 중앙용지대책연락협의회의 보상기준, 공공사업시행자의 보상기준으로 분류할 수 있다.

(1) 일반보상기준요강

1962. 3. 20. 공공용지심의회로부터 건설대신에게 제출된 「공공용지의 취득에 따른 손실보상을 원활하고 적정하게 행하기 위한 조치에 관한 답신」에 근거하여 공공사업의 시행으로 인한 손실에 대한 보상기준의 대강을 정하기 위하여 건설성에서 마련하여 1962. 6. 29. 각의 결정된 「공공용지의 취득에 따른 손실보상기준요강」이 있으며,[434] 일반적으로 보상기준요강 또는 일반손실보상기준요강이라 한다. 일반보상기준요강은 그 근거를 토지수용법 제6장의 손실보상 규정에 두고 있다. 동법의 규정이 손실보상의 원칙적인 사항을 정하고 있음에 대하여 다시 그 구체적인 적용을 둘러싸고 발생하는 문제점을 검토하여 보상하여야 할 범위를 명확히 하고, 보상항목의 합리적인 분류를 행하여 이에 근거하여 보상항목의 통일을 기함과 동시에 보상액산정방법을 통일적으로 정리한 것이다.

일반손실보상기준요강에 대해서는 1962. 6. 29. 각의 결정된 「공공용지의 취득에 따른

---

434) 1962. 6. 29. 손실보상기준요강이 제정되기 이전에는 1952년 일본에 주둔한 미점령군이 사용하는 토지 등에 대하여 적용하기 위한 「주유군용지 등의 손실보상 등 요강」, 1953년 「전원개발에 따른 수몰 기타에 의한 손실보상요강」, 1954년 「건설성직할 공공사업의 시행에 따른 손실보상기준」, 1956년 일본 도로공단의 「용지보상내규」, 1959년 수도고속도로공단의 「토지매수가격 등의 기준을 정하는 규정」, 1960년 농림성농지국장통달의 「토지개량사업에 따른 용지 등의 매수 및 손실보상요강」 등이 제정 · 시행되었으며, 각 사업자마다 상이한 보상기준을 운영하고 있었다.

손실보상기준요강의 시행에 대하여」에 근거하여 각 성청에서는 동 요강이 정하는 바에 따라 자체의 보상기준을 제정, 또는 개정함과 동시에 중앙성청, 지방공공단체, 기타 공익사업자가 동 요강에 준하여 그 기준을 제정, 또는 개정하도록 명시하고 있다. 또한 동 요강은 임의취득의 경우 손실보상기준의 대강으로 정해진 것이나 수용위원회 재결의 경우에도 손실보상의 기준으로서 적용되어야 할 것으로 하였다.

(2) 중앙용지대책연락협의회 보상기준

중앙용지대책연락협의회(이하 용대련 이라함)는 공공사업을 시행하는 데 필요한 토지의 취득에 관하여 기업자 상호 간 연락을 행하고 아울러 손실보상기준의 운용조정 및 손실보상에 관한 조사, 연구 등을 공동으로 행함을 목적으로 하여 사업시행자로 조직된 임의단체이다.

용대련 보상기준과 관련하여 현재 용대련의 명칭 아래 활동하고 있는 조직은 중앙성청, 공단, 사업단, 전기사업연합회, NTT 등의 국장으로 구성된 중앙용지대책연락협의회와 전국 10개 지방으로 나누어 각 성청, 공단 등의 지방조직 및 도도부현, 지정도시 등의 용지담당부문으로 구성된 지구 용대련, 그리고 각 지구 용대련을 회원으로 하여 구성된 전국적인 조직인 전국 용대련, 각 도도부현의 지역마다에 각 성청, 공단 등의 지방사무소 및 도도부현, 시정촌 등의 용지당담 부문에 의해 조직된 도도부현 용대련으로 나누어지고 있다. 현재 중앙용지대책연락협의회에서는 「공공용지 취득에 따른 손실보상기준」(1962. 10. 12. 용지대책연락협의회이사회 결정, 통상 "용대련 보상기준"이라 함), 「공공용지취득에 따른 손실보상기준세칙」(1963. 3. 10. 용지대책연락협의회이사회 결정, 통상 "용대련 보상기준세칙"이라 함)을 운용하고 있다.

(3) 공공사업시행자의 보상기준

공공사업시행자에 있어서는 별도로 중앙성청의 경우에 훈령형태로, 공단 등의 경우에 내규형태로, 하위규정은 보상기준운용방침을 정하여 시행하고 있으며, 보상기준의 명칭은 각 기관의 성격에 따라 달리 정하고 있다 하더라도 전국적으로 통일된 내용의 보상기준이 시행되고 있다 하겠다.

2) 공공손실보상기준

(1) 공공보상기준요강

1962. 3. 20. 각의 요해에 의하여 1966. 3. 16. 공공용지심의회로부터 건설대신에게 제출된 「공공사업의 시행에 따른 손실보상을 원활하고 적정하게 행하기 위한 조치에 관한 답신」에 근거하여 공공시설 등에 대한 보상기준의 대강을 정하기 위하여 건설성에서 마련하여 1967. 2. 21. 각의 결정된 「공공사업의 시행에 따른 손실보상기준요강」이 있으며, 일반보상기준요강과 구분하기 위하여 또는 「공공보상기준요강」이라 한다. 동 요강은 손실보상의 이론과 보상실태를 감안하고 임의협의단계에서의 실무상 공익보상을 통일적으로 행하는 관점에서 공공사업의 시행에 따른 공공보상의 원칙적인 대강을 정한 것이다.

(2) 공공보상기준운용규약

용대련에서는 1967. 2. 21. 각의 요해된 「공공사업의 시행에 따른 공공보상기준요강」의 1시행에 대하여 각 성청은 동 요강의 실시를 확보하는 데 필요한 조치를 강구함과 동시에 정부관계 기관, 지방공공단체 등이 동 요강에 따라 공공보상기준을 제정하게끔 지도하도록 되어 있다. 이에 따라 1967. 12. 22. 용대련 이사회에서 공공보상기준요강의 운용에 있어서는 공공사업의 성격 및 공공보상에 대한 개개의 구체적인 실정에 따라 사회통념상 타당한 보상이 되도록 운용한다고 약속하였으며, 그 세부적인 내용을 정한 공공보상기준운용규약을 채택하여 운영하고 있다.

2. 공용수용의 당사자

1) 수용권자

수용권자란 공익사업을 시행함에 있어서 개인의 재산을 수용할 수 있는 주체가 되는 것을 말한다. 수용할 수 있는 주체는 각국에 있어서 거의 동일하며, 여기서 문제가 될 수 있는 것은 사인도 수용권자가 될 수 있는가이다. 이 문제에 대해서 일본의 토지수용법은 명확하게 기업자로 규정하고 있는데, 여기서 기업자라 함은 토지 등을 수용·사용하는 것을 필요로 하는 수용적격사업435)을 행하는 자를 말한다.436)

2) 피수용자

피수용자라 함은 수용 또는 사용하게 되는 토지의 소유자를 말한다.[437] 그리고 관계인이 포함되고 있다. 일본은 우리나라와는 달리 관계인의 정의에 대해서 구체적으로 규정하고 있다.[438] 토지수용법에서 관계인이라 함은 제2조의 규정에 의하여 토지를 수용·사용하는 경우에는 당해 토지에 관하여 지상권, 영소작권,[439] 지역권, 채석권, 질권, 저당권, 사용대차 또는 임대차에 의한 권리 기타 소유권 이외의 권리를 가진 자 및 그 토지 위에 있는 물건에 대하여 소유권 기타 권리를 가진 자를 말한다.

그리고 제5조의 규정에 의하여 동 조의 권리를 수용 또는 사용하는 경우에는 당해 권리에 관하여 질권, 저당권, 사용대차, 또는 임대차에 의한 권리, 기타의 권리를 가진 자를 제6조의 규정에 의하여 동 조의 입목, 건물 기타 토지에 정착하는 물건에 관하여 소유권 이외의 권리를 가진 자를, 제7조의 규정에 의하여 토석사력을 수용하는 경우에는 당해 토석사력이 속하는 토지에 관하여 소유권 이외의 권리를 가진 자 및 그 토지 위에 있는 물건에 관하여 소유권 기타의 권리를 가진 자를 말한다. 그러나 제26조 제1항의 규정에 의한 사업인정고시가 있은 후에 새로이 권리를 취득한 자는 기존의 권리를 승계한 자를 제외하고는 관계인에 포함되지 않는다.

3. 공용수용의 목적물

토지수용법에 규정되어 있는 수용의 목적물은 개인의 재산권 중에서 토지를 주축으로

---

435) 토지수용법 제3조 각 호: 일본은 토지를 수용 또는 사용할 수 있는 수용적격사업에 대하여 제한 열거주의를 택하고 있다. 현행 토지수용법상 토지를 수용할 수 있는 사업은 공익사업이어야 하며, 여기에서 공익사업이라 함은 제3조 제1호에서 제35호까지 한정 열거한 사업으로 가지호수를 포함할 경우 50개 호이다.

436) 토지수용법 제8조 제1항.

437) 토지수용법 제8조 제2항.

438) 토지수용법 제8조 제3호, 제4호, 제5호.

439) 영소작권은 소작료를 지불하고 타인의 토지에 경작 또는 목축을 목적으로 하는 물권이다(일본민법 제207조). 이 권리는 관습에 의하여 성립된 전래취득이 가장 많지만, 설정행위에 의한 경우도 있다. 그리고 그 설정행위는 계약에 의한 것이 일반적이나 유언에 의해 설정될 수도 있다. 기타 양도, 상속, 시효취득에 의해서도 취득된다. 또한 관행 소작권은 물권적 효력은 없으나, 지역적으로 보편화되어 매매가 인정되면서도 매매에는 지주의 승낙이 요하지 않는 등 관념상으로는 소유권에 준하는 것으로 취급되어 왔고, 지방에 따라 관행소작권은 영소작권과 같이 물권적 권리로서 준부동산으로 취급되어 왔다. 영소작권의 존속기간은 20년에서 50년까지이다.

그 지상의 건물, 공작물, 입목, 기타 토지에 정착하는 물건, 소유권 이외의 권리, 광업권, 온천을 이용하는 권리, 토지에 속하는 토석사력에 관한 권리, 토지하천의 부지, 해저, 또는 유수, 해수 그 밖에 이와 관계가 있는 어업권, 입어권, 및 물을 이용하는 권리이다. 우리나라의 「공익사업을 위한 토지 등의 취득 및 보상에 관한 법률」과 비교하여 볼 때 구체적으로 규정한 것이 주목할 만하다.

1) 토지

공공의 이익이 되는 사업용에 사용하기 위하여 토지를 필요로 하는 경우에 그 토지를 당해 사업용에 사용하는 것이 토지의 이용상 적정하고도 합리적일 때에는 이 법률이 정하는 바에 의하여 이를 수용 또는 사용할 수 있다.[440]

2) 권리

토지를 법률에 규정된 공익사업에 사용하기 위하여 그 토지에 있는 권리를 소멸시키거나 제한하는 것이 필요하고, 상당한 경우에는 법률이 정하는 바에 의하여 이 권리를 수용 또는 사용할 수 있다.[441] 토지수용법 제5조 각 호에 규정된 권리로는 지상권, 영소작권, 지역권, 채석권, 질권, 저당권, 사용임차권, 또는 임대차에 의한 권리 기타 토지에 관한 소유권 이외의 권리, 광업권, 어업권이다. 그리고 토지, 하천의 부지, 해저 또는 유수, 해수, 그 밖의 이와 관계가 있는 어업권, 입어권 및 물을 이용하는 권리이다. 여기에서 우리나라와 비교하여 볼 때 토지수용법이 규정하고 있는 해저 또는 유수, 해수 부분에 대하여 「공익사업을 위한 토지 등의 취득 및 보상에 관한 법률」은 규정하고 있지 않다.[442]

3) 입목, 건물 등

토지 위에 있는 입목, 건물, 기타 토지에 정착한 물건을 그 토지와 같이 공익사업에 필요하고 상당한 경우에 이 법률이 정하는 바에 의하여 수용·사용의 목적물이 된다.[443]

---

440) 토지수용법 제2조.
441) 토지수용법 제5조.
442) 「공익사업을 위한 토지 등의 취득 및 보상에 관한 법률」 제76조 참조.

4. 공용수용절차

우리나라의 수용절차는 기술한 바와 같이 사업인정, 토지조서, 물건조사의 작성, 협의 재결, 화해의 순서로 나누어진다. 이에 일본의 수용절차는 우리나라에 비하여 그 절차가 상세히 규정되어 있는 점에 차이가 있다. 그러나 우리나라의 수용제도는 일본의 수용제도를 받아들였기 때문에 그 절차는 거의 유사하다. 여기서는 우리나라 수용절차의 규정에 없는 내용을 중심으로 설명하기로 한다.

1) 알선 · 중재

일본은 토지취득에 관하여 협의 매수를 촉진하기 위해 수용당사자가 아닌 제3자가 개입하여, 분쟁의 해결을 도모하기 위하여 알선 · 중재제도를 규정하고 있다. 2001년 토지수용법의 개정 전에는 알선제도만을 두고 있었으나 개정법에 의하여 중재제도를 새로이 창설하였다.[444] 이러한 알선 및 중재와 유사한 것으로 화해[445] 및 협의의 확인[446]이 있다. 화해 및 협의의 확인은 수용 또는 사용의 효과를 동반하나 알선 및 중재는 수용 또는 사용의 효과를 동반하지 않는다.

2) 공청회 개최제도 및 제3기관의 의견청취

사업인정고시 전에 사업인정절차의 투명성 · 공정성을 확보하기 위하여 공청회개최 및 제3기관의 의견청취를 의무화하고 있다. 이 공청회의 대상에는 수용당사자뿐만 아니라 지방의회는 물론 일반인도 포함된다.[447] 그리고 제3기관의 의견청취제도를 두고 있는데 그 이유는 사업인정에 관한 처분이 공정 · 타당하게 행해지도록 하기 위해서이다. 그러나 사업인정청은 그 의견이 불합리하다고 판단되는 때에는 경우에는 따르지 않아도 된다.

---

443) 토지수용법 제6조.
444) 國土交通省總合政策局總務課土地收用管理室監修, 土地收用法研究會編, 『改正土地收用法の解說』, 東京, 大成出版社, 2004, p.38.
445) 토지수용법 제50조.
446) 토지수용법 제18조.
447) 國土交通省總合政策局總務課土地收用管理室監修, 土地收用法研究會編, 上揭書, p.82.

3) 보상 안내의무 및 보상금지급청구권

사업인정고시가 있게 되면 피수용자의 권리를 보호하기 위하여 사업시행자에게 재산권의 침해로 인한 보상에 관한 안내의무를 부과하여 토지수용법상 보장된 권리를 행사할 수 있도록 규정하고 있다. 즉 개인에게 보상금 등에 대하여 주지시키기 위해 필요한 조치를 취하여야 한다.[448) 보상금의 지불청구가 있으면 2개월 이내에 견적보상금을 지급하여야 한다. 이와 관련하여 우리나라는 1971년 예정보상금 선급청구제도가 1981년 삭제되어 현재 보상금지급청구권제도 규정되어 있지 않다.

4) 절차보류제도

사업시행자는 사업인정고시가 있으면 사업인정 유효기간 내에 사업시행지역의 미취득된 토지에 대하여 재결신청을 하여야 하고 토지소유자 및 관계인으로부터 보상금의 지급청구 및 재결신청이 있을 경우에는 이에 응하여야 한다. 그러나 이에 응하기 어려운 경우에 사업인정고시의 효과를 일부 유보하는 것이 가능하다. 즉 절차보류지에 대해서는 사업인정의 유효기간이 연장되는 것과 함께 보상금의 지급청구 및 재결신청의 청구도 할 수 없다. 이러한 절차보류지에 대해서는 가격고정[449) 및 손실보상의 제한[450) 등 사업인정고시의 효과가 일부 발생하지 않는다.

5. 손실보상의 원칙

일본의 경우 손실보상의 원칙은 우리나라의 경우와 유사하나 다만 대체지보상을 인정하고 있는 점이 다르다. 손실보상의 원칙은 사업시행자보상원칙, 개인별보상의 원칙, 금전보상의 원칙, 잔여지보상의 원칙, 대체지보상의 원칙으로 분류할 수 있다.

---

448) 토지수용법 제28조 제2항.
449) 토지수용법 제71조, 제72조, 제74조 제2항.
450) 토지수용법 제89조.

1) 사업시행자보상의 원칙

토지를 수용 또는 사용함으로 인하여 토지소유자 및 관계인이 받은 손실은 사업시행자가 보상하여야 한다[451]는 원칙으로 일본의 경우 사업시행자보상의 원칙이 채택된 근거로서는 손실을 초래한 사업시행자가 부담해야 한다는 것과 수용에 의해 이익을 얻는 사업시행자가 부담해야 한다는 견해로 나누어진다.[452]

2) 개별불의 원칙

손실보상은 토지소유자 및 관계인에게 개인별로 하여야 한다[453]라고 규정하여 개별불의 원칙을 취하고 있다. 다만 개인별로 보상금을 산정하는 것이 곤란할 경우에는 예외적으로 토지소유자에게 일괄 지급하고 그 토지 위에 권리를 갖고 있는 권리자는 그 권리에 부합하는 금액을 지급받을 수 있다.

3) 사전보상의 원칙

일본의 경우 사전보상의 원칙이란 사업시행자가 권리취득재결에 정해진 권리취득 시기까지 권리취득과 관련된 보상금을 지불하거나,[454] 명도재결로 정해진 명도 시의 기한까지 명도재결과 관련된 보상금을 지불하지 않으면 안 된다는 의미이다. 각각의 기한까지 지불하지 않으면 권리취득재결 및 명도재결은 효력을 상실한다.[455]

4) 금전보상의 원칙

손실보상은 금전으로 한다. 다만 대체지의 제공, 기타 보상의 방법에 대하여 제82조에

---

451) 토지수용법 제68조.
452) 澤野順彦, 『不動産法の 理論と 實務』, 東京, 商事法務, 2003, p.367.
453) 토지수용법 제69조.
454) 토지수용법 제90조.
455) 토지수용법 제100조.

서 제86조까지의 규정에 의하여 수용위원회의 재결이 있을 때에는 그러하지 아니하다[456)고 규정하여 현금보상의 원칙을 규정하고 있으며 이외에 대체지에 의한 보상과 기타 보상으로서 현물보상[457)을 인정하고 있다.

5) 기업이익과 상계금지의 원칙

동일한 토지소유자에 속하는 일단의 토지 일부를 수용 또는 사용하는 사업의 시행으로 인하여 잔여지의 가격이 증가하고 기타 잔여지의 이익이 그 이익을 수용 또는 사용으로써 발생하는 손실과 상계하여서는 아니 된다고 하여 기업이익과의 상계금지의 원칙을 규정하고 있다.[458)

6. 손실보상기준

1) 토지취득에 관한 보상

토지의 취득에 대한 보상과 관련하여 토지 수용법 제71조는 "수용하는 토지 또는 그 토지에 관한 소유권 이외의 권리에 대한 보상금액은 인근 유사토지의 거래가격 등을 고려하여 산정한 사업인정고시 시의 상당한 가격에 권리취득 재결 시까지의 물가변동에 따른 수정률을 곱하여 얻은 금액으로 한다"고 규정하고 있으며, 보상기준요강 제7조에서는 "취득하는 토지에 대해서는 정상적인 거래가격으로 보상한다"고 규정하고 있다. 토지수용법 제71조와 보상기준요강 제7조는 취득하는 토지의 보상액산정의 기본원칙을 정한 것이다. "정상적인 거래가격"이란 객관적인 교환가치로 이를 통화로 표시한 것이다.[459)

일반적인 경우의 부동산 평가는 토지와 토지에 정착한 물건을 일체로 하여 평가하는

---

456) 토지수용법 제70조.

457) 토지수용법 제70조에서 손실보상의 방법은 현금보상을 원칙으로 하되 대체지의 제공 기타 보상 방법, 즉 대체지에 의한 보상(제82조), 경지의 조성(제83조), 잔여지 공사대행에 의한 보상(제84조), 이전대행에 의한 보상(제85조), 택지의 조성(제86조)에 대하여 수용위원회의 재결이 있는 경우에는 현물보상토록 규정하고 있다.

458) 토지수용법 제90조.

459) 정상적인 거래가격에 대하여 보상기준요강 제8조의 규정은 "정상적인 거래가격은 인근 유사토지의 거래가격을 기준으로 하고 이러한 토지 및 취득하는 토지의 위치, 형상, 수익성 기타 일반거래에서의 가격 형성상 제 요소를 종합적으로 비교하여 산정한다"고 정의하고 있다.

경우가 많으나, 공공사업 용지취득의 경우에는 토지만을 매수하고, 건물 기타 물건은 이전료를 보상하여 이전시키는 것이 원칙이기 때문에 갱지로서 평가한 것이다. 토지는 갱지로서 평가한 경우와 건물 등 공작물이 있는 상태에서 평가한 경우에 있어서 보상에 대한 평가액은 갱지로서 토지를 평가한 것이 많게 된다. 그러므로 건물 등을 이전시키기 위해서는 취득하는 토지를 갱지로서 평가하지 않으면 손실을 완전하게 보전할 수 없게 된다. 그러나 사업시행자가 토지와 함께 토지 위에 있는 건물 등을 취득하는 경우에는 토지와 건물을 일체로 하여 평가하여야 한다. 그리고 사업시행이 예정됨으로써 토지의 거래가격이 하락한 경우 이 하락 가격에 해당하는 부문의 보상 여부에 대해서는 보상기준요강 제7조 제3항에서 "토지를 취득하는 사업시행이 예정됨으로써 당해 토지의 거래가격이 하락하였다고 인정되는 때에는 당해 사업의 영향이 없는 것으로 하여 당해 토지의 정상정인 거래가격에 의한다"고 규정하고 있다. 반면에 사업시행이 예정됨으로써 토지의 거래가격이 앙등한 경우 이 앙등 가격에 해당하는 부문의 보상 여부에 대해서는 보상기준요강에 규정이 없지만 사업이익은 토지소유자 일반이 받는 것이므로 피매수자에게만 이를 부정할 이유는 없고 앙등한 경우에는 그 가격인상 요인이 투기에 의한 것이 아닌 정상적인 거래가격에 의한 것이면 보상하여야 할 것이다.[460]

2) 영업보상

영업보상과 관련하여 일본의 토지수용법은 제88조에서 규정하고 있으나 구체적 내용을 명시하고 있지 못하다. 이에 대하여 손실보상기준요강에서는 제31조「영업폐지의 보상」, 제32조「영업휴업의 보상」에 관하여 규정하고 있다.

우선 영업폐지의 보상과 관련하여 제31조에서는 "토지 등의 취득, 사용에 따라 통상영업의 계속이 불가능하다고 인정되는 때에는 다음 각 호의 금액을 보상한다"고 규정하고 있다. 그 각 호에 해당하는 것으로는 ① 면허를 받은 영업, 영업권리 등이 자산과는 독립적으로 거래되는 관습이 있는 것에 대해서는 그 정상적인 거래가격, ② 기계품 등의 자선, 상품, 재공품 등의 매각손해 기타 자산에 통상 생기는 손실액, ③ 종업원을 해고하

---

460) 東京地方再版所, 1977. 10. 12. 判決: "도시계획사업 등에 의한 토지개발이 행해질 것이 명확하게 되어 장래 소위 개발이익 즉 기업이익이 기대되는 결과 피수용자의 객관적인 교환가치가 등귀한 경우에 있어서도 기준 시점인 사업인정고시 때까지 오른 가격에 대해서는 그것이 객관적이고 정상적인 거래가격을 구성하는 이상은 피수용자에게 귀속하는 것으로 하여 보상에 포함되어야 하고 그와 같이 해석하는 것은 토지수용법 제71조의 취지에 따른 것이 명확하다고 말하지 않을 수 없다"고 판시하였다.

는 데 필요한 해고예정수당상당액, 전업이 상당하다고 인정되는 경우에 종업원을 계속 고용할 필요가 있는 때의 전업에 통상 필요로 하는 기간 중의 휴업수당상당액 기타 노동에 관하여 생기는 손실액, ④ 전업에 통상 필요로 하는 기간 중 종전의 수익상당액의 경우에는 종전의 소득 상당액이다.

손실보상기준요강 제31조는 토지 등의 취득 또는 사용으로 종래의 영업을 계속하는 것이 통상 객관적으로 보아 불가능하다고 인정되는 경우, 환언하면 이전함으로 인하여 종래의 영업을 폐지하지 않을 수 없는 경우의 보상대상 및 보상액산정기준에 대하여 규정한 것이다. 이 조에서 보상이 대상이 되는 것은 거래의 관행이 있는 영업의 권리, 자본 및 노동에 대한 손실과 전업기간 중의 수익 또는 소득 상당액이다.

영업휴업 등의 보상은 제32조에서 "토지 등의 취득 또는 사용에 따라 통상 영업을 일시 휴업할 필요가 있다고 인정되는 때에는 다음 각 호의 금액을 보상한다고 규정하고 있다." 제1항에서는 토지 등의 취득 또는 사용에 따라 통상 현재의 영업을 일시 휴업하지 않을 수 없다고 인정되는 경우의 보상 대상 및 보상액산정방법에 대하여 규정하고 있고, 영업보상 중에서 가장 일반적인 것이라 할 수 있다. 제1항의 규정에 의해서 보상이 되는 것은 휴업기간 중에 소요되는 고정적인 경비와 종업원의 휴업수당, 휴업기간 중의 수익 또는 소득감소액, 단골거래선 상실에 의한 손실 및 영업장소의 이전에 따라 생기는 손실 등이다. 제2항에서는 영업을 휴업하지 않고 가영업소를 설치하여 영업을 계속하는 것이 사회성의 이유에 의하여 필요하다고 인정되는 때에는, 가영업소의 설치비용, 가영업의 운영으로 인한 소득액의 감소액 등 영업소의 이전에 따라 생기는 손실을 보상토록 규정하고 있다. 이 밖에 영업보상과 관련하여 손실보상기준요강은 제33조 영업규모축소의 보상을 비롯하여 제34조에서 제40조까지 농업 및 어업의 폐지 및 휴업에 관한 손실보상에 대하여 규정하고 있다.

3) 잔여지에 대한 보상

잔여지보상과 관련하여 토지수용법 제74조는 "동일한 토지소유자에게 속하는 일단의 토지 일부를 수용 또는 사용함으로써 잔여지의 가격이 감소하고 기타 잔여지에 관하여 손실이 생기는 때에는 그 손실을 보상하여야 한다"고 규정하고 있다. 이에 대하여 손실보상기준요강 제41조는 "동일한 토지소유자에 속하는 일단의 토지 일부나 동일한 물건소유자에 속하는 일단의 물건 일부를 취득하거나 사용하고, 동일한 물건 소유자에 속하는 일체로 하여 동일목적에 사용하고 있는 권리의 일부를 소멸시키거나 제한하고, 또는 동일한 토지소유자에 속하는 일단의 토지에 속하는 토석사력의 일부를 취득함으로써 잔여지, 잔존하는 물건, 잔존하는 권리 또는 당해 또는 당해 토지사력에 속하는 토지의 잔여지에 관하여 가격의 하락, 이용가치의 감소 등의 손실이 생기는 때에는 이러한 손실액을 보상한다. 다만 영업의 시행으로 인하여 생기는 일조 침해, 악취, 소음 기타 이와 유사한 것에 의한 불이익 또는 손실에 대해서는 보상하지 아니한다"고 규정하고 있다. 이 규정은 토지수용법 제74조의 취지를 받은 규정이다. 토지수용법에서는 잔여지의 손실에 소위 사업 손실을 포함하는가 여부에 대하여 해석상 다툼이 있었으나 이 조에서는 일조 침해, 악취, 소음 기타 이에 유사한 사업 손실은 포함하지 않음을 규정하고 있다고 보아야 한다.461) 그리고 잔여지의 보상과 관련하여 토지수용법과 보상기준요강은 잔여지공사비보상을 규정하고 있다. 이는 잔여지 등을 종래 용법에 의한 이용가치를 유지하기 위하여 공사를 할 필요가 있는 경우에 그 공사에 소요되는 비용을 보상토록 하는 것이다. 토지수용법 제75조는 "동일한 토지소유자에게 속하는 일단의 토지 일부를 수용 또는 사용함으로써 잔여지에 통로, 도랑, 담, 울타리 기타 공작물의 신축, 개축, 증축이나 수선, 성토 또는 절토를 할 필요가 생기는 때에는 이에 소요되는 비용을 보상하여야 한다"고 규정하고 있으며, 이와 관련하여 보상기준요강 제42조는 "전문 본문의 경우에 잔여지, 잔존하는 물건이 있는 토지, 토석사력이 속하는 잔여지, 잔존하는 물건 또는 권리의 목적이 되어 있는 물건에 관하여 통로, 도랑, 담, 울타리 기타 공작물의 신축, 개축, 증축이나 수선, 성토 또는 절토를 할 필요가 생기는 때에는 이에 소요되는 비용을 보상하여야 한다"고 규정하여 토지수용법과 동일한 취지이다. 여기에서 공사는 공사를 하지 않으면 잔여지의 이용가치를 유지하는 데 불편이 생길 것이 명백히 인정되는 경우에 통상 그 불편을 제거하는 데 상당하다고 인정되는 정도로 하면 되나 그것은 잔여지의 이용 상황에 따라 다르다.

한편, 토지수용법 제76조는 동일한 토지소유자에게 속하는 일단의 토지 일부를 수용함으로 인하여 잔여지를 종래에 이용하고, 목적대로 사용하는 것이 곤란한 경우에는 토지소유자에게 수용청구권을 인정하고 있다. 이 경우 잔여지 위의 물건 또는 권리를 갖고 있는 관계인은 사업시행에 지장이 없고 다른 관계인의 권리를 침해하지 않는 범위 내에서 권리의 존속을 주장할 수 있고, 권리에 대하여 인근 유사토지의 거래가격 등을 고려하여 산정한 권리취득 재결 시의 상당한 가격으로 보상하여야 한다.

---

461) 용대련 보상기준 세칙 제36조는 잔여지 보상액산정에 대하여 취득하게 되는 당해 획지의 평가액 – 당해 잔여지의 평가액×(1 – 매각손율)×당해 잔여지의 면적이라고 규정하고 있다.

4) 건축물, 구조물, 공작물에 관한 보상

건축물, 구조물, 공작물에 관한 보상과 관련하여 토지수용법은 제80조에서 단순히 물건의 보상규정으로 "물건을 수용하는 경우에 수용하는 물건에 대해서는 인근 지역의 동종 거래가격 등을 고려하여 상당한 가격으로 보상하여야 한다"고 규정하고 있다. 이와 관련하여 손실보상기준요강 제14조는 "취득하는 건물 기타 토지에 정착한 물건에 대한 보상에 대해서는 토지취득에 대한 보상의 예에 의한다"고 규정하고 있다.

손실보상기준요강의 규정은 건물 등을 취득하는 경우의 보상액산정에 관한 규정이다. 공공사업에 있어서 토지 위에 있는 건물 등은 이전시키는 것이 통례이나 사업시행자가 사업시행의 목적을 위하여 건물 등이 필요한 경우, 또는 이전시키기가 현저히 곤란한 경우 그리고 이전비가 건물가격을 초과하는 경우에 사업시행자는 인근 지역의 동종 건물 등의 거래가격을 고려하여 상당한 가격을 보상하고 건물 등을 취득한다. 그 정상적인 거래가격의 산정에 있어서는 제8조의 규정에 준하여 행하도록 한 것이다.

이 규정에서 토지에 정착하는 물건이란 건물 및 입목법에서 규정한 입목이 그 대표적인 예이나 기타 건물 이외의 공작물 단순한 수목 등도 포함된다.[462] 그리고 건물 및 입목 이외의 정착물은 토지와 일체를 이루는 것으로 취급되어 토지상의 권리변동은 이에 정착한 기계, 도랑, 석축 등에 미친다고 보는 것이 원칙이나, 민법 제242조의 단서 규정에 의하여 건물 및 입목 이외의 정착물에 대해서 독립적으로 보상하는 경우도 있다고 할 것이다.

토지취득보상의 예에 의한다와 관련하여 건물 및 공작물에 대한 보상은 인근 지역 동종 건물의 거래가격을 기준으로 하여 정상적인 거래가격으로 보상하고, 소유권 이외의 권리 목적으로 되어 있는 건물 등의 거래가격은 소유권 이외의 권리 가격을 공제한 금액으로 하여야 하며, 입목인 경우는 인근 지역 동종 입목의 거래가격을 기준으로 하여 수령, 수익성, 기타 일반 입목의 거래에서 가격형성상의 제 요소를 종합적으로 고려하여 산정한다.

5) 이전료보상

이전료에 대한 보상과 관련하여 토지수용법 제77조는 "수용 또는 사용하는 토지에 물

---

462) 日本大審院 1921. 8. 20. 判決. "정착물이란 토지에 부착되고 더구나 그 토지에 계속적으로 부착된 상태에서 사용되는 것이 그 물건의 거래상 성질인 것을 말한다. 건물 기타 공작물은 정착물의 적례이다. 식제된 수목은 정착물이나 가식 중인 것은 정착물이 아니다."

건이 있는 때에는 그 물건의 이전료를 보상하여 이를 이전시켜야 한다. 이 경우에 물건이 분할하게 되어 그 전부를 이전하지 않으면 종래 이용하고 있던 목적에 사용하는 것이 현저히 곤란하게 되는 때에는 그 소유자는 그 물건의 전부 이전료를 청구할 수 있다"고 규정하고 있으며, 손실보상기준요강은 제24조「건물 등의 이전료」, 제27조「동산의 이전료」에서 이전료에 대하여 규정하고 있다. 우선, 제24조는 "토지 등을 취득 또는 사용하려는 토지 등에 있는 건물 등으로 취득하지 아니하거나 사용하지 아니하는 것이 있는 때에는 통상 타당하다고 인정되는 이전지에 통상 타당하다고 인정되는 이전방법으로 이전하는 데 소요되는 비용을 보상한다. 이 경우에 건물 등이 분할하게 되어 그 전부를 이전하지 않으면 종래 이용하고 있던 목적에 사용하는 것이 현저히 곤란하게 되는 때에는 당해 건물 등의 소유자의 청구에 의하여 당해 건물 등의 전부를 이전하는 데 소요되는 비용을 보상한다"고 규정하고 있고, 제2항에서는 "건물 등이 이전에 따라 건축기준법 기타 법령의 규정에 의하여 필요하게 되는 시설개선에 소요되는 비용은 보상하지 아니한다"고 규정하고 있다. 이 조 제1항은 건물 등의 이전보상에 관한 규정이다. 이전을 요하는 것은 원칙적으로 취득 또는 사용하는 토지에 있는 건물 등이다. 그러므로 토지의 일부취득의 경우에 건물 등이 사업용지와 잔여지에 걸쳐서 존재하고 있어도 원칙적으로는 사업용지 상에 있는 부분만을 이전시키면 족하게 된다. 그러나 분할하여 이전함으로써 종래의 용법에 의한 이용가치를 상실하여 전부를 이전하지 않으면, 종래 이용하고 있던 목적에 사용하는 것이 현저히 곤란하게 되는 경우가 많으므로 건물 등의 소유자청구에 의하여 전부의 이전료를 보상할 수 있도록 하고 있다.

제2항은 건축기준법 기타 법령의 규정에 의하여 시설개선을 요하는 경우의 비용은 보상대상이 되지 않음을 명확히 하고 있다.

동산의 이전료에 관한 보상 규정은 토지수용법에 규정하고 있지 않으나 손실보상기준요강 제27조에서는 동산의 이전료에 대한 보상은 제24조의 건물 등의 이전에 대한 보상의 예에 의한다고 규정하고 있다. 동산의 이전료에 대한 보상은 이전에 필요한 실비의 보상이고 포장비, 운반비 기타 이전에 필요한 경비 및 이전에 따라 생기는 손모액 등이나 특수한 경우를 제외하고는 미리 기준표를 작성하여 운용하는 것이 실제적이다. 가주거를 필요로 하는 경우에는 현주소지에서 가주거지까지와 가주거지에서 이전지까지의 이전료 합계액을 보상하여야 한다.

6) 농업보상

농업보상에 대하여 토지수용법은 제88조에서 통상 받는 손실보상에 영업보상과 함께 규정하고 있으나 구체적으로 명시하고 있지 않다. 농업보상에 관한 자세한 규정은 손실보상기준요강 제34조~제36조까지 자세히 규정되어 있다. 농업보상은 크게 농업폐업보상, 농업휴업보상, 농업규모축소보상으로 구분된다. 우선 농업폐업보상은 토지의 수용 또는 사용으로 인하여 농업의 계속이 통상 불능이 인정될 때 행해지는 보상이다.[463) 농업폐업의 보상으로는 농기구 등의 매각손, 기타 자본에 관하여 통상 발생하는 손실액 및 해고예고수당상당액 기타 노동에 관하여 통상 발생하는 손실액 전업에 필요로 하는 기간 중 종전의 소득상당액이 인정되고 있다. 여기서 기타 노동에 관하여 발생하는 손실이란 전업이 상당하다고 인정되는 경우에 종업원을 계속 고용할 필요가 있는 때의 전업에 통상 필요로 하는 기간 중의 휴업수당상당액 및 노동기준법 제64조에서 규정하는 귀향여비 상당액이다. 용대련 보상기준 제46조는 전업에 필요한 기간의 상한을 3년으로 정하고 있다.

농업휴업보상은 토지수용 또는 사용으로 인하여 농업을 통상 일시 휴업할 필요가 있는 것이 인정될 때 행해지는 보상이다.[464) 농업휴업보상은 종전의 농업경영면적의 상당 정도가 취득 또는 사용되더라도 당해 공공사업의 규모, 당해 지역에서 농지의 수급도로 보아 대체지의 취득이 가능한 경우 및 사업시행자가 대체지의 제공 또는 알선을 한 경우에 지급된다. 이 경우에 농업휴업보상은 통상농지를 취득하는 데 필요로 하는 기간 중의 고정적인 경비, 통상농지를 취득하는 데 필요로 하는 기간 중의 소득 감소액이 포함된다.[465)

한편, 일본은 우리나라와는 달리 영업규모축소에 대한 보상을 하고 있다. 농업규모축소의 보상은 토지의 수용 또는 사용으로 인하여 농업의 규모를 축소하여야만 하는 것이 인정될 때 행해지는 보상이다.[466) 영업규모축소의 보상은 영업규모축소에 따른 고정자산의 매각손, 해고예정수당상당액, 기타 자본 및 노동의 과잉유휴화로 인하여 통상 발생하는 손실액, 영업규모의 축소에 따라 경영효율이 객관적으로 저해된다고 인정되는 때에는 이로 인하여 통상 발생하는 손실액이다.

---

463) 國土交通省總合政策局國土環境調整課監修, 公共用地補償研究會編,『新版公共損失補償基準要綱の解說』, 東京, 近代圖書, 2004, p.219.

464) 小澤道一,『要說土地收用法』, 東京, ぎょうせい, 2005, p.194.

465) 國土交通省總合政策局國土環境調整課監修, 公共用地補償研究會編, 前揭書, p.152.

466) 小澤道一, 上揭書, p.194.

7) 정신적 보상

정신적 보상에 대하여 토지수용법은 아무런 규정도 두고 있지 않고 있으며, 보상기준
요강시행에서는 "종래 일부에서 행해져 온 정신적 손실에 대한 보상, 협력 장려금, 그 밖
에 이것들과 유사한 불명확한 명목에 의한 보상 등의 조치는 행하지 않는 것으로 한다"
고 규정하여 정신적 손실에 대한 보상을 부정하고 있다.467)

8) 생활 보상

생활 보상은 재산권 자체의 손실보다는 전체로서 인간의 생활 자체에 착안한 생활권보
상의 필요성이 최근 많은 사람들에 의해 주장되고 있다. 전술한 미국의 손실보상 기준에
서도 알 수 있듯이 오늘날에 와서는 보상의 형태가 재산에서 인간으로의 이동이 현저히
나타나고 있다. 현재 생활 보상으로서는 소수잔존자 보상, 이직자 보상, 생활재건조치 등
을 들 수 있다.

생활권보상에 대해 토지수용법은 아무런 규정이 없으며, 또한 보상기준요강시행령은
"요강에 근거하여 재산보상이 적절하게 이루어진다면 생활 보상과 같은 보상항목을 별도
로 설치할 필요가 없다"고 규정하면서 보상기준요강은 제45조 소수잔존자 보상, 제46조
이직자 보상을 규정하고 있어 생활 보상을 인정하고 있다. 이하에서는 손실보상 기준요
강의 소수잔존자 보상, 이직자 보상에 대해서 살펴보도록 하겠다.

(1) 소수잔존자 보상

토지수용법은 소수잔존자 보상에 대하여 아무런 규정이 없으나 보상기준요강 제45조
에 의하면 "토지 등을 취득 또는 사용하려는 토지를 사업용으로 사용함으로써 생활공동
체로부터 분리되는 자가 생기는 경우에 이러한 자에게 수인의 범위를 넘는 현저한 손실
이 있다고 인정되는 때에는 이러한 자에 대하여 그자의 청구에 의하여 개개의 실정에 따
라 적정하다고 인정되는 금액을 보상할 수 있다"고 하여 소수잔존자에 대한 보상을 인정
하고 있다. 여기서 "생활공동체에서 분리되는 자"란 동일 부락 내의 대부분 사람이 이주

---

467) 最高裁判所 1988. 1. 21. 判決. "통상 받는 손실은 객관적 · 사회적으로 보아 수용에 기하여 피수용자
　　가 당연히 받을 것으로 생각되는 경제적 · 재산적 손실을 의미할 뿐 경제적 가치가 아닌 특수한 가치에
　　대해서까지 보상의 대상으로 하는 취지가 아니다."

함에 따라 사회경제단위로서의 생활공동체인 부락의 기능이 상실하는 경우로서 잔존하게 되는 것을 말한다. "수인의 범위"를 어디서 찾을 것인가는 어려운 문제이나 경제적으로 손실이 있을 것이 필요하다. 또한 "적정하다고 인정되는 금액"이라는 것이 매우 추상적인 표현이기 때문에 개개의 실정에 따라 정할 수밖에 없을 것이다. 이에 대하여 용대련 보상기준 세칙 제40조는 "소수잔존자에 대한 보상기준 제 산정에 대해 영업규모의 축소에 의한 손실에 대해서는 용대련 보상기준 세칙 제45조에 의하여 산정된 금액을 기준으로 하고 수리비, 조합비, 공과금에 유사한 것 기타 종전의 사회생활을 영위하기 위한 필요한 비용의 증가액에 대해서는 개개의 실정에 따라 적정하게 산정한 금액을 그 기준으로 한다"고 규정하고 있다.

(2) 이직자 보상

이직자 보상에 대하여 손실보상기준 요강 제46조는 "토지 등의 취득 또는 사용에 따라 토지 등의 권리자에 고용되어 있는 자가 실직하게 되는 경우에 이러한 자가 재취직할 때까지의 기간 중 소득을 얻을 수 없다고 인정되는 때에는 이러한 자에 대하여 그자의 청구에 의하여 재취직에 통상 필요로 하는 기간 중의 종전 임금상당액의 범위 내에서 타당하다고 인정되는 금액을 보상할 수 있다"라고 규정하고 있다. 이직자 보상은 토지 등의 권리자에 고용되어 있는 자에 대하여 행하는 것이나 고용 여부의 판단은 객관적인 판단에 의하여 고용관계의 증명으로 충분하다. 고용관계란 근로의 제공으로 보수가 지불되고 있는 상태를 말한다. "재취업하기까지의 기간 중 소득을 얻을 수 없다고 인정되는 때"란 실업기간 중 일정한 소득을 배제한다는 의미가 아니고 종전의 소득상당액을 얻을 수 없는 경우를 의미하는 것으로 소득이 있는 경우에는 그것을 공제한 금액을 보상해야 한다.[468] 소득에는 퇴직 수당은 포함되지 않는다. 그리고 용이하게 다른 곳에 재취업할 수 있다고 인정되는 때에는 재취업기간은 보상에서 제외된다. "재취업에 통상 필요한 기간"은 통상 6개월 정도가 적당하다고 할 수 있으나 특수한 경우를 고려하여 용대련 보상기준 제62조에서는 최고 1년으로 하고 있다. 이 기간은 각 개인의 연령, 신체적 상황에 따라 정하여야 할 것이다.

---

468) 여기서 일정한 범위라는 것은 80/100, 60/100, 100/100에서 1년 이내의 기간으로 적정하게 정한 기간에 한정해서 보상하는 것을 의미한다(손실보상기준 세칙 제41조).

Ⅲ. 小結

제3절에서는 일본의 공용수용과 손실보상법제에 관하여 살펴보았다. 일본의 손실보상법제는 제2차 세계대전 후 경제개발사업이 활발해짐에 따라 손실보상법제도 여러 차례의 제정과 개정을 거치면서 체계와 내용 면에서 많은 발전을 거듭하여 왔다.

일본의 손실보상법제는 일반손실보상기준과 공공손실보상기준으로 구별하여 손실보상기준요강의 이원적 체계를 구성하고 있으며, 산업분류에 따른 또는 시행주체에 따른 법제의 제정과 다양한 손실보상법제의 근거기준을 마련하고 있다. 이러한 점은 손실보상에 있어서 혼란을 초래할 수 있지만 공익사업을 위한 토지의 취득 및 보상에 관한 법률, 시행령, 시행규칙에만 근거를 두고 있는 우리나라의 손실보상법제에 시사하는 바가 크다. 그리고 우리나라가 손실보상에 관한 법률을 제정하면서 일본의 손실보상법제의 내용을 많이 수용하여 우리나라의 손실보상법제와 비교해 볼 때 대동소이하나 우리나라의 손실보상법제에 규정되지 아니한 내용을 발견할 수 있었다. 우리나라의 손실보상법제에 규정하지 않은 것은 우리나라의 현실에 부합되지 않아 그럴 수도 있다 하겠으나 그러한 내용이 수용으로 인하여 보상을 받아야 할 권리자에게 정당한 보상과 관련하여 영향을 미친다면 수용하여야 할 것으로 생각한다.

그러한 내용을 살펴보면 우선 수용절차에 있어서 사업인정고시 전의 청문회의 개최, 보상지급청구권, 타 기관의 의견청취이다. 이러한 내용은 사업인정고시 전에 사업의 투명성과 공정성을 제고하기 위함이며, 권리자로 하여금 침해되는 재산에 대하여 권리를 행사할 수 있도록 행정주체가 당연히 행하여야 할 의무라고 생각하며, 제3자 개입에 의한 알선·중재제도, 보상금지급청구권제도 등도 당연히 수반되어야 할 절차로서 우리나라의 손실보상법제에 시사하는 바가 크다 할 것이다.

그리고 일본의 손실보상법제는 수용의 목적물, 보상액의 산정, 보상의 원칙, 보상의 기준 등에서 토지수용법을 근간으로 하여 손실보상기준요강, 용대련 기준 그리고 세칙 등에서 상세히 규정하고 있다. 이러한 상세한 규정은 우리나라의 손실보상법제에 영향을 미쳤음에도 이에 비하여 우리나라의 손실보상법제는 그 내용과 규정이 다소 미흡하며, 필요한 규정임에도 불구하고 없는 경우도 있다. 이러한 내용을 중심으로 다음 장에서 비교법적 검토를 하고자 한다.

第3章 外國 損失補償法制와의 比較法的 檢討

第1節 우리나라와 獨逸 損失補償法制의 比較

Ⅰ. 公益事業의 類型分類

독일의 경우 연방건설법전을 비롯한 각 개별법은 공익사업의 범위에 대하여 열거주의를 취하고 있다.[1] 이에 비하여 각 주의 공용수용 및 손실보상법은 열거주의와 개괄주의를 병행하고 있다. 원래 주의 공용수용 및 손실보상법은 개별특별법에서 허용된 공익사업을 위한 공용수용에 준용될 뿐만 아니라 공공복리를 증진시키는 공익사업을 위한 수용의 경우에 일반적으로 적용된다. 예컨대, Hessen 주는 공공복리를 증진시키는 공익사업에 대해 개괄적으로 수용을 허용하고 있는가 하면 NW 주는 공익사업의 범위를 전기, 가스, 폐기물, 수질 및 대기보호 등으로 한정하여 열거하고 있다.

우리나라의 경우 「공익사업을 위한 토지 등의 취득 및 보상에 관한 법률」 제4조에서 공익사업의 종류를 규정하고 있다. 토지 등을 수용할 수 있는 사업은 사업의 목적이 공공성을 지니고 있는 것으로는 부족하고 반드시 「공익사업을 위한 토지 등의 취득 및 보상에 관한 법률」 제4조에서 열거하고 있는 공익사업에 해당하여야 한다. 이러한 공익사업에는 규정에 의한 사업뿐만 아니라, 사실상 모든 사업을 포함하고 있으며, 개별법 역시 다양한 특정사업에 대해 수용권을 부여하고 있다.

한편, 「공익사업을 위한 토지 등의 취득 및 보상에 관한 법률」은 손실보상의 내용이 크게 다를 수 있는 공익사업들의 유형을 분류하고 있지 않다. 공익사업의 유형을 분류함에 있어서는 우선 국민의 재산권을 수용 또는 사용할 수 있는 각 개별법상의 공익사업들을 열거·분류하는 것이 필요한데, 현행 「공익사업을 위한 토지 등의 취득 및 보상에 관한 법률」은 제4조에서 공익사업에 해당하는 사업을 제1호부터 제7호까지 열거하고 있으나 동법 제8호에서 "그 밖에 다른 법률에 의하여 토지 등을 수용 또는 사용할 수 있는 사업"도 개괄적으

---

[1] 연방건설법 제85조[수용목적], ① 지구상세계획의 지정에 상응하여 토지를 이용하려하거나 또는 그러한 이용을 준비하려고 하는 경우, ② 지구상세계획의 구역에는 포함되지는 않지만 이미 건축된 지역과 상관관계가 있는 지역에 놓여 있는 미건축토지나 과소건축토지를 건축법상의 규정에 상응하게 이용하려 하거나 또는 그러한 건축의 이용을 공급하려고 하는 경우, ③ 대체지보상을 위해 토지를 조달하려고 하는 경우, ④ 공용수용으로 박탈될 권리를 새로운 권리로 대체하려고 하는 경우, ⑤ 소유자가 건축명령의 의무를 이행하지 않아 건축의 이용을 위한 토지를 공급하려고 하는 경우, ⑥ 보존조례의 효력범위 내에서 건축시설물을 보전하려고 하는 경우 등.

로 공익사업에 포함시키고 있어서 「공익사업을 위한 토지 등의 취득 및 보상에 관한 법률」
상의 공익사업이 확정되지 않고 있기 때문에 그 유형 분류는 원칙적으로 어렵게 되어 있다.

Ⅱ. 公用收用의 目的物

　　공용수용의 목적물에 대하여 「공익사업을 위한 토지 등의 취득 및 보상에 관한 법률」
제3조는 ① 토지 및 이에 관한 소유권 외의 권리, ② 토지와 함께 공익사업을 위하여
필요로 하는 입목, 건물 기타 토지에 정착한 물건 및 이에 관한 소유권 외의 권리, ③
광업권·어업권 또는 물의 사용에 관한 권리, ④ 토지에 속한 흙·돌·모래 또는 자갈
에 관한 권리라고 규정하고 있다. 이 조항에서 살펴보면 우리나라의 경우 개인적 권리에
대하여 수용포함 여부에 대해서 그 규정의 내용이 구체적이지 못하다. 이에 반해 독일의
경우는 개인의 재산적 가치가 있는 권리로 확대됨에 따라 연방건설법전은 토지소유권뿐
만 아니라, 저당권 등의 물권 및 채권이 공용수용의 대상이 됨을 구체적으로 규정하고
있다. 또한 독일에서는 연금청구권, 봉급청구권과 같은 공법상의 권리는 물론 의사면허도
재산권보장의 대상이 된다고 판시하였다.[2]
　　여기에서 독일은 수용의 목적물을 재산적 가치가 있는 모든 권리로 확장시키면서 우리
나라에 비해 구체적임을 알 수 있다.

Ⅲ. 事前占有指定

　　우리나라의 손실보상제도와 비교하여 독일의 손실보상제도의 특이한 점은 사전점유지
정(Vorzeitige Besitzeinweisung)이다.[3] 사전점유지정이란 계획하고 있는 사업의 즉시 시
행이 공공복리의 이유로 긴급히 요구되는 경우에, 수용청이 신청인의 신청에 의하여 재
결로써 수용절차에 관련된 토지의 점유를 지정하는 것이다. 이러한 사전점유지정은 그에
관하여 구두변론이 행해진 경우에만 허용되며, 신청인, 소유자 및 관계인에게 송달되어야

---

2) BSGE 5, 40＝NJW 1957, 1691.
3) 연방건설법전 제116조.

한다. 사전점유지정에 의해 점유자의 점유가 박탈되고 피지정인이 점유자가 된다. 피지정인은 토지에 대해 수용신청에서 그가 표시한 사업계획을 시행할 수 있으며, 그에 필요한 조치를 취할 수 있다. 한편, 사전점유지정으로 인해 발생한 재산상 불이익이 금전보상의 이자로 조정되지 않을 경우 피지정인은 그 재산상 불이익에 대하여 보상을 지급하여야 한다. 최종적으로 수용신청이 기각되면 사전점유지정은 폐지되고, 종래의 직접점유자가 다시 점유를 넘겨받는다.

우리나라의 경우 이와 유사한 규정으로서 시급을 요하는 토지의 사용에 대하여 규정하고 있다.4) 그 내용을 보면 재결의 신청을 받은 토지수용위원회는 그 재결을 기다려서는 재해를 방지하기 곤란하거나 그 밖에 공공의 이익에 현저한 지장을 줄 우려가 있다고 인정하는 때에는 사업시행자의 신청에 의하여 대통령령이 정하는 바에 따라 담보를 제공하게 한 후 즉시 당해 토지의 사용을 허가할 수 있다고 규정하고 있는바, 독일의 경우와 비교해 보면 토지를 사용하기 위해서 우리나라의 경우 '담보의 제공'을 조건으로 하고 있어 차이점이 있다고 할 수 있다.

Ⅳ. 損失補償의 基準과 補償額의 算定

우리나라의 경우 보상기준은 협의가 성립되는 경우에는 협의성립 당시의 가격을 기준으로 하고, 재결의 경우는 재결 당시의 가격을 기준으로 하고 있으며,5) 보상액 산정방법은 공시지가를 기준으로 협의성립 시 또는 재결 시까지 시점 수정하도록 하고 있다. 즉, 협의취득 또는 수용하여야 할 토지에 대해서는 「부동산가격 공시 및 토지 등의 평가에 관한 법률」에 의한 공시지가를 기준으로 하되 그 공시기준일부터 협의성립, 또는 재결 시까지의 관계 법령에 의한 당해 토지의 이용계획, 당해 공익사업으로 인한 지가의 변동이 없는 지역의 지가변동률·도매물가 상승률을 기타 당해 토지의 위치·형상·환경·이용 상황 등을 참작하여 평가한 적정 가격으로 보상액을 정하도록 하고 있다.

독일에서의 손실보상 기준은 거래가격(Verkehrswert)이며, 거래가격은 수용재결 시점을 기준으로 한다. 거래가격이란 통상적인 매매를 목적으로 하는 가격으로 법적 사실이나 사실상의 특성 및 그 밖의 토지위치의 상태에 따라 결정된다고 한다.6)

---

4) 「공익사업을 위한 토지 등의 취득 및 보상에 관한 법률」 제39조.
5) 「공익사업을 위한 토지 등의 취득 및 보상에 관한 법률」 제67조.

第2節 우리나라와 日本의 損失補償法制의 比較

일본의 손실보상법제는 전술한 바와 같이 보상에 관한 일반법으로서의 토지수용법과 「공공용지의 취득에 따른 손실보상기준요강(이하 "손실보상기준요강"이라 한다)」, 그리고 「중앙용지대책연락협의회 보상기준(이하 "용대련보상기준"이라 한다)」[7]을 중심으로 손실보상에 관한 보상의 산정과 기준을 제시하고 있다. 토지수용법의 규정이 손실보상의 원칙적인 사항을 정하고 있음에 대하여 다시 그 구체적인 적용을 둘러싸고 발생하는 문제점을 검토하여 보상하여야 할 범위를 명확히 하고 보상항목의 합리적인 분류를 행하여 이에 근거하여 보상항목의 통일을 기함과 동시에 보상액 산정방법을 통일적으로 정리한 것이 「손실보상기준요강」과 「용대련보상기준」이다.

이하에서는 전술한 일본의 토지수용법 및 손실보상기준요강과 우리나라의 「공익사업을 위한 토지 등의 취득 및 보상에 관한 법률」을 손실보상의 기준과 내용을 중심으로 비교하고자 한다.

I. 損失補償法制의 體系

일본에 있어서 공공사업의 시행으로 인한 재산권 침해에 대한 손실보상에 관한 법체계는 손실보상에 관한 일반법이 제정되어 있는 것이 아니고 개개의 법률에 규정되고 있는데, 그 대표적인 것이 토지수용법이다. 토지수용법 제6장에서 수용 또는 사용으로 인한 손실보상에 관한 일반적 기준을 규정하고 있다. 토지수용법은 손실보상의 원칙적 사항을

---

6) 연방건설법전 제194조.

7) 중앙용지대책연락협의회(이하 용대련이라 함)는 공공사업을 시행하는 데 필요한 토지의 취득에 관하여 기업자 상호 간의 연락을 행하고 아울러 손실보상기준의 운용조정 및 손실보상에 관한 조사, 연구 등을 공동으로 행함을 목적으로 하여 사업시행자로 조직된 임의단체이다. 용대련보상기준과 관련하여 현재 용대련의 명칭 아래 활동하고 있는 조직은 중앙성청, 공단, 사업단, 전기사업연합회, NTT 등의 국장으로 구성된 중앙용지대책연락협의회와 전국 10개 지방으로 나누어 각 성청, 공단 등의 지방조직 및 도도부현, 지정도시 등의 용지담당부문으로 구성된 지구 용대련, 그리고 각 지구 용대련을 회원으로 하여 구성된 전국적인 조직인 전국 용대련, 각 도도부현의 지역마다에 각 성청, 공단 등의 지방사무소 및 도도부현, 시정촌 등의 용지담당 부문에 의해 조직된 도도부현 용대련으로 나누어지고 있다. 현재 중앙용지대책연락협의회에서는 「공공용지의 취득에 따른 손실보상기준」, 「공공용지취득에 따른 손실보상기준세칙」을 운용하고 있다.

규정함에 그치고 구체적인 보상항목, 보상방식을 규정하고 있지 않기 때문에 손실보상의 구체적인 적용을 둘러싸고 발생하는 문제점을 보완하기 위하여 보상하여야 할 범위를 명확히 하고 보상항목을 합리적으로 분류하여 그에 따른 보상액 산정방법을 통일적으로 규정하는 등 공공사업의 시행으로 인한 손실보상기준을 정할 필요성이 존재하게 되는데 이에 관한 것이 1962. 6. 29. 각의 결정된 「공공용지의 취득에 따른 손실보상기준요강」이다. 「공공용지의 취득에 따른 손실보상기준요강」은 각의 결정된 사항이므로 그 구속력은 행정부 내부에 그치고 일반 국민에 대하여 외부적 법적 구속력을 가지는 것은 아니나 사실상 영향력은 강력하다.

일본의 손실보상법제는 제도적 측면에서 개인의 재산권에 대한 손실보상과 공공시설 등에 대한 손실보상으로 구분하고 보상의 기준도 일반적으로 "일반보상기준"과 "공공보상기준"으로 이원화하고 있다. 일반보상기준은 토지수용법과 공공용지의 취득에 따른 손실보상기준요강, 용대련보상기준을 적용하고 공공보상의 기준은 공공보상기준요강을 적용하고 있다.

우리나라는 이와 관련하여 일반보상과 공공보상으로 구분하지 않고 포괄적 대상으로 하고 있으며 그에 대한 근거도 「공익사업을 위한 토지 등의 취득 및 보상에 관한 법률」의 규정에 의하도록 단일화되고 있다. 상대적으로 일본의 손실보상법체계가 우리나라보다 더 구체적이고, 보상대상의 구분은 주목할 만하나 손실보상의 적용에 있어 혼란을 야기할 수 있다고 생각된다.

II. 公用收用節次

수용절차에 있어서 우리나라의 경우 「공익사업을 위한 토지 등의 취득 및 보상에 관한 법률」 제19조 이하에서 규정하고 있다. 그러한 절차로서는 사업인정, 토지조서, 물건조서의 작성, 협의, 재결, 화해의 단계로 나누어진다. 일본의 경우는 공청회 개최, 알선, 사업인정고시, 토지조서 작성, 재결신청, 재결, 화해의 절차를 거친다. 일본에 있어서의 수용절차는 우리나라의 수용절차와 비교해 볼 때 더욱 상세히 규정되어 있어 재산권자의 권리보호에 적절하다고 생각된다. 우리나라의 수용절차에는 규정되어 있지 않으나, 일본의 수용절차에 규정된 내용으로는 알선과 중재제도, 공청회의 개최 및 제3자의 의견청취, 보상금지불청구권제도, 절차보류제도, 권리취득재결 및 명도재결이 있다.

제3자의 의견청취와 관련하여 우리나라의 경우 「공익사업을 위한 토지 등의 취득 및 보상에 관한 법률」 제21조에서 "국토해양부장관은 사업인정을 하고자 하는 때에는 관계 중앙행정기관의 장 및 특별시장·광역시장·도지사·특별자치도지사(이하 "시·도지사"라 한다)와 협의하여 하며, 대통령이 정하는 바에 따라 미리 중앙토지수용회 및 사업인정에 관하여 이해관계가 있는 자의 의견을 들어야 한다"고 규정하고 있으나 일본의 경우처럼 제3자의 의견청취에 관한 규정이 없어 사업인정에 있어 공정성과 타당성을 제고하기가 어렵다고 할 수 있다.

그리고 우리나라는 토지 등의 수용 또는 사용의 재결만이 있으나, 일본은 가격고정제의 도입에 따라 권리취득재결과 명도재결로 구분하고 있다. 또한 보상금의 사전지급청구가 있는 경우에는 보상금을 받을 자를 고정시키기 위해, 압류와 유사한 재결절차개시의 결정 및 그 등기제도를 도입하고 있다.

일본과 우리나라의 수용절차를 비교해 보았는데 수용절차에 있어서 우리나라는 공익사업의 빠른 시행을 위하여 수용절차가 너무 단순하고, 피수용자의 권리보호에 소홀하다는 느낌이 든다. 즉, 사업시행자의 신속한 사업 시행을 위하여 피 수용자의 권리를 망각하고 있다고 생각한다.

Ⅲ. 公用收用의 目的物

일본의 토지수용법 제2조와 제5조에 규정되어 있는 수용의 목적물은 개인의 재산권 중에서 토지를 주축으로 그 지상의 건물, 공작물, 입목, 기타 토지에 정착하는 물건, 소유권 외의 권리, 광업권, 온천을 이용하는 권리, 토지에 속하는 토석사력에 관한 권리, 토지 하천의 부지, 해저, 또는 유수, 해수 그 밖에 이와 관계가 있는 어업권, 입어권, 및 물을 이용하는 권리이다. 우리나라의 「공익사업을 위한 토지 등의 취득 및 보상에 관한 법률」과 비교하여 볼 때 구체적으로 규정한 것이 주목할 만하다. 우리나라는 수용의 목적물에 관하여 「공익사업을 위한 토지 등의 취득 및 보상에 관한 법률」 제3조에 규정하고 있으나 구체적이지 못하다. 일본의 토지수용법 제5조 제2항에 규정하고 있는 해저 또는 유수, 해수 부분에 대하여 「공익사업을 위한 토지 등의 취득 및 보상에 관한 법률」은 규정하고 있지 않다. 우리나라는 복구 가능성 또는 거래 가능성이 없거나 희박한 자연현상에 의한 유수하천이나 해면성 토지는 평가하지 않는다. 사인에게 이러한 토지의 소유권을 인정하지 않는다는 것이다. 그런데 일본의 경우도 소유권이 아니라 사용권의 인정이라는 점에서 우리나라와 마찬가지이나 다만 우리나라는 이러한 규정을 두고 있지 않다. 일본의 경우는 수용의 목적물을 구체적 · 체계적으로 토지수용법상에 명시하고 있다는 점에서 차이가 있다.

Ⅳ. 損失補償의 方法

손실보상의 방법에 대하여 일본의 경우 토지수용법 제70조에서 금전보상을 원칙으로 하면서 그에 대한 예외를 인정하고 있다. 즉, 제82조의 대체지에 의한 보상, 제83조의 경지의 조성, 제84조 잔여지 공사 대행에 의한 보상, 제85조 이전대행에 의한 보상, 제86조 택지의 조성에 대한 보상에 대하여 수용위원회의 재결이 있는 경우에 예외적으로 현물보상을 인정하고 있다. 우리나라의 경우 보상의 방법에 대하여 「공익사업을 위한 토지 등의 취득 및 보상에 관한 법률」 제63조에서 현금보상을 원칙으로 하고 있으면서, 예외적으로 채권에 의한 보상과 토지보상을 규정하고 있다.[8]

Ⅴ. 補償額 算定時期

보상액의 산정 시기에 대하여 일본의 토지수용법은 '재결 시'를 기준으로 하고 있으며,[9] 손실보상기준요강과 용대련보상기준은 '계약 시'를 기준으로 하고 있다. 즉, 보상기준요강 제3조에서는 "토지 등의 취득 또는 사용에 대한 보상액은 계약체결 당시의 가격에 의하여 산정하고 그 후의 가격 변동에 의한 차액에 대하여서는 추가지불하지 아니한다"라고 규정하고 있어 계약 시를 보상액 산정의 기준으로 하고 있다.

이에 대하여 우리나라는 보상액 산정 시기에 관하여 「공익사업을 위한 토지 등의 취득 및 보상에 관한 법률」 제67조에서 협의취득 시에는 계약 시를 기준으로 수용 시에는 재결 시를 기준으로 하고 있어 법규정의 일원적 태도를 취하고 있다. 따라서 일본의 보

---

8) 「공익사업을 위한 토지 등의 취득 및 보상에 관한 법률」 제63조.
9) 토지수용법 제73조.

상액 산정 시기와 비교하여 볼 때 별다른 차이가 없어 보이나, 보상액 산정 시기에 대하여 일본에 있어서의 토지수용법 제73조의 규정은 협의 취득 시가 아닌 수용 시의 산정 시기를 규정한 것으로 볼 수 있으며, 협의취득 시에는 손실보상기준요강 제3조의 규정에 근거하여야 한다는 이원적 태도를 취하고 있는 것 같다.

VI. 土地收用에 대한 補償

공익사업을 위한 토지의 수용에 대한 보상과 관련하여 일본의 토지수용법 제71조는 "수용하는 토지 또는 그 토지에 관한 소유권 이외의 권리에 대한 보상 금액은 인근 유사 토지의 거래가격 등을 고려하여 산정한 사업인정고시 시의 상당한 가격에 권리취득 재결 시까지의 물가변동에 따른 수정률을 곱하여 얻은 금액으로 한다"고 규정하고 있으며, 손실보상기준요강 제7조에서는 "취득하는 토지에 대해서는 정상적인 거래가격으로 보상한다"라고 규정하고 있다.

우리나라의 「공익사업을 위한 토지 등의 취득 및 보상에 관한 법률」은 제70조 제1항에서 "협의 또는 재결에 의하여 취득하는 토지에 대한 보상은 「부동산 가격공시 및 토지 등의 평가에 관한 법률」에 의한 공시지가를 기준으로 하여 보상하되, 그 공시지가기준일로부터 가격시점까지의 관계 법령에 의한 당해 토지의 이용계획, 당해 공익사업으로 인한 지가의 영향을 받지 아니한 지역의 대통령이 정하는 지가변동률, 생산자물가 상승률 그 밖에 당해 토지의 위치 · 형상 · 환경 · 이용 상황 등을 참작하여 평가한 적정 가격으로 보상하여 한다"라고 규정하고 있다.

우리나라와 일본의 토지보상에 관한 규정을 비교해 보면 일본 토지수용법상의 규정은 인근 유사토지의 거래가격 등을 고려하고 사업인정고시 시의 상당한 가격에 권리취득 재결 시까지의 물가변동에 따른 수정률을 곱하여 얻은 금액으로 보상하고 있다. 이 부분은 개발이익의 배제라는 원칙을 적용한다면 우리나라의 경우도 단순히 물가변동률만 참작하여 가격을 산정하는 것이 바람직하다고 생각한다. 이러한 내용으로 볼 때 일본의 손실보상액의 산정기준은 법적 해석에 있어 명확할 뿐만 아니라 합리적이고 객관적인 수준 조건에서 그리고 치밀하고 구체적인 자료의 검토과정을 거쳐서 도출된 결과를 갖고서 보상이 시행되고 있다.

반면에 우리나라의 경우 보상액 산정기준을 '공시지가'를 기준으로 하고 있어 보상액

산정에 있어 일본의 '사업인정고시 시의 상당한 가격' 즉, 인근 지역의 거래가격을 고려한 상당한 가격과는 차이가 있어 보인다.

VII. 營業損失에 대한 補償

영업보상과 관련하여 일본의 토지수용법은 제88조에서 규정하고 있으나 구체적 내용을 명시하고 있지 못하다. 이에 대하여 손실보상기준요강에서는 제31조「영업폐지의 보상」제32조「영업휴업의 보상」제33조「영업 규모 축소의 보상」에 관하여 구체적으로 규정하고 있다. 영업손실보상과 관련하여 우리나라의 경우「공익사업을 위한 토지 등의 취득 및 보상에 관한 법률」은 제77조에서 영업의 폐지와 휴업의 보상에 대해서만 단일 조항에 규정하고 있을 뿐 일본의 경우와 같이 영업규모의 축소에 대한 보상규정이 없어 일본의 손실보상기준요강에 비하여 구체적인 내용을 명시하고 있지 못한 상황이다.

그리고 일본의 경우 손실보상기준요강세칙 제27조와 용대련보상기준 제43조에서 "영업의 시행으로 인하여 생기는 일조침해, 악취, 소음 기타 이와 유사한 것에 의한 불이익 또는 손실에 대해서는 보상하지 아니한다"라고 규정하고 있다. 이 규정은 토지수용법 제74조의 취지를 받은 규정이다. 토지수용법에서는 잔여지의 손실에 소위 사업손실을 포함하는지 여부에 대하여 해석상 다툼이 있었으나 이 조에서는 일조침해, 악취, 소음 기타 이에 유사한 사업손실은 포함하지 않음을 규정하고 있다. 우리나라의 경우 영업손실의 보상에 관하여 세부적 규정으로「공익사업을 위한 토지 등의 취득 및 보상에 관한 법률 시행규칙」제47조에서 "영업의 휴업 등에 대한 손실의 평가"에 관하여 규정하고 있으나 일본의 용대련보상기준 제43조의 규정에 있는 일조침해, 악취, 소음 기타 이와 유사한 것에 의한 불이익 또는 손실에 대한 규정이 없어 영업손실보상에 대하여 일본의 규정과 차이가 있음을 알 수 있다.

VIII. 農業補償

농업보상과 관련하여 일본의 경우 일반적인 보상기준을 정하고 있는 토지수용법 제88

조의 「통상 받는 손실보상」의 규정에서 직접 규정하지 않고 손실보상기준요강 제34조 「농업폐지보상」 제35조 「농업휴업보상」 제36조 「농업경영규모 축소 보상」의 규정을 두고 있다. 우리나라의 「공익사업을 위한 토지 등의 취득 및 보상에 관한 법률 시행규칙」은 농업보상과 관련하여 제48조에 규정하고 있다. 일본의 경우와 비교하여 볼 때 일본의 경우는 손실보상기준요강 제36조에서 농업규모 축소의 보상에 관하여 규정하고 있는데 우리나라에서는 농업규모의 축소에 대한 보상을 하고 있지 않다. 농업규모 축소의 보상은 농업규모의 축소에 따른 고정자산의 매각손, 해고예정수당 상당액, 기타 자본 및 노동의 과잉 유휴화로 인하여 통상 발생하는 손실액 그리고 농업규모의 축소에 따라 경영효율이 객관적으로 저하된다고 인정되는 때에는 이로 인하여 통상 발생하는 손실액이다. 다시 말하면 농업규모 축소의 보상은 토지의 수용 또는 사용으로 인하여 불가피하게 농업의 규모를 축소해야만 하는 것이 인정될 때 행해지는 보상이다.[10]

Ⅸ. 建築物, 構造物, 工作物에 관한 補償

건축물, 구조물, 공작물에 관한 보상과 관련하여 일본의 토지수용법은 제80조에서 단순히 물건의 보상규정으로 "물건을 수용하는 경우에 수용하는 물건에 대해서는 인근 지역의 동종의 거래가격 등을 고려하여 상당한 가격으로 보상하여야 한다"고 규정하고 있다. 이와 관련하여 손실보상기준요강 제14조는 "취득하는 건물 기타 토지에 정착한 물건에 대한 보상에 대해서는 토지취득에 대한 보상의 예에 의한다"고 규정하고 있다.

이와 관련하여 「공익사업을 위한 토지 등의 취득 및 보상에 관한 법률」 제75조 제1항 본문에서 "건축물·입목·공작물 기타 토지에 정착한 물건에 대해서는 이전에 필요한 비용으로 보상하여야 한다"고 규정하면서 동 항 단서에서는 법이 정하는 일정한 경우에는 당해 물건의 가격으로 보상하여야 한다고 규정하고 있다. 여기에서 일본의 경우 인근 지역의 동종 거래가격 등을 고려하여 상당한 가격으로 보상하여야 한다고 하는 반면, 우리나라의 경우 이전에 필요한 비용으로 보상하여야 한다고 규정하고 있고 예외적인 물건인 경우에도 인근 지역의 거래가격과 상관없이 당해 가격으로 보상한다고 규정하고 있어 우리나라의 보상액의 산정에 있어 일본의 경우보다. 정당하지 못하다고 생각한다.

---

10) 小澤道一, 『要説土地収用法』, 前揭書, p.194.

X. 移轉費 報償

이전료에 대한 보상과 관련하여 일본의 토지수용법 제77조는 "수용 또는 사용하는 토지에 물건이 있는 때에는 그 물건의 이전료를 보상하여 이를 이전시켜야 한다. 이 경우에 물건이 분할하게 되어 그 전부를 이전하지 않으면 종래 이용하고 있던 목적에 사용하는 것이 현저히 곤란하게 되는 때에는 그 소유자는 그 물건의 전부의 이전료를 청구할 수 있다"고 규정하고 있으며, 손실보상기준요강은 제24조「건물 등의 이전료」제27조「동산의 이전료」에서 이전료에 대하여 규정하고 있다. 이에 대하여 우리나라의「공익사업을 위한 토지 등의 취득 및 보상에 관한 법률」은 이전비 보상에 관하여 개별 규정은 없고 제75조에서 건축물, 구조물, 공작물에 관한 보상에서 이전비의 보상을 언급하고 있다.

XI. 精神的 補償

정신적 보상에 대하여 일본의 토지수용법은 아무런 규정이 없으며, 보상기준요강시행에서는 "종래 일부에서 행해져 온 정신적 손실에 대한 보상, 협력장려금, 그 밖에 이것들과 유사한 불명확한 명목에 의한 보상 등의 조치는 행하지 않는 것으로 한다"고 규정하여 정신적 손실에 대한 보상을 부정하고 있다.

일본의 경우와 마찬가지로 우리나라의「공익사업을 위한 토지 등의 취득 및 보상에 관한 법률」은 정신적 보상에 대해서 언급한 규정은 전혀 없으며 시행령이나 시행규칙에도 일본의 보상기준요강시행과는 달리 정신적 보상을 부정하는 규정조차도 없다.

XII. 生活 補償

생활권 보상에 대해 일본의 토지수용법은 아무런 규정이 없으며, 또한 보상기준요강시행은 "요강에 근거하여 재산보상이 적절하게 이루어진다면 생활 보상과 같은 보상항목을 별도로 설치할 필요가 없다"고 하면서 손실보상기준요강은 제45조「소수잔존자보상」제46조「이직자보상」을 규정하고 있고 공공용지의 취득에 관한 특별조치법 시행령 제5조에 생활재건조치에 대하여 규정하고 있어 생활 보상을 인정하고 있다.

1. 소수잔존자 보상

토지수용법은 소수잔존자 보상에 대하여 아무런 규정이 없으나 보상기준요강 제45조에 의하면 "토지 등을 취득 또는 사용하려는 토지를 사업용으로 사용함으로써 생활공동체로부터 분리되는 자가 생기는 경우에 이러한 자에게 수인의 범위를 넘는 현저한 손실이 있다고 인정되는 때에는 이러한 자에 대하여 그자의 청구에 의하여 개개의 실정에 따라 적정하다고 인정되는 금액을 보상할 있다"고 규정하여 소수잔존자에 대한 보상을 인정하고 있다.

이에 대하여 우리나라의 「공익사업을 위한 토지 등의 취득 및 보상에 관한 법률」에는 규정하고 있지 않으나 「공익사업을 위한 토지 등의 취득 및 보상에 관한 법률 시행규칙」 제61조에서 "공익사업의 시행으로 인하여 1개 마을의 주거용 건축물이 대부분 공익사업 시행지구에 편입됨으로써 잔여 주거용 건축물 거주자의 생활환경이 현저히 불편하게 되어 이주가 부득이한 경우에는 당해 건축물소유자의 청구에 의하여 그 소유자의 토지 등을 공익사업시행지구에 편입되는 것으로 보상하여야 한다"고 규정하고 있다.

2. 이직자 보상

일본의 경우 토지수용법에는 아무런 규정이 없으나 손실보상기준 요강 제46조는 "토지 등의 취득 또는 사용에 따라 토지 등의 권리자에 고용되어 있는 자가 실직하게 되는 경우에 이러한 자가 재취직할 때까지의 기간 중 소득을 얻을 수 없다고 인정되는 때에는 이러한 자에 대하여 그 자의 청구에 의하여 재취직에 통상 필요로 하는 기간 중의 종전의 임금 상당액의 범위 내에서 타당하다고 인정되는 금액을 보상할 수 있다"고 규정하고 있다. 이에 대하여 우리나라의 경우 이직자 보상에 관한 개별적 규정이 없으나 「공익사업을 위한 토지 등의 취득 및 보상에 관한 법률」 제77조의 제3호 「휴직 또는 실직하는 근로자의 임금손실에 대한 보상」의 규정을 유추 적용할 수도 있겠으나 일본의 경우와 같이 개별적인 근거조항이 없는 것은 입법의 불비이다.

3. 생활재건조치

일본의 경우 생활재건조치와 관련하여 토지수용법은 아무런 규정을 두고 있지 않으며 다만 공공용지의 취득에 관한 특별조치법 시행령 제5조에 규정되어 있으나 생활재건 조치에 대한 노력의 의무만 규정되어 있어 법적 효력이 문제시되고 있다.

우리나라의 경우 생활재건조치의 일환으로 볼 수 있는 이주대책의 수립 등에 대한 보상에 관하여 「공익사업을 위한 토지 등의 취득 및 보상에 관한 법률」 제78조에 부분적으로 규정되어 있다. 일본의 경우 이주대책에 관하여 토지수용법, 손실보상기준요강, 용대련기준요강 등에 아무런 규정이 없고 다만 공공용지의 취득에 관한 특별조치법 제23조 제2항과 제29조에 주거에 의한 보상이 규정되어 있으나 우리나라의 「공익사업을 위한 토지 등의 취득 및 보상에 관한 법률」과 같이 자세한 내용을 담고 있지 못하다.

第3節 우리나라와 美國의 損失補償法制의 比較

손실보상의 기준과 관련하여 전술한 바와 같이 미국은 판례를 중심으로 발전하고 있다. 그런데 미국에 있어서 Relocation Act라는 실정법은 손실보상의 기준과 관련하여 많은 시사점을 주고 있다. 토지보상 및 일반적인 보상의 기준은 정당한 보상, 즉, 공정한 시장가치에 의해서 보상액을 산정하고 있는 것이 보편화되어 있지만 생활 보상의 측면에서 본 생활재건의 보상에 관해서는 다른 특징이 있다고 하겠다. 이하에서는 손실보상의 내용적 측면에서 우리나라의 「공익사업을 위한 토지 등의 취득 및 보상에 관한 법률」과 미국의 Relocation Act를 비교 검토하고자 한다.

Ⅰ. 損失補償의 基準

미국에 있어서 보상의 기준은 부동산에 대해서는 공정한 시장가치가 정당한 보상금액이다. 다만, 이 법률에서 보상액은 공정한 시장가치에 의해서 보상하여야 한다는 것을 직접적으로 규정하지 않고 사업시행자는 협의를 개시함에 있어서 그러한 가격을 제시하여야 한다고 규정하여 절차적으로 규정하고 있다(제301조(3)). 실체적 보상액에 관해서는 전적으로 법원의 판단에 일임되어 있다.

우리나라는 손실보상의 기준과 관련하여 「공익사업을 위한 토지 등의 취득 및 보상에 관한 법률」 제70조 제1항에서 토지에 대한 보상은 "협의 또는 재결에 의하여 취득하는 토지에 대한 보상은 「부동산 가격공시 및 토지 등의 평가에 관한 법률」에 의한 공시지가를 기준으로 하여 보상하되, 그 공시지가기준일로부터 가격시점까지의 관계 법령에 의한 당해 토지의 이용계획, 당해 공익사업으로 인한 지가의 영향을 받지 아니한 지역의 대통령이 정하는 지가변동률, 생산자물가 상승률 그 밖에 당해 토지의 위치·형상·환경·이용 상황 등을 참작하여 평가한 적정 가격으로 보상하여 한다"라고 규정하고 있다.

따라서 미국과 우리나라의 손실보상 기준을 비교해 볼 때 미국은 법원이 판단하는 공정한 시장가치에 의해서 그 기준을 삼고 있으며, 우리나라는 공시지가를 기준으로 하되 여러 가지 상황을 참작한 적정 가격으로 보상하고 있음에 차이가 있다.

Ⅱ. 補償額의 算定時期

보상액의 산정 시기에 대하여 미국은 주마다 수용방법에 차이가 있다. 즉, 행정기관의 명령에 의한 수용방법과 법원의 판결에 의한 수용방법의 2가지로 구별되고 그에 따라 보상액의 산정 시기도 달라진다.

이와 같이 토지수용의 방법에 따라 기준 시점이 다르기는 하나 미국 대부분의 주가 판결에 의한 수용방법을 따르고 있으며, 보상액 산정은 수용선언 시를 기준으로 한다는 것이 일반적인 판례의 경향이다.

우리나라의 보상액 산정 시기에 관하여 「공익사업을 위한 토지 등의 취득 및 보상에 관한 법률」 제67조에서는 협의취득 시에는 계약 시를 기준으로 강제취득 시에는 재결 시를 기준으로 하고 있어 법규정이 이원적 태도를 취하고 있다. 따라서 미국 보상액 산정 시기와 비교하여 볼 때 미국은 수용 시 및 수용선언 시를 기준으로 하고 있어 보상금액의 사후조정에 문제가 발생하지 않으나 우리나라의 경우 협의 시와 재결 시 사이에 물가 상승 및 토지가의 상승으로 인한 보상액의 산정에 문제를 초래할 수 있다.

Ⅲ. 補償과 行政措置의 二元化

앞에서 기술한 이전재건 급부금은 미국 헌법상의 정당 보상이 아니다. 이 점은 토지취득각부처회의가 작성한 감정평가기준에도 명기되어 있다.[11] 즉, 정당한 보상의 내용은 판례를 통해서 확정되는데 현재 이전비보상은 정당한 보상의 내용에 포함되지 않고, 보상과 별도의 행정조치로 이전재건급부금이 지급된다.

우리나라에서는 이전비 등 통상 발생하는 손실에 대한 보상이 헌법상의 정당한 보상에 해당하는가에 대해서는 우선 긍정설이 다수설이며, 「공익사업을 위한 토지 등의 취득 및 보상에 관한 법률」에서는 대가보상과 통상손실보상은 일체로서 하나의 토지수용위원회의 절차를 통해서 보상이 이루어지고 있다. 미국과 비교해 보면 미국은 보상과 행정적 조치의 이원적 구조를 이루고 있으며, 이 경우 보상의 범위가 좁다고 볼 수 있다. 다만, 다음과 같은 경우에 주의해 볼 필요가 있다.

첫째, 수용절차에 들어간 피매수이전자에 대해서도 재판 외로 이 법률에 의한 이전재건급부금이 지불되기 때문에 결국 보상금과 급부금은 절차가 다를 뿐이지 수급자에게는 하나의 보상으로 받아들여진다.

둘째, 미국의 경우 건물 본체의 이전은 급부금의 대상이 아니라 종전 건물의 가치는 토지와 일체로 평가되며 정당보상의 일환으로 지불된다. 따라서 여기서 말하는 이전급부금은 동산의 이전비이며 또 본체의 보상액이 부족한 경우 차액의 급부라고 할 수 있다. 우리나라에서는 건물이전비와 동산의 이전비는 같은 성격으로 다루고 있지만 미국에서는 동산 이전비는 보상이 아니라 행정조치로 취급하고 있다. 무엇보다도 이것은 상당히 관념적인 차이라는 점에 주의해야 한다.

한편, 보상금액의 법정한도액을 들 수 있다. 그것이 실제로 어느 정도의 제약이 되고 있는가는 명확하지 않지만 통상 법의 판단을 액수로 객관화해 버리는 방식은 우리나라의 관점에서 보면 특이할 수도 있다.

Ⅳ. 實額事後補償

보상금의 지불시기에 대해서 우리나라의 경우에는 헌법상 반드시 사전지불일 필요가 없다고 하는데 실제로는 사전지불이 원칙이며 「공익사업을 위한 토지 등의 취득 및 보상

---

11) 미국 감정평가위원회의 감정평가기준에는 lossof business나 relocation expenses는 conseouential damage 로서 적어도 수용재판에서는 소유자가 받아야 할 보상이 아니라고 기재되어 있다. 또 감정평가기준은 Relocation Act 제102조(b)의 규정이 이전급부금 등이 헌법상의 보상이 아니라고 명시하고 있다고 해석하고 있다.

에 관한 법률」에서도 사전보상의 원칙을 규정하고 있다.12)

　미국은 사후보상이 원칙이다. 실제로 사용한 금액을 그대로 보전한다고 하는 것은 생활재건이라는 관점에서 보면 철저하다고 평가할 수 있다. 과부족이 발생하는 경우도 없기 때문에 매우 합리적이다.

　토지보상에 대해서는 미국의 경우 사전보상이지만 이전에 대해서는 보상이 아니라는 점에서 사후실비 지불이 가능할 수 있겠으나 나아가 법정한도액 범위 내에서 지불하여야 하며, 정액급부의 사전지불이나 사정이 있는 경우의 예외적 사전지불제도도 규정하고 있는 점으로 미루어 보아 미국의 제도가 생활 보상에 충실하다고는 볼 수 없다.

Ⅴ. 營業補償

　미국에서는 우리나라와 같은 영업보상은 이루어지지 않는다. 정규보상에 포함되어 있지 않을 뿐만 아니라 행정상 조치인 급부금의 대상에도 포함되어 있지 않다. 소규모영업자에 대한 사업재건급부금은 주로 물리적 재건 비용에 대한 것으로 우리나라의 영업보상 내용 중 일부에 지나지 않으며, 전업 · 휴업기간 중의 수익감소보상이 없다는 점에서 크게 다르다.

Ⅵ. 移轉再建支援 서비스

　미국은 이전재건지원 서비스의 일환으로 사업시행자가 고용한 상담원을 두어 인접지의 지가, 주택정보, 피매수이전자에 대한 재정조치 및 지원조치 등 이전재건 서비스를 제공하고 있다. 상담원의 직무는 법률로 규정되어 있다. 미국의 이러한 이전재건지원조치는 생활 보상의 측면에서 매우 바람직하며 이전재건지원 서비스에 대한 규정이 전무하다시피 한 우리나라의 손실보상법제에 시사하는 바가 크다 할 것이다.

---

12)「공익사업을 위한 토지 등의 취득 및 보상에 관한 법률」 제62조.

第4章 우리나라 損失補償法制의 問題點과 改善方案

第1節 公用收用節次

I. 協議取得

사업시행자가 공익사업을 위하여 개인의 재산을 취득하는 경우 가장 바람직한 제도는 사업시행자와 토지소유자가 원만하게 합의하는 것이다. 이러한 임의적인 토지취득 절차가 원만하게 이루어지지 못한 때에는 사업인정을 통하여 수용절차가 시작된다.

우리나라는 「공익사업을 위한 토지 등의 취득 및 보상에 관한 법률」 제19조 이하에서 수용의 절차를 규정하고 있다. 수용절차로서는 사업인정, 토지조서의 작성, 협의, 수용재결신청, 수용재결, 화해의 단계로 규정하고 있다. 독일은 수용신청 전 협의, 수용신청, 수용절차 중의 협의. 수용재결이라는 단계를 두고 있다. 여기서 우리나라 손실보상법제상의 문제점으로는 독일과 비교해 볼 때 수용재결 전에 독일과는 달리 한 번의 협의 절차를 거침으로써 협위취득에 의한 수용을 도외시하고 강제수용에 중점을 두고 있지 않느냐는 문제가 제기된다. 그리고 독일 연방건설법전 제87조 제2항은 수용신청의 전제조건으로 협의취득을 규정하고 있는데 이 규정에 의하면 "사업시행자는 수용신청 전에 토지소유자에게 받아들여질 수 있는 상당한 조건을 제시하고 토지를 협의 취득하려고 노력하여야 한다"고 규정하고 있다. 이러한 규정은 사업시행자와 토지소유자 간의 계약을 권고하는 규정이지만 사업시행자가 협의취득의 노력을 기울이지 않고 수용을 신청하는 것이 허용되지 않기 때문에 실질적으로 강제조항에 해당한다. 이에 반하여 우리나라는 「공익사업을 위한 토지 등의 취득 및 보상에 관한 법률」 제16조에서 "사업시행자는 토지 등에 대한 보상에 관하여 토지소유자 및 관계인과 성실하게 협의하여야 하며, 협의의 절차 및 방법 등 협의에 관하여 필요한 사항은 대통령으로 정한다"라고 규정하고 있고, 동법 시행령 제8조에서는 "사업시행자는 법 제16조의 규정에 의한 협의를 하고자 하는 때에는 국토해양부령이 정하는 보상협의요청서에 다음 각 호1)의 사항을 기재하여 토지소유자 및 관계인에게 통지하여야 한다"고 규정하고 있다. 이러한 「공익사업을 위한 토지 등의 취득 및 보상에 관한 법률」상 협의매수철차에 관한 규정의 내용은 독일의 실질적 전치주

---

1) 「공익사업을 위한 토지 등의 취득 및 보상에 관한 법률 시행령」 제18조에서 다음 각 호에 해당하는 것으로 1. 협의기간·협의 장소 및 협의방법, 2. 보상의시기·방법·절차 및 금액을 규정하고 있다.

의에 비하여 보상시기 및 방법 등에 대해 일방적으로 통지하는 형식적 전치주의를 취하고 있을 뿐만 아니라 보상시기 및 방법 등에 관한 내용을 사업인정신청서에 첨부할 자료로 활용하지만 협의매수를 거친 경우에만 적용하도록 규정하여 성실한 협의절차가 이루어지지 않을 가능성이 있어 문제가 된다.

기술한 내용의 개선방안으로는 협의매수 절차의 강화를 들 수 있다. 즉, 사업인정 전의 협의매수 절차를 강화하여 사업인정처분에 있어서 사업인정 전 협의매수절차를 요건화하는 방법이다. 「공익사업을 위한 토지 등의 취득 및 보상에 관한 법률 시행령」에서 이러한 협의매수 절차에 관한 제반 사항이 제시되고 있지만 임의 규정으로서 성실한 매수 절차를 이행하지 않을 가능성이 있다. 따라서 이러한 협의매수 절차를 성실히 이행하였는지 여부를 사업인정처분의 요건으로 하는 방법을 둘 수 있다. 또한 성실한 협의매수를 위하여 미국과 독일의 규정과 같이 강제규정으로 하여야 하며,2) 독일의 수용절차에서처럼 수용재결 전에 협의의 절차를 여러 번 실시하는 것도 바람직한 방법이다. 그리고 일본의 경우처럼 사업인정 전에 알선 또는 중재의 제도를 적극 도입하여야 한다. 이러한 개선방안은 협의매수 절차를 강화하여 국민의 희생에 대한 자의적 인정을 유도하여 궁극적으로 사법부에까지 정당성의 해결을 요구하는 낭비를 범하지 않게 되며, 원활한 사업의 진행과 정당한 보상에 기여할 수 있는 장점이 있다고 하겠다.

Ⅱ. 事業認定의 公正性·妥當性

우리나라는 「공익사업을 위한 토지 등의 취득 및 보상에 관한 법률」 제19조 이하에서 수용의 절차를 규정하고 있다. 이에 비하여 일본은 공청회 개최, 알선, 사업인정고시, 토지조서 작성, 재결신청, 수용재결, 화해의 절차를 규정하고 있다.3)

---

2) 미국의 경우 Relocation Act 제301조(1)에 의하면 "사업시행자는 가능한 한 소송을 피하고, 법원의 혼잡을 경감시켜야 하며, 가능한 한 교섭과 동의를 통해 취득해야 한다"고 규정하고 있고, 연방운수성에 의하면 90% 이상이 협의취득에 의하여 취득되고 있다. 이러한 점은 우리나라와 비교해 볼 때 주목할 만한 일이다.

3) 우리나라는 협위취득과 수용취득을 구분하여 규정하고 있으나 일본은 협의취득으로부터 수용취득으로의 이행시기에 대해 명확하게 규정하고 있지 않다. 이로 인한 문제는 토지소유자와 협의하는 과정에서 언제 수용취득 절차를 시작할 것인지가 사업시행자의 재량에 맡겨진다는 것이다. 따라서 용지취득의 객관화·체계화 및 신속화를 위한 측면과 공공사업이 갖는 공적 성격에 비추어 볼 때 문제가 있다고 하겠다. 이영수, 「중국의 토지수용과 손실보상제도에 관한 연구, 한·중·일 비교를 중심으로」, 건국대학교대학원 박사학위논문, 2006, p.80.

일본과 비교해 볼 때 일본은 사업인정고시 전에 청문회, 의견청취, 제3기관의 의견청취 등 규정을 두어 사업인정의 투명성과 공정성·타당성을 추구하고 있으며, 또한 피수용자의 권리보호에 중점을 두고 있다고 할 수 있으나, 우리나라의 경우 수용의 절차가 너무 행정편의주의로 규정되어 있어 사업인정의 타당성 및 공정성에 문제가 있으며, 합리적 조정가능성의 길이 막혀 피수용자의 권리보호와 원활한 사업시행에 문제가 될 수 있다고 생각한다.

사업시행자가 공익사업을 위하여 개인의 재산권을 취득할 때에는 가능한 한 협의에 의한 취득방법이 최선의 방법이라 할 수 있다. 그렇지 못한 경우에 수용절차에 의한 강제취득이 행하여지는데 이러한 수용의 절차는 적정한 절차와 공정성이 요구되는 것이다. 만약 적정한 절차와 공정성이 결여된다면 사업인정의 투명성과 공정성을 꾀하기 어려우며, 그로 인하여 피수용자의 재산권보호에 영향을 미칠 수 있다. 따라서 위에서 제기한 문제점을 해결하기 위해서는 일본의 수용절차에서 규정하고 있는 공청회 개최의 의무화, 제3기관의 의견청취, 보상안내의무, 보상금지급청구권제도4)의 도입 등 사업인정의 공정성과 타당성을 위하여 이들의 내용을 법률에 규정하는 것이 필요하다.

보상안내의무는 사업인정고시가 있게 되면 피수용자의 권리가 침해받지 않도록 하기 위해서 사업시행자에게 보상제도 등에 관한 안내의무를 부과하여 피수용자가 토지수용법상 보장된 권리를 행사할 수 있도록 하는 것이다.5)

공청회의 개최는 우리나라의 경우 사업의 중요성에 따라 시행하는 경우는 있지만 의무화하고 있지 않다. 공청회 개최의 대상에는 토지소유자, 관계인, 해당 지방의회뿐만 아니라 일반인까지도 포함하여야 한다. 따라서 일반국민의 이익을 대변할 수 있는 공청회의 입법적 규정이 요구된다. 공청회의 개최는 사업시행자가 사업의 계획단계에서부터 일반주민의 참여를 통한 사업시행의 필요성과 정당성을 이해시키고, 개발사업 과정에서 소외되는 주민들의 애로사항을 적극 수용토록 하여 주민과의 갈등요인을 사전에 차단하고 합리적인 해결책이 마련되도록 함으로써 정당한 보상과 원활한 사업수행이 이루어질 수 있도록 기여할 수 있다.

제3기관의 의견청취6)는 사업인정에 관한 처분이 공정·타당하게 행해지도록 하기 위

---

4) 한국의 경우 1971년 도입된 예정보상금 선급청구제도가 1981년 삭제되어 현재 보상금지급청구권제도가 인정되고 있지 않다.

5) 토지수용법 제28조 2항.

6) 여기서 제3기관이라 하는 것은 국토교통대신이 사업인정청인 경우에는 국토교통성에 설치된 사회자본정비심의회의이고 도도부현지사가 사업인정청인 경우에는 도도부현에 설치된 심의회 그 밖의 합의제의 기

함이다. 이러한 의견청취에 관하여 「공익사업을 위한 토지 등의 취득 및 보상에 관한 법률」 제21조에서 규정하고 있지만 이해관계인의 의견청취만을 규정하고 있다. 동법 제23조에 규정된 의견청취의 규정내용은 자칫 투명성과 공정성을 해하기 쉬우므로, 일본의 경우와 같이 제3기관에 의한 의견청취의 규정을 신설할 필요가 있다. 그리고 사업인정의 고시가 있게 되면 피수용자의 권리가 침해받지 않도록 하기 위해서 사업시행자에게 손실보상 등에 관한 안내의무를 부과하여 피수용자의 보장된 권리를 행사할 수 있도록 법률에 규정하여 의무화하여야 한다.

이와 같은 개선방안은 사업인정의 투명성과 공정성을 확보하기 위하여, 그리고 국민의 자의적인 인정을 유도하여 권리자로서의 권리보호와 사업시행의 원활함을 도모할 수 있는 방안이라 할 수 있다.

第2節 損失補償의 基準

I. 公益事業의 範圍와 類型分類에 따른 補償基準의 確定

1. 공익사업의 범위

공익사업의 범위에 대하여 우리나라는 「공익사업을 위한 토지 등의 취득 및 보상에 관한 법률」 제4조에서 규정하고 있다. 동 법률 제1호부터 제7호까지는 공익사업의 유형을 열거하고 있으나 제8호에서 "그 밖에 다른 법률에 의하여 토지 등을 수용 또는 사용할 수 있는 사업"이라고 규정하여 공익사업의 유형을 열거하고 있지 않아 개괄주의를 취하고 있다.[7] 이에 비하여 일본의 토지수용법 제3조는 제1호 내지 제35호에서 각 개별법

관이다. 사회자본정비심의회의는 그 사무를 관장하는 공공용지분과회가 설치되어 있고, 회장이 적당하다고 인정될 경우에는 그 분과회의 의결이 그대로 심의회의의 의결이 된다. 사회자본정비회의의 의사요지는 공개된다. 사업인정청은 제3기관의 의견을 존중하는 의무를 지기 때문에 그 의견이 불합리하다고 판단되는 경우를 제외하고는 이것에 따르지 않으면 안 된다. 國土交通省總合政策局國土環境調整課監修, 公共用地補償硏究會編, 前揭書, pp.98~99.

7) 공익사업을위한토지등의취득및보상에관한법률 제4조(공익사업): 이 법에 의하여 토지 등을 취득 또는 사

이 규정하고 있는 사업을 구체적으로 열거하고 있다. 독일의 경우도 연방건설법전을 비롯한 각 개별법은 수용적격사업인 공익사업의 범위에 대해 엄격한 열거주의를 취하고 있다. 이와는 달리 개괄주의를 취하는 경우 사회적·행정환경의 변화에 따라 새로운 공익사업을 규정하여야 하는 경우 매번 법률의 개정을 하여야 하는 문제점이 생긴다. 또한 입법기관이 대체로 다양한 사업을 공익사업으로 규정하는 것이 보통이기 때문에 구체적인 행정목적과 관련된 공공성 여부에 대한 판단이 부족한 경우가 있고, 아울러 공익사업의 범위가 입법기관의 자의에 의해 정해질 수 있는 문제점이 있다. 그리고 개별법들이 당해 법률의 목적에 따라 공익사업을 별도로 규정하는 경우가 많아 수용·보상의 일반법이 형해화되는 문제가 있다. 이러한 문제점을 해결하기 위해서는 수용과 보상은 국민의 재산권을 박탈하는 전형적인 권력적 행정작용이므로 법치국가 원리의 실현이라는 관점에서 공익사업의 범위는 법률의 규정에 의해서만 인정되어야 한다는 접근이 필요하다.

　공익사업의 범위의 열거에 대하여 개괄주의적 입장에서는 기존 법률에 의한 공익사업 외에 새로운 공익사업이 발생할 수도 있기 때문에 「공익사업을 위한 토지 등의 취득 및 보상에 관한 법률」 제4조 제8호의 개괄적 규정이 필요하며, 따라서 「공익사업을 위한 토지 등의 취득 및 보상에 관한 법률」에서 국민의 재산권을 수용·사용할 수 있는 개별법상의 공익사업을 모두 열거·유형화하는 것이 바람직하지 않다는 주장이 있을 수 있다. 그러나 새로운 공익사업의 출현을 예견한 법률의 유보는 반복되는 법률의 개정으로 인한 법적 안정성을 침해하게 되고, 공익사업의 범위가 입법기관의 자의에 빠져 보상실무상 문제를 초래할 수가 있기 때문에 기존 법률에서 규정하고 있지 않은 새로운 공익사업을 인정하여 공익사업의 종류를 열거하고, 그러한 사업에 의하여 국민의 재산권을 수용·사용할 수 있도록 함에 있어서는 새로운 법률의 제정이 필요하며, 당해 새 법률에서 새로

용할 수 있는 사업은 다음 각 호의 1에 해당하는 사업이어야 한다. ① 국방·군사에 관한 사업, ② 관계 법률에 의하여 허가·인가·승인·지정을 받아 공익을 목적으로 시행하는 철도·도로·공항·항만·주차장·공영차고지·화물터미널·삭도·궤도·하천·제방·댐·운하·수도·하수도·하수종말처리·폐수처리·사방·방풍·방화·방조·방수·저수지·용배수로·석유비축 및 송유·폐기물처리·전기·전기통신·방송·가스 및 기상관측에 관한 사업, ③ 국가 또는 지방자치단체가 설치하는 청사·연구소·공장·시험소·보건 또는 문화시설·공원·광장·운동장·시장·묘지·화장장·도축장 그 밖의 공공용 시설에 관한 사업, ④ 관계 법률에 의하여 허가·인가·승인·지정 등을 받아 공익을 목적으로 시행하는 학교·도서관·박물관 및 미술관의 건립에 관한 사업, ⑤ 국가·지방자치단체·정부투자기관·지방공기업 또는 국가나 지방자치단체가 지정한 자가 임대나 양도의 목적으로 시행하는 주택의 건설 또는 택지의 조성에 관한 사업, ⑥ 제1호 내지 제5호의 사업을 시행하기 위하여 필요한 통로·교량·전선로·재료적치장 그 밖의 부속시설에 관한 사업, ⑦ 제1호부터 제5호까지의 사업을 시행하기 위하여 필요한 주택, 공장 등의 이주단지 조성에 관한 사업, ⑧ 그 밖의 다른 법률에 의하여 토지 등 을 수용 또는 사용할 수 있는 사업.

운 공익사업의 효과 및 그로 인하여 야기되는 국민의 피해 등을 감안 하여 그 보장의 기준과 내용을 새로이 규정할 수 있으므로 미래의 새로운 공익사업의 발생 가능성 때문에 「공익사업을 위한 토지 등의 취득 및 보상에 관한 법률」에서 공익사업의 종류를 확정하기 곤란하다고만 할 것은 아니라고 생각한다.[8]

따라서 공익사업의 범위는 곧 수용·보상의 범위와 불가분의 관계가 있으며, 국민의 재산권을 침해하는 의미를 포함하고 있는 것이므로 공익사업에 해당하는 경우를 열거하는 것이 바람직하다. 그리고 공익사업을 구체화하여 열거하고, 개별법에서 수용권을 부여하는 것은 바람직하지 않으므로 「공익사업을 위한 토지 등의 취득 및 보상에 관한 법률」로 일원화하고 개별법령에서의 수용·보상의 근거는 삭제할 필요가 있다.

2. 공익사업 유형 분류에 따른 보상기준의 확정

앞에서 기술한 바와 같이 국민의 재산권을 침해할 수 있는 공익사업들이 확정되지 못한 것은 국민의 재산권·생활권 등에 대한 침해의 정도를 달리하는 각종 공익사업들의 유형 분류를 불가능하게 만들고, 결과적으로 공익사업으로 인하여 국민에게 야기되는 여러 가지 피해에 대한 손실보상의 기준이나 내용도 불확실하게 만들 수 있는 문제점이 있다.

기술한 문제점의 개선방안으로는 공익사업의 종류가 확정되고 그 유형이 분류된 후에 그 유형별 사업의 시행에 따르는 손실보상의 내용도 재산권보상·생활권보상과 정신적 고통에 대한 보상 및 사업손실보상별로 보상하여야 할 사항을 규정하고 사항별 보상기준을 정하는 방식으로 손실보상의 체계화·충실화를 도모할 필요가 있다.

오늘날 도시계획의 수립·시행, 댐 건설, 공항·항만·공원의 조성·관리·지하도·지하철 건설 등 국가 기반시설의 확충과 국민의 삶의 질 향상을 위하여 다양한 공익사업이 시행되고 있으며 이에 따라 각각의 공익사업이 피수용자 및 인근 주민 등에게 미치는 피해도 다종다양하게 나타나고 있다. 예컨대, 공원이나 문화시설의 조성사업 등에 있어서는 보통 피수용자 등의 재산권 침해 및 그에 따른 보상 문제가 큰 관심을 끌게 되고, 댐 건설 사업이나 공항 건설 사업 등에 있어서는 재산권과 생활권의 침해뿐만 아니라 정신적 고통과 사업 손실에 대한 보상 등 여러 가지 손실에 대한 보상기준이 발생할 수 있다. 그런데 「공익사업을 위한 토지 등의 취득 및 보상에 관한 법률」은 손실보상의 내용이 크게 다를 수 있는 공익사업의 유형을 분류하고 있지 않다. 따라서 국민의 재산권 침

---

8) 윤양수, 『행정법개론』 제주대학교출판부, 2007, p.445.

해에 대하여 정당하고 만족할 만한 보상이 이루어지기 위해서는「공익사업을 위한 토지 등의 취득 및 보상에 관한 법률」에서 공익사업의 유형에 따라 어떠한 공익사업에는 재산권보상을, 어떠한 공익사업에는 재산권보상과 생활권보상, 어떠한 공익사업에는 재산권보상과 생활권보상 그리고 정신적 고통에 대한 보상과 사업손실보상(간접손실보상)을 충실하게 행하도록 법률에 규정하는 것이 바람직하다.

Ⅱ. 正當한 補償

1. 정당한 보상에 관한 보상기준의 의미

공용수용이 정당화되기 위해서는 반드시 정당한 보상이 인정되어야 한다. 정당한 보상이 무엇을 의미하는가에 따라 보상기준이 설정되며, 그에 따르는 보상액 산정도 달라질 수 있다. 각국의 입법례에서 살펴본 바와 같이 일반적으로 정당한 보상의 기준은 거래가격 또는 시장가치이다. 이와 관련하여 우리나라의「공익사업을 위한 토지 등의 취득 및 보상에 관한 법률」은 각 개별적 보상기준에서 공시지가보상, 적정 가격에 의한 보상, 참작하여 보상 등으로 규정하고 있고, 또한 구체적인 보상 및 평가방법과 보상기준을 국토해양부령에 위임하고 있어 보상기준의 의미에 대한 구체적이고 획일적인 기준이 명시되어 있지 않아 정당한 보상의 의미에 대하여 논란이 가중되고 있다. 물론 학설과 판례를 통하여 그 의미에 대한 해결책을 강구하고 있지만 보상의 실무에 있어서는 기술한 바와 같이 통일적이지 못하고 상황에 따라 대처하고 있는 느낌을 주고 있다. 공용수용으로 재산권이 침해되는 경우에 그에 따른 손실보상을 하여야 하는바 이 경우 가장 중요한 문제는 손실보상은 무엇을 기준으로 하여 지급되는가이다. 손실보상의 기준이 구체적이고 획일적으로 명시됨으로 인하여 보상이 이루어질 때마다 그 기준에 의하여 보상을 실시함으로 정당한 보상이 이루어질 수 있도록 해야 한다. 만약에 보상기준이 명시되어 있지 않아 천편일률적인 보상이 이루어지거나, 보상의 기준을 법령에 규정하지 않고 사업시행자에게 일임하는 경우도 정당한 보상의 의미를 훼손하게 되는 문제가 발생한다.

보상기준의 개념성 재고와 관련하여 우리나라의「공익사업을 위한 토지 등의 취득 및 보상에 관한 법률」은 제71조와 제72조에서 각 개별적 보상기준을 "공시지가보상", "적정 가격에 의한 보상", "참작하여 보상" 등으로 규정하고 있고, 또한 제70조 제6항에서는 구체적인 보상 및 평가방법과 보상기준을 국토해양부령에 위임하고 있다. 반면에 보상기준과 관련하여 독일은 거래가격이며, 연방건설법전 제194조에 따르면 거래가격은 통상적인 매매를 목적으로 하는 가격으로 법적 사실이나 사실상의 특성 및 그 밖의 토지위치의 상태에 따라 결정된다. 일본의 토지수용법은 제71조에서 인근 유사토지의 거래가격, 제80조에서는 동종의 거래가격 등으로 표현하고 있으며, 공공용지의 취득에 따른 손실보상 기준요강 제7조와 제8조에서는 정상적인 거래가격으로 표현하고 있으며, 동 기준요강 제8조에서 정상적인 거래가격에 관하여 입법적 정의를 규정하고 있다. 미국의 경우 판례를 통하여 확립된 정당한 보상이란 수용된 재산의 금전에 의한 충분하고 완전한 가액으로서의 보상을 말하며, 오늘날 정당한 보상은 피수용재산의 공정한 시장가치를 기준으로 한다는 것이 현재 미국에서 확립된 원칙이며, 연방대법원 및 각 주법원에 의해 인정되고 있다. 그리고 표준이주정착지원법및부동산정책취득법에서는 보상액은 공정한 시장가치에 의해서 보상하여야 한다는 것을 직접적으로 규정하지 않고 동법 제301조 제3항에서 사업시행자는 협의를 개시함에 있어서 그러한 가격을 제시하여야 한다고 규정하여 실체적 보상액의 산정에 대해서는 법원의 판단에 일임되어 있다. 이와 같이 정당한 보상에 대한 보상의 기준은 각국의 보상정책, 사회문화의 차이에 따라 다소 그 개념이 다를 수 있겠지만 손실보상의 적용문제에 있어서 피수용자에게 재산권의 침해로 인하여 보상이 이루어질 경우 보상의 기준이 획일적이지 못하고 상황에 따라 이루어진다면 정당한 보상이 이루어지지 못할 것이다. 따라서 정당한 보상에 관한 보상기준의 획일성과 현실화를 위한 방안으로는 독일과 일본의 손실보상법제에 규정한 바와 같이 정당한 보상에 관한 보상의 기준을 거래가격, 또는 정상적인 거래가격으로 획일화하여야 하며, 거래가격이 손실보상의 기준이 되기 위해서는 실질적으로 거래가 투명하여야 하며, 보상권자가 거래가격을 인정할 수 있도록 제도적 장치가 필요하다. 그리고 피수용자들이 보상기준을 인식할 수 있도록 사업인정고시 시 보상기준을 명시하는 것도 보상기준의 현실화를 위한 방안이 될 수 있다. 또한 「공익사업을 위한 토지 등의 취득 및 보상에 관한 법률」 제70조 제6항에서는 구체적인 보상 및 평가방법과 보상기준을 건설교통부령에 위임하고 있다. 구체적인 평가방법과 보상기준의 위임은 사업시행자의 이익을 우선적으로 고려해야 하므로 보상기준을 위임하는 경우 행정청의 자의에 빠질 우려가 있고, 행정법상의 법률유보원칙에 반하므로 미국의 경우와 같이 피수용자가 수용재결 시 보상의 기준을 제시하고 법원이 판단에 일임하는 방안도 검토해 볼 필요가 있다.

2. 공시지가에 의한 보상

공시지가[9]는 일반 토지거래의 지표를 제시하고 국가와 지방자치단체 등의 행정기관이 지가를 산정하는 데에 기준을 제시하며, 감정평가업자의 개별적인 토지평가기준을 제공하는 것이다. 공시지가는 공공용지를 매수하거나 수용할 때의 보상기준이 된다.

공시지가의 근본적인 문제는 시장가치의 반영 여부이다. 그러나 수용목적물의 시장가치는 미래의 소득을 현재가치로 자본화한 값이기 때문에 단순한 거래가격으로 볼 수 없다. 특히 과세 등의 목적으로 평가하는 경우에는 시장가치를 어떻게 평가하는가에 따라 개발이익 환수, 보상액의 산정 등의 정책목적을 달성할 수 있는가가 결정된다. 그런데 우리나라는 지금까지 토지가격을 시장가치보다는 비슷한 부동산과의 비교에 의한 거래가격 개념으로 접근해 왔다. 이에 따라 공시지가의 수요자인 국민들로부터 공시지가에 대한 불신을 받아 왔으며, 정당한 보상과 관련하여 마찰이 끊이지 않고 있다. 이와 같이 우리나라의 표준지 공시지가는 현실의 추정시가와 상당한 괴리 현상을 보이고 있으며 지가산정에 있어서도 감정평가사의 주관적 자의에 크게 좌우됨으로써 토지감정평가의 객관성과 공정성을 기하지 못하고 있다. 그리고 표준지 공시지가의 지역 간 불균형문제도 객관적이고 공정한 토지의 감정평가에 저해요소로 작용하고 있다. 추정시가에 대한 표준지 공시지가의 수준이 지역별로 두 배 이상의 차이가 나고 있으며, 이를 기준으로 한 토지의 공시지가도 두 배 이상의 차이를 초래할 수 있는 원인을 제공하고 있다. 표준지 공시지가의 지역별 불균형은 지가의 평가에 관한 구체적인 평가방법과 기준이 정립되지 않아 공시지가에 의한 보상이 이루어지는 경우 많은 문제점을 내포하고 있다.

손실보상과 관련하여 「공익사업을 위한 토지 등의 취득 및 보상에 관한 법률」 제70조는 공시지가를 기준으로 하도록 규정하고 있다. 공시지가는 국토해양부장관이 조사, 평가하여 공시한 표준지의 단위면적당 가격을 말하는 것으로 시장가격을 그대로 반영한 것이 아니고 현 시가의 70~80% 정도에 그치고 있는 실정이다. 이에 따라 사업지의 사업시행지역의 피수용자들은 시장가격 또는 실거래 가격보다 낮은 금액을 보상받는 반면에 인

---

9) 공시지가는 정부에서 사용하는 공시지가의 조사평가체계를 일원화하기 위하여 「지가공시 및 토지 등의 평가에 관한 법률」에 의하여 도입되었다. 이 법의 제정 목적은 토지의 적정 가격을 평가 · 공시하여 지가 산정의 기준이 되게 하고 토지 · 건물 · 동산 등의 감정평가에 관한 사항을 정함으로써 이의 적정한 가격 형성을 도모하며, 나아가 국토의 효율적인 이용과 국민경제의 발전에 이바지함을 목적으로 한다. 이러한 공시지가에는 표준지공시지가와 개별공시지가 있다. 표준지 공시지가는 공공용지의 매수 및 토지의 수용 · 사용에 대한 보상에 적용되며, 개별공시지가는 조세부담의 적용기준이 된다. 지가공시및토지등의평가에 관한법률 제9조 제1항 및 시행령 제12조 · 제13조.

근 지역의 토지는 사업시행으로 인한 지가 앙등으로 피수용자가 인근 지역의 토지를 매입하는 경우에 기존 토지의 절반에도 미치지 못하는 평수를 매입할 수밖에 없는 실정이다. 또한 개별토지의 보상금액은 공시지가를 기초로 감정평가사 2인 이상이 평가한 감정가격을 평균하여 산정하도록 하고 있다. 이러한 평가는 감정평가사에 따라 평가기준을 달리할 수 있으며 사정보정에 있어서도 감정평가사의 주관성이 강하게 개입될 수 있기 때문에 신뢰성에 문제가 있다 할 것이다. 혐오시설이 아닌 공익사업의 경우 대부분이 지가 상승을 가져오기 때문에 사업시행 인근 지역의 토지소유자는 불로소득을 얻는 반면 공익사업에 편입되어 수용되는 경우는 상대적인 박탈감을 가져오게 된다.

한편, 「공익사업을 위한 토지 등의 취득 및 보상에 관한 법률」은 제66조에서 수용으로 인하여 발생한 사업의 이익을 손실보상에 포함하지 않는다는 원칙을 고수하고 있지만, 사업시행자는 피수용자의 토지를 기반으로 한 개발로 인하여 막대한 이익을 얻고 있음은 누구나 다 알고 있는 사실이다. 그와는 반대로 피수용자는 상대적 박탈감과 개발로 인한 기대이익을 바라게 되는 문제점이 있다. 이러한 문제점을 해결하기 위한 개선방안으로 공시지가제도의 현실화를 들 수 있다. 현행법상 공시지가는 보상액 산정의 기준이 된다. 그런데 공시지가와 실거래가격 간에 현저한 불균형이 존재하게 되면 피수용자의 저항으로 공공사업의 시행이 어렵게 된다. 물론 이 경우에도 공시지가의 현실화가 결코 시가에서 호가수준에 접근시키자는 것은 아니므로 거래 사례를 자의적으로 참작할 수 없도록 제도적 장치가 필요하다.[10] 이와 관련하여 공시지가를 최근의 빈번한 거래가격개념(최빈 거래가격)으로 설정하는 것과[11] 시산가격의 조정과[12] 기타 요인 적용의 확대 등도 하나의 방안이 될 수 있다. 그리고 공시지가는 국토해양부장관이 조사, 평가하여 공시한 표준지의 단위면적당 가격을 말하는 것으로[13] 근본 목적이 조세부담의 기준이 되는 것으로 보아야 하며, 보상액 산정의 기준이 아니라 인근 토지의 거래가격, 물가 상승률, 주위환경과 함께 보상액 산정의 요소로 보아야 한다. 따라서 굳이 보상액의 산정기준으로 설정

---

10) 류하백, 「현행토지수용제도상 기본권침해성에 관한 고찰」, 『토지공법연구총서』, 2001, p.549.

11) 채미옥, 「공시지가제의 개선방안」, 『토지연구』 제8권, 2001, p.49.

12) 시산가격이란 부동산 감정평가에 있어서, 감정평가의 3방식으로 구하여진 가격을 말한다. 따라서 원가방식에 의하여 구하여진 원가법의 시산가격을 적산가격, 비교방식에 의하여 구해진 거래사비교법의 시산가격을 비준가격, 수익방식으로 구해진 수익환원법의 시산가격을 수익가격이라고 한다. 시산가격의 조정이란 함은 적산가격, 비준가격, 수익가격을 상호 조정하는 것을 말한다. 따라서 최종적으로 감정평가액을 조정할 때에는 이들 시산가격을 상호 조정하여야 한다. 시산가격을 조정할 때에는 각 시산가격의 성격·자료의 특징에 따르는 고려가 가해져야 한다. 김태훈, 『부동산학사전』, 부연사, 2003, pp.645~646.

13) 「부동산 가격공시 및 토지 등의 평가에 관한 법률」 제2조 제1호.

할 필요는 없다고 생각한다. 이에 정당한 보상을 위하여 개별 법률에 규정된 공시지가의 규정을 삭제하는 방안도 검토해 볼 필요가 있다.

그리고 공시지가의 적정 가격의 개념은 시장에서 거래된 공정한 시장가치나 정상적인 거래가격으로 설정하여야 하며, 일본의 경우와 같이 사업인정고시 시의 상당한 가격을 기준으로 산정하는 것이 바람직하다. 따라서 우리나라의 경우도 토지보상의 경우 인접지역의 토지를 보상평가 대상으로 하되 반드시 토지평가 감정사에 의해서 사정보정과 시점수정을 객관적인 측면에서 검증받은 감정 평가사에 의한 감정평가가격에 입각되어 있는 거래가격에 의거 보상되도록 함이 필요하다고 하겠다. 그리고 현행 토지에 대한 보상액 산정방법은 표준지의 공시지가를 기준으로 평가하도록 되어 있다. 그러나 거래가격을 참작하지 않은 경우 정당한 보상과 괴리가 있을 수 있으므로 거래사례를 감정평가사의 자의적 판단에 의한 참작을 할 수 없도록 하면서 보상액 산정 방법의 객관성을 확보하기 위한 표준지비준평가법 등 제도적 장치의 도입도 검토되어야 할 것이다. 이를 위한 방안으로 첫째, 평가방법 및 평가기준의 확립이 필요하다. 기존의 평가방식에서 탈피하여 토지시장 및 지가 형성요인에 대한 과학적 분석과 그에 맞는 평가방법의 개발이 필요하다. 「감정평가에 관한 규칙」에 객관적인 평가기준을 규정하여, 달관법14)에 의한 평가의 자의성 문제를 최소화하고 공시지가 평가의 일관성을 제고하여야 한다.

특히, 개발사업 지역에 대한 심층적인 지가변동을 분석하여 개발사업 유형 및 개발단계별 지가평가기준을 확립할 필요가 있다. 거래사례가 없는 특별한 토지는 수익성 유무에 따라 토지유형 및 수익규모별 수익추정기준과 감가율을 규정하는 것도 필요하다. 또한 사회변화에 따른 공유지, 지하 공간, 공중권에 대한 합리적인 평가방법도 검토되어야 한다. 둘째. 토지가격비준표 작성방법의 개선이 필요하다. 토지가격비준표가 가진 문제점의 상당 부분은 비준표를 작성하는 방법과 비준표를 활용하는 방법의 차이로 인하여 발생하므로 비준표 작성방법을 비준표의 활용방법과 일치시키는 것이 필요하다. 현행 비준표는 비교형으로 활용되므로 작성방법 또한 비교형으로 전환하는 것이 바람직하다. 이와 같이 비교형으로 전환하기 위해서는 지역범위를 미시적인 지가변화 폭과 요인을 반영할 수 있도록 동 단위 차원으로 세분하여야 한다. 또한 현행 공시지가는 대표적인 표준지를 추출하여 조사한 자료이기 때문에 인근 토지 간에 나타나는 미시적인 가격변화를 추출하는 데에는 부적합하기 때문에 비준표 개발의 기초 자료는 표본조사 자료에서 전수조사

---

14) 달관식 평가방법은 매필지마다 토지평가에 정통한 사람이 현황관찰과 오랜 평가방법으로 평가하는 방법과 토지의 가격을 구성하고 있다고 보는 여러 가지 요소를 미리 정하여 요소마다 비중도와 각 요소를 100점 만점으로 하여 현지의 각 필지에 대하여 평가한 것의 상대치를 가지고 가격을 구하는 방식이다.

자료로 대체하는 방안이 강구되어야 하며, 장기적으로는 평가자료가 아닌 실거래가격을 기초로 토지가격비준표를 작성하는 방안도 검토할 필요가 있다.

3. 정당한 보상의 현실성 제고

정당한 보상은 완전한 보상을 의미하며, 피수용자가 만족할 만한 보상이어야 한다. 이러한 의미는 피수용자가 재산권 침해로 인한 손실에 대하여 예외 없이 보상을 하여야 한다는 취지로, 물적 보상은 물론 인적 보상에 이르기까지 피수용자의 보상욕구를 충족시켜 주어야 하는 방향으로 확대 해석할 수 있다.

정당한 보상과 관련하여 관심을 갖게 하는 것은 손실보상의 내용으로서 개발이익의 포함 문제이다. 지금까지의 논리는 부동산투기의 억제, 부동산가격의 안정 등을 이유로 그리고 개발이익은 사업시행자의 투자에 의하여 발생하는 것으로서 토지소유자의 노력이나 자본에 의하여 발생한 것이 아니므로 개발이익은 토지소유자에게 당연히 귀속되어야 할 성질의 것은 아니고, 오히려 투자인 사업시행자, 또는 사회에 귀속하도록 하는 것이 형평의 원리에 부합된다는 법리로 손실보상에서 개발이익 배제의 법리가 학설과 판례로서 확실하게 정립되고 있음은 기술한 바와 같다. 이러한 손실보상 내용에서의 개발이익 배제는 토지소유자들의 일방적인 희생하에 공공사업시행지역 이외의 토지소유자 및 사업시행자의 개발이익이라는 불합리한 구조가 발생하는 문제점이 있다.

막대한 개발이익이 발생하는 공익사업에서 일방적으로 공익이라는 명분을 내세워 토지소유자들에게 희생을 강요하는 논리는 지양되어야 한다. 따라서 토지소유자들의 일방적인 희생하에 다른 당사자들이 개발이익을 향유하는 체제는 잘못된 것이며, 개발이익은 손실보상의 내용으로서 정당한 보상의 측면에서 개선방안이 마련될 필요가 있다.

우리나라 헌법은 침해된 재산가치에 대하여 어떠한 방법으로 보상을 하여야 하는가에 대해서는 규정하지 않고 개별 법률에 맡기고 있다. 국내의 경우 정당보상은 개발이익의 배제된 시세의 70~80% 수준인 공시지가를 기준으로 삼고 있다. 따라서 공익사업의 개발로 주변 여건이 향상될 것이라는 기대하에 있던 주민으로서는 주변 시세보다 낮은 보상가로 인한 상대적 박탈감은 클 수밖에 없다. 따라서 공용 수용되는 주민들의 낮은 보상가뿐만 아니라 거주권의 박탈로 인한 정신적 · 심리적 침해에 대한 보상근거가 마련되어야 한다. 더불어 개발이익을 보상의 범위에 포함시키는 방안도 검토해 볼 필요가 있다.[15]

---

15) 각국의 입법과 판례를 통하여 개발이익을 배제하고 있다. 그러나 일본의 경우 구 토지수용법 제72조에서

그리고 개발이익의 원천은 피수용자의 토지재산권이다. 국가 또는 사업시행자가 공익 사업을 위한다는 추상적 명분하에 사업을 시행하여 막대한 개발이익을 얻고 있다. 이 막 대한 개발이익이 사업시행자와 국가에만 귀속되어야 하는가이다. 물론, 수용 당시에 개발 이익까지 고려하여 완전한 보상액을 산정하고 헌법재판소나 대법원 판례의 취지처럼 토 지소유자의 투자에 의한 이익이 아니고, 또한 기대이익을 산정기준에 포함하지 않는다는 점과 개발이익을 산정기준에 포함하면 공평부담의 원칙과 이중이익의 부과라는 점, 그리 고 「개발이익환수에 관한 법률」 제13조에 의하여 국가가 100분의 25에 해당하는 개발이 익을 개발 부담금으로 환수하고 있는 점 등을 들어 보상기준에서 개발이익을 배제하고 있지만 사업시행자는 사업시행으로 인하여 막대한 이익을 얻고 있고 피수용자의 대부분 은 토지를 생활의 터전으로 삼고 삶을 영위하는 영세민으로서 장래에 대한 생활 보상 차 원에서 그리고 원활한 토지의 수용을 위해서라도 점차적으로 개발이익의 일부를 토지 수 용자에게 환원하는 방안과 개발이익을 공시지가 산정기준에 포함시키는 방안을 검토해 볼 필요가 있다.

Ⅲ. 個別的 補償基準의 缺如

우리나라의 「공익사업을 위한 토지 등의 취득 및 보상에 관한 법률」을 독일의 연방건 설법전, 일본의 토지수용법 또는 손실보상기준요강과 비교해 볼 때 일부 보상기준이 직 접적으로 규정되어 있지 않거나 결여된 것을 알 수 있었다. 보상기준의 간접적 규정이나 규정의 결여는 입법적 견지에서 법률의 불비이며, 국민의 재산권 침해에 대한 정당한 보 상을 위하여 문제가 될 수 있다.

"손실은 수용위원회의 수용 또는 사용의 재결 시 가격에 의해 산정하여 보상하고 수용하는 토지에 대해 서는 인근 유사토지의 거래가격 등을 고려해서 상당한 가격으로 보상하지 않으면 안 된다"고 규정하여 재결 시에 있어서 토지가격에 포함된 개발이익도 당연히 보상액에 포함해서 산정해야 한다는 의미로 해 석할 수 있다. 판례도 "토지수용이 당초보다 수용의 시기에 이르는 동안에 토지가격이 등귀 또는 하락하 는 경우에는 그 변동이 수용에 의해 발생한 것인지 여부는 묻지 않고, 손실보상액은 수용의 시기에 있어 서 토지의 가격을 표준으로 정해야 한다"고 판시함으로써 개발이익을 보상액 산정에 포함하고 있었음을 알 수 있다. 日本大判 明治 43年 2月4日 民錄 16輯 p.50. 그러나 현행 토지수용법 제71조는 "수용하 는 토지 또는 그 토지에 관한 소유권 이외의 권리에 대한 보상금액은 인근 유사토지의 가격 등을 고려해 서 산정한 사업인정고시 시의 상당한 가격에 권리취득 재결 시까지의 물가의 변동에 상응하는 수정률을 곱하여 구한 금액으로 한다"고 규정하여 손실보상액의 산정기준 시점을 재결 시 주의로부터 사업인정 시 주의로 변경하여 개발이익을 보상액의 산정에서 배제하고 있다.

우리나라의 경우 「공익사업을 위한 토지 등의 취득 및 보상에 관한 법률」은 이직자 보상에 관한 개별적 규정이 없고 다만, 「공익사업을 위한 토지 등의 취득 및 보상에 관한 법률」 제77조 제3항의 "휴직 또는 실직하는 근로자의 임금손실에 대한 보상"의 규정을 유추 적용할 수도 있겠으나 개별적인 근거조항이 없는 것은 입법의 불비이다. 그리고 이전료에 대한 보상과 관련하여 일본의 토지수용법 제77조에 규정하고 있으며, 손실보상기준요강은 제24조 「건물 등의 이전료」 제27조 「동산의 이전료」에서 이전료에 대하여 규정하고 있으나, 반면에 우리나의 「공익사업을 위한 토지 등의 취득 및 보상에 관한 법률」은 이전비 보상에 관하여 개별 규정은 없고 제75조에서 건축물, 구조물, 공작물에 관한 보상에서 이전비의 보상을 언급하고 있는 정도이다. 그리고 「공익사업을 위한 토지 등의 취득 및 보상에 관한 법률」 제3조에 규정하고 있는 수용의 목적물에서 일본의 토지수용법 제5조 3항에서 규정하고 있는 해저 또는 유수, 해수부분에 대하여 규정하고 있지 않다. 또한 우리나라의 「공익사업을 위한 토지 등의 취득 및 보상에 관한 법률 시행규칙」은 농업보상과 관련하여 제48조에 농업폐업보상, 농업휴업보상에 대하여 규정하고 있으나 일본의 손실보상기준요강 제36조에 규정하고 있는 농업규모 축소보상에 관한 규정은 없다. 생활 보상과 관련한 이전재건지원 서비스에 관한 규정도 불비된 상태이다. 우리나라는 「공익사업을 위한 토지 등의 취득 및 보상에 관한 법률」 제78조에 이주대책 수립 등에 관하여 규정하고 있어 그 명맥을 유지하고 있으나, 미국의 Relocation Act 법률상의 이전급부금, 이전지원 서비스에 대한 규정에 비하여 아주 미흡한 규정이라고 할 수 있다. 특히 미국은 이전재건지원상담원 고용의무 및 각종 지원 서비스에 대하여 법률상 규정하고 있는 반면, 우리나라의 손실보상법제에는 아무런 규정이 없다.

우리나라의 「공익사업을 위한 토지 등의 취득 및 보상에 관한 법률」상의 보상기준은 일본의 토지수용법이나 손실보상기준요강, 용대련 기준요강에 비해서 보상기준에 있어서 입법적 불비 현상을 보이고 있다. 즉, 보상기준에 있어서 그와 비슷한 경우 다른 조항을 준용한다든지 유추 해석하는 방향으로 되어 있어 법리해석에 어려움을 겪고 있다.

「공익사업을 위한 토지 등의 취득 및 보상에 관한 법률」에 개별적으로 규정되고 있지 않은 보상기준은 이직자에 대한 보상, 이전비에 대한 보상, 농업규모 축소보상, 이전재건 지원 서비스에 관한 보상으로 보상액 산정기준 또는 정당한 보상의 법리에 영향을 미치게 되므로 보상기준의 개별적 규정이 필요하다. 따라서 「공익사업을 위한 토지 등의 취득 및 보상에 관한 법률」 동법 시행령에 개별적 보상기준을 추가하는 것을 검토할 필요가 있다.

Ⅳ. 事後補償

미국의 경우 이전재건급부금은 원칙적으로 실제 사용한 비용에 대해서 사후에 지불하도록 되어 있으며, 실액사후보상의 원칙을 고수하고 있다.[16] 또한 법률은 "실제 타당한 비용(actual resonable expenses)", "실질적인 직접손실(actual direct losses)" 등 actual 이라는 용어를 사용하여 실액이라는 점을 제시하고 있다. 이와 관련하여 우리나라에서는 사전보상을 원칙으로 하고 있다.[17] 우리나라에서도 통상 실제로 요하는 금액을 산정하고 있으나 이주대책을 위한 이주정착금, 동산의 이전비 등은 실제 요하는 금액에 의하여 산정한다고 할 수 없다.

이와 같이 사전보상은 이전거리에 대한 환산,[18] 과실 책임의 문제 기타 관련 비용으로 동산의 짐 꾸리는 비용과 푸는 비용, 가정용 기구의 해체 및 설치비용, 동산의 보관비용, 운송의 보험료, 전기, 전화, 가스 등의 접속비용, 그 외에 사업시행자가 적당하다고 인정하는 비용 등을 고려하지 않아 사후보상에 비하여 현실성을 제고하지 못하는 문제점이 있다.

이러한 문제점에 대한 개선방안으로는 사후보상제의 실시이다. 동산의 이전비에 대한 실액보상의 사후보상은 사람 및 동산 이전비의 실액으로 전문적인 운송업자에 의한 합리적인 운송실비에 관련 비용을 추가한 것으로서 사후보상제는 사전보상을 함으로써 문제가 될 수 있는 동산의 이전 준비에 소요되는 비용, 보관비용, 그리고 이전되는 동안의 운송비용, 보험료 등과 운송 후 설치비용에 관하여 추상적인 산정방법을 영수증이나 발생비용 증명서[19]를 제시함으로써 산정방법에 있어서 현실적이고 정당한 보상의 법리의 취지에 부합되므로 바람직한 제도이다.

그리고 개발사업을 시행하는 데 있어서 지역주민대책은 선 이주대책 후 보상이라는 원칙이 강조되어야 한다. 사업시행지역 내의 주민은 낮은 보상가와 상대적으로 상승된 인근 지역의 지가로 인하여 주변지역으로 이주를 하고자 하였을 때 지불능력의 부족으로 원하는 주택을 구입할 수 없는 현실이다. 따라서 사업시행에 따른 토지개발의 기본계획

---

16) 사후보상의 예외로서 현저히 곤란한 상황 또는 예상할 수 없는 상황의 회피를 위해 필요하다는 입증이 있는 경우에는 사전지불도 인정된다(규칙 제24. 207).

17) 「공익사업을 위한 토지 등의 취득 및 보상에 관한 법률」 제62조.

18) 이전비용의 환산에 있어서 이전거리는 최대 50마일까지로 제한하고 있다(규칙 제24. 301(a)).

19) 한편 영수증이나 발생비용 증명서를 필요로 하지 않고, 사업시행자 측에서 계산하는 방법도 있다. 이 경우는 피매수이전자의 동의가 필요하다. 그 금액은 유자격운송업자, 이전상담자, 또는 사업시행자의 직원에 의해 행하여진 두 차례의 입찰이나 평가의 최저액을 넘을 수 없다. 비교적 적은 금액의 이전 또는 단순한 이전의 경우는 사업시행자의 재량에 따라 한 번의 입찰 또는 평가로도 무방하다(규칙 제24. 303(c)).

구상 시 주민이주단지 조성이 함께 수립, 반영되어야 하며 지역주민대책은 이주의 시간적, 비용적 그리고 그동안의 물가 상승률, 주변 환경 등을 고려하여 지역주민의 이주가 완전히 이루어지고 난 다음에 보상하는 사후보상이 바람직하다.

第3節 生活 補償

I. 移住對策의 樹立

우리나라는 생활 보상의 일환인 이주대책의 수립에 대하여 「공익사업을 위한 토지 등의 취득 및 보상에 관한 법률」 제78조에 이주대책의 수립 등에 대한 규정이 있을 뿐이다. 이는 미국의 Relocation Act 법률상의 생활 보상과 관련한 대체주택의 제공, 이전급부금, 이전지원 서비스에 대한 규정에 비하여 아주 미흡하다고 할 수 있다.

이주대책의 경우 대상자 선정기준에 대하여 「공익사업을 위한 토지 등의 취득 및 보상에 관한 법률」 제78조 제1항에서 주거용 건축물을 제공함에 따라 생활의 근거를 상실하게 되는 자로 구체적으로 명시하고 있으나, 이주대책의 계획수립 시 사업시행자마다 달라 형평성이 제기될 소지가 있고, 이주대책상 택지분양권이나 아파트 입주권 등 구체적인 권리 즉, 분양권이 법률에 직접적인 효력이 발생되지 못하는 문제점이 있다. 그리고 우리나라의 보상기준상 주택소유자와 세입자의 이주보상은 아주 미미하여 이사보상금을 합친다 하더라도 현실적으로 대체주택을 마련하기보다는 세입자의 전세보증금으로 내주어야 하며 채무의 이행 등에 쓰이게 된다. 이는 세입자의 경우도 마찬가지이다. 즉, 이주대책의 미흡은 결과적으로 대체주택 마련을 어렵게 하며, 주민생활 수준을 더욱 악화시킬 개연성이 높은 것이다. 현행 이주대책은 주로 협의양도자라는 소유자중심으로 이루어지고 있다. 세입자의 경우 주거대책은 주거이전비와 공공임대주택의 입주권 중 양자택일이어서 사실상 선택의 자유가 없는 실정이다. 세입자 중에서도 특히 무허가 건물 거주자의 경우는 이주보상의 배제원칙이 적용되고 있는데 악의의 거주자보다 선의의 거주자들이 더 많아 현행 이주대책은 세입자의 경우 이중의 고통을 부담하는 문제점이 있다.

이와 같은 이주대책의 수립 등의 문제점에 관한 개선방안으로서 이주대책제도의 개선이다. 현행 「주택공급에 관한 규칙」에서는 주택건설·택지조성·도시계획사업 등에 한하여 주택 특별공급 및 전세자금 융자가 가능하게 되어 있으므로 사업의 종류에 관계없이 공익사업에 편입되는 주택소유자에게는 분양주택을, 세입자에게는 임대주택을 특별공급할 수 있도록 하여, 공익사업에 따른 주택특별공급의 차등을 없애고, 공익사업에 편입된 거주자 등 임대아파트 입주예정자에게도 전세자금을 낮은 이자로 융자할 수 있도록 하여 공익사업에 따른 전세금융자의 차등을 해소하는 방안이다. 그리고 사업시행자별 또는 사업시행지별로 택지공급가격에 차이가 발생하여 이주대책을 수립하는 데 어려움이 있으므로 택지공급가격의 산출기준을 매년마다 고시하여 이주자의 이주대책 수립에 차질이 없도록 하는 것이고, 이주택지 조성도 단독택지·블록형 택지·공동택지 등으로 다양하게 공급할 수 있도록 하여 주민의 주위환경·인적·선호·경제적 능력 등을 감안하여 자체적으로 선택할 수 있도록 하되, 사업시행자가 내규로 규정하여 운용할 수 있도록 하는 것이 필요하다. 특히, 미국의 경우 생활재건과 관련하여 이전급부금의 사후보상과 정액보상 그리고 대체주택취득비용의 추가급부와 대체주택의 구입에 있어 DSS 주택의 제공[20] 등은 우리나라에 있어 이주대책의 수립 등과 관련하여 개선하여야 할 부분이다.

따라서 이와 같은 개선 방안에 대해서 「공익사업을 위한 토지 등의 취득 및 보상에 관한 법률」에 이주 대책 등 생활권보상에 대한 구체적인 기준을 명시할 필요가 있고, 사업시행자마다 달리 시행하는 이주대책의 기준을 종합하여 법률에 반영할 수 있도록 입법조치가 있어야 한다.

Ⅱ. 生活再建支援 서비스

사업시행자가 피수용자의 재산권을 침해하는 경우 물적 보상과 생활 보상은 물론 피수용자가 재산권 침해가 이루어지지 않았던 상태로 회복되어야 함은 당연하다. 따라서 사

---

20) DSS 주택은 다음과 같은 요건을 갖추어야 한다. ① 점유자의 수에 따른 적절한 규모일 것, ② 불합리하고 유해한 환경조건이 문제시되지 않은 지역에 위치할 것, ③ 공익시설, 상업시설 및 공공시설의 관계로 현재의 거주지보다 뒤떨어지지 않는 지역에 위치할 것, ④ 근무처에 합리적으로 근접 가능할 것, ⑤ 거주용 규모로서 통상적인 부지 관련 시설을 갖춘 부지에 위치할 것, ⑥ 사적 시장에서 쉽게 취득할 수 있을 것, ⑦ 신주택을 구입 또는 임차할 경위 비용이 본인의 재원수당의 범위 내일 것(Relocation Act 제101(10), 규칙 제24. 2(d)).

업시행자는 피수용자가 재산권 침해가 이루어지지 않는 상태로 회복되기까지 각종 지원과 서비스를 아끼지 말아야 한다.

미국의 경우 이전재건지원 서비스의 일환으로 사업시행자가 법률상 의무화되어 있는 이전재건지원상담원을 고용하여 인접지의 지가, 주택정보, 피매수이전자에 대한 재정조치 및 지원조치 등 이전재건 서비스를 제공하고 있다. 그리고 사업시행자는 사무실을 설치하여 취득 가능한 대체재산의 목록, 지방자치단체의 주택조례, 건축법규, 사회서비스정보, 임차보증료의 정보, 융자이자율과 기간정보에 관한 정보, 주택취득계약금의 표준액정보 등 다양한 정보자료를 구비하여 서비스를 제공하고 있다.

미국의 이러한 이전재건지원조치는 생활 보상의 측면에서 매우 바람직하며 이전재건지원 서비스에 대한 규정이 전무하다시피 한 우리나라 손실보상법제상의 문제점으로 시사하는 바 크다 할 것이다.

이러한 문제점을 해결하기 위한 개선 방안으로는 생활재건조치의 확대와 지원 서비스의 강화를 위한 이전재건지원상담원의 고용과 사업시행자의 정보제공 의무화를 입법하는 것이다.

오늘날 손실보상에 있어 정책적 흐름은 물적 보상에서 인적 보상으로 전환되고 있다 해도 과언이 아니라고 할 수 있다. 피수용자가 재산을 수용당함으로써 당연히 물적 보상은 이루어지지만 피수용자가 주거지와 생활터전을 잃어버림으로써 생활재건문제가 발생하게 된다. 이에 대하여 사업시행자는 물적 보상 이외에 피수용자의 이주대책의 수립, 주택의 제공, 직업의 알선 등에 필요한 각종 정보의 제공 즉, 이전지원 서비스를 제공하여야 한다. 이와 관련하여 우리나라는 생활재건조치의 일환으로 볼 수 있는 이주대책의 수립 등에 관하여「공익사업을 위한 토지 등의 취득 및 보상에 관한 법률」제78조에 규정하고 있으나 미국의 Relocation Act의 내용과 비교하여 볼 때 아주 미흡하다. 특히 이전재건지원 서비스와 관련하여 미국은 법률로써 규정하여 피매수이전자의 생활재건에 도움을 주고 있다. 이에 우리나라도 사업시행자가 이전재건상담원을 고용하여 인접지의 지가, 주택정보, 피매수이전자에 대한 재정조치 및 지원조치 등을 할 수 있도록 이전재건지원상담원의 고용과 사업시행자의 정보제공 의무화에 대한 법률의 규정이 필요하다. 이러한 지원재건 서비스는 사업시행자와 피수용자 간의 원활한 손실보상이 이루어지고 사업의 시행을 성공적으로 추진할 수 있는 촉매제의 역할을 할 것으로 생각한다.

참고문헌

국내문헌

〈단행본〉

권영성, 『헌법학원론』, 법문사, 2007.

계희열, 『헌법학(상)』, 박영사, 2004.

김남진, 『행정법의 기본 문제』, 법문사, 1998.

_____, 『행정법 Ⅱ』, 박영사, 2000.

_____, 『행정법』, 법문사, 2002.

김도창, 『일반행정법론(하)』, 청운사, 2000.

김동희, 『행점법 Ⅰ』, 박영사, 2004.

김문현, 『사회·경제질서와 재산권』, 법원사, 2001.

김민호, 『최신행정법론』, 법문사, 2002.

김상용, 『민법총칙』, 법문사, 2004.

김성수, 『개별행정법』, 법문사, 2004.

김태훈, 『부동산학사전』, 부연사, 2003.

김철수, 『헌법학개론』, 박영사, 2006.

김철용, 『행정법 Ⅱ』, 박영사, 2002.

박균성, 『행정법론(하)』, 박영사, 2006.

박세일, 『법경제학』, 박영사, 2003.

박윤흔, 『행정법강의(하)』, 박영사, 1998.

_____, 『최신행정법강의(하)』, 박영사, 2002.

_____, 『최신행정법강의(상)』, 박영사, 2002.

박종국, 『일반행정법론』, 법지사, 2004.

박평준, 『행정상손실보상법리연구』, 고시연구사, 2000.

배영길, 『토지공법』, 세종출판사, 2005.

서원우, 『전환기의 행정법이론』, 박영사, 1997.

석종현, 『토지공법강의』, 삼영사, 1999.

_____, 『일반행정법(하)』, 삼영사, 2004.

_____, 『일반행정법(상)』, 삼영사, 2004.

_____, 『손실보상법론』, 삼영사, 2005.

성낙인, 『헌법학』, 법문사, 2008.

양 건, 『헌법강의 Ⅰ』, 법문사, 2007.

유지태, 『감평행정법』, 부연사, 2000.

유해웅, 『토지공법론』, 삼영사, 2005.

윤양수, 『행정법개론』 제주대학교출판부, 2007.

이병철, 『행정법강의』, 유스티누아스, 2002.

이상규, 『행정법(상)』, 범문사, 2000.

_____, 『영미행정법』, 법문사, 2001.

이선영, 『토지공법과 보상법론』, 법문사, 1997.

이재화, 『행정법의 쟁점』, 박영사, 2002.

이준일, 『헌법학강의』, 홍문사, 2005.

장영수, 『기본권론』, 홍문사, 2003.

_____, 『헌법학』, 홍문사, 2007.

장태주, 『행정법개론』, 현암사, 2004.

전광석, 『한국헌법론』, 법문사, 2005.

정종섭, 『헌법학원론』, 박영사, 2007.

최병조, 『로마법연구(1)』, 서울대학교출판부, 1995.

한견우, 『행정법 Ⅱ』, 홍문사, 1996.

허 영, 『헌법이론과 헌법』, 박영사, 2005.

_____, 『한국 헌법론』, 박영사, 2006.

허 영·전광석, 『판례헌법』, 신조사, 2002.

홍성방, 『헌법학』, 현암사, 2003.

홍정선, 『행정법원론(상)』, 박영사, 2004.

_____, 『행정법원론(하)』, 박영사, 2004.

_____, 『행정법특강』, 박영사, 2006.

〈논문〉

강현오, 「개발제한구역에 대한 손실보상」, 『토지공법연구』 제9집, 2002.

김광수, 「독일공법상의 재산권보장과 국가책임확장이론」, 서울대학교 대학원 박사학위논문, 1996.

김규하, 「토지소유권의 보장과 제한 – 대도시의 개발제한구역을 중심으로」, 『토지공법연구』 제5집, 2001.

김남진, 「재산권의 공용침해와 손실보상」, 『행정법의 기본 문제』, 경문사, 1985.

_____, 「재산권의 가치보상과 존속보장」, 『월간고시』, 1989.

_____, 「재산권의 가치보장과 존속보장, 재산권의 공용침해와 관련하여」, 『월간고시』, 1989.

김문현, 「재산권의 사회구속성에 관한 연구」, 서울대학교 대학원 박사학위논문, 1989.

김민호, 「미국의 규제적 수용에 있어서 공익과 사익의 조정」, 『토지공법연구』, 한국토지공법학회, 2002.

김성수, 「국가과세권과 법치주의원리, 헌법재판소의 결정을 중심으로」, 『헌법의 규범력과 법질서』, 연천 허영 박사 정년기념논문집, 2002.

_____, 「경제질서와 재산권보장에 관한 헌재결정의 평가와 전망」, 『헌법재판의 최근 국제적 동향』, 한국공법학회, 제121회 학술발표회, 2005.

김승종, 「생활 보상의 이론과 실제」, 『토지연구』 제15권 제1호, 한국토지공사, 2004.

김재호, 「개발제한구역의 지정과 행정상 손실보상 – 특별한 희생의 성립 여부를 중심으로」, 『토지공법연구』 제4집, 2002.

김형성, 「재산권」, 『헌법재판연구』, 헌법재판소, 1995.

김해룡, 「헌법상 재산권보장과 행정상손실보상의 근거법리들에 관한 고찰」, 『고시계』 9, 2003.

류하백, 「현행토지수용제도상 기본권침해성에 관한 고찰」, 『토지공법연구총서』, 2001.

류해웅, 「보상의 대체적 수단에 관한 법제적 고찰」, 『감정평가논집』 제12집 1호, 2002.

박규하, 「재산권보장과 손실보상」, 『외법논집』 제15집, 2003.

박상희, 「공용침해의 요건에 관한 연구」, 고려대학교대학원 박사학위논문, 1993.

_____, 「재산권침해유형에 대한 구별이론의 새로운 필요성」, 『법제연구』, 한국법제연구원, 1994.

박원석, 「미국의 규제수용법리에 관한 연구」, 『중앙법학』 제2호, 중앙대학교, 2000.

박종국, 「독일법상의 공용침해론」, 『법제』, 법제처, 2008.

박창수, 「개발제한구역지정으로 인한 손실보상에 관한 고찰」, 『전주대학교논문집』, 법정대학편, 1997.

박평준, 「헌법상 재산권보장의 이론」, 『아·태공법연구』 제6권, 1999.

_____, 「개발제한구역에 대한 재검토」, 『토지공법연구』 제6집, 2000.

_____, 「공용수용에 대한 손실보상」, 『월간감정평가사』, 2004.

배영길, 「현행손실보상법제에 관한 법리적 재검토」, 『월간감정평가사』, 2003.

석종현·송동수, 「도시계획결정과 손실보상」, 『공법연구』 제28집 제3호 한국공법학회, 2000.

_____, 「공용법제의 현황과 손실보상」, 『토지공법연구』 제11집, 2001.

송동수, 「공용수용과 손실보상에 관한 비교법적 연구」, 『토지공법연구』 제9호, 한국토지공법학회, 2000.

송현담, 「국토계획법상 토지재산권에 대한 규제수단에 관한 연구」, 박사학위논문, 단국대학교 대학원. 2003.

이기한, 「미국의 토지이용 규제와 손실보상 - 주정부의 토지이용규제 권한과 한계를 중심으로」, 부동산법학회, 1999.

이덕연, 「보상 없는 재산권제한의 한계에 관한 연구」, 『헌법재판연구』 제9권, 헌법재판소, 1997.

이명웅, 「헌법 제23조의 구조」, 『헌법논총』 제11집, 헌법재판소, 2000.

이영수, 「중국의 토지수용과 손실보상제도에 관한 연구: 한·중·일 비교를 중심으로」, 건국대학교 대학원 박사학위논문, 2006.

이형우, 「프랑스의 공용수용과 손실보상에 관한 연구」, 연세대학교 대학원 석사학위논문, 1997.

유지태, 「공용법상의 손실보상논의」, 『고시연구』, 1996.

유재성, 「토지재산권의 사회적 구속성과 손실보상에 관한 연구」, 충남대학교 대학원 박사학위논문, 1992.

유해웅, 「토지이용계획제한과 손실보상」, 건국대학교 대학원 박사학위논문, 1990.

정남철, 「재산권의 사회적 구속과 수용의 구별에 관한 독일과 한국의 비교법적 고찰」, 『공법연구』 제32집 제3호, 한국공법학회, 2004.

정연주, 「공익사업을위한토지등의취득및보상에관한법률에 대한 헌법적 검토」, 『토지공법연구』 제16-2집, 토지공법학회, 2002.

_____, 「미국헌법상 재산권 수용의 법리: 수용의 허용조건과 관련한 연방대법원 판례를 중심으로」, 『미국헌법연구』 제16권 제2호, 미국헌법학회, 2005.

정태호, 「헌법재판의 한계에 관한 고찰」, 『공법연구』 제30집 제1호, 2001.

_____, 「헌법제23조 제2항의 해석론적 의의」, 『토지공법연구』, 제25집, 한국토지공법학회, 2006.

정하중, 「수용유사적 그리고 수용적 침해제도」, 『고시연구』, 1994.

_____, 「헌법재판소의 판례에 있어서 재산권보장」, 『헌법논총』, 헌법재판소, 1998.

채미옥, 「공시지가제의 개선방안」, 『토지연구』 제8권, 2001.

최윤오, 「조선후기 토지공개념과 토지개혁론」, 『역사비평』, 2004.

최재건, 「행정상 손실보상의 원인과 범위」 성균관 대학교 대학원 박사학위논문, 1996.

최환용, 「미국의 손실보상기준에 관한 연구」, 『감정평가연구』, 한국감정평가원, 2005.

표명환, 「독일공법상의 수용과 보상」, 토지공법연구 제17집, 2003.

한수웅, 「재산권의 내용을 새로이 형성하는 법규정의 헌법적 문제」, 『저스티스』 제32권 제2호, 한국법학원, 1999.

홍완표, 「토지규제행정법상개발권양도에 관한 법적 연구」, 서울시립대학교 대학원 박사학위논문, 1999.

홍준형, 「수용유사침해보상의 법리와 그 수용가능성」, 『고시연구』, 1997.

국외문헌

〈영・미〉

Ackerman Susan Rose, "Rethinking the Progressive Agenda", *The Reform of the American Regulatory Sate*, The Free Press, 1992.

Amartya Sen, *Choice, Welfare and Measurement*, Cambridge, Mass: MIT Press, 1982.

Ayer Douglas, *Allocating the Costs of Determining "Just Compensation"*, 21 Stan. L. Rev. 1989.

Barron Jeroune A, *Constitutional law*, West Publishing, Co, 1995.

Benjamin Hermalin, "An Economic Analysis of Takings", *Journal of Law, Economics and Organization* 11, 1995.

Beermann Iack M, *Government official torts and The takings Clause: Federalism and State Sovereign*, 68 B.U.i. Rev, 277. 1998.

Bishop George W, "The Message of Henry George; A Social Philosophers Indicment of Monopoly and Privilege as of Property", *The American Journal of Economics and Sociology*, 1985.

Blume Lawrence・Rubinfeld Daniel・Shapiro Perry, *The Taking of Land: when should compensation be paid*, 99 Q. J. Econ, 1984.

Brauneis R, "The Foundation of our Regulatory Takings Jurisprudence", *The Myth and Meaning of Justice Holmes's Opinion in Pennsylvanial Co. V. Mahon, 106 Yale, Law Journal* 613, 1996.

Burney Laura H, *Just Compensation and the Condemnation of Future Interests: princpirical Evidence on the Failure of Fair Market Value*, 1989.

Calandrillo, "Eminent domain economics should Just Compensation Be abolished and Taking insurance work instead", *Ohio State Law Journal*, 2003.

Carol Rose, Mahon, *Reconstructed; Why the taking issue is still a muddie*, 57 So. Calif. L Rev, 561, 1984.

Chemerinsky Ervin, *Constitution law*, 2nd ed, 2002.

Chipman J.S/Moor J, "Aggregate Demand, Real National Icome, and the Compensation Principle", *International Economic Review* 14, 1983.

Cooter R.・Ulen T., *Law and Economics*, Scott, Foresman and Co, 1988.

Cooter R., "Utility in Trot, Contract and Property the Model of Precaution", *California Law Review*, 1985.

Dagan Hanoch, "Just Compensation, Incentives and Social Meanings", *Michigan Law Review*, Vol. 99, 2001.

Durham, *Efficient Just Compensation as a Limit on Eminent Domain*, 69, Minn. L. Rev. 1277, 1985.

Eaton J. D., *Real Estate Valuation in Litigation*, 13. 2000.

Ester J.・Slagstad R, *Constitution and Democracy(studies in rationality and social change)*, Cambridge University Press, 1999.

Feldman Allan, *Welfare Economic and Social Choice Theory*, Boston, artinus Nijhoff, 1980.

"Federalist Anti, Federalists, and the Constitution", *Havard Law Review* 96, 1992.

Fischel Willam・Shapiro Perry, "Taking Insurance and Michelman: Comments on EconomicInterpretation of Just Compensation Law", 17 *Journal Legal Studies*, 1988.

Honore A. M., "Ownership", *Oxford Essays in Jurisprudence*: A Colletive Work, ed. A Guest Oxford University, Press, 1971.

Humbach, "A Unifying Theory for the just－compensation Cases; Takings", *Regulation and Public Use* 34, Rutgers L. Rev, 1992.

Kaplow L., "An Economic Analysis of Legal Transitions", 99 *Harvard Law Review*, 1986.

Kleinsasser C, "public and private property right; regulatory and physical takings and the public trust doctrine", *Boston college Environmental Affairs Law Review*, Vol, 32, 42, 2005.

Klemme Howard C., "Taking and the Regulatory Roles of Government", *Colorado Law Review*, Colorado University, 2003.

Leyland Peter·Woods *Terry, Administrative Law*, Oxford University Press, 2002.

Lunney G. S., "Taking Efficiency and Distributive justice", *A Response to professor Dagan, 99 MICH, Law, Review*, 2001.

Macpherson, *The Life and Times of Liberal Dmocracy*, Oxford; Oxford University, press, 1977.

Macpherson F. I., *The Political Theory of Possessive Individualism; Hobbes and Locke*, Oxford University, Press, 1962.

Michelman F. I., "Property as a Constitutional Right", 38 *Washington and Lee Law Review* 1, 1981.

Miceli T. J.·Segerson K., "Takings", *Encyclopedia of Law and Ecnomics*, Vol. 4, 2000.

Nowak J. E., & Rotunda R. D., *Constitution law*, 6th ed, 2000.

Oakes J. L., "Property Rights in Constitutional Analysis today", *Washington Law review*, 1981.

Posner R. A, *Theories of Economic Regulation, Reading in the Economics of law and Regulation*, 1984.

Radford R. S., "Government Takings and Constitutional Guarantees: When Date of Valuation Statutes Deny Just Compensation", *Brigham Young University Law Review*, 2003.

Sackman J. L.·Brunt R. D., *Nichols' the Law of Eminent Domain*, vol.1, 1987.

Sax. Joseph L, *Taking, Private Property and Public Rights*, 81 Yale L. J. 149, 1993.

            , "Using Property Rights to Attack Environmental Protection", *Pace Environmental Law Review*, Fall 1996.

Siegan B. H., *Economic Liberties and the Constitution*, The University of Chicago Press, 1990.

Serkin Christopher, "The meaning of value; Assessing compensation for regulatory taking", *Northwestern university law Review*, 2005.

〈독일〉

Aircher, Josef, Grundfragen der Staathaftung bei rechtsmäßigen hoheitlichen Eigentumsbeeinträchtigungen, Berlin, 1978.

Badura, Peter, Wirtschaftsverwaltungsrecht, in: Besonderes Verwaltungsrecht I, Berlin, 1985.

Baur Fritz, Lehrbuch des Sachenrechts 15. Aufl. 1989.

Bodo Müller/Piero, Bernhard Schlink, Grundrechte Staatsrecht, Ⅱ, 2003.

Bull, Hans Peter, Allgemeines Verwaltungsrecht, 1991.

Chlosta, Joachim, Der Wesensgehalt der Eigentumsgewährleistung, Berlin, 1975.

Erichsen, Hans－Uwe(Hrsg), Allgemeines Verwaltungsrecht, 11. Aufl., Berlin/New York, 1998.

Forsthoff, Ernst, Zur Lage des verfassungsrechtlichen Eigentumschutzes, Festgabe für T. Maunz, München 1971.

ders., Lehrbuch des Verwaltungsrecht, Bd. 1, 9. Aufl., München/Berlin, 1986.

Gunther, Schwerdtfeger, Eigentumsgarantie, Inhaltsbestimmung und Enteignung－BVerfGE 58, 300("Naßkiesung"), JuS 1983.

Hendler, Reinhard, Zur bundesverfassungsrechtlichen Konzeption der grundgesetzlichen Eigentumsgarantie, DVBl., 1983.

Hesse, Konrad, Der Rechtsstaat im Verfassungssystem des Grundgesetzes, in Forsthoff(Hrsg.), Rechtsstaatlichkeit und Sozialstaatlichkeit, 1985.

Huber, Peter Michael, Konkurrenzschutz im Verwaltungsrecht.

Jarass, Hans D., Inhalts – und Schrankenbestimmung oder Enteignung? NJW 2000.

Kimminich, Otto, Das Grundrecht auf Eigentum, JuS 1978,

Leisner, Walter, Sozialbindung des Eigentums nach privatum und öffentlichen Recht, NJW, 1975.

Lerche, Peter, "Stille Verfassungswandel als aktuelles Politikum", Festgaber für Maunz, Theodor, 1971.

v. Magoldt, Hermann/Klein, Friedrich/Starck, Christian, Das Bonner Grundgesetz. Kommentar, 3. Aufl, Bd. I, München, 1985.

Martin, Thormann, Abstufungen in der Sozialbindung des Eigentums, Stuttgart, u.a., 1996.

Maurer, Hartmut, Allgemeines Verwaltungsrecht, 12. Aufl, 2004.

Maunz, Theodor/Zippelius, Reinhold, Deutsches Staatsrecht, 26. Aufl., München, 2003.

v. Münch, Ingo, Grundgesetz Kommentar, Bd.I, 3. Aufl., 1985.

Nüßgens, Karl/Boujong, Karlheinz, Eigentum, Sozialbindung, Enteignung, München 1987.

Ossenbühl, Fritz, Ausgleichspflichtige Inhaltsbestimmumg des Eigentums, in: FS für Karl Heimrich Friauf, 1997.

ders., Enteignungsgleicher Eingriff im Wandel – BGH NJW 1987, 1945, JuS, 1988.

Papier, Jürgen – Hans, Grundfälle zu Eigentum, Enteignung und nteignungsgleichem Eingriff, JuS 1989.

Rozek, Jochen, Die Unterscheidung von Eigentumsbindung und Enterngung, 1998.

Schulte, Hans, Zur Dogmatik des Art. 14 GG, Karlsruhe, 1977.

ders., Das Dogma der Baufreiheit, DöV 1979.

Schwabe, Jürgen, Die Enteignung in der neueren Rechtsprechung des verfassungsgerichts, JZ, 1983.

Stein, Ekkenhart/Frank, Götz, Staatsrecht, 17. Aufl, Tübingen 2000.

Uerpmann, Das öffentiche Interesse. Seine Bedeutung als Tatbestand und als dogmatischer Begriff, 1999.

Unruh. P, Der Verfassungsbegriff des Grundgesetzes, Eine verfassungstheoretische Rekonstruktion, 2002.

Wahl, Rainer, Der Vorrang der Verfassung und Die Selbständigkeit des Gestzesrechts, NVwZ, 1984.

Weber, Werner, Öffentlichrechtliche Rechtsregelungen als Gegenstand der Eigentumsgarantie in der Rechtsprechung, AöR, 1966.

ders., Eigentum und Enteignungm, in: Die Grundrecht, Bd. Ⅱ, 1998.

〈일본〉

高柳信一, 『現代の行政』, 東京, 岩波書店, 1987.

廣渡青吾, 「西ドイツの土地政策と土地法制」, 『法律情報』 47巻 70號, 1987.

宮澤俊義, 『憲法Ⅱ』, 有斐閣, 1985.

藤田宙靖, 『行政法』, 東京, 青林書院新社, 1987.

渡邊洋三, 『土地と財産權』, 岩波書店, 1990.

美濃部達吉, 『公用收用法理論』, 東京 有斐閣, 1987.

寺尾美子, 「アメリカにおける正當な補償と開發利益・アメリカ法におけるThe 公共の考察 資料として」, 『法學協會雜誌』 112, 1995.

榊原秀訓, 「日本에서의 損失補償法의 現狀과 課題」, 『土地公法研究』, 土地公法學會, 2000.

小高剛, 『用地買收の補償』, 有斐閣, 2001.

小澤道一, 『第2次改政版逐解説土地收用法上』, 東京, ぎようせい, 2003.

小澤道一, 『要説土地收用法』, 東京, ぎようせい, 2005.

小林博志, 『行政法講義』, 成文堂, 2004.

松井茂記, 『アメリカ憲法入門』, 有斐閣, 1996.

西谷剛, 「アメリカの損失補償」, 『横浜國際經濟法學』, 1996.

成賴明, 『土地政策と法』, 紅文堂, 1999.

綿寶芳源, 「國及び公共團體の 損害賠償責任の再檢討」, 『公法研究』 第42號, 1980.

原田尚彦, 『行政法要論』, 東京, 學陽書房, 1994.

雄川一郎, 『行政法の 法理』東京, 有斐閣, 1996.

田中二郎, 『行政上の 損害賠償及 び損失補償』, 東京, 酒井書店, 1984.

田辺愛壹, 『損失補償制度』, 清文社, 2003.

佐藤幸治, 『憲法』, 青林書院新社, 1984.

情水望, 『比較憲法講義』, 青林書院新社, 1988.

澤野順彦, 『不動産法の 理論と 實務』, 東京, 商事法務, 2003.

國土交通省總合政策局國土環境調整課監修, 公共用地補償研究會編, 『新版公共損失補償基 準要綱の 解說』, 東京, 近代圖書, 2004.

國土交通省總合政策局總務課土地收用管理室監修, 土地收用法研究會編, 『改正土 地收用法の 解說』, 東京, 大成出版社, 2004.

부록

공익사업을위한토지등의취득및보상에관한법률
(일부개정 2010.5.17 법률 제10303호)

제1장 총칙

제1조(목적) 이 법은 공익사업에 필요한 토지등 을 협의 또는 수용에 의하여 취득하거나 사용함에 따른 손실의 보상에 관한 사항을 규정함으로써 공익사업의 효율적인 수행을 통하여 공공복리의 증진과 재산권의 적정한 보호를 도모함을 목적으로 한다.

제2조(정의) 이 법에서 사용하는 용어의 정의는 다음과 같다.
1. "토지등"이라 함은 제3조 각호에 해당하는 토지 · 물건 및 권리를 말한다.
2. "공익사업"이라 함은 제4조 각호의 1에 해당하는 사업을 말한다.
3. "사업시행자"라 함은 공익사업을 수행하는 자를 말한다.
4. "토지소유자"라 함은 공익사업에 필요한 토지의 소유자를 말한다.
5. "관계인"이라 함은 사업시행자가 취득 또는 사용할 토지에 관하여 지상권 · 지역권 · 전세권 · 저당권 · 사용대차 또는 임대차에 의한 권리 기타 토지에 관한 소유권외의 권리를 가진 자 또는 그 토지에 있는 물건에 관하여 소유권 그 밖의 권리를 가진 자를 말한다. 다만, 제22조의 규정에 의한 사업인정의 고시가 있은 후에 권리를 취득한 자는 기존의 권리를 승계한 자를 제외하고는 관계인에 포함되지 아니한다.
6. "가격시점"이라 함은 제67조제1항의 규정에 의한 보상액 산정의 기준이 되는 시점을 말한다.
7. "사업인정"이라 함은 공익사업을 토지등을 수용 또는 사용할 사업으로 결정하는 것을 말한다.

제3조(적용대상) 이 법은 사업시행자가 다음 각호에 해당하는 토지 · 물건 및 권리를 취득 또는 사용하는 경우에 이를 적용한다.

1. 토지 및 이에 관한 소유권외의 권리
2. 토지와 함께 공익사업을 위하여 필요로 하는 입목, 건물 기타 토지에 정착한 물건 및 이에 관한 소유권외의 권리
3. 광업권·어업권 또는 물의 사용에 관한 권리
4. 토지에 속한 흙·돌·모래 또는 자갈에 관한 권리

제4조(공익사업) 이 법에 의하여 토지등을 취득 또는 사용할 수 있는 사업은 다음 각호의 1에 해당하는 사업이어야 한다.<개정 2005.3.31, 2007.10.17>
1. 국방·군사에 관한 사업
2. 관계법률에 의하여 허가·인가·승인·지정 등을 받아 공익을 목적으로 시행하는 철도·도로·공항·항만·주차장·공영차고지·화물터미널·삭도·궤도·하천·제방·댐·운하·수도·하수도·하수종말처리·폐수처리·사방·방풍·방화·방조(防潮)·방수·저수지·용배수로·석유비축 및 송유·폐기물처리·전기·전기통신·방송·가스 및 기상관측에 관한 사업
3. 국가 또는 지방자치단체가 설치하는 청사·공장·연구소·시험소·보건 또는 문화시설·공원·수목원·광장·운동장·시장·묘지·화장장·도축장 그 밖의 공공용시설에 관한 사업
4. 관계법률에 의하여 허가·인가·승인·지정 등을 받아 공익을 목적으로 시행하는 학교·도서관·박물관 및 미술관의 건립에 관한 사업
5. 국가·지방자치단체·정부투자기관·지방공기업 또는 국가나 지방자치단체가 지정한 자가 임대나 양도의 목적으로 시행하는 주택의 건설 또는 택지의 조성에 관한 사업
6. 제1호 내지 제5호의 사업을 시행하기 위하여 필요한 통로·교량·전선로·재료적치장 그 밖의 부속시설에 관한 사업
7. 제1호부터 제5호까지의 사업을 시행하기 위하여 필요한 주택, 공장 등의 이주단지 조성에 관한 사업
8. 그 밖에 다른 법률에 의하여 토지등을 수용 또는 사용할 수 있는 사업

제5조(권리·의무 등의 승계)
① 이 법에 의한 사업시행자의 권리·의무는 그 사업을 승계한 자에게 이전한다.
② 이 법에 의하여 행한 절차 그 밖의 행위는 사업시행자·토지소유자 및 관계인의

승계인에게도 그 효력이 미친다.

제6조(기간의 계산방법 등) 이 법에 있어서의 기간의 계산방법은 「민법」에 의하며, 통지 및 서류의 송달에 관하여 필요한 사항은 대통령령으로 정한다.<개정 2007.10.17>

제7조(대리인) 사업시행자·토지소유자 또는 관계인은 사업인정의 신청, 재결의 신청, 의견서의 제출 등의 행위를 함에 있어서 변호사 또는 그 밖의 자를 대리인으로 할 수 있다.

제8조(서류의 발급신청)
① 사업시행자는 대통령령이 정하는 바에 따라 당해 공익사업의 수행을 위하여 필요한 서류의 발급을 국가 또는 지방자치단체에 신청할 수 있으며, 국가 또는 지방자치단체는 이에 응하여야 한다.
② 국가 또는 지방자치단체는 제1항의 규정에 의하여 발급하는 서류에 대하여는 수수료를 부과하지 아니한다.

제2장 공익사업의 준비

제9조(사업의 준비를 위한 출입의 허가 등)
① 사업시행자는 공익사업의 준비를 위하여 타인이 점유하는 토지에 출입하여 측량 또는 조사할 수 있다.<개정 2007.10.17>
② 사업시행자(특별자치도, 시·군 또는 자치구가 사업시행자인 경우를 제외한다)는 제1항에 따라 측량 또는 조사를 하려는 때에는 사업의 종류와 출입할 토지의 구역 및 기간을 정하여 특별자치도지사, 시장·군수 또는 구청장(자치구의 구청장을 말한다. 이하 같다)의 허가를 받아야 한다. 다만, 사업시행자가 국가인 때에는 그 사업을 시행할 관계 중앙행정기관의 장이 특별자치도지사, 시장·군수 또는 구청장에게, 사업시행자가 특별시·광역시 또는 도인 때에는 특별시장·광역시장 또는 도지사가 시장·군수 또는 구청장에게 각각 통지하여야 한다.<신설 2007.10.17>
③ 특별자치도지사, 시장·군수 또는 구청장은 다음 각 호의 어느 하나에 해당하는 때에는 사업시행자, 사업의 종류와 출입할 토지의 구역 및 기간을 공고하고 이를

토지점유자에게 통지하여야 한다.<개정 2007.10.17>

1. 제2항 본문에 따라 허가를 한 때

2. 제2항 단서에 따라 통지를 받은 때

3. 특별자치도, 시·군 또는 구(자치구를 말한다. 이하 같다)가 사업시행자인 경우로 서 제1항에 따라 타인이 점유하는 토지에 출입하여 측량 또는 조사를 하려는 때

④ 사업시행자는 제1항의 규정에 따라 타인이 점유하는 토지에 출입하여 측량·조사 함으로써 발생하는 손실을 보상하여야 한다.

⑤ 제4항에 따른 손실의 보상은 손실이 있은 것을 안 날부터 1년이 지나거나 손실이 발생한 날부터 3년이 지난 후에는 이를 청구할 수 없다.<개정 2007.10.17>

⑥ 제4항에 따른 손실의 보상은 사업시행자와 손실을 입은 자가 협의하여 결정한다. <개정 2007.10.17>

⑦ 제6항에 따른 협의가 성립되지 아니한 때에는 사업시행자나 손실을 입은 자는 대 통령령으로 정하는 바에 따라 관할 토지수용위원회에 재결을 신청할 수 있다.<신 설 2007.10.17>

제10조(출입의 통지)

① 제9조제2항에 따라 타인이 점유하는 토지에 출입하고자 하는 자는 출입하고자 하 는 날의 5일전까지 그 일시 및 장소를 특별자치도지사, 시장·군수 또는 구청장에 게 통지하여야 한다.<개정 2007.10.17>

② 특별자치도지사, 시장·군수 또는 구청장은 제1항에 따른 통지를 받은 때 또는 특별자 치도, 시·군 또는 구가 사업시행자인 경우에 특별자치도지사, 시장·군수 또는 구청 장이 타인이 점유하는 토지에 출입하려는 때에는 지체없이 이를 공고하고 그 토지점유 자에게 통지하여야 한다.<개정 2007.10.17>

③ 일출전이나 일몰후에는 토지점유자의 승낙없이 그 주거(住居)나 경계표·담 등으 로 둘러싸인 토지에 출입할 수 없다.

제11조(토지점유자의 인용의무) 토지점유자는 정당한 사유없이 사업시행자가 제10조에 따라 통지하고 출입·측량 또는 조사하는 행위를 방해하지 못한다.<개정 2007.10.17>

제12조(장해물의 제거 등)

① 사업시행자는 제9조에 따라 타인이 점유하는 토지에 출입하여 측량 또는 조사를 함에 있어서 장해물의 제거 또는 토지의 시굴(이하 "장해물의 제거등"이라 한다)을 하여야 할 부득이한 사유가 있는 경우에는 그 소유자 및 점유자의 동의를 얻어야 한다. 다만, 그 소유자 및 점유자의 동의를 얻지 못한 때에는 사업시행자(특별자치도, 시·군 또는 구가 사업시행자인 경우를 제외한다)는 특별자치도지사, 시장·군수 또는 구청장의 허가를 받아 장애물의 제거등을 할 수 있으며, 특별자치도, 시·군 또는 구가 사업시행자인 경우에 특별자치도지사, 시장·군수 또는 구청장은 허가 없이 장해물의 제거등을 할 수 있다.<개정 2007.10.17>

② 특별자치도지사, 시장·군수 또는 구청장은 제1항 단서에 따라 허가를 하려는 때 또는 특별자치도지사, 시장·군수·구청장이 장해물의 제거등을 하려는 때에는 미리 그 소유자 및 점유자의 의견을 들어야 한다.<개정 2007.10.17>

③ 제1항의 규정에 따라 장해물의 제거등을 하고자 하는 자는 장해물의 제거등을 하고자 하는 날의 3일전까지 그 소유자 및 점유자에게 통지하여야 한다.

④ 사업시행자는 제1항의 규정에 따라 장해물의 제거등을 함으로써 발생하는 손실을 보상하여야 한다.

⑤ 제9조제5항부터 제7항까지의 규정은 제4항에 따른 손실보상에 관하여 준용한다.<개정 2007.10.17>

제13조(증표 등의 휴대)

① 제9조제2항 본문에 따라 특별자치도지사, 시장·군수 또는 구청장의 허가를 받고 타인이 점유하는 토지에 출입하려는 자와 제12조에 따라 장해물의 제거등을 하려는 자(특별자치도, 시·군 또는 구가 사업시행자인 경우를 제외한다)는 그 신분을 표시하는 증표와 특별자치도지사, 시장·군수 또는 구청장의 허가증을 지녀야 한다.<개정 2007.10.17>

② 제9조제2항 단서에 따라 특별자치도지사, 시장·군수 또는 구청장에게 통지하고 타인이 점유하는 토지에 출입하려는 자와 사업시행자가 특별자치도, 시·군 또는 구인 경우로서 제9조제3항제3호 또는 제12조제1항 단서에 따라 타인이 점유하는 토지에 출입하거나 장해물의 제거등을 하려는 자는 그 신분을 표시하는 증표를 지녀야 한다.<개정 2007.10.17>

③ 제1항 및 제2항의 규정에 의한 증표 및 허가증은 토지 또는 장해물의 소유자 및 점유자 그 밖의 이해관계인에게 이를 내보여야 한다.

④ 제1항 및 제2항의 규정에 의한 증표 및 허가증의 서식에 관하여 필요한 사항은 국토해양부령으로 정한다.<개정 2008.2.29>

제3장 협의에 의한 취득 또는 사용

제14조(토지조서 및 물건조서의 작성)

① 사업시행자는 공익사업의 수행을 위하여 제20조의 규정에 의한 사업인정전에 협의에 의한 토지등의 취득 또는 사용이 필요한 때에는 토지조서 및 물건조서를 작성하여 서명 또는 날인을 하고 토지소유자 및 관계인의 서명 또는 날인을 받아야 한다. 다만, 토지소유자 및 관계인이 정당한 사유없이 서명 또는 날인을 거부하거나 또는 토지소유자 및 관계인을 알 수 없거나 그 주소·거소를 알 수 없는 등의 사유로 인하여 서명 또는 날인을 할 수 없는 경우에는 그러하지 아니하되, 사업시행자는 해당 토지조서 및 물건조서에 그 사유를 기재하여야 한다.

② 토지와 물건의 소재지, 토지소유자 및 관계인 등 토지조서 및 물건조서의 기재사항과 작성에 관하여 필요한 사항은 대통령령으로 정한다.

제15조(보상계획의 열람 등)

① 사업시행자는 제14조에 따라 토지조서 및 물건조서를 작성한 때에는 공익사업의 개요, 토지조서 및 물건조서의 내용과 보상의 시기·방법 및 절차 등을 기재한 보상계획을 전국을 보급지역으로 하는 일간신문에 공고하고, 토지소유자 및 관계인에게 각각 통지하여야 하며, 제2항 단서에 따라 열람을 의뢰하는 사업시행자를 제외하고는 특별자치도지사, 시장·군수 또는 구청장에게도 통지하여야 한다. 다만, 토지소유자 및 관계인이 20인 이하인 경우에는 공고를 생략할 수 있다.<개정 2007.10.17>

② 사업시행자는 제1항에 따른 공고 또는 통지를 한 때에는 그 내용을 14일 이상 일반인이 열람할 수 있도록 하여야 한다. 다만, 사업지역이 2 이상의 시·군 또는 구에 걸쳐 있거나 사업시행자가 행정청이 아닌 경우에는 해당 특별자치도지사, 시장·군수 또는 구청장에게도 그 사본을 송부하여 열람을 의뢰하여야 한다.<개정

2007.10.17>

③ 제1항의 규정에 따라 공고 또는 통지된 토지조서 및 물건조서의 내용에 대하여 이의가 있는 토지소유자 또는 관계인은 제2항의 규정에 의한 열람기간 이내에 사업시행자에게 서면으로 이의를 제기할 수 있다.

④ 사업시행자는 해당 토지조서 및 물건조서에 제3항의 규정에 따라 제기된 이의를 부기하고 그 이의가 이유있다고 인정하는 때에는 적절한 조치를 하여야 한다.

제16조(협의) 사업시행자는 토지등에 대한 보상에 관하여 토지소유자 및 관계인과 성실하게 협의하여야 하며, 협의의 절차 및 방법 등 협의에 관하여 필요한 사항은 대통령령으로 정한다.

제17조(계약의 체결) 사업시행자는 제16조의 규정에 의한 협의가 성립된 때에는 토지소유자 및 관계인과 계약을 체결하여야 한다.

제18조 삭제<2007.10.17>

제4장 수용에 의한 취득 또는 사용

제1절 수용 또는 사용의 절차

제19조(토지등의 수용 또는 사용)

① 사업시행자는 공익사업의 수행을 위하여 필요한 때에는 이 법이 정하는 바에 따라 토지등을 수용 또는 사용할 수 있다.

② 공익사업에 수용 또는 사용되고 있는 토지등은 특별히 필요한 경우가 아니면 이를 다른 공익사업을 위하여 수용 또는 사용할 수 없다.

제20조(사업인정)

① 사업시행자는 제19조의 규정에 따라 토지등을 수용 또는 사용하고자 하는 때에는 대통령령이 정하는 바에 따라 국토해양부장관의 사업인정을 받아야 한다.<개정 2008.2.29>

② 제1항의 규정에 의한 사업인정을 신청하고자 하는 자는 국토해양부령이 정하는 수수료를 납부하여야 한다.<개정 2008.2.29>

제21조(의견청취 등) 국토해양부장관은 사업인정을 하고자 하는 때에는 관계 중앙행정기관의 장 및 특별시장·광역시장·도지사·특별자치도지사(이하 "시·도지사"라 한다)와 협의하여야 하며, 대통령령이 정하는 바에 따라 미리 중앙토지수용위원회 및 사업인정에 관하여 이해관계가 있는 자의 의견을 들어야 한다.<개정 2007.10.17, 2008.2.29>

제22조(사업인정의 고시)
① 국토해양부장관은 제20조의 규정에 의한 사업인정을 한 때에는 지체없이 그 뜻을 사업시행자, 토지소유자 및 관계인, 관계 시·도지사에게 통지하고 사업시행자의 성명 또는 명칭·사업의 종류·사업지역 및 수용 또는 사용할 토지의 세목을 관보에 고시하여야 한다.<개정 2008.2.29>
② 제1항에 따라 사업인정의 사실을 통지받은 시·도지사(특별자치도지사를 제외한다)는 관계 시장·군수 및 구청장에게 이를 통지하여야 한다.<개정 2007.10.17>
③ 사업인정은 제1항의 규정에 따라 고시한 날부터 그 효력을 발생한다.

제23조(사업인정의 실효)
① 사업시행자가 제22조제1항의 규정에 의한 사업인정의 고시(이하 "사업인정고시"라 한다)가 있은 날부터 1년 이내에 제28조제1항의 규정에 의한 재결신청을 하지 아니한 때에는 사업인정고시가 있은 날부터 1년이 되는 날의 다음날에 사업인정은 그 효력을 상실한다.
② 사업시행자는 제1항의 규정에 의하여 사업인정이 실효됨으로 인하여 토지소유자 또는 관계인이 입은 손실을 보상하여야 한다.
③ 제9조제5항부터 제7항까지의 규정은 제2항에 따른 손실보상에 관하여 준용한다.<개정 2007.10.17>

제24조(사업의 폐지 및 변경)
① 사업인정고시가 있은 후 사업의 전부 또는 일부를 폐지하거나 변경함으로 인하여 토지등의 전부 또는 일부를 수용 또는 사용할 필요가 없게 된 때에는 사업시행자는 지

체없이 사업지역을 관할하는 시·도지사에게 신고하고, 토지소유자 및 관계인에게 이를 통지하여야 한다.

② 시·도지사는 제1항의 규정에 의한 신고가 있는 때에는 사업의 전부 또는 일부의 폐지나 변경이 있는 것을 관보에 고시하여야 한다.

③ 시·도지사는 제1항의 규정에 의한 신고가 없는 경우에도 사업시행자가 사업의 전부 또는 일부를 폐지하거나 변경함으로 인하여 토지를 수용 또는 사용할 필요가 없게 된 것을 안 때에는 미리 사업시행자의 의견을 들어 제2항의 규정에 의한 고시를 하여야 한다.

④ 시·도지사는 제2항 및 제3항의 규정에 의한 고시를 한 때에는 지체없이 그 사실을 국토해양부장관에게 보고하여야 한다.<개정 2008.2.29>

⑤ 제2항 및 제3항의 규정에 의한 고시가 있은 날부터 그 고시된 내용에 따라 사업인정의 전부 또는 일부는 그 효력을 상실한다.

⑥ 사업시행자는 제1항의 규정에 의하여 사업의 전부 또는 일부를 폐지·변경함으로 인하여 토지소유자 또는 관계인이 입은 손실을 보상하여야 한다.

⑦ 제9조제5항부터 제7항까지의 규정은 제6항에 따른 손실보상에 관하여 준용한다.<개정 2007.10.17>

제25조(토지등의 보전)

① 사업인정고시가 있은 후에는 누구든지 고시된 토지에 대하여 사업에 지장을 초래할 우려가 있는 형질의 변경이나 제3조제2호 또는 동조제4호에 규정된 물건을 손괴 또는 수거하지 못한다.

② 사업인정고시가 있은 후에는 고시된 토지에 건축물의 건축·대수선, 공작물의 설치 또는 물건의 부가(附加)·증치(증치)를 하고자 하는 자는 특별자치도지사, 시장·군수 또는 구청장의 허가를 받아야 한다. 이 경우 특별자치도지사, 시장·군수 또는 구청장은 미리 사업시행자의 의견을 들어야 한다.<개정 2007.10.17>

③ 제2항의 규정에 위반하여 건축물의 건축·대수선, 공작물의 설치 또는 물건의 부가·증치를 한 토지소유자 또는 관계인은 당해 건축물·공작물 또는 물건을 원상으로 회복하여야 하며 이에 관한 손실의 보상을 청구할 수 없다.

제26조(협의 등 절차의 준용)

① 제20조의 규정에 의한 사업인정을 받은 사업시행자는 토지조서 및 물건조서의 작성, 보상계획의 공고·통지 및 열람, 보상액의 산정과 토지소유자 및 관계인과의 협의의 절차를 거쳐야 한다. 이 경우 제14조 내지 제16조 및 제68조의 규정을 준용한다.

② 사업인정 이전에 제14조 내지 제16조 및 제68조의 규정에 의한 절차를 거쳤으나 협의가 성립되지 아니하여 제20조의 규정에 의한 사업인정을 받은 사업으로서 토지조서 및 물건조서의 내용에 변동이 없는 때에는 제1항의 규정에 불구하고 제14조 내지 제16조의 규정에 의한 절차를 거치지 아니할 수 있다. 다만, 사업시행자 또는 토지소유자 및 관계인이 제16조의 규정에 의한 협의를 요구하는 때에는 협의하여야 한다.

제27조(토지 및 물건에 관한 조사권 등)

① 사업인정의 고시가 있은 후에는 사업시행자 또는 제68조에 따라 감정평가를 의뢰받은 감정평가업자(「부동산 가격공시 및 감정평가에 관한 법률」에 따른 감정평가업자를 말하며, 이하 "감정평가업자"라 한다)는 다음 각 호에 해당하는 경우에는 제9조에도 불구하고 해당 토지나 물건에 출입하여 이를 측량하거나 조사할 수 있다. 이 경우 제10조·제11조 및 제13조를 준용한다.<개정 2007.10.17>

1. 사업시행자가 사업의 준비나 토지조서 및 물건조서를 작성하기 위하여 필요한 경우
2. 감정평가업자가 감정평가를 의뢰받은 토지등의 감정평가를 위하여 필요한 경우

② 사업인정고시가 있은 후에는 제26조제1항의 규정에 의하여 준용되는 제15조제3항의 규정에 따라 토지소유자 또는 관계인이 토지조서 및 물건조서의 내용에 대하여 열람기간 이내에 이의를 제기하는 경우를 제외하고는 제26조제1항의 규정에 의하여 준용되는 제14조의 규정에 따라 작성된 토지조서 및 물건조서의 내용에 대하여 이의를 제기할 수 없다. 다만, 토지조서 및 물건조서의 내용이 진실에 반하는 것을 입증하는 때에는 그러하지 아니하다.

③ 사업시행자는 제1항에 따라 타인이 점유하는 토지에 출입하여 측량·조사함으로써 발생하는 손실(감정평가업자가 제1항제2호에 따른 감정평가를 위하여 측량·조사함으로써 발생하는 손실을 포함한다)을 보상하여야 한다.<개정 2007.10.17>

④ 제9조제5항부터 제7항까지의 규정은 제3항에 따른 손실보상에 관하여 준용한다.<개정 2007.10.17>

제28조(재결의 신청)

① 제26조의 규정에 의한 협의가 성립되지 아니하거나 협의를 할 수 없는 때(제26조 제2항 단서의 규정에 의한 협의의 요구가 없는 때를 포함한다)에는 사업시행자는 사업인정고시가 있은 날부터 1년 이내에 대통령령이 정하는 바에 따라 관할 토지 수용위원회에 재결을 신청할 수 있다.

② 제1항의 규정에 따라 재결을 신청하는 자는 국토해양부령이 정하는 바에 따라 수 수료를 납부하여야 한다.<개정 2008.2.29>

제29조(협의성립의 확인)

① 사업시행자와 토지소유자 및 관계인간에 제26조의 규정에 의한 절차를 거쳐 협의 가 성립된 때에는 사업시행자는 제28조제1항의 규정에 의한 재결의 신청기간 이내 에 당해 토지소유자 및 관계인의 동의를 얻어 대통령령이 정하는 바에 따라 관할 토지수용위원회에 협의성립의 확인을 신청할 수 있다.

② 제28조제2항·제31조·제32조·제34조·제35조·제52조제7항·제53조제4항·제57조 및 제58조의 규정은 제1항의 규정에 의한 협의성립의 확인에 관하여 이를 준용한다.

③ 사업시행자가 협의가 성립된 토지의 소재지·지번·지목 및 면적 등 대통령령이 정하는 사항에 대하여 「공증인법」에 의한 공증을 받아 제1항의 규정에 의한 협의 성립의 확인을 신청한 때에는 관할 토지수용위원회가 이를 수리함으로써 협의성립 이 확인된 것으로 본다.<개정 2007.10.17>

④ 제1항 및 제3항의 규정에 의한 확인은 이 법에 의한 재결로 보며, 사업시행자·토 지소유자 및 관계인은 그 확인된 협의의 성립이나 내용을 다툴 수 없다.

제30조(재결신청의 청구)

① 사업인정고시가 있은 후 협의가 성립되지 아니한 때에는 토지소유자 및 관계인은 대 통령령이 정하는 바에 따라 서면으로 사업시행자에게 재결의 신청을 할 것을 청구할 수 있다.

② 사업시행자는 제1항의 규정에 의한 청구를 받은 때에는 그 청구가 있은 날부터 60 일 이내에 대통령령이 정하는 바에 따라 관할 토지수용위원회에 재결을 신청하여 야 한다. 이 경우 수수료에 관하여는 제28조제2항의 규정을 준용한다.

③ 사업시행자가 제2항의 규정에 의한 기간을 경과하여 재결을 신청한 때에는 그 경

과한 기간에 대하여 「소송촉진 등에 관한 특례법」 제3조의 규정에 의한 법정이율을 적용하여 산정한 금액을 관할 토지수용위원회에서 재결한 보상금에 가산하여 지급하여야 한다.<개정 2007.10.17>

제31조(열람)

① 토지수용위원회는 제28조제1항의 규정에 따라 재결신청서를 접수한 때에는 대통령령이 정하는 바에 따라 지체없이 이를 공고하고 공고한 날부터 14일 이상 관계서류의 사본을 일반이 열람할 수 있도록 하여야 한다.

② 토지수용위원회가 제1항의 규정에 의한 공고를 한 때에는 관계서류의 열람기간중에 토지소유자 또는 관계인은 의견을 제시할 수 있다.

제32조(심리)

① 토지수용위원회는 제31조제1항의 규정에 의한 열람기간이 경과한 때에는 지체없이 당해 신청에 대한 조사 및 심리를 하여야 한다.

② 토지수용위원회는 심리를 함에 있어서 필요하다고 인정하는 때에는 사업시행자 · 토지소유자 및 관계인을 출석시켜 그 의견을 진술하게 할 수 있다.

③ 토지수용위원회는 제2항의 규정에 따라 사업시행자 · 토지소유자 및 관계인을 출석하게 하는 경우에는 사업시행자 · 토지소유자 및 관계인에게 미리 그 심리의 일시 및 장소를 통지하여야 한다.

제33조(화해의 권고)

① 토지수용위원회는 그 재결이 있기 전에는 그 위원 3인으로 구성되는 소위원회로 하여금 사업시행자 · 토지소유자 및 관계인에게 화해를 권고하도록 할 수 있다. 이 경우 소위원회는 위원장이 지명하거나 위원회에서 선임한 위원으로 구성하되, 그 구성에 관하여 그 밖의 필요한 사항은 대통령령으로 정한다.

② 제1항의 규정에 의한 화해가 성립된 때에는 당해 토지수용위원회는 화해조서를 작성하여 화해에 참여한 위원 · 사업시행자 · 토지소유자 및 관계인이 이에 서명 또는 날인을 하도록 하여야 한다.

③ 제2항의 규정에 따라 화해조서에 서명 또는 날인이 된 경우에는 당사자간에 화해조서와 동일한 내용의 합의가 성립된 것으로 본다.

제34조(재결)

① 토지수용위원회의 재결은 서면으로 한다.

② 제1항의 규정에 의한 재결서에는 주문 및 그 이유와 재결의 일자를 기재하고, 위원장 및 회의에 참석한 위원이 이에 기명날인한 후 그 정본을 사업시행자·토지소유자 및 관계인에게 송달하여야 한다.

제35조(재결기간) 토지수용위원회는 제32조의 규정에 의한 심리를 개시한 날부터 14일 이내에 재결을 하여야 한다. 다만, 특별한 사유가 있는 때에는 1차에 한하여 14일의 범위안에서 이를 연장할 수 있다.

제36조(재결의 경정)

① 재결에 계산상 또는 기재상의 잘못 그 밖에 이와 유사한 잘못이 있는 것이 명백한 때에는 토지수용위원회는 직권 또는 당사자의 신청에 의하여 경정재결을 할 수 있다.

② 경정재결은 원재결서의 원본과 정본에 부기하여야 한다. 다만, 정본에 부기할 수 없는 때에는 경정재결의 정본을 작성하여 당사자에게 송달하여야 한다.

제37조(재결의 유탈) 토지수용위원회가 신청의 일부에 대한 재결을 빠뜨린 때에는 그 빠뜨린 부분의 신청은 계속하여 당해 토지수용위원회에 계속(係屬)된다.

제38조(천재·지변시의 토지의 사용)

① 천재·지변 그 밖의 사변으로 인하여 공공의 안전을 유지하기 위한 공익사업을 긴급히 시행할 필요가 있는 때에는 사업시행자는 대통령령이 정하는 바에 따라 특별자치도지사, 시장·군수 또는 구청장의 허가를 받아 즉시 타인의 토지를 사용할 수 있다. 다만, 사업시행자가 국가인 때에는 당해 사업을 시행할 관계 중앙행정기관의 장이 특별자치도지사, 시장·군수 또는 구청장에게, 사업시행자가 특별시·광역시 또는 도인 때에는 특별시장·광역시장 또는 도지사가 시장·군수 또는 구청장에게 각각 통지하고 사용할 수 있으며, 사업시행자가 특별자치도, 시·군 또는 구인 때에는 특별자치도지사, 시장·군수 또는 구청장이 허가나 통지 없이 사용할 수 있다.<개정 2007.10.17>

② 특별자치도지사, 시장·군수 또는 구청장은 제1항에 따라 허가를 하거나 통지를 받은

때 또는 특별자치도지사, 시장·군수·구청장이 제1항 단서에 따라 타인의 토지를 사용하려는 때에는 대통령령이 정하는 사항을 즉시 토지의 소유자 및 점유자에게 통지하여야 한다.<개정 2007.10.17>

③ 제1항의 규정에 의한 토지의 사용기간은 6월을 넘지 못한다.

④ 사업시행자는 제1항의 규정에 따라 타인의 토지를 사용함으로써 발생하는 손실을 보상하여야 한다.

⑤ 제9조제5항부터 제7항까지의 규정은 제4항에 따른 손실보상에 관하여 준용한다.<개정 2007.10.17>

제39조(시급을 요하는 토지의 사용)

① 제28조의 규정에 의한 재결의 신청을 받은 토지수용위원회는 그 재결을 기다려서는 재해를 방지하기 곤란하거나 그 밖에 공공의 이익에 현저한 지장을 줄 우려가 있다고 인정하는 때에는 사업시행자의 신청에 의하여 대통령령이 정하는 바에 따라 담보를 제공하게 한 후 즉시 당해 토지의 사용을 허가할 수 있다. 다만, 국가 또는 지방자치단체가 사업시행자인 경우에는 담보를 제공하지 아니할 수 있다.

② 제1항의 규정에 의한 토지의 사용기간은 6월을 넘지 못한다.

③ 제38조제2항의 규정은 토지수용위원회가 제1항의 규정에 의한 허가를 한 때에 이를 준용한다.

제2절 수용 또는 사용의 효과

제40조(보상금의 지급 또는 공탁)

① 사업시행자는 제38조 또는 제39조의 규정에 의한 사용의 경우를 제외하고는 수용 또는 사용의 개시일(토지수용위원회가 재결로서 결정한 수용 또는 사용을 개시하는 날을 말한다. 이하 같다)까지 관할 토지수용위원회가 재결한 보상금을 지급하여야 한다.

② 사업시행자는 다음 각호의 1에 해당하는 때에는 수용 또는 사용의 개시일까지 수용 또는 사용하고자 하는 토지등의 소재지의 공탁소에 보상금을 공탁할 수 있다.

1. 보상금을 받을 자가 그 수령을 거부하거나 보상금을 수령할 수 없는 때
2. 사업시행자의 과실없이 보상금을 받을 자를 알 수 없는 때

3. 관할 토지수용위원회가 재결한 보상금에 대하여 사업시행자의 불복이 있는 때

4. 압류 또는 가압류에 의하여 보상금의 지급이 금지된 때

③ 사업인정고시가 있은 후 권리의 변동이 있는 때에는 그 권리를 승계한 자가 제1항의 규정에 의한 보상금 또는 제2항의 규정에 의한 공탁금을 수령한다.

④ 사업시행자는 제2항제3호의 경우 보상금을 받을 자에게 자기가 산정한 보상금을 지급하고 그 금액과 토지수용위원회가 재결한 보상금과의 차액을 공탁하여야 한다. 이 경우 보상금을 받을 자는 그 불복의 절차가 종결될 때까지 공탁된 보상금을 수령할 수 없다.

제41조(시급을 요하는 토지의 사용에 대한 보상)

① 제39조의 규정에 따라 토지를 사용하는 경우 토지수용위원회의 재결이 있기 전에 토지소유자 또는 관계인의 청구가 있는 때에는 사업시행자는 자기가 산정한 보상금을 토지소유자 또는 관계인에게 지급하여야 한다.

② 토지소유자 또는 관계인은 사업시행자가 토지수용위원회의 재결에 의한 보상금의 지급시기까지 이를 지급하지 아니하는 때에는 제39조의 규정에 따라 제공된 담보의 전부 또는 일부를 취득한다.

제42조(재결의 실효)

① 사업시행자가 수용 또는 사용의 개시일까지 관할 토지수용위원회가 재결한 보상금을 지급 또는 공탁하지 아니한 때에는 당해 토지수용위원회의 재결은 그 효력을 상실한다.

② 사업시행자는 제1항의 규정에 의하여 재결의 효력이 상실됨으로 인하여 토지소유자 또는 관계인이 입은 손실을 보상하여야 한다.

③ 제9조제5항부터 제7항까지의 규정은 제2항에 따른 손실보상에 관하여 준용한다.<개정 2007.10.17>

제43조(토지 또는 물건의 인도 등) 토지소유자 및 관계인 그 밖에 토지소유자나 관계인에 포함되지 않는 자로서 수용 또는 사용할 토지나 그 토지에 있는 물건에 관하여 권리를 가진 자는 수용 또는 사용의 개시일까지 당해 토지나 물건을 사업시행자에게 인도하거나 이전하여야 한다.

제44조(인도 또는 이전의 대행)

① 특별자치도지사, 시장·군수 또는 구청장은 다음 각 호의 어느 하나에 해당하는 때에는 사업시행자의 청구에 의하여 토지나 물건의 인도 또는 이전을 대행하여야 한다.<개정 2007.10.17>

1. 토지나 물건을 인도 또는 이전하여야 할 자가 고의나 과실없이 그 의무를 이행할 수 없는 때

2. 사업시행자가 과실없이 토지나 물건을 인도 또는 이전하여야 할 의무가 있는 자를 알 수 없는 때

② 제1항에 따라 특별자치도지사, 시장·군수 또는 구청장이 토지나 물건의 인도 또는 이전을 대행하는 경우 그로 인한 비용은 그 의무자의 부담으로 한다.<개정 2007.10.17>

제45조(권리의 취득·소멸 및 제한)

① 사업시행자는 수용의 개시일에 토지나 물건의 소유권을 취득하며, 그 토지나 물건에 관한 다른 권리는 이와 동시에 소멸한다.

② 사업시행자는 사용의 개시일에 토지나 물건의 사용권을 취득하며, 그 토지나 물건에 관한 다른 권리는 사용의 기간중에는 이를 행사하지 못한다.

③ 토지수용위원회의 재결로 인정된 권리는 제1항 및 제2항의 규정에 불구하고 소멸되거나 그 행사가 정지되지 아니한다.

제46조(위험부담) 토지수용위원회의 재결이 있은 후 수용 또는 사용할 토지나 물건이 토지소유자 또는 관계인의 고의나 과실없이 멸실 또는 훼손된 경우 그로 인한 손실은 사업시행자의 부담으로 한다.

제47조(담보물권과 보상금) 담보물권의 목적물이 수용 또는 사용된 경우 당해 담보물권은 그 목적물의 수용 또는 사용으로 인하여 채무자가 받을 보상금에 대하여 행사할 수 있다. 다만, 그 지급전에 이를 압류하여야 한다.

제48조(반환 및 원상회복의 의무)

① 사업시행자는 토지나 물건의 사용기간이 만료된 때 또는 사업의 폐지·변경 그 밖

의 사유로 인하여 사용할 필요가 없게 된 때에는 지체없이 당해 토지나 물건을 토지나 물건의 소유자 또는 그 승계인에게 반환하여야 한다.

② 제1항의 경우에 있어서 사업시행자는 토지소유자의 원상회복 청구가 있는 때에는 미리 그 손실을 보상한 경우를 제외하고는 당해 토지를 원상으로 회복하여 반환하여야 한다.

제5장 토지수용위원회

제49조(설치) 토지등의 수용과 사용에 관한 재결을 하기 위하여 국토해양부에 중앙토지수용위원회를, 특별시·광역시·도·특별자치도(이하 "시·도"라 한다)에 지방토지수용위원회를 둔다.<개정 2007.10.17, 2008.2.29>

제50조(재결사항)
① 토지수용위원회의 재결사항은 다음 각호와 같다.
1. 수용 또는 사용할 토지의 구역 및 사용방법
2. 손실의 보상
3. 수용 또는 사용의 개시일과 기간
4. 그 밖에 이 법 및 다른 법률에서 규정한 사항
② 토지수용위원회는 사업시행자·토지소유자 또는 관계인이 신청한 범위안에서 재결하여야 한다. 다만, 제1항제2호의 손실의 보상에 있어서는 증액재결을 할 수 있다.

제51조(관할)
① 중앙토지수용위원회는 다음 각호의 사업의 재결에 관한 사항을 관장한다.
1. 국가 또는 시·도가 사업시행자인 사업
2. 수용 또는 사용할 토지가 2 이상의 시·도에 걸쳐 있는 사업
② 지방토지수용위원회는 제1항 각호외의 사업의 재결에 관한 사항을 관장한다.

제52조(중앙토지수용위원회)
① 중앙토지수용위원회는 위원장 1인을 포함한 20인 이내의 위원으로 구성하되, 위원

중 대통령령이 정하는 수의 위원은 상임으로 한다.

② 중앙토지수용위원회의 위원장은 국토해양부장관이 되며, 위원장이 부득이한 사유로 직무를 수행할 수 없는 때에는 위원장이 지명하는 위원이 그 직무를 대행한다.<개정 2008.2.29>

③ 중앙토지수용위원회의 위원장은 위원회를 대표하며, 위원회의 업무를 통할한다.

④ 중앙토지수용위원회의 상임위원은 다음 각호의 1에 해당하는 자중에서 국토해양부장관의 제청으로 대통령이 임명한다.<개정 2005.12.29, 2008.2.29>

1. 판사ㆍ검사 또는 변호사의 직에 15년 이상 있었던 자

2. 대학에서 법률학 또는 행정학을 가르치는 부교수 이상의 직에 5년 이상 있었던 자

3. 행정기관의 3급공무원 또는 고위공무원단에 속하는 일반직공무원으로 2년 이상 있었던 자

⑤ 중앙토지수용위원회의 비상임위원은 토지 수용에 관한 학식과 경험이 풍부한 자중에서 국토해양부장관이 위촉한다.<개정 2008.2.29>

⑥ 중앙토지수용위원회의 회의는 위원장이 소집하며, 위원장 및 상임위원 1인과 위원장이 회의마다 지정하는 위원 7인으로 구성한다.

⑦ 중앙토지수용위원회의 회의는 제6항의 규정에 의한 구성원 과반수의 출석과 출석위원 과반수의 찬성으로 의결한다.

⑧ 중앙토지수용위원회의 사무를 처리하기 위하여 사무기구를 둔다.

⑨ 중앙토지수용위원회의 상임위원의 계급 등 및 사무기구의 조직에 관한 사항은 대통령령으로 정한다.<개정 2005.12.29>

제53조(지방토지수용위원회)

① 지방토지수용위원회는 위원장 1인을 포함한 위원 9인으로 구성한다.

② 지방토지수용위원회의 위원장은 시ㆍ도지사가 되며, 위원장이 부득이한 사유로 직무를 수행할 수 없는 때에는 위원장이 지명하는 위원이 그 직무를 대행한다.

③ 지방토지수용위원회의 위원은 시ㆍ도지사가 소속공무원중에서 임명하는 자 1인과 토지 수용에 관한 학식과 경험이 풍부한 자중에서 위촉하는 자 7인으로 한다.

④ 지방토지수용위원회의 회의는 위원장이 소집하며, 위원장을 포함한 위원 5인 이상의 출석과 출석위원 과반수의 찬성으로 의결한다.

⑤ 제52조제3항의 규정은 지방토지수용위원회에 관하여 이를 준용한다.

제54조(위원의 결격사유)

① 다음 각호의 1에 해당하는 자는 토지수용위원회의 위원이 될 수 없다.

1. 금치산자·한정치산자 또는 파산선고를 받고 복권되지 아니한 자

2. 금고 이상의 실형의 선고를 받고 그 집행이 종료(집행이 종료된 것으로 보는 경우를 포함한다)되거나 집행이 면제된 날부터 2년이 경과되지 아니한 자

3. 금고 이상의 형의 집행유예 선고를 받고 그 유예기간중에 있는 자

4. 벌금형의 선고를 받고 2년이 경과되지 아니한 자

② 위원이 제1항 각호의 1에 해당하게 된 때에는 당연히 퇴직된다.

제55조(임기) 토지수용위원회의 상임위원 및 위촉위원의 임기는 각각 3년으로 하며, 연임할 수 있다.

제56조(신분보장) 위촉위원은 당해 토지수용위원회의 의결로 다음 각호의 1에 해당하는 사유가 있다고 인정된 경우를 제외하고는 재임중 그 의사에 반하여 해임되지 아니한다.

1. 신체 또는 정신상의 장해로 인하여 그 직무를 수행할 수 없는 때

2. 직무상의 의무에 위반한 때

제57조(위원의 제척·기피·회피)

① 토지수용위원회의 위원으로서 다음 각호의 1에 해당하는 자는 당해 토지수용위원회의 회의에 참석할 수 없다.

1. 사업시행자·토지소유자 또는 관계인

2. 사업시행자·토지소유자 또는 관계인의 배우자·친족 또는 대리인

3. 사업시행자·토지소유자 및 관계인이 법인인 경우에는 당해 법인의 임원 또는 그 직무를 행하는 자

② 사업시행자·토지소유자 및 관계인은 위원에게 심리·의결의 공정을 기대하기 어려운 사정이 있는 경우에는 그 사유를 적어 기피신청을 할 수 있다. 이 경우 토지수용위원회의 위원장은 기피신청에 대하여 위원회의 의결을 거치지 아니하고 기피여부를 결정한다.

③ 위원이 제1항 또는 제2항의 사유에 해당하는 때에는 스스로 그 사건의 심리·의결에서 회피할 수 있다.

④ 제1항 내지 제3항의 규정은 사건의 심리·의결에 관한 사무에 관여하는 위원이 아닌 직원에 관하여 이를 준용한다.

제58조(심리조사상의 권한)
① 토지수용위원회는 심리에 필요하다고 인정할 때에는 다음 각호의 행위를 할 수 있다.
1. 사업시행자·토지소유자·관계인 또는 참고인에 대하여 위원회에 출석하여 진술하게 하거나 그 의견서 또는 자료의 제출을 요구하는 것
2. 감정평가업자 그 밖의 감정인에 대하여 감정평가를 의뢰하거나 위원회에 출석하여 진술하게 하는 것
3. 토지수용위원회의 위원 또는 제52조제8항의 규정에 의한 사무기구의 직원이나 지방토지수용위원회의 업무를 담당하는 직원으로 하여금 실지조사를 시키는 것
② 제13조의 규정은 제1항제3호의 규정에 따라 위원 또는 직원이 실지조사를 하는 경우에 이를 준용한다.
③ 토지수용위원회는 제1항의 규정에 의한 참고인 또는 감정평가업자 그 밖의 감정인에 대하여는 국토해양부령이 정하는 바에 따라 사업시행자의 부담으로 일당·여비 및 감정수수료를 지급할 수 있다.<개정 2008.2.29>

제59조(위원 등의 수당 및 여비) 토지수용위원회는 위원에게 국토해양부령이 정하는 바에 따라 수당 및 여비를 지급할 수 있다. 다만, 공무원인 위원이 그 직무와 직접 관련하여 출석한 경우에는 그러하지 아니하다.<개정 2008.2.29>

제60조(운영세칙) 토지수용위원회의 운영 등에 관하여 필요한 사항은 대통령령으로 정한다.

제6장 손실보상 등

제1절 손실보상의 원칙

제61조(사업시행자 보상) 공익사업에 필요한 토지등의 취득 또는 사용으로 인하여 토지소유자 또는 관계인이 입은 손실은 사업시행자가 이를 보상하여야 한다.

제62조(사전보상) 사업시행자는 당해 공익사업을 위한 공사에 착수하기 이전에 토지소유자 및 관계인에 대하여 보상액의 전액을 지급하여야 한다. 다만, 제38조의 규정에 의한 천재·지변시의 토지의 사용과 제39조의 규정에 의한 시급을 요하는 토지의 사용 또는 토지소유자 및 관계인의 승낙이 있은 때에는 그러하지 아니하다.

제63조(현금보상 등)

① 손실보상은 다른 법률에 특별한 규정이 있는 경우를 제외하고는 현금으로 지급하여야 한다. 다만, 토지소유자가 원하는 경우로서 사업시행자가 해당 공익사업의 합리적인 토지이용계획과 사업계획 등을 고려하여 토지로 보상이 가능한 경우에는 토지소유자가 받을 보상금 중 본문에 따른 현금 또는 제7항 및 제8항에 따른 채권으로 보상받는 금액을 제외한 부분에 대하여 다음 각 호에서 정하는 기준과 절차에 따라 그 공익사업의 시행으로 조성한 토지로 보상할 수 있다.<개정 2007.10.17, 2010.4.5>

1. 토지로 보상받을 수 있는 자 : 「건축법」 제49조제1항에 따른 대지의 분할제한 면적 이상의 토지를 사업시행자에게 양도한 자가 된다. 이 경우 대상자가 경합(競合)하는 때에는 제7항제2호에 따른 부재부동산소유자가 아닌 자로서 제7항에 따라 채권으로 보상을 받는 자에게 우선하여 토지로 보상하며, 그 밖의 우선순위 및 대상자 결정방법 등에 관하여는 사업시행자가 정하여 공고한다.

2. 보상하는 토지가격의 산정 기준금액 : 다른 법률에 특별한 규정이 있는 경우를 제외하고는 일반 분양가격으로 한다.

3. 보상기준 등의 공고 : 제15조에 따라 보상계획을 공고하는 때에 토지로 보상하는 기준을 포함하여 공고하거나 토지로 보상하는 기준을 따로 일간신문에 공고할 것이라는 내용을 포함하여 공고한다.

② 제1항 단서에 따라 토지소유자에 대하여 토지로 보상하는 면적은 사업시행자가 그 공익사업의 토지이용계획과 사업계획 등을 고려하여 정한다. 이 경우 그 보상면적은 주택용지는 990제곱미터, 상업용지는 1천100제곱미터를 초과할 수 없다.<신설 2007.10.17, 2010.4.5>

③ 제1항 단서에 따라 토지로 보상받기로 결정된 권리는 그 보상계약의 체결일부터 소유권이전등기를 완료할 때까지 전매(매매, 증여, 그 밖의 권리의 변동을 수반하는 일체의 행위를 포함하되, 상속 및 「부동산투자회사법」에 따른 개발전문 부동산

투자회사에 현물출자를 하는 경우를 제외한다)할 수 없으며, 이를 위반하는 때에는 사업시행자는 토지로 보상하기로 한 보상금을 현금으로 보상할 수 있다. 이 경우 현금보상액에 대한 이자율은 제9항제1호가목에 따른 이자율의 2분의 1로 한다.<신설 2007.10.17, 2010.4.5>

④ 제1항 단서에 따라 토지소유자가 토지로 보상받기로 한 경우 그 보상계약 체결일부터 1년이 경과하면 이를 현금으로 전환하여 보상하여 줄 것을 요청할 수 있다. 이 경우 현금보상액에 대한 이자율은 제9항제2호가목에 따른 이자율로 한다.<신설 2010.4.5>

⑤ 사업시행자는 해당 사업계획의 변경 등 국토해양부령으로 정하는 사유로 인하여 보상하기로 한 토지의 전부 또는 일부를 토지로 보상할 수 없는 경우에는 이를 현금으로 보상할 수 있다. 이 경우 현금보상액에 대한 이자율은 제9항제2호가목에 따른 이자율로 한다.<신설 2007.10.17, 2008.2.29, 2010.4.5>

⑥ 사업시행자는 토지소유자가 다음 각 호의 어느 하나에 해당하여 토지로 보상받기로 한 보상금에 대하여 현금보상을 요청한 경우에는 이를 현금으로 보상하여야 한다. 이 경우 현금보상액에 대한 이자율은 제9항제2호가목에 따른 이자율로 한다.<신설 2007.10.17, 2008.2.29, 2010.4.5>

1. 국세 및 지방세의 체납처분 또는 강제집행을 받는 경우

2. 세대원 전원이 해외로 이주하거나 2년 이상 해외에 체류하려는 경우

3. 그 밖에 제1호·제2호와 유사한 경우로서 국토해양부령으로 정하는 경우

⑦ 사업시행자가 국가·지방자치단체 그 밖에 대통령령으로 정하는 「공공기관의 운영에 관한 법률」에 따라 지정·고시된 공공기관 및 공공단체인 경우로서 다음 각 호의 어느 하나에 해당되는 경우에는 제1항 본문에도 불구하고 해당 사업시행자가 발행하는 채권으로 지급할 수 있다.<개정 2007.10.17, 2008.3.28>

1. 토지소유자 또는 관계인이 원하는 경우

2. 사업인정을 받은 사업에 있어서 대통령령이 정하는 부재부동산소유자(不在不動産所有者)의 토지에 대한 보상금이 대통령령이 정하는 일정금액을 초과하는 경우로서 그 초과하는 금액에 대하여 보상하는 경우

⑧ 토지투기가 우려되는 지역으로서 대통령령이 정하는 지역 안에서 다음 각 호의 어느 하나에 해당하는 공익사업을 시행하는 자 중 대통령령으로 정하는 「공공기관의 운영에 관한 법률」에 따라 지정·고시된 공공기관 및 공공단체는 제7항에도 불구하고

제7항제2호에 따른 부재부동산소유자의 토지에 대한 보상금 중 대통령령이 정하는 1억원 이상의 일정금액을 초과하는 부분에 대하여는 당해 사업시행자가 발행하는 채권으로 지급하여야 한다.<신설 2005.12.23, 2007.10.17, 2008.3.28, 2010.4.5>

1. 「택지개발촉진법」에 의한 택지개발사업

2. 「산업입지 및 개발에 관한 법률」에 의한 산업단지개발사업

3. 그 밖에 대규모 개발사업으로서 대통령령이 정하는 사업

⑨ 제7항 및 제8항에 따라 채권으로 지급하는 경우 채권의 상환기한은 5년을 넘지 아니하는 범위안에서 정하여야 하며, 그 이율은 다음 각 호와 같다.<개정 2005.12.23, 2007.10.17, 2008.3.28, 2010.4.5, 2010.5.17>

1. 제7항제2호 및 제8항에 따라 부재부동산소유자에게 채권으로 지급하는 경우

가. 상환기한이 3년 이하인 채권: 3년 만기 정기예금 이자율(채권발행일 전월의 「은행법」에 따라 설립된 은행 중 전국을 영업구역으로 하는 은행이 적용하는 이자율을 평균한 이자율로 한다)

나. 상환기한이 3년 초과 5년 이하인 채권: 5년 만기 국고채 금리(채권발행일 전월의 국고채 평균 유통금리로 한다)

2. 부재부동산소유자가 아닌 자가 원하여 채권으로 지급하는 경우

가. 상환기한이 3년 이하인 채권: 3년 만기 국고채 금리(채권발행일 전월의 국고채 평균 유통금리로 한다)로 하되, 제1호가목에 따른 3년 만기 정기예금 이자율이 3년 만기 국고채 금리보다 높은 경우에는 3년 만기 정기예금 이자율을 적용한다.

나. 상환기한이 3년 초과 5년 이하인 채권: 5년 만기 국고채 금리(채권발행일 전월의 국고채 평균 유통금리로 한다)

제64조(개인별 보상) 손실보상은 토지소유자 또는 관계인에게 개인별로 행하여야 한다. 다만, 개인별로 보상액을 산정할 수 없는 때에는 그러하지 아니하다.

제65조(일괄보상) 사업시행자는 동일한 사업지역안에 보상시기를 달리하는 동일인 소유의 토지등이 수개 있는 경우 토지소유자 또는 관계인의 요구가 있는 때에는 일괄하여 보상금을 지급하도록 하여야 한다.

제66조(사업시행 이익과의 상계금지) 사업시행자는 동일한 토지소유자에 속하는 일단

의 토지의 일부를 취득 또는 사용하는 경우 당해 공익사업의 시행으로 인하여 잔여지의 가격이 증가하거나 그 밖의 이익이 발생한 때에도 그 이익을 그 취득 또는 사용으로 인한 손실과 상계할 수 없다.

제67조(보상액의 가격시점 등)

① 보상액의 산정은 협의에 의한 경우에는 협의성립 당시의 가격을, 재결에 의한 경우에는 수용 또는 사용의 재결 당시의 가격을 기준으로 한다.

② 보상액의 산정에 있어서 당해 공익사업으로 인하여 토지등의 가격에 변동이 있는 때에는 이를 고려하지 아니한다.

제68조(보상액의 산정)

① 사업시행자는 토지등에 대한 보상액을 산정하려는 경우에는 감정평가업자 2인 이상에게 토지등의 평가를 의뢰하여야 한다. 다만, 사업시행자가 국토해양부령이 정하는 기준에 따라 직접 보상액을 산정할 수 있는 때에는 그러하지 아니하다.<개정 2005.1.14, 2007.10.17, 2008.2.29>

② 제1항의 규정에 의하여 감정평가업자를 선정함에 있어 대통령령이 정하는 바에 따라 토지소유자가 요청하는 경우 제1항의 규정에 의한 감정평가업자외에 토지소유자가 추천하는 감정평가업자 1인을 선정할 수 있다.

③ 제1항 및 제2항의 규정에 의한 평가의뢰의 절차 및 방법, 보상액의 산정기준 등에 관하여 필요한 사항은 국토해양부령으로 정한다.<개정 2008.2.29>

제69조(보상채권의 발행)

① 국가는 「도로법」에 따른 도로공사, 「산업입지 및 개발에 관한 법률」에 따른 산업단지개발사업, 「철도건설법」에 따른 철도의 건설사업, 「항만법」에 따른 항만공사 그 밖에 대통령령이 정하는 공익사업을 위한 토지등의 취득 또는 사용으로 인하여 토지소유자 및 관계인이 입은 손실을 보상하기 위하여 제63조제7항에 따라 채권으로 지급하는 경우에는 다음 각 호의 회계의 부담으로 보상채권을 발행할 수 있다.<개정 2004.12.31, 2007.10.17, 2010.4.5>

1. 일반회계
2. 교통시설특별회계

3. 삭제<2007.10.17>

② 보상채권은 제1항 각호의 회계를 관리하는 관계 중앙행정기관의 장의 요청에 의하여 기획재정부장관이 이를 발행한다.<개정 2008.2.29>

③ 기획재정부장관은 보상채권을 발행하고자 하는 경우에는 회계별로 국회의 의결을 얻어야 한다.<개정 2008.2.29>

④ 보상채권은 토지소유자 및 관계인에게 교부함으로써 발행한다.

⑤ 보상채권은 이를 양도하거나 담보에 제공할 수 있다.

⑥ 보상채권의 발행방법·이율의 결정방법·상환방법 기타 보상채권의 발행에 관하여 필요한 사항은 대통령령으로 정한다.

⑦ 보상채권의 발행에 관하여 이 법에 특별한 규정이 있는 경우를 제외하고는 「국채법」이 정하는 바에 의한다.<개정 2007.10.17>

제2절 손실보상의 종류와 기준 등

제70조(취득하는 토지의 보상)

① 협의 또는 재결에 의하여 취득하는 토지에 대하여는 「부동산 가격공시 및 감정평가에 관한 법률」에 의한 공시지가를 기준으로 하여 보상하되, 그 공시기준일부터 가격시점까지의 관계 법령에 의한 당해 토지의 이용계획, 당해 공익사업으로 인한 지가의 영향을 받지 아니하는 지역의 대통령령이 정하는 지가변동률, 생산자물가상승률(「한국은행법」 제86조의 규정에 의하여 한국은행이 조사·발표하는 생산자물가지수에 의하여 산정된 비율을 말한다) 그 밖에 당해 토지의 위치·형상·환경·이용상황 등을 참작하여 평가한 적정가격으로 보상하여야 한다.<개정 2005.1.14, 2007.10.17>

② 토지에 대한 보상액은 가격시점에 있어서의 현실적인 이용상황과 일반적인 이용방법에 의한 객관적 상황을 고려하여 산정하되, 일시적인 이용상황과 토지소유자 또는 관계인이 갖는 주관적 가치 및 특별한 용도에 사용할 것을 전제로 한 경우 등은 이를 고려하지 아니한다.

③ 사업인정전의 협의에 의한 취득에 있어서 제1항의 규정에 의한 공시지가는 당해 토지의 가격시점 당시 공시된 공시지가중 가격시점에 가장 가까운 시점에 공시된 공시지가로 한다.<개정 2007.10.17>

④ 사업인정후의 취득에 있어서 제1항의 규정에 의한 공시지가는 사업인정고시일전의 시점을 공시기준일로 하는 공시지가로서, 당해 토지에 관한 협의의 성립 또는 재결 당시 공시된 공시지가중 당해 사업인정고시일에 가장 가까운 시점에 공시된 공시지가로 한다.

⑤ 제3항 및 제4항에도 불구하고 공익사업의 계획 또는 시행이 공고 또는 고시됨으로 인하여 취득하여야 할 토지의 가격이 변동되었다고 인정되는 경우에는 제1항에 따른 공시지가는 당해 공고일 또는 고시일 전의 시점을 공시기준일로 하는 공시지가로서 당해 토지의 가격시점 당시 공시된 공시지가 중 당해 공익사업의 공고일 또는 고시일에 가장 가까운 시점에 공시된 공시지가로 한다.<신설 2007.10.17>

⑥ 취득하는 토지와 이에 관한 소유권외의 권리에 대한 구체적인 보상액 산정 및 평가방법은 투자비용·예상수익 및 거래가격 등을 고려하여 국토해양부령으로 정한다.<개정 2008.2.29>

제71조(사용하는 토지의 보상 등)

① 협의 또는 재결에 의하여 사용하는 토지에 대하여는 그 토지와 인근 유사토지의 지료(地料)·임대료·사용방법·사용기간 및 그 토지의 가격 등을 참작하여 평가한 적정가격으로 보상하여야 한다.

② 사용하는 토지와 그 지하 및 지상의 공간의 사용에 대한 구체적인 보상액 산정 및 평가방법은 투자비용·예상수익 및 거래가격 등을 고려하여 국토해양부령으로 정한다.<개정 2008.2.29>

제72조(사용하는 토지의 매수청구 등) 사업인정고시가 있은 후 다음 각호의 1에 해당하는 때에는 당해 토지소유자는 사업시행자에게 그 토지의 매수를 청구하거나 관할 토지수용위원회에 그 토지의 수용을 청구할 수 있다. 이 경우 관계인은 사업시행자 또는 관할 토지수용위원회에 그 권리의 존속을 청구할 수 있다.

1. 토지를 사용하는 기간이 3년 이상인 때
2. 토지의 사용으로 인하여 토지의 형질이 변경되는 때
3. 사용하고자 하는 토지에 그 토지소유자의 건축물이 있는 때

제73조(잔여지의 손실과 공사비 보상)

① 사업시행자는 동일한 토지소유자에 속하는 일단의 토지의 일부가 취득 또는 사용됨으로 인하여 잔여지의 가격이 감소하거나 그 밖의 손실이 있는 때 또는 잔여지에 통로·도랑·담장 등의 신설 그 밖의 공사가 필요한 때에는 국토해양부령이 정하는 바에 따라 그 손실이나 공사의 비용을 보상하여야 한다. 다만, 잔여지의 가격 감소분과 잔여지에 대한 공사의 비용을 합한 금액이 잔여지의 가격보다 큰 경우에는 사업시행자는 그 잔여지를 매수할 수 있다.<개정 2007.10.17, 2008.2.29>

② 제1항 본문에 따른 손실 또는 비용의 보상은 해당 사업의 공사완료일부터 1년이 지난 후에는 청구할 수 없다.<신설 2007.10.17>

③ 사업인정고시가 있은 후 제1항 단서에 따라 사업시행자가 잔여지를 매수하는 경우 그 잔여지에 대하여는 제20조에 따른 사업인정 및 제22조에 따른 사업인정 고시가 있는 것으로 본다.<신설 2007.10.17>

④ 제9조제6항 및 제7항은 제1항에 따른 손실 또는 비용의 보상이나 토지의 취득에 관하여 준용한다1.<신설 2007.10.17>

⑤ 제1항 단서에 따라 매수하는 잔여지 및 잔여지에 있는 물건에 대한 구체적인 보상액 산정 및 평가방법 등에 대하여는 제70조·제75조·제76조·제77조·제78조제4항부터 제6항까지의 규정을 준용한다.<신설 2007.10.17>

제74조(잔여지 등의 매수 및 수용청구)

① 동일한 토지소유자에 속하는 일단의 토지의 일부가 협의에 의하여 매수되거나 수용됨으로 인하여 잔여지를 종래의 목적에 사용하는 것이 현저히 곤란한 때에는 당해 토지소유자는 사업시행자에게 잔여지를 매수하여 줄 것을 청구할 수 있으며, 사업인정 이후에는 관할 토지수용위원회에 수용을 청구할 수 있다. 이 경우 수용의 청구는 매수에 관한 협의가 성립되지 아니한 경우에 한하되, 그 사업의 공사완료일까지 하여야 한다.<개정 2007.10.17>

② 제1항의 규정에 따라 매수 또는 수용의 청구가 있는 잔여지 및 잔여지에 있는 물건에 관하여 권리를 가진 자는 사업시행자 또는 관할 토지수용위원회에 그 권리의 존속을 청구할 수 있다.

③ 제73조제3항은 제1항에 따른 토지의 취득에 관하여 준용한다.<개정 2007.10.17>

④ 잔여지 및 잔여지에 있는 물건에 대한 구체적인 보상액 산정 및 평가방법 등에 대

하여는 제70조 · 제75조 · 제76조 · 제77조 · 제78조제4항 내지 제6항을 준용한다. <개정 2007.10.17>

제75조(건축물등 물건에 대한 보상)

① 건축물 · 입목 · 공작물 기타 토지에 정착한 물건(이하 "건축물등"이라 한다)에 대하여는 이전에 필요한 비용(이하 "이전비"라 한다)으로 보상하여야 한다. 다만, 다음 각호의 1에 해당하는 경우에는 당해 물건의 가격으로 보상하여야 한다.

1. 건축물등의 이전이 어렵거나 그 이전으로 인하여 건축물등을 종래의 목적대로 사용할 수 없게 된 경우

2. 건축물등의 이전비가 그 물건의 가격을 넘는 경우

3. 사업시행자가 공익사업에 직접 사용할 목적으로 취득하는 경우

② 농작물에 대한 손실은 그 종류와 성장의 정도 등을 종합적으로 참작하여 보상하여야 한다.

③ 토지에 속한 흙 · 돌 · 모래 또는 자갈(흙 · 돌 · 모래 또는 자갈이 당해 토지와 별도로 취득 또는 사용의 대상이 되는 경우에 한한다)에 대하여는 거래가격 등을 참작하여 평가한 적정가격으로 보상하여야 한다.

④ 분묘에 대하여는 이장에 소요되는 비용등을 산정하여 보상하여야 한다.

⑤ 사업시행자는 사업예정지 안에 있는 건축물등이 제1항제1호 또는 제2호에 해당하는 경우에는 관할 토지수용위원회에 그 물건의 수용의 재결을 신청할 수 있다.<신설 2007.10.17>

⑥ 제1항 내지 제4항의 규정 및 그 밖의 물건에 대한 보상액의 구체적인 산정 및 평가방법과 보상기준은 국토해양부령으로 정한다.<개정 2008.2.29>

제75조의2(잔여 건축물의 손실에 대한 보상 등)

① 사업시행자는 동일한 건축물소유자에 속하는 일단의 건축물의 일부가 취득 또는 사용됨으로 인하여 잔여 건축물의 가격이 감소되거나 그 밖의 손실이 있는 때에는 국토해양부령으로 정하는 바에 따라 그 손실을 보상하여야 한다. 다만, 잔여 건축물의 가격 감소분과 보수비(건축물의 잔여부분을 종래의 목적대로 사용할 수 있도록 그 유용성을 동일하게 유지하는데 통상 필요하다고 볼 수 있는 공사에 사용되는 비용을 말한다. 다만, 「건축법」 등 관계 법령에 따라 요구되는 시설의 개선에

필요한 비용은 포함하지 아니한다)를 합한 금액이 잔여 건축물의 가격보다 큰 경우에는 사업시행자는 그 잔여 건축물을 매수할 수 있다.<개정 2008.2.29>② 동일한 건축물소유자에 속하는 일단의 건축물의 일부가 협의에 의하여 매수되거나 수용됨으로 인하여 잔여 건축물을 종래의 목적에 사용하는 것이 현저히 곤란한 때에는 그 건축물소유자는 사업시행자에게 잔여 건축물을 매수하여 줄 것을 청구할 수 있으며, 사업인정 이후에는 관할 토지수용위원회에 수용을 청구할 수 있다. 이 경우 수용의 청구는 매수에 관한 협의가 성립되지 아니한 경우에 한하되, 그 사업의 공사완료일까지 하여야 한다.

③ 제9조제6항·제7항은 제1항에 따른 보상 및 잔여 건축물의 취득에 관하여 준용한다.

④ 제73조제2항은 제1항 본문에 따른 보상에 관하여, 제73조제3항은 제1항 단서 및 제2항에 따른 잔여 건축물의 취득에 관하여 준용한다.

⑤ 제1항 단서 및 제2항에 따라 취득하는 잔여 건축물에 대한 구체적인 보상액 산정 및 평가방법 등에 대하여는 제70조·제75조·제76조·제77조·제78조제4항부터 제6항까지의 규정을 준용한다.

[본조신설 2007.10.17]

제76조(권리의 보상)

① 광업권·어업권 및 물(용수시설을 포함한다) 등의 사용에 관한 권리에 대하여는 투자비용·예상수익 및 거래가격 등을 참작하여 평가한 적정가격으로 보상하여야 한다.

② 제1항의 규정에 의한 보상액의 구체적인 산정 및 평가방법은 국토해양부령으로 정한다.<개정 2008.2.29>

제77조(영업의 손실등에 대한 보상)

① 영업을 폐지하거나 휴업함에 따른 영업손실에 대하여는 영업이익과 시설의 이전비용 등을 참작하여 보상하여야 한다.

② 농업의 손실에 대하여는 농지의 단위면적당 소득등을 참작하여 실제 경작자에게 보상하여야 한다. 다만, 농지소유자가 당해 지역에 거주하는 농민인 경우에는 농지소유자와 실제 경작자가 협의하는 바에 따라 보상할 수 있다.<개정 2007.10.17>

③ 휴직 또는 실직하는 근로자의 임금손실에 대하여는 「근로기준법」에 의한 평균임금 등을 참작하여 보상하여야 한다.<개정 2007.10.17>

④ 제1항 내지 제3항의 규정에 의한 보상액의 구체적인 산정 및 평가방법과 보상기준, 제2항에 따른 실제 경작자 인정기준에 관한 사항은 국토해양부령으로 정한다.<개정 2007.10.17, 2008.2.29>

제78조(이주대책의 수립 등)

① 사업시행자는 공익사업의 시행으로 인하여 주거용 건축물을 제공함에 따라 생활의 근거를 상실하게 되는 자(이하 "이주대책대상자'라 한다)를 위하여 대통령령이 정하는 바에 따라 이주대책을 수립·실시하거나 이주정착금을 지급하여야 한다.

② 사업시행자가 제1항의 규정에 따라 이주대책을 수립하고자 하는 때에는 미리 관할 지방자치단체의 장과 협의하여야 한다.

③ 국가나 지방자치단체는 이주대책의 실시에 따른 주택지의 조성 및 주택의 건설에 대하여는 「주택법」에 의한 국민주택기금을 우선적으로 지원하여야 한다.<개정 2003.5.29, 2007.10.17>

④ 이주대책의 내용에는 이주정착지(이주대책의 실시로 건설하는 주택단지를 포함한다)에 대한 도로·급수시설·배수시설 그 밖의 공공시설 등 통상적인 수준의 생활기본시설이 포함되어야 하며, 이에 필요한 비용은 사업시행자의 부담으로 한다. 다만, 행정청이 아닌 사업시행자가 이주대책을 수립·실시하는 경우에 지방자치단체는 비용의 일부를 보조할 수 있다.<개정 2007.10.17>

⑤ 주거용 건물의 거주자에 대하여는 주거이전에 필요한 비용과 가재도구등 동산의 운반에 필요한 비용을 산정하여 보상하여야 한다.

⑥ 공익사업의 시행으로 인하여 영위하던 농·어업을 계속할 수 없게 되어 다른 지역으로 이주하는 농·어민이 지급받을 보상금이 없거나 그 총액이 국토해양부령이 정하는 금액에 미달하는 경우에는 그 금액 또는 그 차액을 보상하여야 한다.<개정 2008.2.29>

⑦ 사업시행자는 해당 공익사업이 시행되는 지역에 거주하고 있는 「국민기초생활 보장법」 제2조제1호·제11호에 따른 수급권자 및 차상위계층이 취업을 희망하는 경우에는 그 공익사업과 관련된 업무에 우선하여 고용할 수 있으며, 이들의 취업알선에 노력하여야 한다.<신설 2007.10.17>

⑧ 제4항에 따른 생활기본시설에 필요한 비용의 기준은 대통령령으로 정한다.<신설 2007.10.17>

⑨ 제5항 및 제6항의 규정에 의한 보상에 대하여는 국토해양부령이 정하는 기준에 의한다.<개정 2008.2.29>

제78조의2(공장에 대한 이주대책의 수립 등) 사업시행자는 대통령령으로 정하는 공익사업의 시행으로 인하여 공장부지가 협의 양도되거나 수용됨에 따라 더 이상 해당 지역에서 공장(「산업집적활성화 및 공장설립에 관한 법률」 제2조제1호에 따른 공장을 말한다)을 가동할 수 없게 된 자가 희망하는 경우 「산업입지 및 개발에 관한 법률」에 따라 지정·개발된 인근 산업단지에의 입주 등 대통령령으로 정하는 이주대책에 관한 계획을 수립하여야 한다.[본조신설 2007.10.17]

제79조(기타 토지에 관한 비용보상 등)
① 사업시행자는 공익사업의 시행으로 인하여 취득 또는 사용하는 토지(잔여지를 포함한다)외의 토지에 통로·도랑·담장 등의 신설 그 밖의 공사가 필요한 때에는 그 비용의 전부 또는 일부를 보상하여야 한다. 다만, 해당 토지에 대한 공사의 비용이 그 토지의 가격보다 큰 경우에는 사업시행자는 그 토지를 매수할 수 있다.<개정 2007.10.17>
② 공익사업이 시행되는 지역 밖에 있는 토지등이 공익사업의 시행으로 인하여 본래의 기능을 다할 수 없게 되는 경우에는 국토해양부령으로 정하는 바에 따라 그 손실을 보상하여야 한다.<신설 2007.10.17, 2008.2.29>
③ 사업시행자는 제2항에 따른 보상이 필요하다고 인정하는 경우에는 제15조에 따라 보상계획을 공고하는 때에 보상을 청구할 수 있다는 내용을 포함하여 공고하거나 대통령령으로 정하는 바에 따라 제2항에 따른 보상에 관한 계획을 공고하여야 한다.<신설 2007.10.17>
④ 그 밖에 공익사업의 시행으로 인하여 발생하는 손실의 보상등에 대하여는 국토해양부령이 정하는 기준에 의한다.<개정 2007.10.17, 2008.2.29>
⑤ 제73조제2항은 제1항 본문 및 제2항에 따른 비용 또는 손실의 보상에 관하여 준용한다.<개정 2007.10.17>
⑥ 제73조제3항은 제1항 단서에 따른 토지의 취득에 관하여 준용한다.<신설 2007.10.17>
⑦ 제1항 단서에 따라 취득하는 토지에 대한 구체적인 보상액 산정 및 평가방법 등에 대하여는 제70조·제75조·제76조·제77조·제78조제4항부터 제6항까지의 규정

을 준용한다.<신설 2007.10.17>

제80조(손실보상의 협의·재결)

① 제79조제1항 및 제2항에 따른 손실 또는 비용이나 토지의 취득에 대한 보상은 사
업시행자와 손실을 입은 자가 협의하여 결정한다.<개정 2007.10.17>

② 제1항의 규정에 의한 협의가 성립되지 아니한 때에는 사업시행자 또는 손실을 입
은 자는 대통령령이 정하는 바에 따라 관할 토지수용위원회에 재결을 신청할 수
있다.

제81조(보상업무 등의 위탁)

① 사업시행자는 보상 또는 이주대책에 관한 업무를 다음 각 호의 기관에 위탁할 수
있다.<개정 2005.12.30, 2007.10.17>

1. 지방자치단체

2. 보상실적이 있거나 보상업무에 관한 전문성이 있는 「공공기관의 운영에 관한 법률」
제4조부터 제6조까지의 규정에 따라 지정·고시된 공공기관 또는 「지방공기업법」
에 따른 지방공사로서 대통령령이 정하는 기관

② 제1항의 규정에 의한 위탁시 업무범위, 수수료 등에 관하여 필요한 사항은 대통령령
으로 정한다.

제82조(보상협의회)

① 공익사업이 시행되는 해당 지방자치단체의 장은 필요한 경우에는 다음 각 호의 사
항을 협의하기 위하여 보상협의회를 둘 수 있다. 다만, 대통령령으로 정하는 규모
이상의 공익사업을 시행하는 경우에는 대통령령으로 정하는 바에 따라 보상협의회
를 두어야 한다.<개정 2007.10.17>

1. 보상액 평가를 위한 사전 의견수렴에 관한 사항

2. 잔여지의 범위 및 이주대책의 수립에 관한 사항

3. 당해 사업지역내 공공시설의 이전 등에 관한 사항

4. 토지소유자 또는 관계인 등이 요구하는 사항중 지방자치단체의 장이 필요하다고 인
정하는 사항

5. 그 밖에 지방자치단체의 장이 부의하는 사항

② 보상협의회 위원은 다음 각 호의 자중에서 당해 지방자치단체의 장이 임명 또는 위촉한다. 다만, 제1항 각 호 외의 부분 단서에 따라 보상협의회를 설치하는 경우에는 대통령령으로 정하는 자가 임명 또는 위촉한다.<개정 2007.10.17>

1. 토지소유자 및 관계인

2. 법관, 변호사, 공증인 또는 감정평가나 보상업무에 5년 이상 종사한 경험이 있는 자

3. 해당 지방자치단체의 공무원

4. 사업시행자

③ 보상협의회의 설치·구성 및 운영 등에 관하여 필요한 사항은 대통령령으로 정한다.

제7장 이의신청 등

제83조(이의의 신청)

① 중앙토지수용위원회의 제34조의 규정에 의한 재결에 대하여 이의가 있는 자는 중앙토지수용위원회에 이의를 신청할 수 있다.

② 지방토지수용위원회의 제34조의 규정에 의한 재결에 대하여 이의가 있는 자는 당해 지방토지수용위원회를 거쳐 중앙토지수용위원회에 이의를 신청할 수 있다.

③ 제1항 및 제2항의 규정에 의한 이의의 신청은 재결서의 정본을 받은 날부터 30일 이내에 하여야 한다.

제84조(이의신청에 대한 재결)

① 중앙토지수용위원회는 제83조의 규정에 의한 이의신청이 있는 경우 제34조의 규정에 의한 재결이 위법 또는 부당하다고 인정하는 때에는 그 재결의 전부 또는 일부를 취소하거나 보상액을 변경할 수 있다.

② 제1항의 규정에 따라 보상금이 증액된 경우 사업시행자는 재결의 취소 또는 변경의 재결서 정본을 받은 날부터 30일 이내에 보상금을 받을 자에게 그 증액된 보상금을 지급하여야 한다. 다만, 제40조제2항제1호·제2호 또는 제4호에 해당하는 때에는 이를 공탁할 수 있다.

제85조(행정소송의 제기)

① 사업시행자·토지소유자 또는 관계인은 제34조의 규정에 의한 재결에 대하여 불복이 있는 때에는 재결서를 받은 날부터 60일 이내에, 이의신청을 거친 때에는 이의신청에 대한 재결서를 받은 날부터 30일 이내에 각각 행정소송을 제기할 수 있다. 이 경우 사업시행자는 행정소송을 제기하기 전에 제84조의 규정에 따라 증액된 보상금을 공탁하여야 하며, 보상금을 받을 자는 공탁된 보상금을 소송종결시까지 수령할 수 없다.

② 제1항의 규정에 따라 제기하고자 하는 행정소송이 보상금의 증감에 관한 소송인 경우 당해 소송을 제기하는 자가 토지소유자 또는 관계인인 때에는 사업시행자를, 사업시행자인 때에는 토지소유자 또는 관계인을 각각 피고로 한다.

제86조(이의신청에 대한 재결의 효력)

① 제85조제1항의 규정에 의한 기간 이내에 소송이 제기되지 아니하거나 그 밖의 사유로 이의신청에 대한 재결이 확정된 때에는 「민사소송법」상의 확정판결이 있은 것으로 보며, 재결서 정본은 집행력있는 판결의 정본과 동일한 효력을 가진다.<개정 2007.10.17>

② 사업시행자·토지소유자 또는 관계인은 이의신청에 대한 재결이 확정된 때에는 관할 토지수용위원회에 대통령령이 정하는 바에 따라 재결확정증명서의 교부를 청구할 수 있다.

제87조(법정이율에 의한 가산지급) 사업시행자는 제85조제1항의 규정에 따라 사업시행자가 제기한 행정소송이 각하·기각 또는 취하된 경우 다음 각호의 1에 해당하는 날부터 판결일 또는 취하일까지의 기간에 대하여 「소송촉진 등에 관한 특례법」 제3조의 규정에 의한 법정이율을 적용하여 산정한 금액을 보상금에 가산하여 지급하여야 한다. <개정 2007.10.17>

1. 재결이 있은 후 소송을 제기한 때에는 재결서 정본을 받은 날
2. 이의신청에 대한 재결이 있은 후 소송을 제기한 때에는 그 재결서 정본을 받은 날

제88조(처분효력의 부정지) 제83조의 규정에 의한 이의의 신청이나 제85조의 규정에 의한 행정소송의 제기는 사업의 진행 및 토지의 수용 또는 사용을 정지시키지 아니한다.

제89조(대집행)

① 이 법 또는 이 법에 의한 처분으로 인한 의무를 이행하여야 할 자가 그 정하여진 기간 이내에 의무를 이행하지 아니하거나 완료하기 어려운 경우 또는 그로 하여금 그 의무를 이행하게 하는 것이 현저히 공익을 해한다고 인정되는 사유가 있는 경우에는 사업시행자는 시·도지사나 시장·군수 또는 구청장에게 「행정대집행법」이 정하는 바에 따라 대집행을 신청할 수 있다. 이 경우 신청을 받은 시·도지사나 시장·군수 또는 구청장은 정당한 사유가 없는 한 이에 응하여야 한다.<개정 2007.10.17>

② 사업시행자가 국가 또는 지방자치단체인 경우에는 제1항의 규정에 불구하고 「행정대집행법」이 정하는 바에 따라 직접 대집행을 할 수 있다.<개정 2007.10.17>

③ 사업시행자가 제1항에 따라 대집행을 신청하거나 제2항에 따라 직접 대집행을 하고자 하는 경우에는 국가 또는 지방자치단체는 의무를 이행하여야 할 자의 보호를 위하여 노력하여야 한다.<신설 2010.4.5>

제90조(강제징수) 특별자치도지사, 시장·군수 또는 구청장은 제44조제2항에 따른 의무자가 그 비용을 납부하지 아니하는 때에는 지방세체납처분의 예에 따라 이를 징수할 수 있다.<개정 2007.10.17>

제8장 환매권

제91조(환매권)

① 토지의 협의취득일 또는 수용의 개시일(이하 이 조에서 "취득일"이라 한다)부터 10년 이내에 당해 사업의 폐지·변경 그 밖의 사유로 인하여 취득한 토지의 전부 또는 일부가 필요없게 된 경우 취득일 당시의 토지소유자 또는 그 포괄승계인(이하 "환매권자"라 한다)은 당해 토지의 전부 또는 일부가 필요없게 된 때부터 1년 또는 그 취득일부터 10년 이내에 당해 토지에 대하여 지급받은 보상금에 상당한 금액을 사업시행자에게 지급하고 그 토지를 환매할 수 있다.

② 제1항의 규정은 취득일부터 5년 이내에 취득한 토지의 전부를 당해 사업에 이용하지 아니한 때에 이를 준용하되, 이 경우 환매권은 취득일부터 6년 이내에 이를 행

사하여야 한다.

③ 제74조제1항의 규정에 따라 매수 또는 수용한 잔여지는 그 잔여지에 접한 일단의 토지가 필요없게 된 경우가 아니면 이를 환매할 수 없다.

④ 토지의 가격이 취득일 당시에 비하여 현저히 변동된 경우 사업시행자 및 환매권자는 환매금액에 대하여 서로 협의하되, 협의가 성립되지 아니한 때에는 그 금액의 증감을 법원에 청구할 수 있다.

⑤ 제1항 내지 제3항의 규정에 의한 환매권은 「부동산등기법」이 정하는 바에 의하여 공익사업에 필요한 토지의 협의취득 또는 수용의 등기가 된 때에는 이를 제3자에게 대항할 수 있다.<개정 2007.10.17>

⑥ 국가·지방자치단체 또는 「공공기관의 운영에 관한 법률」 제4조부터 제6조까지의 규정에 따라 지정·고시된 공공기관 중 대통령령으로 정하는 공공기관이 사업인정을 받아 공익사업에 필요한 토지를 협의취득 또는 수용한 후 당해 공익사업이 제4조제1호 내지 제5호에 규정된 다른 공익사업으로 변경된 경우 제1항 및 제2항의 규정에 의한 환매권 행사기간은 관보에 당해 공익사업의 변경을 고시한 날부터 기산한다. 이 경우 국가·지방자치단체 또는 「공공기관의 운영에 관한 법률」 제4조부터 제6조까지의 규정에 따라 지정·고시된 공공기관 중 대통령령으로 정하는 공공기관은 공익사업의 변경사실을 대통령령이 정하는 바에 따라 환매권자에게 통지하여야 한다.<개정 2007.10.17, 2010.4.5>

제92조(환매권의 통지 등)

① 사업시행자는 제91조제1항 및 동조제2항의 규정에 따라 환매할 토지가 생긴 때에는 지체없이 이를 환매권자에게 통지하여야 한다. 다만, 사업시행자가 과실없이 환매권자를 알 수 없는 때에는 대통령령이 정하는 바에 따라 이를 공고하여야 한다.

② 환매권자는 제1항의 규정에 의한 통지를 받은 날 또는 공고를 한 날부터 6월이 경과한 후에는 제91조제1항 및 동조제2항의 규정에 불구하고 환매권을 행사하지 못한다

제9장 벌칙

제93조(벌칙)
① 사위 그 밖의 부정한 방법으로 보상금을 받은 자 또는 그 사실을 알면서 보상금을 교부한 자는 5년 이하의 징역 또는 3천만원 이하의 벌금에 처한다.
② 제1항의 미수범은 이를 처벌한다.
제94조 삭제<2007.10.17>

제95조(벌칙) 제58조제1항제2호의 규정에 따라 감정평가를 의뢰받은 감정평가업자 그 밖의 감정인으로서 사위 그 밖의 부정한 방법으로 감정평가를 한 자는 2년 이하의 징역 또는 1천만원 이하의 벌금에 처한다.

제96조(벌칙) 제25조제1항 또는 제2항 전단의 규정에 위반한 자는 1년 이하의 징역 또는 500만원 이하의 벌금에 처한다.

제97조(벌칙) 다음 각 호의 어느 하나에 해당하는 자는 200만원 이하의 벌금에 처한다. <개정 2007.10.17>
1. 제9조제2항 본문을 위반하여 특별자치도지사, 시장·군수 또는 구청장의 허가를 받지 아니하고 타인이 점유하는 토지에 출입하거나 출입하게 한 사업시행자
2. 제11조(제27조제1항에 따라 준용되는 경우를 포함한다)를 위반하여 사업시행자 또는 감정평가업자의 행위를 방해한 토지점유자
3. 제12조제1항의 규정에 위반하여 장해물의 제거등을 한 자
4. 제43조의 규정에 위반하여 토지 또는 물건을 인도하거나 이전하지 아니한 자

제98조(양벌규정) 법인의 대표자나 법인 또는 개인의 대리인, 사용인, 그 밖의 종업원이 그 법인 또는 개인의 업무에 관하여 제93조 또는 제95조부터 제97조까지의 어느 하나에 해당하는 위반행위를 하면 그 행위자를 벌하는 외에 그 법인 또는 개인에게도 해당 조문의 벌금형을 과(科)한다. 다만, 법인 또는 개인이 그 위반행위를 방지하기 위하여 해당 업무에 관하여 상당한 주의와 감독을 게을리하지 아니한 경우에는 그러하지 아니하다.[전문개정 2009.4.1]

제99조(과태료)

① 다음 각호의 1에 해당하는 자는 200만원 이하의 과태료에 처한다.

1. 제58조제1항제1호에 규정된 자로서 정당한 사유없이 출석 또는 진술하지 아니하거나 허위의 진술을 한 자

2. 제58조제1항제1호의 규정에 따라 의견서 또는 자료의 제출을 요구받은 경우 정당한 사유없이 이를 제출하지 아니하거나 허위의 의견서 또는 자료를 제출한 자

3. 제58조제1항제2호의 규정에 따라 감정평가를 의뢰받거나 출석 또는 진술을 요구받은 경우 정당한 사유없이 이에 응하지 아니한 감정평가업자 그 밖의 감정인

4. 제58조제1항제3호의 규정에 의한 실지조사를 거부·방해 또는 기피한 자

② 제1항에 따른 과태료는 대통령령으로 정하는 바에 따라 국토해양부장관 또는 시·도지사가 부과·징수한다.<개정 2009.4.1>

③삭제<2009.4.1>

④삭제<2009.4.1>

⑤삭제<2009.4.1>

찾아보기

제주대학교 대학원 법학과 졸업(법학박사)
한국법학회, 한국토지공법학회, 한국공법학회, 비교공법학회 회원
현) 제주대학교 법정대학 강사
　　법과정책연구소 전임연구원

「제주특별자치도 특별법상 자치경찰 규정의 검토」(2009)
「제주4・3사건 피해자에 대한 책임과 구제수단에 관한 공법적 검토」(2009)
「제주특별자치도 특별법 개정 법률안의 주요내용과 과제」(2009)
「행정입법 한계의 기준에 관한 법리」(2009)
「경찰행정법상 일반적 수권조항에 의한 경찰권 행사의 헌법적 한계」(2010)
　외 다수

「해양경찰법(경찰행정법 일반이론, 해양경찰조직, 해양경찰직무, 해양법, 수사)」(공저, 2010)

손실보상법제의
비교

초 판 인 쇄 | 2011년 3월 7일
초 판 발 행 | 2011년 3월 7일

지 은 이 | 고헌환
펴 낸 이 | 채종준
펴 낸 곳 | 한국학술정보㈜
주　　소 | 경기도 파주시 교하읍 문발리 파주출판문화정보산업단지 513-5
전　　화 | 031) 908-3181(대표)
팩　　스 | 031) 908-3189
홈 페 이 지 | http://ebook.kstudy.com
E - m a i l | 출판사업부 publish@kstudy.com
등　　록 | 제일산-115호(2000. 6. 19)

ISBN　　978-89-268-2016-2 93360 (Paper Book)
　　　　978-89-268-2017-9 98360 (e-Book)